길벗
이지:톡

시험에 나오는 것만
공부한다!

시나공
JLPT 공

최신 경향을 반영한 모의고사 4회분으로 실전 감각을 확실하게 익힌다!

최근 시험까지 철저하게 분석한 최신 스타일의 문제를 경험하라! N1 독학자에게 딱 맞춘 꼼꼼하고 섬세한 문제 해설을 맛보라!

특별 서비스 실전용&복습용 mp3 파일 무료 다운로드 | 〈시험 전에 꼭 외워야 할 필수 어휘〉 PDF 무료 다운로드

일본어능력시험

실전
모의고사
시즌2

성윤아, 노주현 지음

N1

정답&해설집

독자의 1초를 아껴주는 정성!

세상이 아무리 바쁘게 돌아가더라도
책까지 아무렇게나 빨리 만들 수는 없습니다.
인스턴트 식품 같은 책보다는
오래 익힌 술이나 장맛이 밴 책을 만들고 싶습니다.

길벗이지톡은 독자 여러분이
우리를 믿는다고 할 때 가장 행복합니다.
나를 아껴주는 어학도서,
길벗이지톡의 책을 만나보십시오.

독자의 1초를 아껴주는
정성을 만나보십시오.

미리 책을 읽고 따라해본 2만 베타테스터 여러분과
무따기 체험단, 길벗스쿨 엄마 2% 기획단,
시나공 평가단, 토익 배틀, 대학생 기자단까지!
믿을 수 있는 책을 함께 만들어주신 독자 여러분께 감사드립니다.

———————————————————————————

(주)도서출판 길벗 www.gilbut.co.kr
길벗이지톡 www.gilbut.co.kr
길벗스쿨 www.gilbutschool.co.kr

mp3 파일 무료 다운로드

길벗 홈페이지(www.gilbut.co.kr)로 오시면 mp3 파일 및 관련 자료를 다양하게 이용할 수 있습니다.

1단계 도서명 ▼ [   ] 검색 에 찾고자 하는 책 이름을 입력하세요.

2단계 검색한 도서로 이동하여 〈자료실〉 탭을 클릭하세요.

3단계 mp3 파일 및 다양한 자료를 받으세요.

시험에 나오는 것만
공부한다!

시나공
JLPT

일본어능력시험 N1
실전 모의고사 시즌2
정답&해설집

성윤아, 노주현 지음

길벗
이지:톡

시나공 일본어능력시험 N1 실전 모의고사 시즌 2

Crack the Exam! - JLPT Actual Test for N1

초판 발행 · 2013년 10월 30일
초판 8쇄 발행 · 2020년 12월 30일

지은이 · 성윤아, 노주현
발행인 · 이종원
발행처 · (주)도서출판 길벗
브랜드 · 길벗이지톡
출판사 등록일 · 1990년 12월 24일
주소 · 서울시 마포구 월드컵로 10길 56(서교동)
대표 전화 · 02)332-0931 | **팩스** · 02)323-0586
홈페이지 · www.gilbut.co.kr | **이메일** · eztok@gilbut.co.kr

기획 및 책임 편집 · 오윤희(tahiti01@gilbut.co.kr) | **디자인** · 박상희 | **제작** · 이준호, 손일순, 이진혁
영업마케팅 · 김학흥, 장봉석 | **웹마케팅** · 이수미, 최소영 | **영업관리** · 심선숙 | **독자지원** · 송혜란, 윤정아

편집진행 및 교정 · 이경숙 | **전산편집** · 수(秀)디자인 | **오디오 녹음** · 와이알미디어
CTP 출력 및 인쇄 · 예림인쇄 | **제본** · 예림바인딩

ISBN 978-89-6047-790-2 04730
ISBN 978-89-6047-789-6 04730 (set)
(길벗 도서번호 300669)

정가 15,000원

독자의 1초까지 아껴주는 정성 길벗출판사

길벗 | IT실용서, IT/일반 수험서, IT전문서, 경제경영서, 취미실용서, 건강실용서, 자녀교육서
더퀘스트 | 인문교양서, 비즈니스서
길벗이지톡 | 어학단행본, 어학수험서
길벗스쿨 | 국어학습서, 수학학습서, 유아학습서, 어학학습서, 어린이교양서, 교과서

페이스북 · www.facebook.com/gilbuteztok
네이버 포스트 · http://post.naver.com/gilbuteztok
유튜브 · https://www.youtube.com/gilbuteztok

新일본어능력시험의 가장 큰 특징은 언어 운용 능력을 측정하는 것!

2010년부터 새롭게 탈바꿈한 일본어능력시험(JLPT;Japanese-Language Proficiency Test) N1은 언어 운용 능력 측정을 중시하여, 기존 일본어능력시험 1급에 비해 문자·어휘, 문법 비율은 약 43%에서 33%로 줄었고, 청해 비율은 25%에서 33%로 증가했습니다.

어휘에서는 한자를 읽고 쓰는 문제 이외에 문장 안에서의 올바른 쓰임을 묻는 문제가 늘어났고, 독해 역시 실생활에서 많이 접하는 광고문, 안내문 등에서 필요한 정보를 파악하는 다양한 문제가 추가되었습니다. 다시 말해, 실제 생활에 도움이 되는 독해, 청해가 중요한 비중을 차지하게 된 것입니다. 기초적인 한자, 어휘, 문법뿐만 아니라 정해진 시간 안에 지문을 읽어내는 힘, 설명과 대화의 요점을 파악하는 힘, 어휘 배열을 통해 문장을 만드는 힘 등의 언어 운용 능력을 측정하는 것이 개정된 일본어능력시험의 가장 큰 특징입니다.

부족한 분야의 실력을 중점적으로 보충하자!

이 교재는 매년 7월과 12월에 실시되는 일본어능력시험 N1을 대비하기 위한 실전 모의고사 문제집으로, 실제 시험과 동일한 문제유형 및 방식으로 구성되어 있습니다. 개정된 일본어능력시험에서는 문자·어휘, 문법, 독해 모두를 합쳐 110분 안에 풀어야 합니다. 특히, 개정된 일본어능력시험에서는 각 분야별로 '기준점'이 있기 때문에, 한 분야에서 기준점보다 낮은 점수를 얻게 되면 총점이 아무리 높아도 불합격이 됩니다. 따라서 특정 분야에서 높은 점수를 얻기보다는 잘 못하는 분야의 실력을 중점적으로 보충하는 것이 무엇보다 중요하며, 문자·어휘 문제에서 시간을 뺏겨 독해에서 시간이 부족하지 않도록 유의해야 합니다. 교재를 공부할 때 실제 시험처럼 시간을 안배하여 문제풀이 시간을 조절하는 연습도 함께 하면 실전에 많은 도움이 될 것입니다.

양질의 예문과 글을 많이 접하는 것이 합격의 원동력!

일본어능력시험 N1 공략에 성공하기 위해서는 많은 어휘와 문형을 단기간에 암기하기보다, 양질의 예문과 글을 많이 접하고 실제로 문장을 만들어 보는 연습이 매우 중요합니다. 이 교재에서는 현재 이슈가 되고 있는 정치, 경제, 사회 문제와 밀접한 관련이 있는 양질의 예문과 글을 담기 위해 심혈을 기울였습니다. 따라서 모의고사 형식으로 한번 풀어보는 것으로 끝내지 말고, 재차 각 문항의 예문과 글을 꼼꼼히 공부하는 것도 일본어능력시험 공략에 큰 도움이 될 것입니다. 여러분의 합격을 진심으로 기원합니다.

끝으로 이 책의 출판에 도움을 주신 길벗이지톡의 오윤희 대리님과 이경숙 선생님께 감사의 말씀을 올립니다.

2013년 10월 성윤아·노주현

SPECIAL THANKS TO 이 책을 미리 학습해 본 베타테스터 윤여경 님, 신태은 님, 배현정 님, 신철 님, 황보슬 님께 감사드립니다.

이 책은 〈문제집〉과 〈정답&해설집〉으로 나뉘어 있습니다. 간편하게 따로 떼어서 효과적으로 공부하세요. 문제집 뒤에 수록된 해답용지(Answer Sheet)를 활용하여 실제 시험처럼 마킹하며 풀어보세요. 1회분을 풀어본 다음에는 반드시 〈정답&해설집〉으로 자신의 약점을 보완한 후 다음 회차 문제로 넘어가세요!

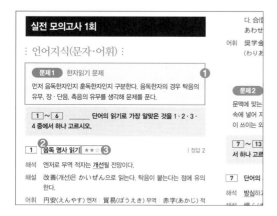

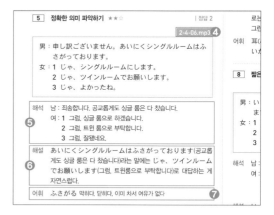

❶ 문제 유형 설명 및 TIP

문제의 유형을 설명하고 어떤 점에 유의해서 풀어야 하는지 선생님의 팁을 간단하게 제시하였습니다.

❷ 출제 포인트

모든 문제에 출제 포인트를 제시하여 출제의도를 파악할 수 있도록 했습니다. 출제자의 의도를 알면 문제가 쉽게 풀립니다.

❸ 난이도 표시

모든 문제에 ★로 난이도를 표기했습니다. 문제의 난이도를 알면 자신의 강점과 약점을 파악할 수 있습니다.

❹ mp3 파일 번호

문제를 풀고 난 후 한 문제씩 복습할 때 활용할 수 있도록 청해 문제마다 mp3 파일 번호를 달았습니다.

❺ 해석

지문과 문제&선택지에 대한 정확한 한글 해석을 실었습니다.

❻ 해설

저자의 노하우가 그대로 녹아 있는 해설입니다. 답이 되는 이유와 나머지가 답이 안 되는 이유를 상세히 설명하여 혼자서도 이해하기 쉽습니다.

❼ 어휘

지문과 문제에 나온 단어들을 꼼꼼하게 정리하였습니다. 풍부한 어휘력은 문제풀이의 막강한 힘이 됩니다. 유의어는 ⑪로 표시했습니다.

특별 서비스 mp3 파일 구성

실전용 폴더　실전과 똑같이 멈추지 말고 풀어보세요.

복습용 폴더　학습하기 편하도록 문제별로 mp3파일을 분리했습니다. 그리고 실전 문제 사이의 간격을 없앴습니다.

문제집

시험에 나오는 문제를 실전 그대로 만나보세요!

**정답&
해설집**

꼼꼼한 해설로 확실하게 이해하고 넘어가세요!

Q : **JLPT란 무엇인가요?**

JLPT는 Japanese-Language Proficiency Test에서 따온 이름으로 일본어를 모국어로 하지 않는 사람을 대상으로 52개 국가에서 응시하고 있는 일본어 능력을 평가하는 시험입니다. 일본어와 관련된 지식과 더불어, 실제로 사용할 수 있는 실용적인 일본어 능력을 중시하기 때문에, 문자 · 어휘 · 문법과 같은 언어지식을 활용한 커뮤니케이션 상의 과제 수행 능력을 측정합니다.

◎ 실시횟수 : 연 2회 (7월과 12월에 실시)
◎ 시험레벨 : N1, N2, N3, N4, N5의 5단계
◎ 시험접수 : 능력시험사무국 홈페이지 (http://www.jlpt.or.kr)에 안내
◎ 주의사항 : 수험표, 신분증 및 필기도구 (HB연필, 지우개)를 반드시 지참

Q : **N1 레벨은 구체적으로 어떤 수준인가요?**

N1은 전체 레벨 중 최상위 레벨로, 기존시험 1급보다 다소 높은 레벨까지 측정합니다. '폭넓은 분야의 일본어를 이해할 수 있는 수준'으로, 읽기와 듣기의 언어행동으로 나누어 제시한 인정기준은 아래와 같습니다.

읽기	논리적으로 약간 복잡하고 추상도가 높은 문장 등을 읽고, 문장의 구성과 내용을 이해할 수 있으며, 다양한 화제의 글을 읽고, 이야기의 흐름이나 상세한 표현의도를 이해할 수 있다.
듣기	자연스러운 속도로 읽는 체계적 내용의 회화나 뉴스, 강의를 듣고, 내용의 흐름 및 등장인물의 관계나 내용의 논리구성 등을 상세히 이해하거나, 요지를 파악할 수 있다.

Q : **N1 시험 시간표를 알려주세요!**

입실	1교시	휴식	2교시
13:10	언어지식(문자·어휘·문법)·독해 13:30~15:20	15:20~15:40	청해 15:40~16:45
	(110분)	(20분)	(65분)

Q : **N1 합격기준은 어떻게 되나요?**

새로운 일본어능력시험은 종합득점과 각 과목별 득점의 두 가지 기준에 따라 합격여부를 판정합니다. 즉, 종합득점이 합격에 필요한 점수(합격점) 이상이며, 각 과목별 득점이 과목별로 부여된 합격에 필요한 최저점(기준점) 이상일 경우 합격입니다.

구분	합격점	기준점		
		언어지식	독해	청해
N1	100	19	19	19

Q : **N1 구성과 득점범위는 어떻게 되나요?**

교시	항목	시간	내용		문항수	득점범위
1교시	언어지식 (문자 · 어휘)	110분	1	한자읽기	6	0~60
			2	문맥규정	7	
			3	유의표현	6	
			4	용법	6	
	언어지식 (문법)		5	문법형식판단	10	
			6	문장만들기	5	
			7	글의 문법	5	0~60
	독해		8	단문이해	4	
			9	중문이해	9	
			10	장문이해	4	
			11	통합이해	3	
			12	주장이해	4	
			13	정보검색	2	
2교시	청해	60분	1	과제이해	6	0~60
			2	포인트이해	7	
			3	개요이해	6	
			4	즉시응답	14	
			5	통합이해	4	
		총 170분			총 108	0~180

※ 문항 수는 매회 시험에서 출제되는 대략적인 기준으로 실제 시험에서의 출제 수는 다소 달라질 수 있습니다.

✳ 언어지식(문자·어휘·문법)

문제1　한자읽기

풀이 시간 | 2분

문자·어휘 문제 총 25문제 중 한자읽기는 6문제가 출제된다. 먼저 음독 한자인지 훈독 한자인지 구분한다. 음독 한자인 경우 탁음의 유무, 장음과 단음, 촉음의 유무 등을 생각하며 음독과 훈독을 섞어 읽는 경우나 동음이의어 등에 주의하며 문제를 풀도록 한다.

한자읽기는 학습할 때 소리를 내며 반복하거나 쓰면서 정확하게 암기하는 것이 효율적이다. 또한 두 가지 이상으로 읽는 음독 한자, 모양이 비슷한 한자, 동음이의어의 한자, 읽기가 특별한 한자는 시험에 출제될 가능성이 높으므로 중점적으로 학습한다.

문제2　문맥규정

풀이 시간 | 3분

문맥에 맞는 적절한 어휘를 고르는 문제로 7문제가 출제된다. 선택지의 단어를 문장 속에 넣었을 때 자연스러운 어휘를 찾도록 한다. 명사, 동사, 부사가 많이 출제되며 최근에는 일상생활에 많이 쓰이는 외래어 문제가 출제되므로 평상시 외래어도 관심을 갖고 학습하자. 암기가 어려운 부사는 어미나 형태가 같은 것끼리 외운다.

문제3　유의표현

풀이 시간 | 3분

주어진 어휘와 유사한 의미의 어휘를 선택지에서 찾는 문제로 6문제가 출제된다. 선택지에서 어휘를 골라 문장에 대입해 보기보다는 제시된 어휘와 가장 유사한 어휘를 빠른 시간 내에 고르도록 한다. 평소 어휘를 학습할 때 유의어와 함께 알아두면 도움이 된다. 유의어가 많은 동사, 형용사, 부사 문제를 중점적으로 익혀 두고 자연스러운 일본어 구사에 필수라고 할 수 있는 생활과 관련된 관용 표현도 익혀 두도록 한다.

문제4 용법

풀이 시간 | 6분

제시된 어휘가 올바르게 사용된 문장을 고르는 문제로 6문제가 출제된다. 해석했을 때 어색하지 않도록 선택지가 제시되어 있어 수험자들이 가장 까다롭게 생각하는 문제 유형 중 하나이다. 따라서 해석보다는 일본어 자체의 뉘앙스를 파악하는 것이 무엇보다 중요하며 이를 위해서는 평소에 많은 문장을 접하도록 한다.

문제를 풀 때에는 먼저 제시된 문장을 읽고 해석하여 밑줄 친 부분의 의미를 파악한 후 유사한 말을 찾는다. 따라서 평소에 단어나 표현을 공부할 때 단어가 가지고 있는 여러 가지 의미나 유사 표현 또는 반의 표현을 함께 외워 둔다면 도움이 될 것이다.

기존 시험에서는 명사와 부사 문제가 많이 출제되었으나, 새로운 시험에서는 한자어 명사, 동사, 형용사, 부사, 접속사, 외래어, 관용 표현 등 다양한 어휘가 출제될 것으로 예상된다.

문제5 문법형식판단

풀이 시간 | 5분

문장 내용에 맞는 문법형식(문형, 기능어)을 고르는 문제로, 총 20점 배점의 문법 문제 중 절반인 10문제가 출제된다. 우선 대조, 대비, 예시, 동조인지 전체 문맥을 파악한 후 접속형태 및 호응관계에 유의하면서 문제를 풀도록 한다. 가끔 경어 표현이 출제되기도 하는데 기본적인 경어 표현을 익혀 두어 고득점을 얻을 수 있도록 하자.

평상시 접속형태(역접, 양보, 가정 · 조건, 이유, 목적, 관계와 평가 시점 등) 및 문법적 호응관계에 유의해 문형 등을 예문과 함께 숙지해 두면 문제 푸는 데 시간을 상당히 단축할 수 있다.

문제6 문장만들기

풀이 시간 | 6분

5문제가 출제되며 주어진 선택지의 말을 재배열해 올바른 문장으로 만드는 문제이다. 문맥에 맞게 배열해야 하며, 배열할 때는 조사 등의 연결에 특히 조심해야 한다. 또한 ★이 있는 부분에 들어가야 할 어휘를 고르는 문제이므로 그 순서에 신경을 쓰도록 한다.

서두르지 말고 가장 앞에 올 말을 선택지에서 신중하게 고른 후 재배열한 말이 제대로 완성되었는지를 확인해 먼저 문장을 완성해 보는 것이 좋다. 문장을 만드는 능력은 물론, 평상시에 전형적 문형을 이해한 후 많은 예문을 숙지하여 실제로 문장을 만드는 데 전혀 불편함이 없도록 연습한다.

문제7 글의 문법 풀이 시간 | 6분

독해 지문이 제시되긴 하지만 글의 주제 및 내용 파악이 주를 이루는 독해 문제와는 달리 문법 문제 중심으로 문제가 출제되므로 지문이 어렵지 않은 것이 특징이다. 지문 안에 들어갈 적절한 문법 사항을 묻는 문제로 5문제가 출제된다. 문법에 관한 단순한 지식을 묻는 문제뿐 아니라 문장을 만드는 형식과 긴 문장 안에서의 문형을 묻는 형식의 문제가 출제된다. 글의 흐름에 맞는 올바른 문법에 맞는 문형을 익히는 것도 중요하지만 순접, 역접 등 접속사에 따른 관계에 맞는 자연스러운 어휘를 골라내는 것도 문제를 푸는 데 도움이 된다.

글의 문법 문제는 가능한 한 정확하고 신속하게 문제를 푸는 것이 고득점을 얻을 수 있는 길이다. 따라서 시험을 보기 전에 다양한 일본어로 되어 있는 글을 읽고 해석해 보는 연습을 통하여 문법 능력뿐만 아니라 어휘와 독해 실력을 함께 겸비할 수 있는 종합적 실력 향상을 도모하도록 하자.

✿ 독해

문제8 단문이해 풀이 시간 | 10분

생활, 업무, 학습 등을 주제로 한 200자 정도 분량의 설명문이나 지시문, 안내문을 읽고 내용을 파악하는 문제가 4문제 출제된다. 문제 파악이 비교적 쉬우며 본문 내용과 일치하는 것, 혹은 지시문의 제목을 파악하는 문제 등 내용을 이해했는지를 주로 묻는다. 밑줄 친 부분과 (   ) 안에 들어갈 말을 고르는 문제들이 출제되므로 전후 관계에 주의하면서 읽는다. 평상시 많은 글을 빠른 시간 내에 읽고 주제를 파악하는 연습을 하면 문제 푸는 데 도움이 된다.

문제9 중문이해 풀이 시간 | 15분

500자 내외의 논설, 설명문, 수필 등을 읽고 인과관계 혹은 이유 등을 묻는 문제가 많고, 독해 총 26문제 중 9문제로 가장 많은 문제가 출제된다. 어느 단락이 주제를 말하는 단락인지, 또 어느 단락이 주제에 대한 설명이나 사례를 담은 단락인지, 어느 단락이 결론을 말하는지를 파악하면서 읽어 내려가는 것이 중요하다. 필자가 가장 말하고 싶은 것 혹은 필자의 생각에 대해 묻는 문제가 많은 것이 특징이다. 예전과 달리 본문과 같은 표현을 다른 어휘를 사용해 쓰는 경우가 많으므로 평소 어휘 학습 시 유의어 등과 함께 익혀 두면 도움이 된다.

문제10 **장문이해**

풀이 시간 | 10분

1,000자 정도의 사설, 평론 등 추상적이고 논리적인 장문의 논지, 저자의 의도 등을 파악하는 문제가 4문제 출제된다. 각 단락에서 주제가 되는 문장에 줄을 치면서 읽으면 전체 내용 파악에 도움이 된다. 글을 읽으면서 저자의 의견 및 결론이 무엇인지 찾으며 읽어 내려간다. 문제풀이에 시간이 많이 걸리므로 문제의 내용을 먼저 파악한 후 지문을 읽도록 한다.

문제11 **통합이해**

풀이 시간 | 10분

600~700자 정도의 내용적으로 관련이 있는 복수의 지문을 비교하여 공통점 및 차이점에 대해 이해할 수 있는지를 묻는 문제가 3문제 출제된다. 신문 칼럼, 기사가 주로 출제되며 두 글의 공통점과 차이점이 무엇인지를 정확히 알고 문제를 풀어야 한다. 또한 선택지에서 조사를 보고 공통된 사항인지 한 가지 글에만 해당되는 사항인지를 잘 파악해야 실수를 줄일 수 있다. 같은 테마의 각기 다른 문장을 많이 접해 보고 평소 공통점과 차이점에 대해 분석해 가며 읽으면 쉽게 이 문제 유형을 풀 수 있다.

문제12 **주장이해**

풀이 시간 | 10분

1,000자 내외의 사설, 평론 등 추상적이고 논리적인 장문이 4문제 출제된다. 전체 내용 파악도 중요하지만 글의 목적이 무엇인지를 묻는 문제가 주로 출제된다. 독해 중에서는 가장 난이도가 높은 문제로 추상적인 어휘가 많이 나온다. 모르는 단어에 지나치게 신경 쓰지 말고 전체 내용 파악이나 글의 인과관계에 대해 파악하며 읽어 내려간다. 또한 지시하는 내용이 무엇인지를 묻는 문제도 출제되므로 밑줄 친 전후 문장을 꼼꼼히 살펴본다. 평소 많은 글을 읽는 훈련을 통해 어휘력 및 독해력을 기르도록 한다.

문제13 **정보검색**

풀이 시간 | 10분

실생활에서 흔히 접할 수 있는 광고, 팸플릿, 정보지, 비즈니스 문서 등의 정보 소재 중에서 필요한 정보만을 골라낼 수 있는가 하는 소위 스캐닝 능력을 시험하는 문제 유형으로, 4문제가 출제된다. 이 문제에서는 지문을 다 읽지 말고 문제에서 제시된 조건에 맞는 사항들을 빠른 시간 내에 찾아내는 것이 중요하므로 가장 먼저 문제를 파악해야 한다. 또한 복수의 조건을 제시하는 문제가 많으므로 선택지에서 빠짐없이 조건에 맞는 사항들이 들어가 있는지 체크하며 문제를 풀도록 한다. 실생활에서 많이 접하는 안내문 등을 평소에 많이 봐 두자.

✳ 청해

문제1 **과제이해**

풀이 시간 | 9분

대화 내용을 잘 듣고 이후에 무엇을 하는지를 찾아내는 문제로, 총 6문항이 출제된다. 선택지가 시험지에 인쇄되어 있으므로 선택지 내용을 재빨리 훑어보면 어떤 점에 포인트를 두고 들어야 할지 파악할 수 있다.

〈과제이해〉 문제의 진행 방식은 먼저 상황설명문 및 질문을 들려준 후 본문을 들려준다. 그런 다음 처음에 들려주었던 질문을 다시 한번 더 들려준 뒤 문제용지에 인쇄된 선택지 중에서 가장 알맞은 대답을 고르면 된다. 따라서 대화 상황을 먼저 파악하고 질문의 핵심에 초점을 맞춰 대화 내용을 잘 들으면서 두 사람이 대화 후에 어떤 행동을 할지 과제 해결에 필요한 구체적인 정보를 찾아내는 것이 문제풀이의 핵심이다. 앞으로 해야 할 일이 여러 가지일 경우에는 과제의 수행 순서를 메모하며 들으면 문제풀이에 도움이 된다.

문제2 **포인트이해**

풀이 시간 | 14분

대화 내용을 듣고 포인트를 파악하는 문제로, 총 7문항이 출제된다.

이 문제의 진행 방식은 문제1과 마찬가지로 먼저 질문을 들려준 후 문제용지에 인쇄된 선택지를 읽을 시간을 준다. 그런 후에 대화를 듣고 선택지 1~4 중에서 올바른 답을 고르면 된다.

먼저 질문을 들려주므로 대화를 들을 때 어떤 부분에 중점을 두고 들어야 할지 포인트를 미리 파악하고, 공백 시간에 선택지를 꼭 한번 미리 훑어보도록 한다. 구체적인 질문은 주로 이야기하는 사람의 심정이나 사건의 원인 등에 초점을 맞추는 경우가 많으므로 대화의 포인트를 명확히 이해하는 것이 문제풀이의 핵심이다.

문제3 **개요이해**

풀이 시간 | 12분

내용을 듣고 화자의 의도나 주장을 이해하는 문제로, 총 6문항이 출제된다. 본문 내용을 들려주기 전에 상황 설명문을 미리 들려준다. 하지만 문제1(과제이해)이나 문제2(포인트이해)와 달리 선택지가 문제용지에 인쇄되어 있지 않으며, 질문과 선택지는 본문을 다 들은 후에 음성으로만 제시된다. 즉, 질문이나 선택지를 모르는 상태에서 본문 내용을 듣게 되므로 대화의 주제, 화자의 의견 및 주장, 문장의 흐름을 구성하는 키워드 등을 정확히 파악해 메모하면서 듣는 것이 문제 해결에 도움이 된다. 내용을 선불리 판단하지 말고 화제의 전환이나 구체적인 예가 나오는 부분도 정확히 이해하는 자세가 필요하다.

문제4 **즉시응답**

풀이 시간 | 8분

짧은 문장을 듣고 상황에 적절한 응답을 찾아내는 문제로, '과제 수행을 위한 커뮤니케이션 능력 측정'이라는 新일본어능력시험의 취지에 맞게 새롭게 채용된 문제 유형이다. 총 14문항이 출제되며, 대화를 들려주기 전에 상황 설명이나 선택지가 제시되지 않는다.

이 문제의 진행 방식은 실생활에서 자주 주고받을 수 있는 소재를 바탕으로 짧은 발화문을 먼저 들려주면 누가, 어디서, 왜, 무엇에 대해서 이야기하고 있는지 재빠르게 이해하고, 이어서 음성으로 들려주는 선택지 3개 중에서 1개의 정답을 선택하면 된다.

한 문제당 배당되는 시간이 짧아 문제의 진행 속도가 빠르기 때문에, 들으면서 바로 판단하고 정답을 선택해야 한다. 헷갈려서 한 문제에 시간을 오래 끌면 다음 문제도 놓치는 실수를 범할 수 있으므로, 앞의 문제를 놓쳤더라도 그 다음 문제에 집중하여 문제를 풀어야 한다. 주로 인사말, 관용 표현, 의태어, 의성어, 시제, 문말(文末) 표현 등이 출제되며, 사고력보다는 정확한 반응과 순발력이 요구된다.

문제5 **통합이해**

풀이 시간 | 9분

비교적 긴 내용을 듣고 여러 정보를 비교 분석하여 이해하는 '통합이해' 문제이며, 2가지 유형으로 총 4문항이 출제된다.

첫 번째 유형의 문제는 질문과 선택지가 문제용지에 인쇄되어 있지 않으며, 간단한 상황 설명 후 2~3명의 등장인물이 각자의 입장에서 이야기한 대화 내용을 들려주고, 2개의 질문과 선택지를 음성으로 들려주면 선택지 4개 중에서 1개의 정답을 선택해야 한다.

두 번째 유형의 문제는 선택지가 시험지에 인쇄되어 있으므로 선택지 내용을 재빨리 훑어보면 어떤 점에 포인트를 두고 들어야 하는지 파악할 수 있다. 이 문제의 진행 방식은 먼저 뉴스, 설명, 이야기 등을 들려주고, 그 내용에 대해 두 사람이 대화하는 내용을 들려준다. 그리고 나서 2개의 질문과 선택지를 음성으로 들려주면 선택지 4개 중에서 1개의 정답을 선택하면 된다.

〈통합이해〉 문제는 상황 설명문이 매우 중요하다. 왜냐하면 여러 의견을 종합해서 이를 토대로 질문에 답해야 하므로, 상황 설명문을 통해서 어떤 식으로 화제가 흘러갈지 짐작하면서 대화를 들으면 포인트를 잡을 수 있기 때문이다. 본문의 흐름은 어떤 화제에 대한 각각의 찬성, 반대나 새로운 의견 제시, 그리고 그에 대한 의견 등으로 이루어지는 경우가 많으므로, 각각의 견해를 메모하며 듣자.

시나공 일본어능력시험 N1 실전 모의고사 시즌 2

정답&해설

1회

▶ 언어지식(문자 · 어휘 · 문법) · 독해

문제 1	1 **2**	2 **3**	3 **4**	4 **1**	5 **4**	6 **3**			
문제 2	7 **3**	8 **2**	9 **4**	10 **2**	11 **1**	12 **2**	13 **3**		
문제 3	14 **2**	15 **1**	16 **3**	17 **2**	18 **1**	19 **4**			
문제 4	20 **4**	21 **1**	22 **3**	23 **2**	24 **1**	25 **3**			
문제 5	26 **4**	27 **2**	28 **1**	29 **3**	30 **4**	31 **3**	32 **1**	33 **4**	34 **3**	35 **3**
문제 6	36 **3**	37 **2**	38 **3**	39 **3**	40 **4**				
문제 7	41 **2**	42 **3**	43 **4**	44 **1**	45 **4**				
문제 8	46 **4**	47 **2**	48 **2**	49 **2**					
문제 9	50 **2**	51 **4**	52 **2**	53 **3**	54 **1**	55 **4**	56 **3**	57 **4**	58 **1**
문제 10	59 **1**	60 **4**	61 **3**	62 **2**					
문제 11	63 **4**	64 **2**	65 **4**						
문제 12	66 **1**	67 **2**	68 **4**	69 **2**					
문제 13	70 **2**	71 **3**							

▶ 청해

문제 1	예 **3**	1 **4**	2 **3**	3 **3**	4 **3**	5 **4**	6 **2**		
문제 2	예 **3**	1 **2**	2 **1**	3 **1**	4 **3**	5 **3**	6 **3**	7 **4**	
문제 3	예 **2**	1 **4**	2 **3**	3 **2**	4 **4**	5 **1**	6 **4**		
문제 4	예 **3**	1 **2**	2 **2**	3 **3**	4 **2**	5 **2**	6 **2**	7 **2**	8 **1**	9 **2**
	10 **3**	11 **2**	12 **3**	13 **1**					
문제 5	1 **3**	2 **3**	3-1 **2**	3-2 **3**					

2회

▶ 언어지식(문자·어휘·문법)·독해

문제 1	1 **2**	2 **3**	3 **1**	4 **2**	5 **4**	6 **1**			
문제 2	7 **3**	8 **2**	9 **1**	10 **4**	11 **2**	12 **3**	13 **1**		
문제 3	14 **3**	15 **4**	16 **2**	17 **4**	18 **3**	19 **1**			
문제 4	20 **4**	21 **1**	22 **2**	23 **4**	24 **1**	25 **2**			
문제 5	26 **4**	27 **3**	28 **2**	29 **1**	30 **4**	31 **1**	32 **3**	33 **2**	34 **4**	35 **1**
문제 6	36 **1**	37 **2**	38 **4**	39 **1**	40 **3**				
문제 7	41 **2**	42 **3**	43 **1**	44 **4**	45 **3**				
문제 8	46 **1**	47 **2**	48 **4**						
문제 9	49 **2**	50 **4**	51 **3**	52 **2**	53 **4**	54 **1**	55 **3**	56 **1**	57 **4**
문제 10	58 **3**	59 **4**	60 **3**	61 **2**					
문제 11	62 **1**	63 **1**	64 **4**						
문제 12	65 **4**	66 **1**	67 **1**	68 **2**					
문제 13	69 **3**	70 **1**							

▶ 청해

문제 1	예 **2**	1 **4**	2 **1**	3 **3**	4 **1**	5 **4**	6 **3**			
문제 2	예 **1**	1 **2**	2 **4**	3 **3**	4 **1**	5 **4**	6 **2**	7 **4**		
문제 3	예 **3**	1 **1**	2 **3**	3 **1**	4 **4**	5 **2**	6 **2**			
문제 4	예 **3**	1 **2**	2 **1**	3 **3**	4 **1**	5 **2**	6 **2**	7 **2**	8 **3**	9 **1**
	10 **3**	11 **2**	12 **2**	13 **3**						
문제 5	1 **1**	2 **3**	3-1 **4**	3-2 **2**						

3회

▶ 언어지식(문자·어휘·문법)·독해

문제 1	1 **1**	2 **3**	3 **4**	4 **2**	5 **2**	6 **3**			
문제 2	7 **1**	8 **3**	9 **4**	10 **2**	11 **1**	12 **3**	13 **1**		
문제 3	14 **3**	15 **2**	16 **4**	17 **1**	18 **3**	19 **1**			
문제 4	20 **3**	21 **4**	22 **3**	23 **2**	24 **3**	25 **4**			
문제 5	26 **2**	27 **3**	28 **4**	29 **3**	30 **1**	31 **2**	32 **4**	33 **2**	34 **1**	35 **3**
문제 6	36 **3**	37 **2**	38 **3**	39 **3**	40 **4**				
문제 7	41 **4**	42 **1**	43 **3**	44 **3**	45 **4**				
문제 8	46 **3**	47 **3**	48 **4**	49 **2**					
문제 9	50 **4**	51 **2**	52 **1**	53 **3**	54 **2**	55 **4**	56 **3**	57 **1**	58 **4**
문제 10	59 **3**	60 **4**	61 **2**	62 **1**					
문제 11	63 **1**	64 **2**	65 **4**						
문제 12	66 **4**	67 **3**	68 **1**	69 **2**					
문제 13	70 **2**	71 **1**							

▶ 청해

문제 1	예 **3**	1 **2**	2 **3**	3 **2**	4 **2**	5 **4**	6 **3**			
문제 2	예 **3**	1 **3**	2 **4**	3 **4**	4 **1**	5 **2**	6 **3**	7 **1**		
문제 3	예 **1**	1 **1**	2 **4**	3 **3**	4 **2**	5 **2**	6 **4**			
문제 4	예 **1**	1 **2**	2 **1**	3 **2**	4 **3**	5 **2**	6 **2**	7 **3**	8 **2**	9 **3**
	10 **2**	11 **1**	12 **2**	13 **3**						
문제 5	1 **1**	2 **3**	3-1 **1**	3-2 **3**						

4회

▶ 언어지식(문자 · 어휘 · 문법) · 독해

문제 1	1 **2**	2 **1**	3 **3**	4 **1**	5 **2**	6 **4**			
문제 2	7 **1**	8 **3**	9 **4**	10 **2**	11 **1**	12 **4**	13 **3**		
문제 3	14 **1**	15 **2**	16 **1**	17 **4**	18 **2**	19 **1**			
문제 4	20 **3**	21 **1**	22 **2**	23 **4**	24 **2**	25 **1**			
문제 5	26 **1**	27 **3**	28 **2**	29 **1**	30 **3**	31 **1**	32 **4**	33 **2**	34 **3**	35 **1**
문제 6	36 **3**	37 **1**	38 **3**	39 **4**	40 **1**				
문제 7	41 **4**	42 **1**	43 **2**	44 **4**	45 **3**				
문제 8	46 **3**	47 **1**	48 **4**						
문제 9	49 **1**	50 **4**	51 **2**	52 **1**	53 **4**	54 **2**	55 **1**	56 **3**	57 **4**
문제 10	58 **4**	59 **2**	60 **1**	61 **4**					
문제 11	62 **1**	63 **4**							
문제 12	64 **1**	65 **4**	66 **2**	67 **3**					
문제 13	68 **1**	69 **3**							

▶ 청해

문제 1	예 **1**	1 **3**	2 **2**	3 **1**	4 **4**	5 **3**	6 **1**			
문제 2	예 **1**	1 **2**	2 **3**	3 **4**	4 **3**	5 **2**	6 **4**	7 **2**		
문제 3	예 **2**	1 **1**	2 **3**	3 **2**	4 **4**	5 **2**	6 **4**			
문제 4	예 **1**	1 **2**	2 **1**	3 **3**	4 **2**	5 **1**	6 **3**	7 **2**	8 **1**	9 **2**
	10 **3**	11 **3**	12 **2**	13 **1**						
문제 5	1 **2**	2 **4**	3-1 **3**	3-2 **2**						

실전 모의고사 1회

： 언어지식(문자·어휘) ：

문제1 한자읽기 문제

먼저 음독한자인지 훈독한자인지 구분한다. 음독한자의 경우 탁음의 유무, 장·단음, 촉음의 유무를 생각해 문제를 푼다.

1 ~ **6** ＿＿＿＿ 단어의 읽기로 가장 알맞은 것을 1·2·3· 4 중에서 하나 고르시오.

1 음독 명사 읽기 ★★☆ | 정답 2

해석 엔저로 무역 적자는 **개선**될 전망이다.

해설 改善(개선)은 かいぜん으로 읽는다. 탁음이 붙는다는 점에 유의한다.

어휘 円安(えんやす) 엔저 ｜ 貿易(ぼうえき) 무역 ｜ 赤字(あかじ) 적자 ｜ 見込(みこ)み 전망

2 음독 명사 읽기 ★★☆ | 정답 3

해석 보도로 인해 **명예**가 훼손되었다며 기자와 편집자를 상대로 소송을 제기했다.

해설 名誉(명예)는 めいよ라고 읽는다. 장단음에 유의한다.

어휘 報道(ほうどう) 보도 ｜ 毀損(きそん) 훼손 ｜ 編集者(へんしゅうしゃ) 편집자 ｜ 訴訟(そしょう) 소송

3 동사 읽기 ★★☆ | 정답 4

해석 노인에게 자리를 **양보했다**.

해설 한 글자 한자어를 훈독으로 읽는 문제는 자주 출제된다.

어휘 お年寄(としよ)り 노인 ｜ 席(せき) 자리 ｜ 譲(ゆず)る 양보하다

4 동사 읽기 ★★★ | 정답 1

해석 다행히도 심각한 피해로부터 **면했다**.

해설 ～から免(まぬが)れる는 '~로부터 면하다'는 뜻이다.

어휘 幸(さいわ)い 다행 ｜ 深刻(しんこく) 심각 ｜ 被害(ひがい) 피해

5 な형용사 읽기 ★★☆ | 정답 4

해석 다나카 선생님의 부인은 **온화하고** 아름다운 분입니다.

해설 穏(온화할 온)은 음으로는 おん, 훈으로는 おだやか로 읽는다. おだやか는 '평온함, 온건함, 온화함'이라는 뜻으로, 穏やかな心(온화한 마음)와 같이 쓰인다.

어휘 穏(おだ)やか 온화함 ｜ つややか 반들반들함 ｜ まろやか (맛이) 순한 모양 ｜ 軽(かろ)やか 가뿐함 ｜ 綺麗(きれい) 아름다움

6 훈독 명사 읽기 ★★★ | 정답 3

해석 장학금을 받고 있는 대학생의 **비율**은 점점 늘어나고 있다.

해설 割(나눌 할)은 음으로 かつ로 읽고, 훈으로 わり·わる로 읽는

다. 合(합할 합)은 음으로는 ごう·がっ, 훈으로는 あう·あわす·あわせる로 읽는다. 割合은 모두 훈독하여 わりあい로 읽는다.

어휘 奨学金(しょうがくきん)を受(う)ける 장학금을 받다 ｜ 割合(わりあい) 비율 ｜ だんだん 점점

문제2 문맥규정 문제

문맥에 맞는 적절한 어휘를 고르는 문제이다. 선택지의 단어를 문장 속에 넣어 자연스러운 어휘를 찾도록 한다. 최근에는 일상생활에 많이 쓰이는 외래어 문제가 출제되고 있다.

7 ~ **13** (   )에 들어갈 가장 알맞은 것을 1·2·3·4 중에서 하나 고르시오.

7 단어의 의미 파악하기 ★☆☆ | 정답 3

해석 **방심**하고 있는 사이에 문에 손가락이 끼고 말았다.

해설 慢心(まんしん)은 '교만스러운 마음'을 뜻하는 단어이므로 문맥에 맞지 않는다.

어휘 用心(ようじん) 조심, 주의 ｜ 油断(ゆだん) 방심 ｜ すき 틈, 사이 ｜ 挟(はさ)む 끼다

8 알맞은 어휘 사용하기 ★★★ | 정답 2

해석 수업이 시작되기 전에 휴대전화를 매너모드(진동)로 **전환**하는 것이 좋다.

해설 한국어로 '전환' 혹은 '바꾸다'이기 때문에 転換(てんかん)을 고르기 쉽지만, 切(き)り替(か)える나 設定(せってい)라고 표현하는 것이 자연스럽다.

어휘 転換(てんかん) 전환 ⑭切(き)り替(か)え ｜ 設定(せってい) 설정

9 사자숙어의 의미 알기 ★★☆ | 정답 4

해석 그는 차분하게 사건의 **자초지종**에 대해 이야기하기 시작했다.

해설 괄호 앞에 제시되어 있는 一部(いちぶ)에 착안하여 '자초지종'을 뜻하는 一部始終을 선택한다.

어휘 落(お)ち着(つ)く 침착하다, 차분하다 ｜ 一部始終(いちぶしじゅう) 자초지종

10 어휘 용법 ★★★ | 정답 2

해석 예선에서는 할 수 없었지만, 준결승에서는 **진가**를 발휘할 것이다.

해설 本領を発揮する는 '진가를 발휘하다'라는 뜻이다.

어휘 予選(よせん) 예선 ｜ 準決勝(じゅんけっしょう) 준결승 ｜ 本領(ほんりょう) 진가 ｜ 発揮(はっき)する 발휘하다

11 어형성(복합동사)에 관한 이해 ★★★ | 정답 1

해석 폭설의 영향으로, 상하행선에서 운전을 **보류하고** 있다.

해설 폭설로 운전이 원활하지 못한 상황을 나타내는 표현을 찾아야 한다. 만약 폭설로 시간이 늦어진다는 등의 이야기가 나오면 見込(みこ)む(예상하다, 내다보다)가 맞지만, 여기서는 지장을 받고 있

는 상황을 잘 지켜보고 있다는 뜻이므로 見合(みあ)わせる를 쓴다.

어휘 見合(みあ)わせる 마주보다, 보류하다 │ 見込(みこ)む 내다보다, 예상하다 │ 見(み)せ付(つ)ける 과시하다 │ 見逃(みのが)す 간과하다, 눈감아주다

---

12 문맥에 맞는 어휘 찾기 ★★★　　　│ 정답 2

해석 소년은 아버지 대신에 **기특하게도** 힘든 일을 하기로 했다.

해설 아버지를 대신해 힘든 일을 하려는 갸륵함을 나타내는 단어를 찾는다. 부사는 예문과 함께 익히는 것이 뜻을 파악하기 쉽다.

어휘 一途(いちず)に 오로지, 한결같이 │ 健気(けなげ)にも 기특하게도 │ 壮大(そうだい)に 장대하게 │ 厳(おごそ)かに 엄숙하게

---

13 어휘의 의미 파악하기 ★★☆　　　│ 정답 3

해석 나에게 있어 '**더할 나위 없이** 소중한 보물'은 무엇인지 깊이 생각해 보았다.

해설 '보물'이란 말에 힌트를 얻어 아주 소중한 것을 뜻하는 말을 고르면 된다.

어휘 切(せつ)ない 애절하다 │ 隅(すみ)に置(お)けない 맹랑하다 │ かけがえのない 더할 나위 없이 소중하다 │ 取(と)り返(かえ)しがつかない 돌이킬 수가 없다

> **문제3** 유의표현 문제

주어진 어휘와 유사한 의미의 어휘를 찾는 문제이다. 평소 어휘 학습 시 유의어와 함께 공부하는 게 도움이 된다.

> **14** ~ **19**　_____ 단어의 뜻에 가장 가까운 것을 1·2·3·4 중에서 하나 고르시오.

---

14 유의어 찾기 ★★★　　　│ 정답 2

해석 자유로운 발상과 발전을 **방해하는** 요소에 대해 생각해 보았다.

해설 阻(はば)む와 가장 유사한 어휘는 抑制(よくせい)する이다.

어휘 発想(はっそう) 발상 │ 発展(はってん) 발전 │ 阻(はば)む 막다, 방해하다 │ 要素(ようそ) 요소 │ 促進(そくしん)する 촉진하다 │ 維持(いじ)する 유지하다 │ 保障(ほしょう)する 보장하다

---

15 관용어구 이해하기 ★★★　　　│ 정답 1

해석 아무것도 보지 않은 듯 **시치미를 뗄** 작정이다.

해설 白(しら)を切(き)る와 비슷한 말에는 しらばくれる, 知(し)らんぷりをする, とぼける 등이 있다.

어휘 白(しら)を切(き)る 시치미 떼다, 모른 척하다 │ とぼける 시치미 떼다, 変(か)わる 변하다, 바뀌다 │ 知(し)っているふりをする 아는 척하다 │ バカにする 무시하다, 깔보다

---

16 가타카나어 의미 알기 ★★★　　　│ 정답 3

해석 그의 일상은 매우 **금욕적**이다.

해설 최근 JLPT 어휘 문제에 외래어들이 많이 출제되고 있다. 명사 외

에도 エレガント(우아한), クール(냉정한), デリケート(섬세한), ドライ(무미건조한), コンパクト(간편한), シニカル(냉소적인)와 같은 형용사가 출제되기도 한다.

어휘 ストイック(stoic) 금욕적 ⑨禁欲的(きんよくてき) │ 平和的(へいわてき) 평화적 │ 直感的(ちょっかんてき) 직감적 │ 貪欲的(どんよくてき) 탐욕적

---

17 주어진 어휘의 대체어 찾기 ★★☆　　　│ 정답 2

해석 **발끈하여** 제출된 안건에 반대했다.

해설 ムキになる는 '발끈하다'라는 뜻이므로 동의어인 かっとなる를 고르면 된다.

어휘 ムキになる 발끈하다 ⑨かっとなる │ 案(あん) 안건 │ 反対(はんたい)する 반대하다 │ がむしゃらに 덮어 놓고 │ 抵抗(ていこう)する 저항하다 │ ひたすら 오로지, 그저

---

18 복합어의 의미 파악하기 ★★★　　　│ 정답 1

해석 만일 **착오**가 있었다면 용서해 주십시오.

해설 差(さ)し支(つか)え(지장), すれ違(ちが)い(어긋남), 取(と)り扱(あつか)い(취급), 取(と)り締(し)まり(단속), 振(ふ)り出(だ)し(출발점), 見(み)せかけ(겉치레)는 자주 출제되는 和語의 복합명사이다.

어휘 行(い)き違(ちが)い 착오, 오해 │ 不一致(ふいっち) 불일치 │ 合致(がっち) 합치 │ 通過(つうか) 통과 │ 加速(かそく) 가속

---

19 동사의 의미 파악하기 ★★★　　　│ 정답 4

해석 세계 어딘가에서는 기근에 쓰러지고 빈곤으로 **허덕이고 있다**.

해설 催(もよお)す(개최하다), 値(あたい)する(값어치가 있다), 老(お)いる(늙다), 遡(さかのぼ)る(거슬러 올라가다), 強(し)いる(강요하다), 廃(すた)れる(쇠퇴하다), しくじる(실수하다), さしかかる(착수하다)와 같은 동사들을 익혀 두면 고득점을 얻는 데 도움이 된다.

어휘 飢饉(ききん) 기근 │ 倒(たお)れる 쓰러지다, 넘어지다 │ 貧困(ひんこん) 빈곤 │ あえぐ 허덕이다, 괴로워하다 │ さわぐ 떠들다 │ くだく 부수다, 깨뜨리다 │ しのぐ 참고 견뎌 내다 │ 苦(くる)しむ 괴로워하다, 고생하다

> **문제4** 용법 문제

제시된 어휘가 올바르게 사용된 문장을 고르는 문제이다. 해석보다는 일본어 자체의 뉘앙스를 파악하는 것이 중요하며, 이를 위해서는 평소에 일본어 문장을 많이 읽는 것이 좋다.

> **20** ~ **25**　다음 단어의 용법으로 가장 알맞은 것을 1·2·3·4 중에서 하나 고르시오.

---

20 문맥에 맞는 어휘 용법 ★★★　　　│ 정답 4

해석 1 조금 더 있으면 눈 속으로 딸을 **방출**할 참이었다.
　　 2 직선은 완만한 선보다도 선명함을 보다 강하게 **방출**할 수 있다.

---

3 감독은 주연 여배우의 매력을 <u>방출</u>시키는 능력에 정평이 나 있는 '여성 영화의 거장'이라고 불린다.

4 빨아올린 공기를 적셔 주위에 대량으로 <u>방출</u>하고 있다.

해설 　1에서는 '쫓아낸다'는 의미이므로 追(お)い出(だ)す, 2는 表(あら)わしている(나타내고 있다), 3은 発散(はっさん)させる(발산시키다)로 바꾸는 것이 자연스럽다.

어휘 　放出(ほうしゅつ) 방출 ｜ 直線(ちょくせん) 직선 ｜ なだらか 완만한 모양 ｜ 監督(かんとく) 감독 ｜ 主演女優(しゅえんじょゆう) 주연 여배우 ｜ 魅力(みりょく) 매력 ｜ 能力(のうりょく) 능력 ｜ 定評(ていひょう) 정평 ｜ 巨匠(きょしょう) 거장 ｜ 吸(す)い上(あ)げる 빨아올리다 ｜ 湿(しめ)る 축축해지다. 습기 차다 ｜ 周囲(しゅうい) 주위

21　어휘의 용법 파악　★★☆　　｜ 정답 1

해석 　**1** 자신감이 <u>과잉</u>되지 않도록 주의하지 않으면 안 된다.
2 올해는 쌀이 <u>과잉</u>되어 버렸다.
3 그는 매일 밤 철야를 하는 등 <u>과잉</u>으로 일만 하고 있다.
4 사람의 피부는 온도 변화에 대해 민감 <u>과잉</u>하다.

해설 　2에서는 '쌀이 남았다'는 의미이므로 余(あま)ってしまった, 3, 4에서는 過剰를 사용하지 않아야 자연스러운 표현이 된다.

어휘 　過剰(かじょう) 과잉 ｜ 徹夜(てつや) 철야 ｜ 皮膚(ひふ) 피부 ｜ 温度(おんど) 온도 ｜ 変化(へんか) 변화 ｜ 敏感(びんかん) 민감

22　적절한 복합어의 사용　★☆☆　　｜ 정답 3

해석 　**1** 증거를 하나도 남기지 않고 현장에서 <u>들를</u> 방법을 생각해 냈다.
2 결국 또 자신의 힘을 의지하여 <u>들르게</u> 되었다.
3 시간이 별로 없기 때문에 패스트푸드점에 <u>들를</u> 생각입니다.
4 이 스위치를 누르면 자동으로 <u>들르게</u> 됩니다.

해설 　1은 '현장에서 사라지다'를 뜻하는 문장이므로 立(た)ち去(さ)る, 2는 '자신의 힘을 믿고 일어서다'이므로 立(た)つ, 4는 開閉(かいへい)する(개폐되다)로 바꾸어 준다.

어휘 　立(た)ち寄(よ)る 들르다 ｜ 証拠(しょうこ) 증거 ｜ 現場(げんば) 현장 ｜ 頼(たよ)り 의지 ｜ 押(お)す 누르다

23　부사의 용법　★★☆　　｜ 정답 2

해석 　**1** 눈물로 눈이 흐려져 시야가 <u>애매모호</u>하게 되었다.
2 점은 <u>애매모호</u>한 점도 있지만 오락으로서 대중에게 즐겨지고 있다.
3 그녀의 태도가 무엇보다 화가 난 <u>애매모호</u>한 증거였다.
4 시험 결과에 낙담하고 있었는데, 그의 <u>애매모호</u>한 말에 도움을 받았다.

해설 　1은 '시야가 흐려지다'이므로 視野(しや)がかすんでくる/視野が曇(くも)ってくる, 3은 '명백한 증거'가 더 자연스러운 문장이므로 明(あき)らかな/明白(めいはく)な로, 4는 やさしい로 바꾸어 준다.

어휘 　あやふや 애매모호함 ｜ 涙(なみだ) 눈물 ｜ かすむ 흐리다. 희미하게 보이다 ｜ 占(うらな)い 점 ｜ 娯楽(ごらく) 오락 ｜ 大衆(たいしゅう) 대중 ｜ 親(した)しむ 친숙하다, 익숙하다 ｜ 態度(たいど) 태도 ｜ 証(あかし) 증거 ｜ 救(すく)う 구원하다, 도와주다

24　동사의 용법　★★☆　　｜ 정답 1

해석 　**1** 도우미가 와 준 덕분에 철수 작업은 크게 <u>진전되었다</u>.
2 맹렬한 속도로 차가 <u>진전되었다</u>.
3 잡담으로 시간이 <u>진전되었다</u>.
4 그의 연구는 범죄 방지에 <u>진전되고</u> 있다.

해설 　はかどる는 '진척되다'라는 뜻으로 2, 3, 4 모두 부자연스러운 표현이다.

어휘 　はかどる 진척되다 ｜ 助(すけ)っ人(と) 조력자 ｜ 撤収作業(てっしゅうさぎょう) 철수 작업 ｜ 大(おお)いに 대단히, 크게 ｜ 猛烈(もうれつ) 맹렬함 ｜ 雑談(ざつだん) 잡담 ｜ 研究(けんきゅう) 연구 ｜ 犯罪防止(はんざいぼうし) 범죄 방지

25　어휘의 적절한 사용　★★★　　｜ 정답 3

해석 　**1** 그 두 사람은 늘 의견이 <u>막는다</u>.
2 튜브가 물에 떠내려가지 않도록 손으로 꽉 <u>막았다</u>.
3 서버를 주기적으로 점검함으로써 피해를 최소한으로 <u>막을</u> 수 있다.
4 시합은 악천후로 <u>막혔다</u>.

해설 　1은 '두 사람의 의견이 늘 다르다'는 뜻이므로 食(く)い違(ちが)う, 2는 '튜브가 떠내려가지 않도록 손으로 잡았다'이므로 留(と)めた, 4는 '시합이 중지되었다'를 나타내는 문장이므로 中止(ちゅうし)になった로 바꿔야 한다.

어휘 　食(く)い止(と)める 막다, 저지하다 ｜ 意見(いけん) 의견 ｜ 浮(う)き輪(わ) 튜브 ｜ しっかり 단단히, 꽉 ｜ 周期的(しゅうきてき) 주기적 ｜ 点検(てんけん) 점검 ｜ 被害(ひがい) 피해 ｜ 最小限(さいしょうげん) 최소한 ｜ 試合(しあい) 시합 ｜ 悪天候(あくてんこう) 악천후

ː 언어지식(문법) ː

문제 5　문법형식판단 문제

문장 내용에 맞는 문형이나 기능을 고르는 문제이다. 커뮤니케이션 활용능력을 측정하는 것이 목표이므로 문법 문제에서도 문어체 표현보다는 일상생활에서 자주 접할 수 있는 회화체 표현의 출제 비중이 늘고 있다.

26 ～ **35**　다음 문장의 (　　)에 들어갈 가장 알맞은 것을 1·2·3·4 중에서 하나 고르시오.

26　글의 내용에 맞는 문법형식 찾기　★★☆　　｜ 정답 4

해석 　20년 만의 황실 결혼식<u>이라서</u> 전 세계 사람들이 축하하러 모여들었다.

해설 　～とあっては '～라는 이유로, ～이어서'의 의미로 특별한 모습이나 상황을 나타낼 때 사용된다. 그러나 화자 자신의 상황을 나타낼 때는 사용할 수 없으며 ～にあって(～에서)와 혼동하지 않도록 주의한다.

어휘 　皇室(こうしつ) 황실 ｜ 祝(いわ)い 축하 ｜ 駆(か)けつける 달려오다 ｜ ～として ～로서

27 문맥에 맞는 문법형식 이해하기 ★★☆　　　　　| 정답 2

해석　대기업 중역쯤 되면 대사관 파티에 초대되기도 한다.

해설　~ともなるとは '~정도의 수준이나 단계가 되면 그에 걸맞게'라는 의미이기 때문에 그 앞에는 적정 수준 이상의 명사가 오는 것이 특징이다. ~ならでは는 '~특유의', ~なればこそ는 '그래서', ゆえには '따라서'의 의미이므로 모두 문맥에 맞지 않는다.

어휘　大手企業(おおてきぎょう) 대기업 | 重役(じゅうやく) 중역 | 大使館(たいしかん) 대사관 | 招(まね)く 초대하다

28 문장 내용에 맞는 문형 찾기 ★★★　　　　　| 정답 1

해석　그가 프로선수로 성공한 것은 재능도 있었지만 상당한 노력이 있었음에 틀림없다.

해설　AもさることながらB의 형태로 'A도 물론이거니와 B'의 의미이다. ~はおろか(~는커녕), ~とはいえ(~라고는 하지만) 뒤에는 역접이 오고, ~にしたところで(~로 했으므로) 뒤에는 순접이 온다.

어휘　才能(さいのう) 재능 | 相当(そうとう) 상당함 | ~に違(ちが)いない ~임에 틀림없다

29 문맥에 맞는 기능어 찾기 ★★★　　　　　| 정답 3

해석　전화벨이 울리자마자 기자 전원이 약속한 듯이 일제히 움직이기 시작했다.

해설　~が早(はや)いかは '~이 일어난 직후에 어떠한 일이 일어났다'고 할 때 사용된다. ~が早くて, ~が早いが의 형태로 오답을 유도하기도 한다.

어휘　動(うご)き始(はじ)める 움직이기 시작하다 | ~かと思(おも)うと ~라고 생각하자 | ~が最後(さいご) ~를 마지막으로 | ~かたわら ~하는 한편

30 올바른 경어 사용 ★★★　　　　　| 정답 4

해석　거래처의 하시모토 씨가 2시에 오시면 회의실로 안내해 줄래요?

해설　신JLPT에서는 문맥에 맞는 올바른 경어 표현을 고르는 문제가 출제되고 있다. 여기에서는 '오다'의 존경어인 お見(み)えになる(오시다)를 골라야 한다. ご覧(らん)になったら(보신다면)는 見る의 존경어, お召(め)しになったら는 見る・着(き)る・食(た)べる・飲(の)む의 존경어, お目(め)にかかったら(만나시면)는 会(あ)う의 존경어이다.

어휘　取引先(とりひきさき) 거래처 | 会議室(かいぎしつ) 회의실

31 형식명사의 용법 ★☆☆　　　　　| 정답 3

해석　A 일은 즐겁겠네요.
　　　B 즐거울 리가요. 학생 때가 그리워 견딜 수 없습니다.

해설　もの + ですか는 '~할 리가 없다'는 뜻으로 반문을 나타낼 때 쓰인다.

어휘　懐(なつ)かしい 그립다 | ~てならない ~해서 견딜 수 없다

32 양태 표현 ★★☆　　　　　| 정답 1

해석　일기예보에서 비라고 한다. 그러나 아침부터 하늘이 맑아서 아무래도 비는 올 것 같지 않다.

해설　문맥상 비가 오지 않는다는 내용이 와야 하므로 부정의 양태 표현을 이용한 降りそうもない(내릴 것 같지 않다)가 적당하다. 降らないそうだ는 '비가 오지 않는다고 한다'로 전문을 나타내고, 降らんばかりだ는 '막 내릴 것 같다'는 뜻으로, ~んばかりだ는 '지금 막 ~할 것 같다'는 뜻이다. 降りかねないは ~かねない(~할지도 모른다)와 연결되어 '내릴 것 같다'는 뜻으로 세 표현 모두 앞 문장과는 문맥상 맞지 않는다.

어휘　青空(あおぞら) 파란 하늘 | どうやら 아무래도, 어쩐지

33 관용 표현 ★★★　　　　　| 정답 4

해석　그 땅은 당연히 그가 물려받아야 했지만 남동생이 손에 넣었다.

해설　~てしかるべき의 형태로 '당연히 ~해야 한다'는 뜻이다. いわざるをえない는 言(い)う에 ~ざるをえない(~하지 않을 수 없다)가 결합한 형태로 '말하지 않을 수 없다'는 뜻이고, もらおうともしないくせには '받으려고도 하지 않은 주제에'라는 의미이며, ばかりといえないが는 '~만이라고는 할 수 없지만'으로, 세 표현 모두 문맥에 맞지 않는다.

어휘　土地(とち) 토지, 땅 | 受(う)け継(つ)ぐ 물려받다 | 手(て)に入(い)れる 입수하다, 손에 넣다

34 한문 훈독체의 의미 파악하기 ★★★　　　　　| 정답 3

해석　섣달 그믐날에 갑자기 날아든 뉴스에 놀라움을 금할 수 없다.

해설　~を禁(きん)じえない는 '~을 금할 수 없다'는 뜻으로 주로 1인칭, 감정을 나타내는 명사와 함께 쓰인다. ~余儀(よぎ)なくされた는 '어쩔 수 없이 ~하게 되었다', ~でなくてなんだろう는 '~이 아니고 무엇이겠는가', ~のしまつだ는 '~형편이다, ~꼴이다'는 뜻이다.

어휘　大晦日(おおみそか) 섣달 그믐날 | にわかに 갑자기 | 飛(と)び込(こ)む 날아들다

35 호응을 이루는 문장 형식 ★★☆　　　　　| 정답 3

해석　(사회에 거금을 기부한 사람과의 인터뷰에서)
　　　돈이 있다면 분명 편리한 생활을 할 수 있습니다. 그러나 돈이 있다고 해서 반드시 행복하다고는 할 수 없습니다.

해설　'~からといって必(かなら)ずしも+부정'의 형태로 '~라고 해서 반드시 ~는 아니다'는 뜻으로 쓰인다. 문제와 같이 변형된 형태가 출제되므로 호응을 이루는 형식을 정확하게 외워 두자.

어휘　大金(たいきん) 거금 | 寄付(きふ) 기부 | 確(たし)かに 확실히

문제6 문장만들기 문제

나열된 어휘를 문장의 의미가 통하도록 조합하는 문제이다. 문맥에 맞게 나열하며, 나열할 때는 조사 등의 연결에 유의한다. ★ 이 있는 부분에 들어가야 할 어휘를 고르는 문제이므로 위치에 혼동이 없도록 한다.

36 ~ 40 다음 문장의 ★ 에 들어갈 가장 알맞은 것을 1·2·3·4 중에서 하나 고르시오.

36 문장의 호응관계 ★★★ | 정답 3

완성문 天候が急変し海で遭難した船員たちは一時たりとも希望を捨てなかった。

해석 기후가 급변하여 바다에서 조난된 선원들은 한시도 희망을 버리지 않았다.

해설 ～たりとも는 '단정의 조동사 たり＋접속조사 とも'로, '～'에는 명사가 들어가 '설령 ～라도'의 뜻으로 쓰인다. 순서는 2-1-3-4이다.

어휘 天候(てんこう) 기후 | 急変(きゅうへん) 급변 | 遭難(そうなん) 조난 | 船員(せんいん) 선원 | 希望(きぼう) 희망

37 조사와 형식명사의 문장 배열 ★★☆ | 정답 2

완성문 留学をするにしても、まじめに勉強しないことには言語が上達しないまでのことだ。

해석 유학을 한다고 해도 성실하게 공부하지 않고서는 언어가 능숙해지지 않을 따름이다.

해설 ～までのことだ는 앞 일의 결과로 인해 '당연히 ～할 따름이다, ～할 뿐이다'로 문장 마지막에 오는 것이 특징이다. 순서는 4-2-3-1이다.

어휘 上達(じょうたつ)する 기능이 향상되다

38 기능어의 호응 ★★☆ | 정답 3

완성문 人間はせいぜい持っている能力の数パーセントしか活用できないという。

해석 인간은 기껏해야 가지고 있는 능력의 몇 퍼센트밖에 활용할 수 없다고 한다.

해설 せいぜい는 '많이 계산해서 그 정도'라는 뜻으로 たかだか와 같은 뜻이다. 순서는 2-3-1-4이다.

어휘 せいぜい 기껏해야 | 能力(のうりょく) 능력 | 活用(かつよう) 활용

39 문맥에 맞는 문장 배열 ★★★ | 정답 3

완성문 どうして彼が突然辞退したか今も不思議でならない。

해석 어째서 그가 갑자기 사퇴를 했는지 지금도 이상해서 견딜 수 없다.

해설 ～てならない(～해서 견딜 수 없다)는 ～てしかたがない(～해서 어쩔 수 없다), ～てしようがない(～해서 어쩔 수 없다), ～てたまらない(～해서 참을 수 없다), ～てかなわない(～해서 참을 수 없다)와 같이 감정 상태를 나타내는 동사에 붙어 '대단히 ～한 상태'를 나타낸다. 순서는 4-1-2-3이다.

어휘 突然(とつぜん) 돌연, 갑자기 | 辞退(じたい) 사퇴 | 不思議(ふしぎ) 신기함, 이상함

40 접속관계에 맞는 문장 배열 ★★★ | 정답 4

완성문 彼女は足の痛みをものともせずにマラソンを走り抜いた。

해석 그녀는 다리 통증에도 불구하고 마라톤을 끝까지 완주했다.

해설 ～をものともせずは '～임에도 불구하고, ～도 개의치 않고'의 의미로, ～をよそに(～을 개의치 않고, ～을 아랑곳하지 않고)로도 사용된다. 앞의 내용에 역접되는 내용이 오는 것에 주의해 문제를 풀도록 한다. 순서는 4-3-2-1이다.

어휘 痛(いた)み 통증, 아픔 | マラソン 마라톤 | 走(はし)り抜(ぬ)く 완주하다

문제7 글의 문법 문제

문장 흐름에 맞는 문법을 찾는 문제이다. 독해 문제와는 달리 문법 문제이기 때문에 지문이 어렵지는 않으며, 글의 흐름을 파악하고 그에 맞는 문법을 찾아내는 것이 중요하다.

41 ~ 45 다음 글을 읽고, 문장 전체의 취지를 파악하여 **41** 부터 **45** 안에 들어갈 가장 알맞은 것을 1·2·3·4 중에서 하나 고르시오.

과거를 돌아보지 않는다

스케줄 수첩(다이어리) 사용법에는 두 가지가 있다. 미래의 계획을 쓰기 위해, 아니면 과거의 일을 쓰기 위해. 회의와 약속, 회식 예정이나 현안 사항과 같은 것들을 적어 넣는 것은 미래를 향한 작업이다. 반면, 그 주에 본 영화나 읽은 책을 기록하거나, 수첩을 잊고 떠난 출장 중에 생긴 일을 나중에 기입하는 것은 과거를 되돌아보는 작업이라고 할 수 있다.

과거와 미래, 양쪽을 모두 겸비한 수첩이 좋았던 것은 이미 옛 일이 되고 있다. 만일 과거를 적는 습관이 있다면 지금부터는 **41 그만두는** 것이 좋다. 예정이 종료되고 과거를 내버려두면 그 데이터베이스가 쓰레기가 되기 때문이다. 과거에 끌려가기 쉬운 사람은 되도록 과거를 되돌아보지 않는 노력이 필요하다. 왜냐하면 인류는 일찍이 경험한 적이 없는 전환기의 **42 한가운데에** 있기 때문이다.

편지를 보내고 답장을 기다리지 않으면 안 되었던 것이 메일로 바로 연락을 주고받을 수 있게 되었다. 뉴스가 되는 영상을 촬영하고 편집해서 발신하는 데 막대한 비용과 수고가 들었던 것이 개인 차원에서 최소한의 비용으로 장소와 시간을 불문하고 발신이 가능해졌다. 항공권 사는 법이나 호텔 예약도 어학에 뛰어나지 않은 사람이라도 컴퓨터나 휴대전화만 있으면 누구의 힘도 빌리지 않고 간단하게 할 수 있다. **43-a 확실히** 모든 일들의 방식이 바뀌고 있는 시대에 과거의 데이터는 도움이 되지 않는다고 해도 **43-b 과언이** 아니다.

발전이 없는 개인이나 회사는 비슷한 면이 있어, 오래된 정보와 기법에 근거하여 대응을 잘못하거나 무언가 과거의 사례에 **44 비추어 보아** 의사 결정을 한다. 전환기에 받아들여야 할 정보의 인풋 **45-a 양** 을 고려한다면 과거의 정보로부터 개방되어 **45-b 적극적** 으로 미래를 개척해 나가야 할 것이다.

어휘 振(ふ)り返(かえ)る 되돌아보다 | 二通(ふたとお)り 두 가지 | アポイントメント 약속 | 懸案(けんあん) 현안 | 類(たぐい) 종류

024

書(か)き込(こ)む 적어 넣다 | 手帳(てちょう) 수첩 | 兼(か)ね備(そな)える 겸비하다 | もはや 이제, 이미 | 放(ほう)っておく 내버려두다 | 引(ひ)きずられる 질질 끌려가다 | 転換期(てんかんき) 전환기 | 映像(えいぞう) 영상 | 撮影(さつえい) 촬영 | 発信(はっしん) 발신 | 膨大(ぼうだい) 방대함 | 手間(てま)がかかる 수고가 들다 | 最低限(さいていげん) 최소한 | 〜を問(と)わず 〜을 불문하고 | 堪能(たんのう) 뛰어남 | 〜さえあれば 〜만 있으면 | 手法(しゅほう) 수법, 기교 | 〜に基(もと)づいて 〜에 근거하여 | 取(と)り込(こ)む 거둬들이다, 수중에 넣다 | 拓(ひら)く 개척하다

---

41 글의 흐름에 맞는 접속사 찾기 ★☆☆　　| 정답 2

해설　〜のに(〜하는데), 〜のが(〜가), 〜ので(〜이기 때문에), 〜のは(〜는 것은) 각각의 의미에 맞게 접속에 주의하면서 문제를 풀어야 한다.

어휘　断(た)ち切(き)る 끊다, 잘라 버리다

---

42 표현의 올바른 호응 관계 ★★☆　　| 정답 3

해설　真っ只中(まっただなか)는 '한가운데(한창)'. 문장 앞에 なぜなら(왜냐하면)가 있으므로 호응을 이루는 〜からだ를 선택한다.

어휘　真(ま)っ只中(ただなか) 한가운데, 한창

---

43 문맥에 맞는 부사적 표현 및 호응 ★★★　　| 정답 4

해설　문맥상 앞의 문장을 다시 한 번 확인하고 강조하는 문장이 와야 하므로 たしかに(확실히)/過言(かごん)ではない(과언이 아니다)가 오는 것이 자연스럽다.

어휘　ところが 그런데 | 無理(むり) 무리임 | もしかすると 어쩌면 | 〜かも知(し)れない〜일지도 모른다 | やはり 역시 | 言(い)い過(す)ぎ 지나친 말, 과언 | 過言(かごん) 과언

---

44 글의 흐름 파악하기 ★★★　　| 정답 1

해설　'발전이 없는 개인이나 회사'는 과거 사례에 비추어 의사 결정을 한다는 문장이므로 照(て)らし合(あ)わせる(비추어 보아)가 정답이다. 照らし合わせれば(비추어 보면), 照らし合わせても(비추어 봐도), 照らし合わせずに(비추어 보지 않고)는 모두 문맥과 맞지 않는다.

어휘　照(て)らし合(あ)わせる 대조하다, 비교해 보다

---

45 문장 내용에 맞는 문장 구조 이해 ★★☆　　| 정답 4

해설　앞 단락의 '방대한'이라는 어휘에서 量(양)임을 추측할 수 있으며, 뒤의 拓いていくべき라는 말로 보아 献身的(헌신적)보다는 積極的(적극적)이 문장 흐름상 자연스럽다.

어휘　質(しつ) 질 | 献身的(けんしんてき) 헌신적 | 積極的(せっきょくてき) 적극적 | 量(りょう) 양

: 독해 :

문제8 단문이해 문제

200자 내외의 생활, 업무, 학습 등을 주제로 한 설명문이나 지시문을 읽고 내용을 파악하는 문제이다. 가장 중요한 것은 필자의 주장을 빨리 파악하는 것이다. 질문에 유의하며 글을 읽도록 한다.

46 ~ 49 다음 (1)에서 (4)의 글을 읽고 다음 질문에 대한 답으로 가장 알맞은 것을 1·2·3·4 중에서 하나 고르시오.

46 글의 흐름에 맞는 내용 이해 ★★☆　　| 정답 4

> (1)
> 　보자기는 일본의 옛날부터 내려오는 시장바구니(에코백)라고 할 수 있다. 최근 점점 주목을 모으고 있는 모양이다. 보자기의 장점은 무엇이든 쌀 수 있다는 점에 있으며, 물건의 형태에 구애 받지 않고 선물을 고를 수 있다. 다시 말해, (보내고 싶다고 생각하는 것을 그대로 선물할 수 있다)는 것. '딱 맞는 상자가 없어서', '예쁘게 포장할 수 없어서' 등의 이유로 선물할 수 없었던 물건이라도 보자기를 사용하면 화려하게 연출이 가능해진다. 게다가 신소재 개발에 보태어져 디자인과 무늬도 다양해져서 보자기는 점점 사용하기 편해지고, 앞으로 생활 속에서 보자기가 사용되는 장면은 점점 늘어날 것이다.

해석　(　　)에 들어갈 가장 적당한 말은 어느 것인가?
　1 포장 기술이 자연스럽게 습득된다.
　2 보자기는 화려하기 때문에 선물을 받는 상대가 기뻐한다.
　3 내용물은 중요한 게 아니라 마음이 중요하다.
　4 보내고 싶어 했던 것을 그대로 선물할 수 있다.

해설　필자는 형태에 구애 받지 않고 모든 물건을 포장할 수 있는 것이 보자기의 가장 큰 장점이라고 말하고 있으므로 정답은 4번이다.

어휘　ふろしき 보자기 | エコバッグ 에코백, 장바구니 | 注目(ちゅうもく)を集(あつ)める 주목을 모으다 | 包(つつ)む 싸다, 포장하다 | 〜を気(き)にせず 〜에 구애 받지 않다 | 華(はな)やか 화려함 | 新素材(しんそざい) 신소재 | 柄(がら) 무늬 | 豊富(ほうふ) 풍부함

---

47 해설의 인과관계 ★★☆　　| 정답 2

> (2)
> 　휴대전화가 급속히 보급되고, 언제 어디서나 손쉽게 이야기하거나 메일을 할 수 있는 시대를 맞이했다. 얼마 전만 하더라도 생각할 수 없을 만큼 손쉽게 커뮤니케이션을 할 수 있는 것이다. 표현 수단으로서 그림문자(이모티콘) 같은 것도 등장해 의사소통의 종류도 다양해졌다.
> 　반면, 커뮤니케이션을 주고받는 상대의 종류는 어떨까? 이웃 노인이나 어린이와 대화를 주고받는 젊은이는 쉽게 눈에 띄지 않는다. 같은 세대나 같은 일에 흥미를 느끼는 사람과 같이 한정된 공통사항을 가진 사람과의 관계는 밀접해지고 다른 세계 사람과의 관계는 소원해지고 있다는 인상을 받는 것은 필자만일까?

해석　필자가 다른 세계 사람과의 관계는 소원해지고 있다는 인상을 받는 이유는 무엇인가?

1 이웃 노인이나 어린이는 전혀 상대하지 않으므로
2 공통의 관심사가 없으면 별로 대화를 주고받지 않으므로
3 그림문자를 모르는 상대와는 별로 관계하지 않으므로
4 휴대전화가 보급되어 가족이나 친구들하고밖에 통화하지 않으므로

해설 1이라 답하기 쉽지만 필자는 동세대 혹은 공통의 관심사가 없는 사람은 '다른 세계 사람'이라고 표현하고 있으므로 정답은 2가 된다.

어휘 急速(きゅうそく) 급속 | 普及(ふきゅう) 보급 | 手軽(てがる)에 손쉽게 | 絵文字(えもじ) 그림문자 | 意思疎通(いしそつう) 의사소통 | バリエーション 바리에이션 | 交(か)わす 주고받다 | 年寄(としよ)り 노인 | 共通項(きょうつうこう) 공통사항 | 印象(いんしょう)を受(う)ける 인상을 받다

---

48 필자의 의견 이해 ★★★　　　　　　　　　　　| 정답 2

(3)

일을 결정할 때 가위바위보를 일상적으로 사용하는 것은 아시아 국가들에서 흔히 볼 수 있다. 그러나 구미 여러 나라에서는 다르게 동전을 던져 앞면 혹은 뒷면 어느 쪽이 나오는가에 따라 결정한다. 즉, 동양은 3자택일이며, 서양은 양자택일에 의한 결정방식을 취한다고 할 수 있을 것이다. 이 점에서 구미와 아시아의 문화 차이를 파악할 수 있다. '이것이냐 저것이냐' 하는 승부를 명확히 하고 있어서 역설적인 사고방식을 쉽게 받아들이는 일도 없으며, 모순된 가치관은 추구할 수 없는 이성적인 사고방식이다. 반면, '3자 상호견제'의 관계는 표리에 의한 승패 결착의 방법으로는 해결할 수 없으며 이해관계와 상황이 복잡하게 서로 얽혀서 융통성, 개방성과 같은 가치관이 개입하는 경우가 많다.

해석 필자의 생각과 일치하지 않는 것은 어느 것인가?
1 가위바위보를 일상적으로 사용하는 동양에서는 여러 가지 요인과 얽힌 결정방식을 취한다.
2 서양에서는 개방성 · 융통성이 전혀 없는 일의 결정방식을 취한다.
3 서양인은 '이것이냐 저것이냐'라는 양자택일로, 일의 결정방식이 비교적 명확하다.
4 가위바위보를 해서 일을 결정하는 것에서도 문화의 차이를 파악할 수 있다.

해설 서양인은 양자택일이며 일의 결정방식도 비교적 명확하며 역설적인 사고방식을 간단히 받아들이지도 않으며 모순된 가치관은 추구할 수 없는 이성적인 사고방식이라고 설명하고 있지만, 개방성과 융통성이 전혀 없는 선택을 한다는 것에 대해서는 전혀 언급되지 않았으므로 정답은 2번이다.

어휘 物事(ものごと) 매사 | 欧米諸国(おうべいしょこく) 구미 여러 나라 | 三者択一(さんしゃたくいち) 3자택일 | 読(よ)み取(と)る 간파하다 | 逆説的(ぎゃくせつてき) 역설적 | 矛盾(むじゅん) 모순 | 追求(ついきゅう) 추구 | 三(さん)すくみ 3자 상호견제 | 表裏(ひょうり) 표리 | 勝敗(しょうはい) 승패 | 決着(けっちゃく) 결착 | 絡(から)み合(あ)う 서로 얽히다 | 融通性(ゆうずうせい) 융통성 | 開放性(かいほうせい) 개방성 | 価値観(かちかん) 가치관 | 介(かい)する 개입하다

---

49 지시문의 내용 이해 ★★★　　　　　　　　　| 정답 2

(4)

대화에서 질문하는 습관을 기르자. 그것은 상대로부터 무언가를 배울 수 있으며, 그리고 상대의 사고를 활성화시키는 효과도 기대할 수 있기 때문이다. 무엇보다 당신이 말한 아이디어에 대해 남들이 생각하게끔 하기 위해서이기도 하다. 상대에게 무언가를 전달하고 싶을 때에는 그저 자신의 생각을 말로만 해서는 충분치 않다. 자신의 생각을 상대는 어떻게 생각하느냐고 질문을 던져 두고 반응을 본다. 필요한 정보를 건네고 끝이 아니다. 상대의 사고를 자극하지 않으면 안 된다. 질문은 상대의 사고에 자극을 주는 것이다.

이 사람을 설득하고 싶을 경우, 정성스럽게 질문을 구성할 필요가 있다. 우선 상대를 '납득시키기 위해 필요한 정보'를 생각해 본다. 그리고 상대로부터 그 정보를 끄집어내기 위해 질문을 한다. 목표로 하는 정보를 얻은 시점에서 또 질문한다. 그러면 상대는 설득에 응할지 말지 태도를 정한다. 질문하는 습관이 붙으면 대화의 정보량이 늘어나고 서로의 사고가 자극을 받아 활발해진다.

해석 대화에서 질문하는 습관은 왜 필요한가?
1 상대에게 자신이 어떻게 생각하는가를 전달하기 위해
2 필요한 정보를 얻을 수 있도록 구성하는 훈련이 되므로
3 상대의 사고를 자극해 설득으로 연결하기 위해
4 상대로부터 많은 아이디어를 배울 수 있으므로

해설 필자는 대화에서 질문하는 습관은 필요한 정보를 얻을 수도 있고, 이렇게 얻은 정보로 상대의 사고를 자극해 설득할 수 있다고 주장하고 있으므로 정답은 2번이다. 3번은 질문하는 습관을 익히면 좋은 예시의 하나로 상대방을 설득할 수 있다는 것을 들고 있으므로 궁극적인 목적이라고는 볼 수 없다.

어휘 思考(しこう) 사고 | 活性化(かっせいか) 활성화 | 効果(こうか) 효과 | 望(のぞ)む 바라다 | おしまい 끝 | 刺激(しげき)を与(あた)える 자극을 주다 | 念入(ねんい)り 공들여 함 | 組(く)み立(た)てる 구성하다 | 納得(なっとく) 납득 | 引(ひ)き出(だ)す 끄집어내다 | 情報量(じょうほうりょう) 정보량

문제9 중문이해 문제

500자 내외의 평론이나 수필 등의 지문을 읽고 문장의 인과관계와 이유 등을 파악하는 문제이다. 질문을 먼저 읽고 질문 내용에 유의하며 지문을 읽어 내려가는 것이 효율적이다.

50 ~ 58 다음의 (1)에서 (3)의 글을 읽고, 다음 질문에 대한 답으로 가장 알맞은 것을 1·2·3·4 중에서 하나 고르시오.

50 ~ 52

(1)

지능이 뛰어난 사람은 젊고 늙음을 불문하고 새로운 상황이나 문제에 직면했을 때, 자신을 활짝 열어 그것에 대처한다. 그는 두뇌와 감각을 가동시켜서 그것에 대해 이해할 수 있는 모든 것을 이해하려고 한다. 그는 자기 자신과 그 상황이나 문제가 기본이기에, 자신에게 일어날지도 모를 일에 대해 생각하지 않고 그 상황이나 문제 그 자체에 대해 생각한다. 그는 대담하게 상상력을 발휘해 임기응변으로,

그리고 자신감이 넘치지는 않지만 적어도 희망을 품고 그것에 대처한다. 만일 그것을 극복할 수가 없더라도 그는 부끄러워하거나 두려워하는 일 없이 자신의 실수를 직시하고 그 실수로부터 가능한 배울 수 있는 것을 배운다. 그것이 바로 지능인 것이다. 확실히 이 지능은 인생과 인생에 관련된 자기 자신에 대한 어떤 감각에 유래하고 있다.

영리^(주)한 아이와 영리하지 않은, 혹은 별로 영리하지 않은 아이를 긴 시간에 걸쳐 관찰하고 비교한 결과 알게 된 사실은, 그들은 상당히 다른 종류의 인간이라는 것이다. 영리한 아이는 인생과 현실에 대한 호기심이 왕성하며, 열심히 그것과 접촉하며 그것을 안고 그것과 하나가 되려고 한다. 그와 인생 사이에는 벽도 없고 장벽도 없다. 영리하지 않은 아이는 호기심이 훨씬 부족하고, 주위의 일이나 현실에 대한 관심이 적고 공상의 세계에 살려고 하는 경향이 강하다.

영리한 아이는 시험 삼아 해 보는 것을 좋아한다. 그는 매사에는 여러 가지 방식이 있다는 원칙을 안다. 어떤 방식으로 무언가를 하는 것이 불가능하다면 다른 방식으로 시험 삼아 해 보려고 한다. 반면, 영리하지 않은 아이는 대개 원래 시험 삼아 해 보는 것을 두려워한다. 그에게 한 번이라도 시험 삼아 해 보게 하기 위해서는 아주 강하게 권하지 않으면 안 될 뿐더러 그 시도가 실패한다면 그걸로 끝나고 만다.

(주) 영리 : 똑똑한 것. 총명함

어휘　知能(ちのう) 지능 ｜ 老若(ろうにゃく) 노소 ｜ 直面(ちょくめん) 직면 ｜ 全開(ぜんかい) 활짝 엶 ｜ 大胆(だいたん)に 대담하게 ｜ 臨機応変(りんきおうへん) 임기응변 ｜ 克服(こくふく) 극복 ｜ 恥(は)じる 부끄러워하다 ｜ 直視(ちょくし) 직시 ｜ 根(ね)ざす 유래하다, 뿌리 박히다 ｜ 利発(りはつ) 영리함. 총명함 ｜ もしくは 혹은 ｜ 好奇心(こうきしん) 호기심 ｜ 〜もなければ〜もない 〜도 없고 〜도 없다 ｜ 障壁(しょうへき) 장벽 ｜ 乏(とぼ)しい 부족하다 ｜ 空想(くうそう) 공상

50　문장의 내용 파악 ★★★　｜ 정답 2

해석　지능이 뛰어난 사람이 하는 행동이 아닌 것은 어느 것인가?
1 자신의 잘못을 인정하고 거기에서 교훈을 얻는다.
2 지금부터 자신에게 일어날 수 있는 모든 가능성에 대해 생각한다.
3 처한 상황이나 문제 그 자체에 대해 생각한다.
4 처한 상황이나 문제에 대해 감각을 동원해 이해하려고 노력한다.

해설　지능이 뛰어난 사람은 앞으로 일어날지도 모를 일보다는 지금 처한 문제 자체에 대해 이해하고 대처한다고 했으므로 정답은 2번이다.

어휘　〜得(え)る 〜할 수 있다

51　글의 주제 이해하기 ★★☆　｜ 정답 4

해석　필자가 가장 말하고 싶은 것은 무엇인가?
1 총명한 아이는 실패를 두려워하지 않고 여러 가지 일을 시험 삼아 해 본다.
2 아이가 여러 가지 경험을 할 수 있도록 교육해야만 한다.
3 지능이 뛰어난 사람일수록 대담하게 임기응변으로, 그리고 자신감이 넘치는 법이다.
4 지능이 뛰어난 사람은 막상 일이 발생했을 때 어떻게 행동해야 하는지를 잘 안다.

해설　필자는 지능이 뛰어난 사람은 새로운 상황이나 문제에 직면했을 때 자기 자신을 활짝 열고 여러 가지 방식으로 대처하려고 한다고 서술하고 있으므로 정답은 4번이다.

어휘　聡明(そうめい) 총명함

52　키워드의 이해 ★★☆　｜ 정답 2

해석　필자가 생각하는 영리한 아이는 어느 것인가?
1 현실에서 일어난 일에 대처하는 데 있어 단순하고 또한 명쾌한 방법 이외에는 생각하지 않는다.
2 현실에서 일어난 일에 다양한 방법으로 대처한다.
3 여러 가지 해 보는 것을 좋아하지만, 신중하기 때문에 좀처럼 행동을 하지 않는다.
4 호기심이 왕성해서 어른이 무언가를 시도해 보기를 강하게 권해 줄 필요가 있다.

해설　영리한 아이는 호기심이 왕성해서 여러 가지 방법으로 일을 해결하려는 시험 정신이 강하다고 했으므로 정답은 2번이다.

어휘　慎重(しんちょう) 신중함 ｜ 旺盛(おうせい) 왕성함

---

53 ～ 55

(2)

철학자에 의하면 인간은 만물의 척도라고 한다. 이 '인간'이라는 것을 잘 모르겠지만, 특별히 철학자가 말하지 않아도 결국에는 자신이 만물의 척도라고 절반은 무의식적으로 굳게 믿으며 각자의 인간은 살아가고 있다. 그러므로 <u>자신과는 다른 인간을 만나면 늘 화를 내는 꼴</u>이 된다.

그러나 다른 동물들도 역시 자신을 척도로 살아가고 있음에 틀림없다. 길가의 담 위에서 낮잠을 자고 있는 고양이에게 정의를 내리라고 하면 '인간이란 우리들 고양이 얼굴을 보면 쯧쯧 하며 품위 없이 혀를 차고 이어서 서투른 목소리와 얼굴빛으로 야옹 하며 울어 보이는 동물이다'가 될 것이다.

개의 입장에서 보면, 인간은 '주인과 기타 다른 무리들'로 명확하게^(주1) 구별되게 된다. 그러니까 이 세상에 더 없이 사모하는 쪽이든지 물어주지 않으면 안 될 만큼 밉살스럽든지 그 둘 중 하나인 것이다. 동물원의 고릴라 입장에서 보면, 인간은 '우리 저쪽 편에 무리 짓고 사는 시끄럽고 침착하지 못한 나쁜 점만 자신들과 닮은 유원인'이라는 것이 될 것이다.

게다가 바퀴벌레는 인간을 이렇게 정의 내릴지도 모른다. '우리들이 밤의 정해진 시간에 찬장 뒤편에서 기어 나와 어둠 속에서 안심하고 먹이를 뒤지고 있을 때 무례하게도 갑자기 불을 켜고 쇳소리를 지르고는 슬리퍼를 머리 위로 번쩍 치켜들고는 쿵쾅쿵쾅 땅을 뒤흔드는 소리^(주2)를 내며 육박^(주3)해 오는, 그러면서도 동작이 느려 빠진 꼴 같지 않은 거대한 생물'.

(주1) 절연 : 구별이 확실한 모양
(주2) 땅울림 : 무거운 것이 떨어지거나 통과하거나 할 때의 진동으로 지면이 울려 소리가 나는 것
(주3) 육박 : 몸으로 압박하는 것

어휘　哲学者(てつがくしゃ) 철학자 ｜ 〜によれば 〜에 의하면 ｜ 万物(ばんぶつ) 만물 ｜ 尺度(しゃくど) 척도 ｜ 信(しん)じ込(こ)む 굳게 믿다 ｜ はめ 처지 ｜ 道端(みちばた) 길가 ｜ 塀(へい) 담

声色(せいしょく) 목소리와 얼굴빛 | 截然(せつぜん) 절연, 구별이 확연함 | このうえもなく 더할 나위 없이 | 慕(した)わしい 그립다 | 咬(か)みつく 달려들어 물다 | 檻(おり) 우리 | 群(むら)がる 무리 짓다 | 騒々(そうぞう)しい 시끄럽다 | 類猿人(るいえんじん) 유원인 | 更(さら)に게다가 | 戸棚(とだな) 찬장 | 這(は)い出(で)る 기어 나오다 | 暗闇(くらやみ) 어둠 | あさる 뒤지다 | 無作法(ぶさほう) 무례함, 예의 없음 | カナキリ声(ごえ) 쇳소리 | 振(ふ)りかざす 머리 위로 번쩍 쳐들다 | ずしんずしん 쿵쿵 | 地響(じひび)き 땅울림 | 肉薄(にくはく) 육박 | ぶざま 추태, 꼴사나움

53 문장의 내용 이해하기 ★★☆ | 정답 3

해석 동물들이 생각하는 인간이 아닌 것은 어느 것인가?

1 천박하게 혀를 차거나 고양이 우는 소리를 흉내 내는 동물이다.
2 동작이 느리고 무례한 커다란 생물에 지나지 않는다.
3 만물의 척도이다.
4 시끄럽고 조급한 존재이다.

해설 만물의 척도는 인간이 자신들을 생각하는 사고방식이므로 정답은 3번이다.

어휘 ぶしつけ 무례, 버릇없음 | せわしい 바쁘다, 조급하다

54 인과관계 파악하기 ★★★ | 정답 1

해석 인간이 자신과는 다른 인간을 만나면 늘 화를 내는 꼴이 되는 이유는 무엇인가?

1 자신이 모든 것의 기준이 된다고 굳게 믿고 있으므로
2 물고 늘어지고 싶을 만큼 밉살스러우므로
3 남을 협박하듯이 땅을 울리며 육박해 오므로
4 무리 지어 시끄럽고 침착하지도 못하면서 나쁜 점만 있으므로

해설 필자는 인간은 자신이 기준이기 때문에 다른 인간을 보면 이해를 하지 못해 늘 화를 낸다고 말하고 있으므로 정답은 1번이다. 밑줄 부분의 앞 문장을 잘 살펴보면 인과관계의 파악이 쉽다.

어휘 脅(おど)かす 위협하다

55 글의 주제 파악하기 ★★☆ | 정답 4

해석 필자가 가장 말하고 싶은 것은 어느 것인가?

1 인간도 동물들도 각자의 생각이 있으므로 존중해야만 한다.
2 동물도 인간도 그 권리에 대해서 재고해야 한다.
3 인간은 늘 자기 멋대로이기 때문에 동물들도 인간에게 화를 내고 있으며 반성하지 않으면 안 된다.
4 입장을 바꾸어 인간 이외의 다른 존재의 눈으로 보고 인간 그 자체를 재고해 보지 않으면 안 된다.

해설 필자는 인간들에게 다양한 관점에서 자기 자신을 돌아볼 것을 권하고 있으므로 정답은 4번이다.

56 ~ 58

(3)

　　미국에서 '비욘드 비프'라 불리는 운동이 시민단체를 중심으로 일어나고 있다. 이것은 '고기 먹는 양을 줄이자. 특히, 소고기에 대해서는 절반으로 줄이자'는 운동이다. 사실 육식용 동물을 기르는 데에는

많은 곡물과 풀이 필요하고 목장 등의 전문적인 공간도 필요로 한다. 닭보다도 돼지가, 돼지보다도 소가 더 대량으로 사료와 넓은 공간을 필요로 한다. 소고기 1kg을 얻기 위해 사용되는 곡물 사료는 옥수수로 환산하면 약 11kg이라고 한다.

　　'소 섭취를 줄이면 도상국의 기아와 지구 온난화 대책으로 이어진다'는 주장도 사실무근은 아닌 것이다. 소고기는 주로 부유한 선진국에서 소비되는 경우가 많다. 선진국에서 먹는 소고기의 양을 절반으로 줄인 결과, 소가 줄어들고 소가 줄어든 만큼의 목초지를 숲으로 바꿈으로써 이산화탄소의 배출량을 줄이는 것이 가능해진다.

　　또한 대기 중에 방출되는 메탄 중에서 전체의 16%는 소를 중심으로 하는 반추동물의 트림이 원인이 되고 있다고 한다. 반추동물의 위 속에는 목초 섬유를 발효시켜 영양분으로 바꾸는 미생물이 있고, 그러한 미생물은 식물 섬유를 분해하는 과정에서 수소를 배출한다. 반추동물은 다른 공생 세균에 의해 이 수소를 메탄으로 바꾸고 트림의 형태로 밖으로 배출하고 있는 것이다. 결국, 소의 사육 개체 수를 줄이는 것은 이산화탄소보다도 커다란 온실 효과를 내는 메탄도 동시에 줄일 수 있는, 매우 효과적인 수단이라고 할 수 있다.

어휘 市民団体(しみんだんたい) 시민단체 | 減(へ)らす 줄이다 | 肉食用(にくしょくよう) 육식용 | 穀物(こくもつ) 곡물 | 牧場(ぼくじょう) 목장 | 飼料(しりょう) 사료 | 換算(かんさん) 환산 | 途上国(とじょうこく) 도상국 | 飢餓(きが) 기아 | 温暖化(おんだんか) 온난화 | 事実無根(じじつむこん) 사실무근 | 裕福(ゆうふく) 유복함 | 牧草地(ぼくそうち) 목초지 | 二酸化炭素(にさんかたんそ) 이산화탄소 | 排出量(はいしゅつりょう) 배출량 | 削減(さくげん) 삭감 | 反芻動物(はんすうどうぶつ) 반추동물 | ゲップ 트림 | 牧草繊維(ぼくそうせんい) 목초섬유 | 発酵(はっこう) 발효 | 栄養分(えいようぶん) 영양분 | 微生物(びせいぶつ) 미생물 | 分解(ぶんかい)する 분해하다 | 水素(すいそ) 수소 | 共生細菌(きょうせいさいきん) 공생세균 | 排出(はいしゅつ) 배출 | 飼育(しいく) 사육 | 頭数(とうすう) 마리 수, 개체 수 | 温室効果(おんしつこうか) 온실 효과

56 키워드의 내용 이해 ★★☆ | 정답 3

해석 '비욘드 비프' 운동의 목적은 무엇인가?

1 소의 위 속에 있는 미생물을 활용하려는 것
2 소의 공생 세균을 활용하여 수소를 메탄으로 바꾸려는 것
3 소의 사육 개체 수를 줄임으로써 온실가스를 줄이려는 것
4 소 사육에 필요로 하는 곡물 보유량을 늘리려는 것

해설 '비욘드 비프' 운동은 소의 사육 개체 수를 줄여 소의 먹이로 사용되는 목초지를 삼림으로 바꾸고 메탄가스도 줄여 온실 효과를 줄이는 것이 목적이라고 설명하고 있다. 따라서 정답은 3번이다.

57 글의 요지 정리하기 ★★★ | 정답 4

해석 소 섭취를 줄임으로써 얻어지는 효과가 아닌 것은 어느 것인가?

1 도상국의 기아를 줄일 수 있다.
2 삼림이 풍부해진다.
3 소의 트림이 줄어들고 대기오염이 줄어든다.
4 목초섬유를 발효시켜 영양분으로 바꿀 수 있다.

해설 반추동물의 위 속에는 목초섬유를 발효시켜서 영양분으로 바꾸는 미생물이 존재하지만 이것은 얻어지는 효과로 보기보다는 소의 소

화 과정이라 보아야 한다.

어휘　大気汚染(たいきおせん) 대기오염

[58] 글의 주제 파악하기 ★★★　　　　　| 정답 1

해석　필자가 가장 말하고 싶은 것은 어느 것인가?
　　1 생활 개선으로 환경 문제를 해결해 나가자.
　　2 소는 이산화탄소와 메탄을 배출하기 때문에 소를 줄이지 않으
　　　면 안 된다.
　　3 소는 공생 세균을 배출하는 유해한 동물이다.
　　4 온실 효과를 내는 이산화탄소와 메탄은 동시에 줄일 필요가 있다.

해설　필자는 '비온드 비프'는 환경 운동의 일환으로 생활 속에서 조금만
　　주의를 기울이고 개선해 나간다면 환경 문제도 해결할 수 있다고
　　주장하고 있다. 따라서 정답은 1번이다.

어휘　改善(かいぜん) 개선

문제10 장문이해 문제

긴 지문을 읽고 필자의 생각이나 인과관계, 이유 등을 파악하는 문제
이다. 이 유형의 문제에서는 저자의 의도를 파악하는 문제가 많이 출
제되며, 전체 내용을 파악하는 것이 무엇보다 중요하다. 또한, 시간이
부족하므로 문제를 먼저 읽은 후 지문을 나중에 읽는 것이 좋다.

59 ～ 62 다음 글을 읽고 다음 질문에 대한 대답으로 가장 알
맞은 것을 1・2・3・4 중에서 하나 고르시오.

　많은 사람들이 '사무실'이라는 말을 들으면 회색 색조의 어둡고 메
마른 듯한 집무실이나 또는 밝고 관엽식물이 곳곳에 놓여져 있는 기
분 좋은 쾌적한 공간 등을 떠올릴 것이다.
　원래 ①사무실의 역할이라는 것은 사람이 모이는 장소로 사무실
안에는 임원, 사원, 파트타임, 아르바이트를 비롯해 거래처, 손님, 주
주, 은행원, 친구 등 많은 사람들이 모여 커뮤니티를 형성해 간다. 그
때문에 사무실은 회사의 생각을 나타내는 적절한 장소가 된다. 동시
에 생각하는 시간보다 실제로 실행・작업하는 시간이 더 많다. 그 때
문에 이 작업을 효율 좋고 생산성 높게 만드는 것은 기업에 있어 중
요한 과제임은 틀림없는 사실이다.
　그뿐만이 아니다. 사무실 내에서는 다양한 아이디어, 매일 하는 업
무에 대한 개선 방법 등을 생각하는 것이 중요한 역할 중의 하나라고
할 수 있다. 동시에 회의를 하는 장소이고, 비즈니스를 하는 데 있어
사내외에서는 협의 등의 회의가 필수적이다.
　그러나 이러한 지금까지의 사무실은 ②무선기술의 등장에 의해 많
은 기업이 사무실 환경의 미래에 주목하게 되었다. 미래의 사무실에
는 종이가 없고, 이동이 가능하며, 최소한의 공간밖에 필요로 하지
않게 된다. 디지털화 보존이 더욱 보급되면 일의 외관도 난잡과는 거
리가 먼 것이 될 것이다. 평면 모니터는 공간 절약에 크게 공헌해 왔
는데 더욱 더 이용이 많아질 것이다.
　최첨단 책상은 작아지고 필수 도구를 집어넣은 조작 패널이 부착
된 통합형 워크스테이션을 갖추게 될 것이다. 주요 워크스테이션은 1
대의 중추 컴퓨터로 구성되며 또한 사원은 누구나가 조작 패널이 부
착된 각각의 워크스테이션에서 탈부착이 가능한 무선기기를 이용할
수 있게 된다.

　이러한 모든 도구가 금방 손이 닿는 곳에 있다면 사원은 더욱 효율
적으로 상호 공동작업을 할 수 있게 된다. 사원의 교류, 대화, 창조성
이 높아지면 미래의 사무실은 생산적인 공동작업의 장이 된다. 그리
고 범용성, 유연성, 휴대성은 그 핵심이 된다.
　우리들은 늘 차세대 기술의 가능성과 함께 ③사무실을 더욱 효율
화시키고 싶다는 사원의 요망을 의식하지 않으면 안 된다. 이 점을
고려한다면 우리는 건전하고 활력 있는 경제에 공헌하고, 기업의 가
장 귀중한 상품인 노동자에게 있어서 스트레스를 받지 않는 노동 환
경을 만들어 낼 수 있을 것이다.

어휘　色調(しきちょう) 색조 ｜ 執務室(しつむしつ) 집무실 ｜ それ
　　とも 그렇지 않으면 ｜ 観葉植物(かんようしょくぶつ) 관엽식
　　물 ｜ そもそも 원래 ｜ 集(つど)う 모이다 ｜ 取引先(とりひきさ
　　き) 거래처 ｜ 株主(かぶぬし) 주주 ｜ 恰好(かっこう) 모양, 알맞음
　　｜ 打(う)ち合(あ)わせ 협의, 타협 ｜ 必須(ひっす) 필수 ｜ 最小限
　　(さいしょうげん) 최소한 ｜ 乱雑(らんざつ) 난잡함 ｜ ほど遠(と
　　お)い 거리가 멀다 ｜ 貢献(こうけん) 공헌 ｜ 最先端(さいせんた
　　ん) 최첨단 ｜ 組(く)み込(こ)む 짜 넣다 ｜ 統合型(とうごうがた)
　　통합형 ｜ 中枢(ちゅうすう) 중추 ｜ 着脱(ちゃくだつ) 탈착 ｜ 相
　　互(そうご) 상호 ｜ 創造性(そうぞうせい) 창조성 ｜ 汎用性(は
　　んようせい) 범용성 ｜ 柔軟性(じゅうなんせい) 유연성 ｜ 携帯
　　性(けいたいせい) 휴대성 ｜ 核心(かくしん) 핵심

[59] 키워드의 내용 이해하기 ★★☆　　　　| 정답 1

해석　①사무실의 역할이 아닌 것은 어느 것인가?
　　1 범용성, 유연성, 휴대성을 핵심으로 한 공동작업의 장소
　　2 많은 아이디어, 매일 하는 업무의 개선 방법 등을 생각하는 장소
　　3 임원부터 친구 등의 다양한 사람이 모이는 장소
　　4 여러 가지 회의가 열리는 장소

해설　1은 현재 사무실의 역할이 아닌 미래 사무실의 역할이라고 설명하
　　고 있다. 따라서 정답은 1번이다.

[60] 글의 인과관계 파악하기 ★★★　　　　| 정답 4

해석　②무선기술의 등장에 의해 변화갈 것이라고 예상되는 것은 무엇인가?
　　1 업무 방식
　　2 사원의 노동시간
　　3 회의나 사무실에 모이는 사람들
　　4 사무실의 작업 환경

해설　필자는 무선기술의 등장으로 컴퓨터나 책상, 작업 공간 등이 변화
　　할 것이라고 말하고 있다. 따라서 정답은 4번이다.

[61] 연관되는 내용 유추하기 ★★★　　　　| 정답 3

해석　③사무실을 더욱 효율화하고 싶다는 사원의 요망에 부응하여 기업
　　은 무엇을 해야만 한다고 필자는 말하고 있는가?
　　1 공간 절약을 실현한다.
　　2 최첨단의 책상과 컴퓨터를 구비한다.
　　3 사원이 스트레스를 받지 않는 환경을 만든다.
　　4 사원의 교류, 대화의 장을 늘린다.

해설　밑줄 부분의 바로 다음 문장에 '건전하고 활력 있는 경제에 공헌하
　　고, 기업의 가장 귀중한 상품인 노동자에게 있어서 스트레스를 받

지 않는 노동 환경을 만들어 낼 수 있을 것이다'라고 기술되어 있으므로 정답은 3번이다.

---

62 글의 주제 파악하기 ★★☆ | 정답 2

해석 필자가 가장 말하고 싶은 것은 무엇인가?

　1 사무실은 미래를 향해 변화하고 있기 때문에 적극적으로 대처해야 한다.

　2 미래형 사무실이 주목 받고 있는데, 이것은 사원이 스트레스를 받지 않는 환경이 될 것으로 예상된다.

　3 차세대 기술을 도입한 사무실은 일의 능률을 높이기 때문에 하루라도 빨리 도입해야 한다.

　4 탈부착이 가능한 무선기기를 이용하기 때문에 사무실에 나가지 않아도 일이 원활하게 된 것은 기쁘다.

해설 첨단 기기의 도입으로 미래의 사무실에서는 여러 가지 일들이 가능할 거라고 서술하고 있지만 궁극적으로는 이러한 일들이 회사의 가장 중요한 상품인 노동자가 스트레스를 받지 않는 환경을 만들어 내는 데 도움이 될 것이라고 말하고 있으므로 정답은 2번이다.

문제 11 통합이해 문제

같은 주제에 대한 복수의 글을 읽고 공통점과 차이점을 비교하거나 종합적으로 이해했는지를 묻는 문제이다. 질문과 선택지를 먼저 읽고 글의 주요 포인트를 표시하면서 읽으면 쉽게 정답을 찾을 수 있다.

63 ~ 65 다음의 A와 B는 각각 다른 신문의 칼럼이다. A와 B 양쪽을 읽고 다음 질문에 대한 답으로 가장 알맞은 것을 1・2・3・4 중에서 하나 고르시오.

> A
>
> 　어느 도심의 대학병원에서는 구급 이송의 상당수가 과잉 음주에 의한 만취자라고 한다. 증세가 심한 알코올 중독 등에 대한 처치는 필수이지만 자력으로 회복될 수 있는 경우도 많다고 한다. 그 밖에 경미한 질환으로 쉽게 구급차를 부르고 개중에는 병원까지 오는 택시 대신으로 이용하는 상습자도 있다고 한다.
>
> 　장소를 바꿔 미국. 십 년 전의 이야기인데, 친구가 출장지의 호텔에 체재하던 중, 그때까지의 과로가 쌓여 방에서 쓰러져 구급차를 불렀다. 도착한 구급대원들로부터 이송은 자기 부담이며 게다가 상당히 고액이라는 말을 들었다. 그때까지 약간 회복을 했기 때문에 다소 망설였지만 병원 가는 것은 그만두었다고 한다. 결과적으로 무사히 귀국했지만 양쪽의 차이를 몸소 느꼈다는 것.
>
> 　금전적인 부담 능력에 따라 구급 의료 이용이 좌우되는 것에는 위화감이 느껴지지만, 무료 서비스에 대한 도덕성 없는 과잉 이용은 시정했으면 한다. 그것은 무엇보다도 구급 이송의 지연이나 병원의 환자 수용 능력이 떨어져 시각을 다투는 중환자에 대한 대응이 곤란해졌기 때문이다. 구급차 이용을 유료화하는 것에는 찬반양론이 있으며 우리나라에서는 아직 실현되고 있지 않다. 119 수신 시의 긴급도 선별과 악질적인 반복 이용에 대한 미출동 등이 대책으로 거론되고 있지만, 실천상의 과제도 많은 것 같다. 이용자 측의 의식 향상도 중요할 것이다.
>
> (니혼게이자이신문)

어휘 搬送(はんそう) 반송 | 泥酔者(でいすいしゃ) 만취한 사람 | 重篤(じゅうとく) 중독, 병세가 매우 무거움 | 常習者(じょうしゅうしゃ) 상습자 | 断念(だんねん) 단념 | 彼我(ひが) 피아(이편과 저편) | アクセス 접근, 이용 방법 | 違和感(いわかん) 위화감 | 是正(ぜせい) 시정 | 一刻(いっこく)を争(あらそ)う 시각을 다투다 | 賛否両論(さんぴりょうろん) 찬성과 반대의 양론 | 謳(うた)う 강조해서 말하다, 구가하다

> B
>
> 　오늘 밤 오전 0시까지의 구급차 출동 건수는 45건. 그중 경증은 17건으로 이송되지 않은 것은 나이 든 여성 외에 1건 있었다. 밤에 "장난감을 가지고 놀던 딸이 피를 흘린다"며 부모 통보. 현장으로 향하는 도중에 다시 "이제 괜찮습니다."는 연락이 들어온 것이 그 건이다.
>
> 　경증과 이송되지 않은 것이 두드러진다는 점을 별실에서 대기 중이던 구급대원에게 지적하자, "피를 보고는 놀라 평정을 잃는 경우도 있어서 전부 경증의 통보가 나쁘다고는 할 수 없다"고 한다. 요컨대, 본인이나 가족에게는 '중증'이며 '안심시켜 주는 서비스'라는 의미에서라도 출동을 해야만 한다.
>
> 　"콘택트렌즈가 빠지지 않아요." 그런 여성의 통보를 받고 다카마쓰 시 소방국의 구급대원은 여성의 집으로 급행, 병원으로 이송했다. 그러나 택시로도 갈 수 있는 상황이었다고 지적하자 "응대가 나쁘다"는 항의를 받았다고 한다. 그 밖에도 찰과상이나 벌레에 물렸을 때, 치통, 심지어는 검사를 위한 통원 등, '택시 대용'으로 이용하는 통보가 눈에 띄고 있으며 구급차의 출동 건수는 급증세. 개중에는 ▷야간에 병원에 문의하는 것이 귀찮다 ▷기다리지 않고 검진을 받을 수 있을 것 같은 착각 등. 극단적인 모럴해저드(윤리관의 결여)도 있는 모양이다.
>
> 　이대로라면 미국이나 유럽과 같이 구급차가 출동하는데 수만 엔을 지불하는 상황도 현실성이 있다. 과연 현행 제도를 지켜 나갈 수 있을까? 그것은 '택시나 자가용으로 병원에 갈 수 있는 경우에는 구급차를 부르지 않는다'는 당연한 도덕성에 달려 있다. 누군가의 생사가 걸려 있을지도 모른다고 상상하면 그리 어려운 일이 아닐 것이다. 지금 그렇게 못한다면 잃는 것이 너무나도 크다.
>
> (시코쿠신문)

어휘 零時(れいじ) 0시, 자정 | 軽症(けいしょう) 경증, 가벼운 증상 | 遊具(ゆうぐ) 놀이 도구 | 出血(しゅっけつ) 출혈 | 通報(つうほう) 통보 | 動転(どうてん)する 깜짝 놀라 어찌할 바를 몰라하다 | 擦(す)り傷(きず) 찰과상 | 虫(むし)さされ 벌레 물림 | 歯痛(しつう) 치통 | うなぎ上(のぼ)り 자꾸 올라감 | 極端(きょくたん) 극단 | モラルハザード 도덕적 해이 | 倫理観(りんりかん) 윤리관 | 欠如(けつじょ) 결여 | 現実味(げんじつみ) 현실미 | 現行(げんこう) 현행 | 生死(せいし)がかかる 생사가 걸리다

---

63 두 글의 공통점 찾기 ★★☆ | 정답 4

해석 A와 B 양쪽 기사에서 모두 다루고 있는 내용은 어느 것인가?

　1 구급차 무료 서비스의 필요성

　2 구급차 이용자의 불만과 바람

　3 현재 구급 제도의 문제점

　4 구급차 이용자의 의식 향상에 대한 필요성

해설 A는 무료 서비스의 도덕성 없는 과잉 이용은 시정해야 하며 그 때

문에 구급 이송이 늦어져 중환자에 대한 대응이 곤란을 겪고 있는 상황에 대해 우려하는 기사이며, B는 택시나 자가용으로 이동이 가능한 경증 환자들의 무분별한 구급차 이용으로 인해 현행 제도가 유지되기 힘들 것이라는 내용의 기사이다. 두 기사 모두 구급차 이용자의 의식 향상이 필요하다는 사실에 대해 다루고 있으므로 정답은 4번이다.

---

64 각 기사의 주제 파악하기 ★★★　　　　| 정답 2

해석　구급차 운용에 대해 A의 필자와 B의 필자는 어떠한 입장을 취하고 있는가?

1 A도 B도 구급차 이송을 할 때에는 고액의 이용 요금을 지불하도록 않으면 안 된다고 생각하고 있다.

2 A도 B도 구급차의 운용은 기본적으로 무료로 하는 것이 바람직하며 이용자의 도덕심이 요구된다고 생각하고 있다.

3 A는 구급차 이송의 무료 이용은 병원의 수용 능력 저하를 가져오기 때문에 그만두어야 한다고 주장하고 있으며, B는 경증 환자로 구급차를 불렀다 하더라도 가족 입장에서 보면 당연한 것이기 때문에 이해해야 한다고 주장하고 있다.

4 A는 시각을 다투는 중환자에 대한 대응이 곤란해지기 때문에 경증 환자가 손쉽게 구급차를 부르지 못하도록 하는 장치가 필요하다고 서술하고 있다. B는 택시 대용으로 구급차를 이용하는 사람에 대한 어느 정도의 배려가 필요하다고 서술하고 있다.

해설　A와 B 모두 미국이나 유럽에서 하는 것처럼 구급차의 유료화가 제창되고 있지만 그것은 바람직하지 않고 경증 환자들이 도덕심을 가지고 구급차 이용을 자제한다면 응급한 중환자에게 도움이 될 것이라 말하고 있다. 따라서 정답은 2번이다.

---

65 주제에 관한 이해 ★★☆　　　　| 정답 4

해석　무료 서비스의 과잉 이용에 대해 들고 있는 문제점은 어느 것인가?

1 현장으로 향하는 도중에 다시 "이제 괜찮아요"라는 연락이 들어오면 허무한 점

2 구급차 출동에는 수만 엔에 달하는 비싼 경비가 드는 점

3 구급차로의 이송은 자기 부담이 되면 결국 병원에 가지 않게 되어 큰일이 벌어지는 점

4 생사가 걸린 긴급을 요하는 중환자에 대한 대응이 어려워지는 점

해설　가장 큰 문제는 생사가 걸려 있는 중환자들에 대한 대응이 어려워지는 것이라 말하고 있으므로 정답은 4번이다. 두 지문을 비교하는 종합이해 문제에서는 공통점과 차이점에 대해 파악하는 것이 중요하다.

어휘　むなしい 허무하다

문제12 주장이해 문제

사설이나 평론 등 추상적이고 논리적인 글을 읽고 필자의 주장이나 생각을 파악하는 문제이다. 질문을 먼저 읽고 필자의 논리에 맞춰 중요 부분이나 키워드에 표시하면서 읽어 내려가도록 한다.

66 ~ 69 다음 글을 읽고, 다음 질문에 대한 답으로 가장 알맞은 것을 1·2·3·4 중에서 하나 고르시오.

　상상력. 특별히 호들갑스러운 이야기가 아니다. 예를 들면 공공장소에서 뒤이어 오는 사람을 위해 자신이 연 문을 잡아 준다. 받은 쪽은 가볍게 목례를 하고 자신도 손을 뻗어 문을 잡는다. 이러한 일상의 사소^(주1)한, 경우에 따라서는 '배려'라든가 '마음 씀'이라는 말로 표현될 만한 이야기로 족하다. 그렇기는 하지만 단지 그것뿐이라도 지금 일본의 도시생활 속에서 얼마나 행해지고 있는가. 자동문과 같은 물건이 그러한 사소한 상상력을 배우고 기를 기회를 말살하고 있다.

　타인을 위해 문을 잡는다는 것은 자신을 중심으로 해서 구심적으로 만들어져 있는 자기의 장에서 그 구심력의 속박^(주2)을 아주 조금만 풀어 놓는 것이다. 구심적으로 보고 있었던 것은 보이지 않는 것을 보고 알아차리는 것이다. 뒤따라 오는 사람이 손을 뻗어 계속 지지하려는 것도 역시 마찬가지다. 어느 대학 출입구의 회전문에서 종종 체험하는 일인데, 문이 되돌아오는 것을 방지하기 위해 문을 잡고 있으면 뒤따라 온 학생들은 고개도 까딱하지 않고 빠져 나가 버린다. 이때 그들에게 문을 잡아 주던 나는 자동문 개폐장치에 지나지 않는다. 아니, ①그 의식조차 없음에 틀림없다.

　요컨대 상상력이란 인간이라면 누구나 자기중심적으로 보고 있는 세계, 느끼고 있는 세계를 어떤 형태로 개방하고 확대해 주는 힘이다.

　예를 역사로 들어 보겠다. 역사에는 ②'역원근법'이라고도 부를 만한 현상이 있다. 현재를 기준으로 시간적으로 먼 과거일수록 우리 눈에는 확실한 상이 비친다는 효과이다. 현대는 과거에 비해 다양하고도 혼돈스러우며 상은 애매하다.

　물론 '역원근법'은 정과 부^(주3) 양면의 가치를 갖는다. 과거의 상이 선명해지기 쉽다는 것은 바꿔 말하면 과거는 쉽게(오히려 안이하게) 단순화할 수 있는 데 비해 현재에 가까워질수록 다양함이 직접 보이기 때문에 간단하게는 묶을 수 없다고 느껴지게 되는 것이기도 하다. 그러나 또한 동시에 현대의 다양성이라는 것은 자기중심적으로 바라보고 있을 때 나타나는 외견상의 것으로 시간을 두어야만 비로소 과거 안에는 그러한 외견상의 다양성 안에 숨겨진 (당시는 잘 보이지 않던) 특정한 경향^(주4)이 보이게 된다는 것이기도 하다.

　그러한 의미로 역사에서 '역원근법'은 인간의 상상력 중의 하나의 모델이 될 것이다.

　조감도라는 말이 있다. 2차원적인 평면을 바라보는데 3차원으로 튀어나오게 보는 것이다. 조감도는 일반적으로 그래서 공간적인 멋을 가진 개념이다. 그러나 이 비유는 시간에 대해서도 해당된다. '역원근법'은 시간적인 조감도법이라 할 수 있을 것이다.

　그렇다면 상상력이란 우리에게 붙어 다니는 스스로의 관점을 우리에게서 떼어내어 우리를 포함하는 전체적인 문맥 속에서 우리를 되돌아보는 힘이라고도 말할 수 있다. 그때 어디에 관점을 두느냐에 따라 전체적인 문맥의 범위도 결정된다. 우리에게 있어 모든 상황에서 ③그것이 요구되고 있다.

(무라카미 요이치로 「상상력」에서)

(주1) 사소 : 사소한, 하찮은 것

(주1) 사소 : 사소한, 하찮은 것
(주2) 속박 : (심리적인 강제에 의해) 다른 사람의 마음의 자유를 잃게
하는 것
(주3) 정부 : 정과 부, 플러스와 마이너스
(주4) 추향 : 일의 동향이 그 방향으로 향하는 것

어휘 **想像力(そうぞうりょく)** 상상력 │ **別段(べつだん)** 별반, 특별히(부정어와 함께 쓰임) │ **ごとごとしい** 호들갑스럽다 │ **扉(とびら)** 문 │ **会釈(えしゃく)を返(かえ)す** 인사를 받다 │ **些細(ささい)** 사소함 │ **代物(しろもの)** 물건 │ **培(つちか)う** 배양하다 │ **呪縛(じゅばく)** 속박 │ **解(と)き放(はな)つ** 풀어 놓다 │ **スウィング・ドア** 회전문 │ **自動扉(じどうとびら)** 자동문 │ **開閉装置(かいへいそうち)** 개폐장치 │ **誰(だれ)しも** 누구든지 │ **自己求心的(じこきゅうしんてき)** 자기구심적, 자기중심적 │ **逆遠近法(ぎゃくえんきんほう)** 역원근법 │ **混沌(こんとん)** 혼돈 │ **曖昧(あいまい)** 애매함 │ **正負(せいふ)** 정과 부, 플러스와 마이너스 │ **鮮明(せんめい)** 선명 │ **とりも直(なお)さず** 즉, 바꿔 말하면 │ **括(くく)る** 한데 묶다 │ **潜(ひそ)む** 숨어 있다, 잠재하다 │ **趣向(すうこう)** 경향, 추세 │ **鳥瞰図(ちょうかんず)** 조감도 │ **二次元的(にじげんてき)** 이차원적 │ **平面(へいめん)** 평면 │ **趣(おもき)** 정취 │ **比喩(ひゆ)** 비유 │ **当(あ)てはまる** 해당되다 │ **つきまとう** 따라다니다. 붙어 다니다 │ **引(ひ)き剝(は)がす** 떼어내다 │ **視座(しざ)** 견지, 관점 │ **据(す)える** 자리 잡다, 고정시키다

---

66 | **지시문의 내용 파악하기** ★★☆ | 정답 1

해석 ①그 의식이란 무엇을 의미하는가?
1 필자를 자동 개폐장치라고 생각하는 것
2 필자가 문을 잡아 준 것에 대해 고맙다고 생각하는 것
3 자동문이 상상력을 길러 줄 것이라고 생각하는 것
4 고개도 숙여 인사하지 않고 지나가 버리는 것

해설 문을 잡아 준 데 대해 고마움은커녕 배려해서 잡아 준 필자를 '자동 개폐장치' 정도로 생각한다고 했다가 뒤이어 '자동 개폐장치'라는 의식조차 없는 듯 보인다고 말하고 있다. 따라서 정답은 1번이다. 이와 같이 단어가 가리키는 의미를 제대로 파악하고 있는지를 묻는 문제인 경우, 앞뒤 문장을 잘 읽어 보도록 한다.

---

67 | **주제 파악하기** ★★☆ | 정답 2

해석 필자가 말하는 상상력은 어떠한 것인가?
1 자기중심적인 것
2 배려나 마음을 써 주는 것
3 다른 사람에게 기회를 주는 것
4 타인을 의식하는 것

해설 필자는 첫 단락에서 상상력은 거창하고 호들갑스러운 것이 아니라 남에 대한 배려 혹은 마음을 써 주는 것이라고 말하고 있다. 따라서 정답은 2번이다.

---

68 | **글의 인과관계 파악하기** ★★★ | 정답 4

해석 ②'역원근법'은 왜 일어난다고 필자는 생각하고 있는가?
1 객관적인 시각을 가짐으로써 안에 숨겨져 있는 비밀 등이 보이게 되므로

---

2 거리를 둠으로써 객관적으로 볼 수 있으므로
3 모든 일에는 비밀이 숨겨져 있으므로
4 시간을 둠으로써 먼 과거일수록 다양성 안에 있는 일정한 경향이 보이므로

해설 필자는 '역원근법'을 인간의 상상력의 하나의 모델로 들어 설명하고 있다. 역사는 당시에는 숨어 있는 사실들이 잘 파악되지 않지만 시간을 두고 보면 다양성 안에 숨겨진 특정 경향을 알 수 있으므로 인간 또한 자기자신을 거리를 두고 객관적으로 볼 필요가 있다고 주장하고 있다. 따라서 정답은 4번이다.

---

69 | **글 속에 숨겨진 의미 파악하기** ★★★ | 정답 2

해석 ③그것이 요구되고 있다란 무엇을 의미하는가?
1 상상력이 있느냐 없느냐가 요구되고 있다.
2 자기 중심의 사고방식을 타인을 위한 배려로 바꿀 수 있는지 여부가 요구되고 있다.
3 일을 시간적인 조감도법을 사용하여 볼 수 있는지 여부가 요구되고 있다.
4 과거의 상을 확실히 볼 수 있는지 여부가 요구되고 있다.

해설 '그것'이 가리키는 내용은 바로 앞 문장에 있다. 즉, 자신의 시각을 전체 속에 두고 자신을 바라보는 것이 중요하다는 것을 가리키고 있다. 따라서 정답은 2번이다. 지시사, 핵심 키워드의 의미를 묻는 문제일 경우, 앞뒤 문장에 주의를 기울인다.

문제 13 정보검색 문제

실생활에서 많이 접하는 안내문이나 광고문 등을 보고 필요한 정보를 찾아내는 문제이다. 이 문제에서는 제시된 지문을 다 읽지 말고 문제에서 제시하고 있는 조건에 맞는 정답을 빠른 시간 내에 골라내는 것이 중요하다.

---

70 ~ 71 오른쪽 페이지는 ○○은행에서 변경 수속을 할 때의 안내이다. 아래 질문에 대한 답으로 가장 알맞은 것을 1·2·3·4 중에서 하나 고르시오.

○○은행의 각종 변경 수속

어떨 때?	제출에 필요한 서류 등(※1)
주소 변경 (이사 등의 경우)	주소 이전 신고서 *
	통장, 증서, 보관증(새로운 주소 이외의 것)
	인감
	본인 확인 서류
성명 변경 (결혼 등의 경우)	성명 변경 신고서 *
	통장, 증서, 보관증, 현금카드(옛 이름의 것)
	성명 변경 후에 이용하실 인감
	본인 확인 서류
인감 변경 (분실, 결혼 등에 의한 성명 변경 등의 경우)	인감 변경 신고서 *
	통장, 증서, 보관증(변경이 필요한 것)
	새롭게 이용하실 인감
	본인 확인 서류

카드(※2)	재발행 청구서 *
	인감
	본인 확인 서류

※1 (1)이름 변경과 주소 변경 제출을 동시에 할 경우, (2)성과 이름 모두 변경 제출을 할 경우, 그 변경 내용을 확인할 수 있는 서류 (호적 초본, 전출 증명서 등)도 필요합니다.

※2 카드 재발행에는 1건당 1,000엔의 수수료가 듭니다. 분실된 경우, 도난을 당한 경우에는 조속히 카드분실센터 또는 가까운 우체국의 예금 창구 또는 ○○은행에 신고해 주십시오.

* 각종 신고서, 청구서는 우체국 및 ○○은행에 준비되어 있습니다. 눈에 띄지 않을 경우에는 창구에 문의해 주십시오.

어휘 各種変更手続き(かくしゅへんこうてつづき) 각종 변경 수속 | 提出(ていしゅつ) 제출 | 書類(しょるい) 서류 | 住所移転届書(じゅうしょいてんとどけしょ) 주소 이전 신고서 | 通帳(つうちょう) 통장 | 証書(しょうしょ) 증서 | 保管証(ほかんしょう) 보관증 | 届(とど)け印(いん) 신고 인감 | 氏名(しめい) 성명 | キャッシュカード 현금카드 | 印鑑(いんかん) 인감 | 紛失(ふんしつ) 분실 | 改印届書(かいいんとどけしょ) 새로운 인감 신고서 | 請求書(せいきゅうしょ) 청구서 | 戸籍抄本(こせきしょうほん) 호적 초본 | 転出証明書(てんしゅつしょうめいしょ) 전출 증명서 | 手数料(てすうりょう) 수수료 | 盗難(とうなん) 도난 | 至急(しきゅう) 지급, 대단히 급함 | 最寄(もより) 가장 가까움 | 貯金(ちょきん) 저금 | 見当(みあ)たる 발견되다, 눈에 띄다

---

70 필요한 조건에 맞는 정보 찾기 ★★★　　|정답 2

해석 28세 여성인 사이토 나오미 씨는 나카노 씨와 결혼했다. 그리고 새로운 성으로 바뀌어 '나카노 나오미'라고 이름이 바뀌고 주소도 바뀌었다. 지금까지 이용하던 ○○은행에 가서 변경 신청서를 제출해야 하는데, 필요로 하는 것이 모두 갖추어져 있는 것은 어느 것인가?
1 인감, 본인 확인 서류
2 통장, 증서, 보관증, 현금카드, 인감, 새로운 인감, 본인 확인 서류, 호적 초본
3 통장, 증서, 보관증, 인감, 본인 확인 서류
4 통장, 증서, 보관증, 현금카드, 새로운 인감, 본인 확인 서류

해설 사이토 씨는 주소뿐 아니라 이름도 바뀌었기 때문에 이 둘을 동시에 변경할 경우에는 ※1에 따라 호적 초본이나 전출 증명서도 필요하다. 따라서 정답은 2번이다.

어휘 揃(そろ)う 갖추어지다, 모이다

---

71 정확한 정보 검색 ★★★　　|정답 3

해석 사이토 나오미 씨의 경우, ○○은행에서 제출해야만 하는 서류는 다음 중 어느 것인가?
1 주소 이전 신고서, 성명 변경 신고서
2 주소 이전 신고서, 성명 변경 신고서, 재발행 청구서
3 주소 이전 신고서, 성명 변경 신고서, 인감 변경 신고서
4 주소 이전 신고서, 성명 변경 신고서, 재발행 청구서, 인감 변경 신고서

해설 결혼으로 인한 주소 변경, 성명 변경, 인감 변경을 해야 하므로 카드 변경 이외의 모든 필요 서류를 제출해야 한다. 따라서 정답은 3번이다.

ː 청해 ː

문제1 과제이해 문제

내용을 듣고 문제 해결에 필요한 구체적인 정보를 찾아 이후 무엇을 해야 할지를 알아내는 문제이다. 두 사람의 대화가 나오므로 누가 무엇을 해야 하는지에 대한 정보를 정확하게 구별해야 한다.

1 ～ **6** 문제 1에서는 우선 질문을 들으세요. 그러고 나서 대화를 듣고, 문제용지의 1부터 4 중에서 가장 알맞은 것을 하나 고르세요.

예)　　　　　　　　　　　　　　　|정답 3

`1-1-01.mp3`

大学で男の留学生と先生が話しています。男の留学生はこの後、何をしなければなりませんか。

男：先生、先日お渡しした論文ですが、いかがでしたか。
女：ああ、見ましたよ。前回見たときは、研究の背景のところが不十分だったけど、そこは今回はだいぶよくなったんじゃないかしら。
男：ありがとうございます。
女：研究の背景がうまくまとまったからだと思いますけど、研究目的も前の原稿より明確になったと思います。
男：あ、そうですか。
女：でも、この調査の結果のところ、もう少し効果的に示すように、データを図やグラフで表したらどうですか。
男：ああ、なるほど。そうですね。
女：そうしたほうが説得力が増すと思いますよ。
男：わかりました。やってみます。それから、前回ご指摘を受けた、日本語の文法的な間違いについては……。
女：ああ、今回は特に気になりませんでしたよ。
男：あ、そうですか。じゃ、すぐに修正します。

男の留学生はこの後、何をしなければなりませんか。
1 研究の背景をまとめる
2 研究目的を明確にする
3 研究結果を視覚的に示す
4 文法の間違いを直す

해석 대학교에서 남자 유학생과 선생님이 이야기하고 있습니다. 남자 유학생은 이후 무엇을 해야만 합니까?
남 : 선생님, 지난번에 드린 논문 말인데요, 어떠셨습니까?
여 : 아아, 봤어요. 지난번 봤을 때는 연구 배경 부분이 충분치 않았는데 그곳은 이번에는 상당히 좋아지지 않았나?

남 : 감사합니다.

여 : 연구 배경이 잘 정리가 되었기 때문이라 생각하지만, 연구 목적도 이전 원고보다 명확해졌다고 생각해요.

남 : 아, 그렇습니까?

여 : 그렇지만 이 조사 결과 부분, 조금 더 효과적으로 나타내기 위해 데이터를 그림이나 그래프로 나타내면 어떨까요?

남 : 아, 과연. 그렇군요.

여 : 그렇게 하는 편이 설득력이 좋아지리라 생각해요.

남 : 알겠습니다. 해 보겠습니다. 그리고 지난번 지적해 주신 일본어의 문법적인 오류에 대해서는…….

여 : 아아, 이번에는 그렇게 거슬리지 않았어요.

남 : 아, 그렇습니까? 그러면 바로 수정하겠습니다.

남자 유학생은 이후에 무엇을 해야만 합니까?

1 연구 배경을 정리한다.
2 연구 목적을 명확히 한다.
3 연구 결과를 시각적으로 나타낸다.
4 문법의 오류를 고친다.

해설 지난번에 지적 받은 문법적인 오류에 대해서 선생님은 괜찮다고 하고 있으며, 이번에는 데이터를 그림과 그래프로 나타내 시각적인 설득력을 높이라고 말하고 있으므로 학생은 연구 결과를 시각적으로 나타내는 작업을 해야 한다. 研究の背景がうまくまとまった, データを図やグラフで表したらどうか가 핵심이다.

어휘 前回(ぜんかい) 지난번 | 研究(けんきゅう) 연구 | 背景(はいけい) 배경 | 不十分(ふじゅうぶん) 불충분함 | だいぶ 상당히, 꽤, 제법 | 原稿(げんこう) 원고 | 効果的(こうかてき) 효과적 | データ 데이터 | 説得力(せっとくりょく)が増(ま)す 설득력이 커지다 | 指摘(してき)を受(う)ける 지적을 받다 | 気(き)になる 신경 쓰이다. 마음에 걸리다 | 修正(しゅうせい) 수정

---

1 문제 해결에 필요한 정보 찾기 ★★☆　　　　| 정답 4

1-1-02.mp3

女の人と男の人が請求書について話しています。この後、男の人は女の人をどのようにして手伝いますか。

女 : 今朝届いた請求書をなくしちゃった。そこら中、探してみたんだけど、どうしても見つからないの。

男 : どこに置いてたか覚えてる？

女 : 机の上に置いたはずなんだけどね。昼食後にクライアントに渡さなきゃいけないのよ。

男 : うーん、僕も見かけなかったなあ。探すのを手伝うよ。

女 : ほんと？そうしてくれると助かるわ。

男 : 他の人にも聞いてみた？中村君が10時ごろ君の机の近くにいたけど。

女 : 中村君にはもちろん聞いたし、他の何人かにも聞いてみたんだけどね。いったいどこにいっちゃったのかなあ。

この後、男の人は女の人をどのようにして手伝いますか。

1 中村さんに聞いてみる
2 女の人のクライアントに電話をかける

---

3 新しく請求書を作成する
4 請求書を探す

해석 여자와 남자가 청구서에 대해 이야기하고 있습니다. 이후 남자는 여자를 어떻게 돕습니까?

여 : 오늘 아침에 온 청구서를 잃어버렸어. 이 주변을 모두 뒤져 봤지만 도저히 찾을 수가 없어.

남 : 어디에 두었었는지 기억해?

여 : 책상 위에 분명히 두었는데 말이야. 점심식사 후에 고객에게 건네줘야 하는데.

남 : 음, 나도 보질 못했는데. 찾는 걸 도와줄게.

여 : 정말? 그렇게 해 준다니 고마워.

남 : 다른 사람에게도 물어봤어? 나카무라 군이 10시쯤 네 책상 근처에 있었는데.

여 : 나카무라 군은 물론 물어봤고, 다른 몇 명에게도 물어봤지만 말이지. 도대체 어디로 사라진 걸까?

이후 남자는 여자를 어떻게 돕습니까?

1 나카무라 씨에게 물어본다.
2 여자의 고객에게 전화를 건다.
3 새로 청구서를 작성한다.
4 청구서를 찾는다.

해설 남자는 여자의 잃어버린 청구서를 찾아준다고 했으므로 정답은 4번이다. 여자의 '고객에게 건네줘야 하는데'라는 대사를 정답으로 고르기 쉬우므로 유의해야 한다. 中村君が10時ごろ君の机の近くにいたけど와 같은 말에도 주의해야 한다.

어휘 請求書(せいきゅうしょ) 청구서 | 届(とど)く 도착하다 | 昼食(ちゅうしょく) 점심

---

2 필요한 정보 찾아내어 유추하기 ★★★　　　　| 정답 3

1-1-03.mp3

男の人と女の人が、どこで待ち合わせするかについて話し合っています。二人はどこで会うことにしましたか。

男 : それじゃ、土曜日の6時でいい？

女 : うん、いいよ。

男 : ところで、どこで待ち合わせする？

女 : 駅の改札口の前のキオスクはどう？

男 : 改札口ねえ。そこは人の出入りが多いから、ホームのほうがいいんじゃない？

女 : ホームだと方向を間違えやすいし、そこもやっぱり人で込むのはいっしょでしょ。

男 : そう？そしたら改札口から出たらすぐデパートだから、デパートの正門にある少女の像の前で会わない？

女 : そこも人で込むのはいっしょじゃないの？最初、私が言ったところにしましょうよ。

男 : はいはい、わかりました。

二人はどこで会うことにしましたか。

1 電車駅のホーム
2 電車駅の改札口の前

---

3 電車駅のキオスク
4 デパートの少女の像の前

해석 남자와 여자가 어디에서 만날지에 대해 이야기를 나누고 있습니다. 두 사람은 어디에서 만나기로 했습니까?

남 : 그러면 토요일 6시 괜찮지?

여 : 응, 좋아.

남 : 그런데, 어디에서 만나지?

여 : 역 개찰구 앞 매점은 어때?

남 : 개찰구 말이지. 거기는 사람이 많이 왔다 갔다 하니까 플랫폼 쪽이 좋지 않을까?

여 : 플랫폼이면 방향을 착각하기 쉽고, 거기도 역시 사람들로 혼잡한 것은 마찬가지잖아.

남 : 그래? 그렇다면 개찰구에서 나오면 바로 백화점이니까, 백화점 정문에 있는 소녀상 앞에서 만나지 않을래?

여 : 거기도 사람으로 북적거리는 건 똑같잖아. 처음에 내가 말한 곳으로 하자.

남 : 그래그래. 알았어.

두 사람은 어디에서 만나기로 했습니까?

1 전철역 플랫폼
2 전철역 개찰구 앞
3 전철역 신문, 잡지 매점
4 백화점 소녀 동상 앞

해설 여러 장소가 거론되지만 마지막 남녀의 대화에서 결국 처음 만나기로 한 장소인 역 개찰구 앞 매점에서 만나기로 했으므로 정답은 3번의 전철역 간이매점(キオスク)을 선택한다. 이와 같은 문제의 경우 각 장소를 메모하며 들으면 혼동되지 않는다. 最初、私が言ったところにしましょうよ와 같은 말에서 힌트를 얻는 것이 중요하다.

어휘 待(ま)ち合(あ)わせ 만나기로 함｜キオスク 매점｜出入(でい)り 출입｜勘違(かんちが)い 착각

---

3 **이야기의 핵심 알아내기 ★★★** | 정답 3

1-1-04.mp3

銀行で男の人と銀行員が話しています。この後、男の人はどんな預金にしますか。

女：いらっしゃいませ。預金でございますか。

男：ええ、初めてなんですけど……。

女：さようでございますか。いつでもご自由に出し入れをなさるようでしたら、普通預金が便利です。

男：普通預金以外には、どういうものがありますか。

女：定期預金、当座預金、外貨預金などがございますが。

男：定期預金ってどういうものですか。

女：定期預金は、一定期間払い戻しをしないことを条件に、普通預金よりも高い金利を得ることができます。

男：ああ、普通預金より金利が高いか。

女：はい、そうです。ただし、定期預金は預金時に定めた期間中は原則として解約できません。もし期間中に解約なさる場合は、通常普通預金の金利よりも安いペナルティ金利が適用されます。

男：ああ、そうですか。期間は自分で決められますか。

女：はい、1ヵ月から1ヵ月単位で決めることができます。

男：金利が高いのはいいけど、お金を留めておくのがちょっとね。始終お金をおろすのにします。

女：かしこまりました。この用紙にお名前とご住所をお書きください。

この後、男の人はどんな預金にしますか。

1 外貨預金
2 当座預金
3 普通預金
4 定期預金

해석 은행에서 남자와 은행원이 이야기하고 있습니다. 이후 남자는 어떤 예금으로 합니까?

여 : 어서 오세요. 예금이십니까?

남 : 네, 처음입니다만…….

여 : 그러십니까? 언제든 자유롭게 입출금을 하실 거라면 보통예금이 편리합니다.

남 : 보통예금 이외에는 어떠한 것이 있습니까?

여 : 정기예금, 당좌예금, 외화예금 등이 있습니다만.

남 : 정기예금이란 어떤 것입니까?

여 : 정기예금은 일정 기간 돌려받지 않는 것을 조건으로 보통예금보다도 높은 금리를 받을 수 있는 예금입니다.

남 : 아아, 보통예금보다 금리가 높구나.

여 : 네, 그렇습니다. 다만, 정기예금은 예금 때 정한 기간 중에는 원칙적으로 해약할 수 없습니다. 만약 기간 중에 해약하시는 경우에는 통상 보통예금 금리보다도 싼 패널티 금리가 적용됩니다.

남 : 아아, 그렇습니까? 기간은 자기가 정할 수 있습니까?

여 : 네, 1개월에서부터 1개월 단위로 정할 수 있습니다.

남 : 금리가 높은 것은 좋지만 돈을 묶어 두는 것이 좀 그렇네요. 아무 때나 돈을 찾는 것으로 하겠습니다.

여 : 잘 알겠습니다. 이 용지에 성함과 주소를 적어 주십시오.

이후 남자는 어떤 예금으로 합니까?

1 외화예금
2 당좌예금
3 보통예금
4 정기예금

해설 마지막에 '아무 때나 돈을 찾는 것'으로 하겠다는 남자의 말에 유의한다. 자유롭게 입출금이 가능한 것은 보통예금이므로 정답은 3번이다. 정기예금은 정한 기간 중에는 원칙적으로 해약할 수 없다.

어휘 普通預金(ふつうよきん) 보통예금｜定期預金(ていきよきん) 정기예금｜当座預金(とうざよきん) 당좌예금｜外貨預金(がいかよきん) 외화예금

1-1-05.mp3

大学で男の留学生と女の学生が話しています。留学生はこの後、何をしますか。

男：あのう、研究生から大学院の修士課程に進学するには受験しなくちゃいけないですが。

女：うん、そうよ。古典から現代文法にいたるまで、いろんな科目の試験があるよ。

男：そうですか。どんな科目があるんですか。

女：古典文法、現代文法、文学史、国語史、近世文学など。

男：思ったより勉強しなければならない科目が多いですね。どうしよう。

女：焦らないで一科目一科目こつこつ勉強していくしかないよ。

男：そうですか。勉強はどんな本ですればいいのかな。指導教授と相談したほうがいいですか。

女：そうね。もちろん指導教授と相談したほうがいいけどね。今日は無理じゃない？

男：それじゃ、図書館に行って本から借りて見たほうがいいですかね。

女：勉強も大事だけど、事前に募集要項を確認して願書を出さなきゃ……。

男：ああ、そっか。

女：なにより真っ先に過去の試験問題を見たほうがいいからね。そこから行こうか。

男：なるほど。それが一番手っ取り早いですね。

留学生はこの後、何をしますか。
1 図書館へ行って受験用の本を借りる
2 願書を取り寄せる
3 過去の試験問題を探す
4 指導教授と相談する

해석　대학교에서 남자 유학생과 여학생이 이야기하고 있습니다. 유학생은 이후 무엇을 합니까?

남 : 저, 연구생에서 대학원 석사과정에 진학하기 위해서는 시험을 치지 않으면 안 되는 것 같은데요.

여 : 응, 맞아. 고전부터 현대문법에 이르기까지, 여러 과목의 시험이 있어.

남 : 그렇습니까? 어떤 과목이 있습니까?

여 : 고전문법, 현대문법, 문학사, 국어사, 근세문학 등.

남 : 생각보다 공부하지 않으면 안 될 과목이 많군요. 어쩌지?

여 : 초조해하지 말고 한 과목 한 과목 성실하게 공부해 갈 수밖에 없어.

남 : 그렇습니까? 공부는 어떤 책으로 하면 좋으려나. 지도교수님과 상담하는 게 좋을까요?

여 : 그렇지. 물론 지도교수와 상담하는 편이 좋지만 말이지. 오늘은 무리 아닐까?

남 : 그럼 도서관에 가서 책부터 빌리는 편이 좋을까요?

여 : 공부도 중요하지만, 사전에 모집요강을 확인해서 원서를 내야 하니까…….

남 : 아, 그렇지.

여 : 무엇보다 먼저 과거의 시험 문제를 보는 게 좋으니까. 그것부터 할까?

남 : 역시. 그게 가장 빠른 방법이겠네요.

유학생은 이후 무엇을 합니까?
1 도서관에 가서 수험용 책을 빌린다.
2 원서를 주문한다.
3 과거의 시험 문제를 구한다.
4 지도교수와 상담한다.

해설　남자 유학생이 여러 방법에 대해 이야기하고 있으나 마지막에 여학생이 '과거의 시험 문제를 보는 편이 무엇보다 좋겠다'고 조언을 하고 있다.

어휘　古典(こてん) 고전 ｜ 取(と)り寄(よ)せ 주문, 구함 ｜ 事前(じぜん) 사전 ｜ 募集要項(ぼしゅうようこう) 모집요강 ｜ 願書(がんしょ) 원서 ｜ 手(て)っ取(と)り早(ばや)い 손쉽다, 빠르다

1-1-06.mp3

靴売り場で、男のお客さんが女の店員と話しています。男のお客さんはどんな靴を買うことにしましたか。

女：いらっしゃいませ。

男：あのう、靴を見てるんですけど。色もデザインも多すぎてなかなか選べないんです。

女：さようでございますか。ビジネスシューズをお探しでしょうか。

男：はい、そうです。

女：それでしたら、紐のついているタイプとついてないタイプの両方がございますが、どちらがお好みでしょうか。

男：紐つきの靴は持ってるんで、紐のないのを見せてください。

女：はい、色はブラウンとブラックがございます。両方お出ししますので、試してみてください。お客さまのサイズをおっしゃっていただけますでしょうか。

男：27？ 26.5？ あれ、どっちだったっけ？

女：では、両方ともお持ちします。どうぞお試しください。

男：26.5はちょっと小さいなあ。27がぴったりです。

女：そうですか。色はどうなさいますか。

男：どっちも買いたいな。やっぱりグレーのスーツにはブラックが似合うんでしょう？

女：そうとも限りません。意外と、グレーのスーツとブラウンの靴を合わせると、ぐっとスタイリッシュになります。もし、すでにブラックをお持ちのようでしたら、ぜひこの機会に。

男：いいですね。じゃあ、これでお願いします。

男のお客さんはどんな靴を買うことにしましたか。
1 ブラックの紐つき靴
2 グレーの紐なし靴

```
3 ブラウンの紐つき靴
4 ブラウンの紐なし靴
```

해석 구두 매장에서 남자 손님이 여자 점원과 이야기하고 있습니다. 남
자 손님은 어떤 구두를 사기로 했습니까?

여 : 어서 오세요.

남 : 저, 구두를 보고 있는데요. 색상도 디자인도 너무 많아서 좀처
럼 고를 수가 없어요.

여 : 그래세요? 비즈니스 구두를 찾고 계신가요?

남 : 네, 그렇습니다.

여 : 그러시면 끈이 달려 있는 타입과 달려 있지 않은 타입의 두 가
지가 있는데요, 어느 쪽이 좋으세요?

남 : 끈 있는 구두는 가지고 있으니까 끈이 없는 것을 보여 주세요.

여 : 네, 색상은 갈색과 검은색이 있습니다. 모두 내어 드릴 테니
한번 신어 보세요. 손님 사이즈를 알려 주시겠어요?

남 : 270? 265? 어, 어느 거였지?

여 : 그럼 둘 다 가져오겠습니다. 한번 신어 보세요.

남 : 265는 좀 작구나. 270이 맞네요.

여 : 그렇습니까? 색상은 어떻게 하시겠습니까?

남 : 둘 다 사고 싶네. 역시 회색 양복에는 검정이 어울리겠죠.

여 : 꼭 그렇지도 않습니다. 의외로 회색 양복과 갈색 구두를 맞추
면 훨씬 스타일리시해집니다. 만약 이미 검정을 갖고 계시다
면 이번 기회에.

남 : 좋습니다. 그럼 이걸로 주세요.

남자 손님은 어떤 구두를 사기로 했습니까?

1 검은색의 끈이 있는 구두
2 회색의 끈 없는 구두
3 밤색의 끈이 있는 구두
4 밤색의 끈 없는 구두

해설 손님은 끈이 없는 구두를 보여 달라고 했고, 검정 구두가 회색 양복
에 무난하다고 생각했으나 밤색 구두도 스타일리시하게 잘 어울린
다는 점원의 말에 밤색의 끈 없는 구두를 사기로 결정했다. 따라서
정답은 4번이다.

어휘 紐(ひも) 끈   ～とも限(かぎ)らない ～만이라고 할 수 없다   意
外(いがい) 의외

---

6 상황을 종합적으로 이해하기 ★★★ | 정답 2

1-1-07.mp3

駅の改札口で男の人が駅員と話しています。男の人はこ
の後、どうしますか。

男 : すみません。新幹線にかばんを置いて降りちゃった
んですが、どうしたらいいでしょうか。

女 : ああ、そうですか。さっそく車掌のほうに連絡を入
れて確認してみますので、少々お待ちください。

男 : はい、お願いします。実はかばんの中に財布も入っ
ていまして……。

女 : お客さま、新幹線の車内にあるそうです。棚の上に
置いてあるそうです。

男 : ああ、ありましたか。よかった！かばんに財布だけ
じゃなく、パソコンやパスポートも入っているもん
でして困っていたんです。どうしたらいいでしょう
かね。

女 : 車掌に次の駅に預けてもらいますので、次の駅にご
自分で行ってください。

男 : 次の駅ですか。でも、今財布がないんだけど……。

女 : そうですね。恐れ入りますが、基本的に乗車券を
お求めにならないと、新幹線にはお乗りになれま
せんが。

男 : そこをなんとか……。近くに住んでいる知り合いも
いないし。

女 : 勝手にお乗せすることはできませんので。でした
ら、駅長とご相談なさったほうがいいかと思います。

男 : そうか。しょうがないな。

男の人はこの後、どうしますか。

1 次の駅に行く
2 駅長さんに会う
3 知り合いに連絡する
4 乗車券を買う

해석 역 개찰구에서 남자가 역무원과 이야기하고 있습니다. 남자는 이
후 어떻게 합니까?

남 : 저기요, 신칸센에 가방을 두고 내렸는데요, 어떻게 하면 될까
요?

여 : 아, 그렇습니까? 바로 차장에게 연락을 넣어 확인해 볼 테니
조금만 기다려 주십시오.

남 : 네, 부탁드립니다. 실은 가방 안에 지갑도 들어 있어서요…….

여 : 손님, 신칸센 차내에 있다고 합니다. 선반 위에 올려져 있다고
합니다.

남 : 아아, 있었어요? 다행이다! 가방에 지갑뿐만 아니라 컴퓨터와
여권도 들어 있어서 곤란했거든요. 어떻게 하면 될까요?

여 : 차장에게 다음 역에 맡겨 달라고 할 테니 다음 역으로 직접 가
주세요.

남 : 다음 역이요? 그렇지만 지금 지갑이 없는데…….

여 : 그러시군요. 죄송하지만 기본적으로 승차권을 사지 않으면 신
칸센은 타실 수 없습니다만.

남 : 그걸 어떻게 해 주시면……. 근처에 살고 있는 지인도 없고.

여 : 제 마음대로 태워 드릴 수는 없어서. 그러시면 역장님과 상담
을 하시는 것이 더 좋을 것 같습니다.

남 : 그렇군요, 하는 수 없네요.

남자는 이후 어떻게 합니까?

1 다음 역으로 간다.
2 역장을 만난다.
3 지인에게 연락한다.
4 승차권을 산다.

해설 신칸센 선반에 가방을 두고 온 남자는 현재 지갑을 소지하고 있지
않으며, 가방은 다음 역으로 직접 신칸센을 타고 가서 찾아야 하는
데 돈이 없는 손님을 역무원이 마음대로 태워 줄 수가 없으므로 역
장을 만나라고 권하는 내용이다. 따라서 정답은 2번이다.

어휘 車掌(しゃしょう) 차장 | 預(あず)ける 맡기다 | 乗車券(じょうしゃけん) 승차권 | 恐(おそ)れ入(い)ります 죄송합니다 | 勝手(かって)に 제멋대로 | 駅長(えきちょう) 역장 | しょうがない 어쩔 도리가 없다, 하는 수 없다

3 사고 싶은 것이 다 팔려 버렸으므로
4 싼 것이 없어졌으므로

해설 남자의 마지막 대사에서 더 좋은 게 있을 거라 생각하고 다른 것을 찾는 사이에 다른 사람이 사 가서 사지 못했다고 말하고 있으므로 정답은 3번이다.

어휘 売(う)り切(き)れ 매진, 다 팔림

문제 2 포인트이해 문제

글 내용의 핵심을 파악하는 문제이다. 제시된 선택지를 중심으로 포인트에 집중해서 듣는 것이 중요하다.

| 1 ~ 7 | 문제2에서는 먼저 질문을 들으세요. 그 후 문제용지의 선택지를 읽으세요. 읽을 시간이 있습니다. 그리고 이야기를 듣고 문제용지의 1부터 4 중에서 가장 알맞은 것을 하나 고르세요.

예) | 정답 3

1-2-01.mp3

女の人と男の人が話しています。**男の人はどうしてスーツを買いませんでしたか。**

女：どうだった？バーゲンセール。スーツ、いいのあった？
男：うん……。ワイシャツは２枚買ったんだけど……。
女：スーツは、お気に入りはなかったの？
男：うん……。いいのはあったんだけどね。売り切れちゃって。
女：すぐ買わなかったんだ。
男：そうなんだよ。もっといいのがあるかと思って探していたら、他の人が買っちゃったみたいで。
女：もうっ、バーゲンなんだから、はやく買わなきゃめだよ。

男の人はどうしてスーツを買いませんでしたか。
1 気に入ったものがなかったから
2 ワイシャツをたくさん買ったから
3 買いたいものが売り切れてしまったから
4 安いものがなくなったから

해석 여자와 남자가 이야기하고 있습니다. 남자는 왜 양복을 사지 않았습니까?
여：어땠어? 바겐세일. 양복, 좋은 거 있었어?
남：음……. 와이셔츠는 2장 샀는데…….
여：양복은 마음에 드는 게 없었어?
남：음……. 좋은 게 있긴 했는데. 다 팔려서 말이야.
여：바로 안 샀구나.
남：그러게 말이야. 더 좋은 게 있을까 하고 찾았더니 다른 사람이 산 모양이야.
여：아이 참, 세일이니까 빨리 사지 않으면 안 돼.

남자는 왜 양복을 사지 않았습니까?
1 마음에 든 것이 없었으므로
2 와이셔츠를 많이 샀으므로

---

1 사전에 제시된 사항을 토대로 포인트 파악하기 ★★★ | 정답 2

1-2-02.mp3

男の人と女の人が話しています。**男の人はどうして右折できませんでしたか。**

男：ねえ、このあたりにガソリンスタンドなかったっけ。
女：そうね。あったかどうか、覚えてないけど。
男：ずいぶん長い間走っているけど、まだ見つかりそうにないね。
女：あら、どうしよう。ああ、思い出した。次の道路で右折すると、一軒あったわ。
男：そこ曲がれないんだ。たしか、一方通行だったような気がする。
女：そっか。しょうがないから、とにかく行ってみるしかないね。
男：もし一方通行だったら、次の道路まで行って左折しなくちゃいけないかも。
女：この近所、最近工事が多くて、通行止めになってるところも多いからね。運に任せて進むしかないね。

男の人はどうして右折できませんでしたか。
1 ガソリンをきらしてしまったから
2 一方通行だから
3 道路が工事中で通行止めだから
4 ガソリンスタンドが閉まっているから

해석 남자와 여자가 이야기하고 있습니다. 남자는 왜 우회전할 수 없었습니까?
남：저기, 이 근처에 주유소 없었나?
여：글쎄. 있었나 없었나 모르겠네.
남：상당히 오랫동안 달렸는데, 아직도 나타날 기미가 보이질 않네.
여：어? 어떡하지? 아아, 생각났다. 다음 도로에서 우회전하면 한 집 있었어.
남：거기 꺾을 수 없어. 분명 일방통행이었던 것 같아.
여：그렇구나. 어쩔 수 없으니까 아무튼 가 보는 수밖에 없네.
남：만약 일방통행이라면 다음 도로까지 가서 좌회전해야 할지도 몰라.
여：이 근처. 요즘 공사가 많아서 통행금지 되어 있는 곳도 많아서 말이지. 운에 맡기고 가는 수밖에 없네.

남자는 왜 우회전할 수 없었습니까?
1 기름이 다 떨어져 버렸기 때문에
2 일방통행이기 때문에
3 도로가 공사 중이라 통행금지이기 때문에
4 주유소가 닫혀 있기 때문에

해설 주유소를 가려면 다음 도로에서 우회전을 해야 하지만 일방통행이라 하지 못한다는 말이 포인트이다. 그곳이 일방통행이므로 다음 도로에서 좌회전을 하면 되지만 최근 공사로 인한 통행금지가 많다는 내용의 함정에 걸리지 않도록 유의한다.

어휘 右折(うせつ) 우회전 | ガソリンスタンド 주유소 | 一軒(いっけん) 한 집 | 一方通行(いっぽうつうこう) 일방통행 | 運(うん)に任(まか)せる 운에 맡기다

---

2 내용 및 인과관계 파악하기 ★★☆ | **정답 1**

`1-2-03.mp3`

大学で男の人と女の人が話しています。鈴木さんはどうして参加できないと言っていますか。

男 : どうしたの？元気ないね。

女 : うーん。鈴木さんがね、今日飲み会に来られないんだって。

男 : えっ？ほんと？みんな、彼女が来るのを楽しみにしてるはずなのに。大丈夫なのか。

女 : まあね。彼女が会計担当だからね。どうしよう？

男 : 何か、家庭の事情っていうやつ？

女 : いや、そういう理由だったらあきらめるけどさ、病気でもないし、急用が入っちゃったとしか言ってくれなくてさ。

男 : いったい何なんだろう？前、彼氏と野球場に行く約束があると言ってなかったっけ？もしかして？

女 : それはないと思うよ。彼氏とはとっくに別れてるからね。

男 : そうなんだ。まあ、理由はともかく、そしたら今日の飲み会はどうなるわけ？

女 : うーん……。せっかく決まってることだし、今日は立て替えておいて、後で返してもらうしかないんじゃないの？

男 : わかった。銀行に行ってお金をおろしてくるね。

鈴木さんはどうして参加できないと言っていますか。
1 急に用事ができてしまったから
2 彼氏と約束があるから
3 熱を出してしまったから
4 家に事情があるから

해석 대학교에서 남자와 여자가 이야기하고 있습니다. 스즈키 씨는 왜 참가할 수 없다고 말하고 있습니까?

남 : 왜 그래? 기운 없어 보이네.

여 : 음. 스즈키 씨가 말이지, 오늘 회식에 못 온다네.

남 : 어? 정말이야? 모두들 그녀가 오기를 기대하고 있을 텐데. 괜찮은 거야?

여 : 글쎄 말이야. 그녀가 회계 담당이라서 말이야. 어떡하지?

남 : 뭔가 집안 사정이라는 거야?

여 : 아니, 그런 이유라면 포기하겠는데 말이야, 아픈 것도 아니고 급한 볼일이 생겼다고밖에 말해 주지 않아서 말이야.

남 : 도대체 뭘까? 전에 남자 친구와 야구장에 갈 약속이 있다고 말하지 않았어? 혹시?

여 : 그건 아닐 거야. 남자 친구와는 벌써 예전에 헤어졌거든.

남 : 그렇구나. 뭐 이유는 어쨌든 간에 그렇다면 오늘 회식은 어떻게 되는 거야?

여 : 음……. 모처럼 정해진 일이고, 오늘은 일단 우리가 대신 내고 나중에 돌려받을 수밖에 없지 않을까?

남 : 알았어. 은행에 가서 돈을 찾아올게.

스즈키 씨는 왜 참가할 수 없다고 말하고 있습니까?
1 급한 볼일이 생겨 버렸기 때문에
2 남자 친구와 약속이 있기 때문에
3 열이 나 버렸기 때문에
4 집에 사정이 있기 때문에

해설 스즈키 씨가 급한 볼일이 생겼다고만 말해서 두 사람이 무슨 일인지 궁금해 하고 있다. 스즈키 씨는 집에 사정이 있는 것도 아니고 남자 친구와 약속이 있는 것도 아니라는 것을 파악해야 한다.

어휘 飲(の)み会(かい) 회식 | 会計(かいけい) 회계 | 事情(じじょう) 사정 | 急用(きゅうよう) 급한 볼일 | 立(た)て替(か)える 가불하다, 대납하다

---

3 인과관계 파악하기 ★★★ | **정답 1**

`1-2-04.mp3`

男の人と女の人がニュースについて話しています。女の人は、何が問題だと言っていますか。

男 : 最近、学校内でのいじめ問題は、みんなが関心を持っていろんな対処策を講じてるけど、なかなか解決できないみたいだね。

女 : うん。教員はもちろん、保護者や地域住民との連携なんかで、いじめを早期発見しようとはしてるんだけどね。

男 : いじめを先生や親が早い段階で気づくというのも大事だけど、未然にどう防げるか、という方が肝心だと思わない？

女 : そうね。でもその教育というのは学校内だけで行ったって解決できないんだよ。

男 : そこだね。教育というのは学校だけでやるものじゃないのに、親は学校は何をしているか非難ばかりしてるもんね。

女 : 親が子供の前で先生に罵声を浴びせたりするから、生徒が先生を尊敬する気持ちにならないもんね。それは問題だよ。モンスターペアレンツのせいでやめてしまう教師も少なくないみたいよ。

男 : そういう親を見て育った子供がどうなるか、本当に心配だよ。

女の人は、何が問題だと言っていますか。
1 モンスターペアレンツが生徒の前で先生を無視すること
2 学校でいじめが起こること
3 子供の将来のこと
4 保護者や地域住民がいじめを早期発見すること

남자와 여자가 뉴스에 대해 이야기하고 있습니다. 여자는 무엇이 문제라고 말하고 있습니까?

남 : 최근, 학교 안에서의 집단 괴롭힘 문제는 모두가 관심을 가지고 여러 가지 대처 방안을 강구하고 있지만, 좀처럼 해결이 안 되는 모양이야.

여 : 응. 교직원은 물론, 보호자나 지역 주민과의 연계 등으로 집단 괴롭힘을 조기 발견하려고는 하고 있지만 말이지.

남 : 집단 괴롭힘을 선생님과 부모가 조기에 알아차린다는 것도 중요하지만, 미연에 어떻게 방지하느냐 하는 것이 중요하다고 생각하지 않아?

여 : 그렇지. 하지만 그 교육이라는 것이 학교 안에서만 한다고 해서 해결할 수 없는 거야.

남 : 바로 그거야. 교육이라는 것은 학교에서만 하는 게 아닌데, 부모는 학교는 뭘 하고 있는 거냐고 비난만 하고 있지.

여 : 부모가 아이들 앞에서 선생님에게 욕을 하기도 하니까 학생이 선생님을 존경할 마음이 들지 않을 거야. 그건 문제야. 몬스터 페어런츠 때문에 그만두는 교사도 적지 않은 모양이야.

남 : 그런 부모를 보고 자란 아이가 어떻게 될지 정말 걱정이야.

여자는 무엇이 문제라고 말하고 있습니까?
1 몬스터 페어런츠가 학생 앞에서 선생님을 무시하는 것
2 학교에서 집단 괴롭힘이 일어나는 것
3 아이의 장래에 관한 일
4 보호자와 지역 주민이 집단 괴롭힘을 조기에 발견하는 것

여자는 마지막 대사에서 몬스터 페어런츠가 학생들 앞에서 교사에게 욕을 퍼붓고, 그런 부모들을 보고 자란 아이들은 선생님을 존경하지 않고, 또 그만두는 교사도 많아서 문제라고 지적하고 있다. 따라서 정답은 1번이다.

対処策(たいしょさく) 대처 방법 | 講(こう)じる 강구하다 | 連携(れんけい) 연계 | 早期発見(そうきはっけん) 조기 발견 | 未然(みぜん)に 미연에 | 肝心(かんじん) 중요함 | 非難(ひなん) 비난 | 罵声(ばせい) 욕설 | モンスターペアレンツ 몬스터 페어런츠

---

4 주제 파악하기 ★★★ | 정답 3

`1-2-05.mp3`

女の人がある地域の事業について説明しています。女の人は事業の目的は何だと言っていますか。

女 : 母親の育児の負担を減らすため、この村では男性の育児参加を促す「イクメンプロジェクト」を行っているようです。これは、男性従業員が5日以上の育児休暇を取ったら、社長に助成金を支給するそうです。助成金の額も10万円から30万円と高額です。また、個人に奨励金を支給する場合もあるようです。7日以上の育児休暇を取った男性に5万円から10万円くらいの奨励金を支給しているといいます。この村では、この事業の実施により男性の育児休暇取得率が高くなり、同時に出生率も上がったという、望ましい結果をもたらしました。少子化対策の一つとして、このような成功例を全国的に広めていくのもよさそうです。

女の人は事業の目的は何だと言っていますか。
1 男性の育児参加の増加
2 男性の育児休暇率の上昇
3 少子化問題の解決
4 助成金の支給の活性化

여자가 어느 지역의 사업에 대해 설명하고 있습니다. 여자는 사업의 목적은 뭐라고 말하고 있습니까?

여 : 엄마의 육아 부담을 줄이기 위해 이 마을에서는 남성의 육아 참가를 촉진하는 '육아맨 프로젝트'를 시행하고 있는 모양입니다. 이것은 남자 종업원이 5일 이상의 육아 휴가를 받으면 사장에게 조성금을 지급한다고 합니다. 조성금의 액수도 10만 엔부터 30만 엔으로 고액입니다. 또한 개인에게 장려금을 지급하는 경우도 있는 모양입니다. 7일 이상의 육아 휴가를 받은 남성에게 5만 엔에서 10만 엔 정도의 장려금을 지급하고 있다고 합니다. 이 마을에서는 이 사업의 실시로 인해 남성의 육아 휴가 취득률이 높아지고, 이와 동시에 출생률도 높아졌다는 바람직한 결과를 가져왔습니다. 저출산 대책의 하나로 이러한 성공 사례를 전국적으로 확산시켜 가는 것도 좋을 듯합니다.

여자는 사업의 목적을 뭐라고 말하고 있습니까?
1 남성의 육아 참가 증가
2 남성의 육아 휴가율 상승
3 저출산 문제 해결
4 조성금 지급 활성화

여자는 남성들의 육아 휴가는 엄마의 육아 부담을 경감시키기 위한 것이었으나 결국 휴가 취득률과 동시에 출생률이 높아졌으므로 남성들의 육아 휴가를 전국적으로 확산시키자고 말하고 있다. 난이도 높은 어휘가 많으니 주의해서 잘 듣도록 한다.

負担(ふたん) 부담 | 促(うなが)す 촉진시키다, 재촉하다 | 従業員(じゅうぎょういん) 종업원 | 休暇(きゅうか) 휴가 | 助成金(じょせいきん) 조성금 | 支給(しきゅう) 지급 | 額(がく) 액수, 금액 | 奨励金(しょうれいきん) 장려금 | 実施(じっし) 실시 | 取得率(しゅとくりつ) 취득률 | 出生率(しゅっせいりつ) 출생률 | 望(のぞ)ましい 바람직하다 | 少子化(しょうしか) 저출산 | 成功例(せいこうれい) 성공 사례

---

5 화자의 의도 파악하기 ★★★ | 정답 3

`1-2-06.mp3`

女の人と男の人がテレビのコマーシャルについて話しています。男の人はどうしてこのコマーシャルの効果がよかったと言っていますか。

女 : 初めて見たんだけどかっこいいね、このコマーシャル。
男 : ああ、あのスポーツのコマーシャルだろう？モデルの演技もいいし、背景とかもいいし。
女 : それだけじゃないんだよね。
男 : 何より流れてる音楽がよくてさ。
女 : そうそう。音楽に圧倒される感じっていうか。

男：旋律もリズムもいいけど、何よりうるさく感じるはずなのに、逆に美しく感じるのはなんでだろうね。

女：音楽の効果でコマーシャルも効果抜群だよね。

男：音楽の力はすごいとしかいいようがないね。

―――――――――――――――――――――――――

男の人はどうしてこのコマーシャルの効果がよかったと言っていますか。

1 モデルの演技がいいところ

2 背景がすばらしいところ

3 音楽が魅力的なところ

4 テレビコマーシャルの効果

해석　여자와 남자가 TV 광고에 대해 이야기하고 있습니다. 남자는 왜 이 광고의 효과가 좋았다고 말하고 있습니까?

여 : 처음 봤는데, 멋지네, 이 광고.

남 : 아아, 그 스포츠 광고 말이지? 모델의 연기도 좋고, 배경 같은 것도 좋아.

여 : 그뿐만이 아니야.

남 : 무엇보다 흐르는 음악이 좋아서 말이지.

여 : 맞아 맞아. 음악에 압도되는 느낌이랄까?

남 : 선율도 리듬도 좋지만, 무엇보다 시끄럽게 느껴져야 당연한데 반대로 아름답게 느껴지는 건 왜일까?

여 : 음악 효과로 광고도 효과 정말 뛰어나다니까.

남 : 음악의 힘은 굉장하다고밖에 말할 수 없네.

남자는 왜 이 광고의 효과가 좋았다고 말하고 있습니까?

1 모델의 연기가 좋은 점

2 배경이 멋진 점

3 음악이 매력적인 점

4 TV 광고의 효과

해설　모델도 좋고 배경도 멋지지만 무엇보다 흐르는 배경 음악이 좋아 광고 효과가 크다는 내용의 이야기를 주고받고 있다. 일상생활에서 흔히 주고받는 대화이긴 하지만 대화 내용을 파악하기에는 대화의 흐름이 어려우니 집중해 메모하며 듣도록 한다.

어휘　かっこいい 멋지다 ｜ 圧倒(あっとう) 압도 ｜ 旋律(せんりつ) 선율 ｜ 抜群(ばつぐん) 발군임. 뛰어남

6　화자의 의도 알아내기 ★★☆　　｜정답 3

女の人と男の人が話しています。男の人は何をしたいと思っていますか。

女：木村さんから、土曜日にいっしょにオペラに行かないかって誘われたの。世界的に有名なオペラ歌手が出るんだって。

男：そう？楽しんできてね。いわれてみりゃ、僕はオペラには一度も行ったことないな。

女：ええ？ほんと？

男：うん、そのうち、行ってみようとは思ってるんだけど。

女：もし行きたいなら、まだチケットがあるよ。木村さんが友達といっしょに行こうと思って全部で4枚買ってたらしいんだ。今日になって急に行けなくなっちゃったって連絡が入ったって言うから。

男：そうなんだ。そしたら木村さんに聞いてみようかな。

女：じゃ、木村さんがまだチケットを持っているかどうか聞いてあげる。

男：ありがとう。じゃ、よろしくね。

―――――――――――――――――――――――――

男の人は何をしたいと思っていますか。

1 女の人からチケットを買いたい

2 木村さんのためにチケットを買いたい

3 木村さんの持っているチケットを買いたい

4 自分のチケットを女の人に売りたい

해석　여자와 남자가 이야기하고 있습니다. 남자는 무엇을 하고 싶어합니까?

여 : 기무라 씨로부터 토요일에 함께 오페라에 가지 않겠냐는 권유를 받았어. 세계적으로 유명한 오페라 가수가 나온대.

남 : 그래? 즐기고 와. 듣고 보니, 나는 오페라에는 한 번도 간 적이 없구나.

여 : 어? 정말이야?

남 : 응, 가까운 시일 내에 가 보려고는 생각하고 있지만.

여 : 만약 가고 싶으면 아직 티켓이 있어. 기무라 씨가 친구와 함께 가려고 모두 4장 구입한 모양이야. 오늘 갑자기 못 가게 됐다는 연락이 왔다고 그랬어.

남 : 그렇구나. 그럼 기무라 씨에게 물어볼까?

여 : 그럼 기무라 씨가 아직 티켓을 갖고 있는지 물어봐 줄게.

남 : 고마워. 그럼 부탁해.

남자는 무엇을 하고 싶어합니까?

1 여자로부터 티켓을 사고 싶다.

2 기무라 씨를 위해 티켓을 사고 싶다.

3 기무라 씨가 가지고 있는 티켓을 사고 싶다.

4 자신의 티켓을 여자에게 팔고 싶다.

해설　남자는 한 번도 오페라를 본 적이 없어서 가까운 시일 내에 가 보려고 했다고 한다. 여자로부터 기무라 씨가 친구와 함께 가려고 티켓을 4장 구입해 두었으나 갑자기 못 간다는 연락이 왔다는 이야기를 듣고 남자는 기무라 씨에게 티켓이 아직 있는지 물어본다고 한다. 여자가 대신 물어봐 주겠다고 하자 남자가 부탁한다고 했다. 이것은 남자가 티켓을 사려는 의지의 표시로 받아들일 수 있으므로 정답은 3번이다. 木村さんがまだチケットを持っているかどうか聞いてあげる가 핵심 문장이다.

어휘　オペラ歌手(かしゅ) 오페라 가수 ｜ チケット 티켓

7　대화의 핵심 포인트 찾기 ★★★　　｜정답 4

男の人と女の人が就職について話しています。女の人は就職の方法の中で一番いいのは何だと言っていますか。

男：就職が大変だといつも言われていたんだけど、このぐらいとは全然思ってなかったよ。

女：そうね。私も就活の真っ只中なんだけどさ、大変ね。でも、内定が決まった子もいるし、私に足りないのは何だろうって思ったりするもん。

男：そうだよね。今年はもっと厳しくなるということだし……。

女：先輩からはあきらめないで続けて試験や面接に慣れるようにしたら、自分の能力や人間性を出せるっていわれるんだけどね。

男：やればやるほど、自分を出せるどころか、落ち込んじまうよ。

女：一番いいのは、目標の業界を3つぐらいに絞っておいて、そこに合う準備をきちんとやればいいらしいんだけどね。ピーンとこないんだ。

男：そっか、目標の業界を3つか。なるほど。なんか役に立ちそう。

女の人は就職の方法の中で一番いいのは何だと言っていますか。
1 試験や面接の準備をしっかりしておく
2 内定が決まった友達に聞いてみる
3 先輩に頼んでみる
4 就職したい企業を限定的に決めておく

해석　남자와 여자가 취직에 대해 이야기하고 있습니다. 여자는 취직 방법 중에서 가장 좋은 것은 무엇이라고 말하고 있습니까?

남 : 취직이 힘들다고 늘 얘기는 듣긴 했지만, 이 정도일 줄은 전혀 생각 못했어.

여 : 그렇지. 나도 한참 취직 활동을 하는 중이긴 하지만 말이야. 힘드네. 그렇지만 내정이 결정된 아이도 있고, 내게 부족한 것은 무엇일까 생각하곤 해.

남 : 맞아. 올해는 더욱 힘들어질 거라고들 하고…….

여 : 선배는 포기하지 말고 계속해서 시험이나 면접에 익숙해지도록 하면 자신의 능력과 인간성을 보일 수 있다고 말하지만 말이야.

남 : 하면 할수록 자신을 보여 줄 수 있기는커녕 기만 죽어.

여 : 가장 좋은 것은 목표 업계를 3개 정도로 한정시켜 두고 거기에 맞는 준비를 확실히 하면 좋은 모양인데. 뭔지 잘 모르겠어.

남 : 그렇구나, 목표 업계를 3개란 말이지. 알았다. 왠지 도움이 될 것 같아.

여자는 취직 방법 중에서 가장 좋은 것은 무엇이라고 말하고 있습니까?
1 시험이나 면접 준비를 확실히 해 둔다.
2 내정이 결정된 친구에게 물어본다.
3 선배에게 부탁해 본다.
4 취직하고 싶은 기업을 한정적으로 결정해 둔다.

해설　여자는 선배가 취업을 위해 두 가지 방법을 제시했다고 한다. 한 가지는 시험과 면접에 익숙해질 만큼 계속 치르라는 것이고, 또 한 가지는 취업하고 싶은 회사를 3개 업종으로 한정시켜 그에 맞게 준비하라는 것이다. 따라서 정답은 4번이다.

어휘　内定(ないてい) 내정 | 就活(しゅうかつ) 취업 활동(就職活動의 줄임말) | 業界(ぎょうかい) 업계 | 絞(しぼ)る 한정 짓다, 짜다

문제3　개요이해 문제

서술 형식의 본문을 듣고 화자의 의도나 주장 등을 파악하는 문제이다. 상황 설명만 사전에 제시될 뿐 질문과 선택지가 나중에 제시되기 때문에 문제를 예상하기가 어렵다. 본문 전체의 흐름을 이해하면서 화자의 관심 대상이나 생각을 파악하도록 한다.

1 ~ 6 문제3에서는 문제용지에 아무것도 인쇄되어 있지 않습니다. 이 문제는 전체적으로 어떤 내용인가를 묻는 문제입니다. 이야기 앞에 질문은 없습니다. 우선 이야기를 들으세요. 그러고 나서 질문과 선택지를 듣고 1부터 4중에서 가장 알맞은 것을 하나 고르세요.

예)　　　　　　　　　　　　　　　| 정답 2

`1-3-01.mp3`

女の人が男の人に映画の感想を聞いています。

女：この間、話してた映画、見に行ったんでしょう？どうだった？

男：うん、すごく豪華だった。衣装だけじゃなくて、景色もすべて、画面の隅々まで、とにかくきれいだったよ。でも、ストーリーがなあ。主人公の気持ちになって一緒にドキドキして見られたら、もっとよかったんだけど、ちょっと単調でそこまでじゃなかったな。娯楽映画としては十分楽しめると思うけどね。

男の人は映画についてどう思いますか。
1 映像も美しく、話も面白い
2 映像は美しいが、話は単調だ
3 映像もよくないし、話も単調だ
4 映像はよくないが、話は面白い

해석　여자가 남자에게 영화의 감상을 묻고 있습니다.

여 : 일전에 말했던 영화 보러 갔지? 어땠어?

남 : 응, 무척 호화로웠어. 의상뿐만 아니라 경치도 모두, 화면 구석구석까지 아무튼 아름다웠다니까. 그렇지만 스토리가 말이지. 주인공이 된 기분으로 함께 가슴 뛰어가며 볼 수 있었다면 더 좋았을 텐데, 조금 단조로워서 그렇게까지는 아니었어. 오락 영화로는 충분히 즐길 수 있다고는 생각하긴 하지만.

남자는 영화에 대해 어떻게 생각합니까?
1 영상도 아름답고, 이야기도 재미있다.
2 영상은 아름답지만, 이야기는 단조롭다.
3 영상은 좋지 않고, 이야기도 단조롭다.
4 영상은 좋지 않지만, 이야기는 재미있다.

해설　영화에 대해 좋았던 점과 아쉬웠던 점을 나누어 들어야 정답을 찾을 수 있다. 조건을 나타내는 접속사에 유의하면서 듣도록 한다.

어휘　豪華(ごうか) 호화 | 衣装(いしょう) 의상 | 隅々(すみずみ) 구석구석 | ストーリー 이야기 | 単調(たんちょう) 단조 | 娯楽(ごらく) 오락

1 화자의 의도와 주장 이해하기 ★★☆ | 정답 4

1-3-02.mp3

女の人が湯たんぽについて話しています。

女：昔ながらの暖房器具である「湯たんぽ」が、最近若い世代の人気を集めています。かわいいデザインのカバーが登場して、おしゃれなイメージに変身したからです。サイズもいろいろあって携帯しやすいサイズまで出て活用の場も広くなりました。何より、環境に優しく、手軽で経済的なことが一番のいいところといえます。ストーブなどとは違って、部屋が乾燥しないのも魅力です。湯たんぽを上手に活用して、寒い季節を暖かくかしこく乗り越えましょうね。

女の人は何について話していますか。
1 湯たんぽの値段
2 湯たんぽのデザイン
3 湯たんぽの実用性
4 湯たんぽの人気

해석　여자가 탕파에 대해 이야기하고 있습니다.

여 : 옛날부터 사용되던 난방기구인 '탕파'가 최근 젊은 세대의 인기를 모으고 있습니다. 귀여운 디자인의 커버가 등장해 세련된 이미지로 변신했기 때문입니다. 사이즈도 여러 가지가 있어서 휴대하기 좋은 사이즈까지 나와 활용의 장도 넓어졌습니다. 무엇보다 친환경적이고 손쉽고 경제적인 것이 가장 좋은 점이라 할 수 있습니다. 스토브 등과는 달리 방이 건조해지지 않는다는 점도 매력적입니다. 탕파를 잘 활용하여 추운 계절을 따뜻하고 현명하게 이겨냅시다.

여자는 무엇에 대해 이야기하고 있습니까?
1 탕파의 가격
2 탕파의 디자인
3 탕파의 실용성
4 탕파의 인기

해설　여자는 탕파가 휴대성이 좋고 친환경적이며 디자인이 예뻐서 젊은 세대들에게 인기가 많아졌다고 말하고 있으므로 정답은 4번이다.

어휘　湯(ゆ)たんぽ 탕파(더운물을 넣어 몸을 따뜻하게 하는 통) | 暖房器具(だんぼうきぐ) 난방기구 | 変身(へんしん) 변신 | 手軽(てがる) 손쉬움 | 乾燥(かんそう) 건조 | 乗(の)り越(こ)える 극복하다

2 대화의 핵심 파악하기 ★★☆ | 정답 3

1-3-03.mp3

男の人が話しています。

男：日本庭園は西洋庭園と違って、丸く作られますし、右と左が対称を成してません。それは日本の庭園が自然をそのまま移しているからです。また、庭園には必ず池があって、鯉や金魚が泳いでいます。そこには「添水」という竹筒に水を引いて、水がたまる

とその重みで竹筒が石に当たって音を立てる仕掛けもあります。こうしてみれば、日本人は自然や自然がくれる余裕をいかに大事に思ってたかがわかります。

男の人は何について話していますか。
1 人間と水の関わり
2 日本庭園と西洋庭園の違い
3 日本庭園で感じられる自然のゆとり
4 鯉や金魚がある池の特徴

해석　남자가 이야기하고 있습니다.

남 : 일본 정원은 서양 정원과 달리 둥글게 만들어져 있으며, 우측과 좌측이 대칭을 이루고 있지 않습니다. 그것은 일본의 정원이 자연을 그대로 옮겨 두었기 때문입니다. 또한 정원에는 반드시 연못이 있어서 잉어나 금붕어가 헤엄을 치고 있습니다. 거기에는 '첨수'라는 대나무통에 물을 끌어들여 물이 모이면 그 무게로 대나무통이 돌에 닿아 소리를 내는 장치도 있습니다. 이렇게 보면 일본인은 자연과 자연이 주는 여유를 얼마나 소중히 생각했었는지 알 수 있습니다.

남자는 무엇에 대해 이야기하고 있습니까?
1 인간과 물의 관계
2 일본 정원과 서양 정원의 차이
3 일본 정원에서 느낄 수 있는 자연의 여유
4 잉어와 금붕어가 있는 연못의 특징

해설　첫 문장에서 일본 정원과 서양 정원의 차이에 대해 언급을 하고는 있으나 전체적인 테마는 일본의 정원이 자연을 그대로 옮겨둔 것이며 자연의 여유를 느끼게 하는 여러 장치에 중점을 두고 말하고 있으므로 정답은 3번이다.

어휘　対称(たいしょう) 대칭 | 鯉(こい) 잉어 | 金魚(きんぎょ) 금붕어 | 添水(そうず) 첨수 | 竹筒(たけづつ) 대나무통 | 仕掛(しか)け 장치 | 余裕(よゆう) 여유 | ゆとり 여유, 여유가 있음

3 화자의 주장 이해하기 ★★☆ | 정답 2

1-3-04.mp3

女の人が話しています。

女：「スープダイエット」って聞いたことがありますか。これはご飯の食事の代わりに、様々な野菜を入れたスープにするというものです。サラダやサイドメニューでは少ない種類しか摂れない野菜でも、スープの具として入れればたくさんの種類を摂ることができます。スープのほかに肉や魚も取り入れられるので、飽きずに続けることもできます。ダイエットで不足しがちなビタミンやミネラルを補うことができます。作り方もとても簡単で、若い女性の中で話題になっています。しかし、体脂肪を落とすよりは体重を減らすのに効果的なので、筋トレやウォーキングなどの有酸素運動も取り入れてがんばったほうがいいでしょう。

女の人は「スープダイエット」はどうして効果的だと言っていますか。
1 脂肪燃焼ができるから
2 飽きずに続けられるから
3 体重を簡単に減らせるから
4 料理法が簡単だから

해석　여자가 이야기하고 있습니다.

여 : '수프 다이어트'라는 것을 들은 적이 있습니까? 이것은 밥으로 먹는 식사 대신에 다양한 채소를 넣은 수프를 먹는다는 것입니다. 샐러드나 사이드 메뉴라면 적은 종류밖에 섭취할 수 없는 채소라도 수프 재료로 넣으면 많은 종류를 섭취할 수가 있습니다. 수프 외에 고기나 생선도 넣을 수 있으므로 질리지 않고 계속할 수도 있습니다. 다이어트로 부족해지기 쉬운 비타민이나 미네랄을 보충할 수가 있습니다. 만드는 방법도 아주 쉬워서 젊은 여성 사이에서 화제가 되고 있습니다. 그러나 체지방을 떨어뜨리기보다는 체중을 줄이는 데 효과적이기 때문에 근육 트레이닝과 걷기 같은 유산소 운동도 병행해서 노력하는 것이 더 좋을 것입니다.

여자는 '수프 다이어트'가 왜 효과적이라고 말하고 있습니까?
1 지방 연소가 되므로
2 질리지 않고 계속할 수 있어서
3 체중을 쉽게 줄일 수 있어서
4 요리법이 쉬워서

해설　수프의 재료를 다양하게 사용함으로써 질리지 않고 계속할 수 있는 점이 가장 효과적이라고 말하고 있으므로 정답은 2번이다.

어휘　摂(と)る 섭취하다 ｜ 具(ぐ) 알맹이, 재료 ｜ 取(と)り入(い)れる 도입하다, 넣다 ｜ 飽(あ)きる 질리다 ｜ ～がち ~하기 쉽다 ｜ 補(おぎ)なう 보충하다 ｜ 体脂肪(たいしぼう) 체지방 ｜ 筋(きん)トレ 근육 트레이닝 ｜ 有酸素運動(ゆうさんそうんどう) 유산소 운동

4　정확한 내용 파악하기 ★★★　｜ 정답 4

1-3-05.mp3

男の人が夏によく売れるものについて話しています。

男 : ようやく梅雨も明け、これから夏本番です。気温もぐんぐん上昇する見込みです。ここ数年、特に地球温暖化という言葉がいろいろなところでいわれています。実際に、都心の夏は確実に以前よりも気温が高くなってきています。こう暑くなると、デパートの屋上のビアガーデンでパーっとやろうと思うサラリーマンの方はたくさんいると思います。気温の変化とともに売れ行きが伸びる商品の代表がビールですが、その理由は何でしょうか。水分補給が主な目的のようですが、ビールはアルコール飲料ですから、脱水症状が起こりやすいことも知られています。では、冷たい水ではいけないでしょうか。実は、炭酸水はのどへ刺激を与えます。そこからより強い爽快感を与えるのだそうです。ビールを飲んで

も実際にはまだ水分が体に吸収されていないのに、炭酸の刺激によって人間は冷感を感じるとのことです。だから、冷水と炭酸の刺激にホップの苦味を組み合わせたビールは、すぐに渇きを癒やす飲み物として認識されているわけです。

男の人はどうしてビールがたくさん売れていると言っていますか。
1 ビールは十分な水分補給ができるから
2 デパートの屋上のビアガーデンは特別涼しいから
3 ビールは冷感だけで十分身体を冷やせるから
4 冷水と炭酸の刺激がすぐに渇きを潤すから

해석　남자가 여름에 잘 팔리는 것에 대해 이야기하고 있습니다.

남 : 드디어 장마도 끝나고 이제부터 본격적인 여름입니다. 기온도 쑥쑥 상승할 전망입니다. 요 몇 년, 특히 지구 온난화라는 말이 여러 곳에서 들리고 있습니다. 실제로 도심의 여름은 확실히 이전보다도 기온이 높아지고 있습니다. 이렇게 더워지면 백화점 옥상의 비어가든에서 한잔하려고 하는 샐러리맨 분들이 많이 있을 거라고 생각합니다. 기온의 변화와 더불어 매상이 늘어나는 상품의 대표가 맥주인데요, 그 이유는 무엇일까요? 수분 보급이 주요 목적인 듯합니다만, 맥주는 알코올 음료이므로 탈수 증상이 일어나기 쉽다는 사실도 알려져 있습니다. 그렇다면 시원한 물로는 안 되는 걸까요? 실은 탄산수는 목에 자극을 줍니다. 거기서 보다 강한 상쾌감을 주는 것이라고 합니다. 맥주를 마셔도 실제로는 아직 수분이 몸에 흡수되지 않았는데 탄산의 자극으로 인해 인간은 시원함을 느낀다는 것입니다. 그러므로 냉수와 탄산의 자극에 호프의 쓴맛을 조합시킨 맥주는 바로 갈증을 풀어 주는 음료로 인식되고 있는 것입니다.

남자는 왜 맥주가 많이 팔린다고 말하고 있습니까?
1 맥주는 충분한 수분 보급이 가능하므로
2 백화점 옥상의 비어가든은 유난히 시원하니까
3 맥주는 시원함으로 충분히 몸을 식혀 주니까
4 냉수와 탄산의 자극이 바로 갈증을 풀어 주니까

해설　맥주는 냉수와 탄산의 자극에 쓴맛이 합쳐져 갈증을 풀어 준다는 내용이 소개되어 있다. 비슷한 어휘가 반복되는 경향이 있으므로 어휘에 신경 쓰면서 듣도록 한다.

어휘　梅雨(つゆ) 장마 ｜ 夏本番(なつほんばん) 본격적인 여름 ｜ ぐんぐん 쑥쑥 ｜ 上昇(じょうしょう) 상승 ｜ 地球温暖化(ちきゅうおんだんか) 지구 온난화 ｜ 都心(としん) 도심 ｜ 売(う)れ行(ゆ)き 매상 ｜ 水分補給(すいぶんほきゅう) 수분 보급 ｜ 脱水症状(だっすいしょうじょう) 탈수 증상 ｜ 炭酸水(たんさんすい) 탄산수 ｜ 刺激(しげき) 자극 ｜ 冷感(れいかん) 시원함 ｜ 渇(かわ)き 갈증 ｜ 癒(いや)す 달래다 ｜ 潤(うるお)す 촉촉하게 하다

5　흐름에 맞는 내용 파악하기 ★★★　｜ 정답 1

1-3-06.mp3

女の人と男の人が企画書の書き方について話しています。

女：課長、来週の会議で発表することになってる企画書について、アドバイスをいただきたいんですが。

男：うーん。まず企画書を見やすくすること。そのためには箇条書きがベストだね。あと、必要によって、グラフと表、そして図も使えば、まとまって見えるし、効果もアップするんだけどね。

女：グラフとか図表ですか……。載せたらいいとは思ったんですが、企画書の枚数が増えちゃって大丈夫かなとも思って。

男：そうだね。分量も適当に収めたほうがいいね。

女：じゃあ、どうしたらいいでしょうか。

男：それじゃ、企画書にはグラフや図表を載せないで、パワーポイントで見せるだけでいいんじゃないかな。

女：わかりました。どうもありがとうございます。

男の人はどんな企画書を準備するようにと言っていますか。

1 箇条書きだけのもの
2 箇条書きにグラフを入れたもの
3 箇条書きにグラフや図表などを入れたもの
4 箇条書きをパワーポイントにしたもの

해석　여자와 남자가 기획서 쓰는 법에 대해 이야기하고 있습니다.

여 : 과장님, 다음 주 회의에서 발표하게 된 기획서에 대해 조언을 듣고 싶은데요.

남 : 음, 우선 기획서를 보기 쉽게 만들 것. 그러기 위해서는 항목별 작성이 최고지. 또, 필요에 따라 그래프와 표, 그리고 그림도 사용하면 잘 정리된 것처럼 보이고 효과도 상승될 거란 말이지.

여 : 그래프나 도표 말씀이시군요……. 실으면 좋을 것이라고는 생각했습니다만, 기획서 매수가 늘어나 버려서 괜찮을까 하고.

남 : 그렇군. 분량도 적당하게 정리하는 게 좋아.

여 : 그럼, 어떻게 하면 좋을까요?

남 : 그럼, 기획서에는 그래프와 도표를 싣지 말고 파워포인트로 보여 주는 것만으로 좋지 않겠어?

여 : 알겠습니다. 정말 감사합니다.

남자는 어떤 기획서를 준비하라고 말하고 있습니까?

1 항목별 작성으로만 된 것
2 항목별 작성에 그래프를 넣은 것
3 항목별 작성에 그래프와 도표 등을 넣은 것
4 항목별 작성을 파워포인트로 한 것

해설　기획서에 그래프와 표, 그림을 넣는 것이 효과적이기 하지만 매수가 너무 늘어날 것이라는 말에 남자는 그래프와 도표는 파워포인트로 제시하고 기획서에는 항목별로 정리한 것만을 실으라고 말하고 있으므로 정답은 1번이다. 부분적인 것보다는 전체적인 흐름을 놓치지 않도록 주의한다.

어휘　企画書(きかくしょ) 기획서 ｜ 箇条書(かじょうが)き 항목별로 정리해 씀 ｜ 載(の)せる 싣다 ｜ 分量(ぶんりょう) 분량 ｜ 収(おさ)める 정리하다

6 　중요 포인트 파악하기 ★★☆　　　｜ 정답 4

1-3-07.mp3

小学校の体育の先生が生徒に注意をしています。

男：これからプールに入る際に心がけなければならないことについて説明します。とりあえず、水に入ると体が冷えてトイレが近くなるから、トイレに行ってきましょう。次に、念入りに準備体操をします。特に午前中は、体がかたく、けがをしやすいので注意しましょう。準備体操が終わったら、最後にシャワーを浴びます。日によって冷たく感じるときもありますが、プールを汚さないために必要なことなので、頭からつま先まで念入りに洗いましょう。そして、腰洗い用の消毒そうを使用したときは、塩素濃度が高いので目に入らないよう気をつけてくださいね。そしてこまめに水分を取ってください。

先生はどうして準備体操をするようにと言っていますか。

1 水に入ることによって体が冷えるから
2 プールを汚さないために
3 体温調節のために
4 体が硬くなるとけががしやすいから

해석　초등학교 체육 선생님이 학생들에게 주의를 주고 있습니다.

남 : 이제부터 수영장에 들어갈 때 명심해야 할 점에 대해 설명하겠습니다. 우선, 물에 들어가면 몸이 차가워져서 화장실에 자주 가고 싶어지니까 화장실에 다녀오도록 합시다. 다음에 꼼꼼히 준비체조를 합니다. 특히, 오전에는 몸이 굳어 있어 다치기 쉬우므로 주의를 기울입시다. 준비체조가 끝나면 끝으로 샤워를 합니다. 날에 따라 차갑게 느껴질 때도 있습니다만, 수영장을 더럽히지 않게 하기 위해 필요한 것이므로 머리부터 발끝까지 꼼꼼히 씻도록 합시다. 그리고 허리까지 잠기는 소독조를 사용했을 때에는 염소 농도가 높기 때문에 눈에 들어가지 않도록 주의해 주세요. 그리고 부지런히 수분을 섭취해 주세요.

선생님은 왜 준비체조를 하라고 말하고 있습니까?

1 물에 들어가는 것으로 인해 몸이 차가워지니까
2 수영장을 더럽히지 않게 하기 위해
3 체온 조절을 위해
4 몸이 경직되면 다치기 쉬우니까

해설　여러 가지 주의점이 나와 있으므로 준비체조에 대한 주의 사항만 골라 들어야 한다. 선생님은 준비체조는 몸이 굳어 있으면 다치기 쉽기 때문에 해야 한다고 말하고 있으므로 정답은 4번이다.

어휘　体育(たいいく) 체육 ｜ 準備体操(じゅんびたいそう) 준비체조 ｜ 際(さい) 때 ｜ 念入(ねんい)り 정성 들임, 공들임 ｜ 汚(よご)す 더럽히다 ｜ 消毒(しょうどく)そう 소독조 ｜ 塩素(えんそ) 염소 ｜ 濃度(のうど) 농도 ｜ こまめ 충실한 모양, 아주 부지런한 모양

질문 등의 짧은 발화를 듣고 대화의 흐름에 맞는 적절한 응답을 고르는 문제이다. 대화가 자연스럽게 이어질 수 있는 것을 고르도록 한다.

[1] ~ [13] 문제 4에서는 문제용지에 아무것도 인쇄되어 있지 않습니다. 우선 질문을 들으세요. 그러고 나서 그에 대한 대답을 듣고 1부터 3 중에서 가장 알맞은 것을 하나 고르세요.

예)

| 정답 3

1-4-01.mp3

男：ああ、今日はお客さんからの苦情が多くて、仕事にならなかったよ。
女：1 いい仕事できてよかったね。
　　2 仕事なくて大変だったね。
　　3 お疲れ様。ゆっくり休んで。

해석　남 : 아아, 오늘은 손님한테 클레임이 많아서 일을 못했어.
　　　여 : 1 일을 잘해서 잘됐구나.
　　　　　2 일이 없어서 힘들었구나.
　　　　　3 수고했어. 푹 쉬어.

해설　남자가 고객의 불만을 처리하느라 다른 업무를 보지 못했다고 했으므로 위로를 해 주는 3번이 적절한 답이다.

어휘　苦情（くじょう）불만, 불평

[1]　상대방의 주의에 대해 반응하기 ★★☆　　　| 정답 2

1-4-02.mp3

男：気にするな。しかし、二度と同じ過ちを犯さないよう、これから気をつけるんだ。いいね。
女：1 ええ、お願いします。
　　2 かしこまりました。
　　3 おかまいなく。

해석　남 : 신경 쓰지 마. 그렇지만 두 번 다시 같은 실수를 저지르지 않도록 이제부터 주의해. 알았지?
　　　여 : 1 네, 부탁드립니다.
　　　　　2 잘 알겠습니다.
　　　　　3 신경 쓰지 마세요.

해설　주의를 주고 있으므로 かしこまりました(잘 알겠습니다)라고 대답해야 한다.

어휘　過（あやま）ち 실수, 과오 | 犯（おか）す 범하다, 저지르다

[2]　문제 제기에 반응하기 ★★★　　　| 정답 2

1-4-03.mp3

男：会談が結局行き違いで終わってしまったようだね。
女：1 さすがだよね。
　　2 それでこれからどうするの？
　　3 それはありがたいね。

해석　남 : 회담이 결국 서로 어긋나서 끝나 버린 모양이야.

여 : 1 과연 그렇군.
　　2 그래서 이제부터 어떻게 할 거야?
　　3 그거 참 고마운 일이네.

해설　行き違い의 의미에 맞는 반응이므로 이제부터 어떻게 해야 하는지를 묻는 것이 가장 자연스럽다.

어휘　行（い）き違（ちが）い 어긋남, 엇갈림

[3]　화자의 의도 파악하기 ★★★　　　| 정답 3

1-4-04.mp3

女：田中君、ああいう場所で勝手なこと言っちゃっていいのかな？
男：1 ありえない。
　　2 気がきくね。
　　3 どうもごめんね。

해석　여 : 다나카 군, 그런 장소에서 멋대로 말해 버려도 되는 거야?
　　　남 : 1 있을 수 없어.
　　　　　2 눈치 빠른데.
　　　　　3 정말 미안해.

해설　발화자의 의도를 파악해 그에 알맞은 반응을 해야 한다. 화난 상대에게 자신이 저지른 실수에 대해 사과해야 하므로 どうもごめんね(정말 미안해)라고 말해야 한다.

어휘　勝手（かって）에 멋대로

[4]　대화 흐름에 알맞은 표현 고르기 ★★★　　　| 정답 2

1-4-05.mp3

女：部長から今日中にこの契約書の検討を終わらせろとの指示がありました。
男：1 ご苦労さま。
　　2 そんなの、できっこないってば。
　　3 危ないところだったね。

해석　여 : 부장님으로부터 오늘 중으로 이 계약서의 검토를 끝내라는 지시가 있었습니다.
　　　남 : 1 수고해.
　　　　　2 그거 못할 게 뻔하다니까.
　　　　　3 위험할 뻔했어.

해설　できっこない는 '가능할 것 같지 않다'는 뜻으로, 계약서의 검토를 지시 받았지만 어려울 것 같다는 뜻을 나타내고 있다.

어휘　契約書（けいやくしょ）계약서 | 検討（けんとう）검토 | 指示（しじ）지시

[5]　적절한 전화 응대 표현 ★★☆　　　| 정답 2

1-4-06.mp3

男：もしもし、林部長いらっしゃいますか。
女：1 ちょうど席を外しておりまして。
　　2 あいにく外出しておりまして。
　　3 今から約束がございまして。

해석   남 : 여보세요. 하야시 부장님 계십니까?

        여 : 1 마침 자리를 비우셔서.

              2 공교롭게도 외출을 하셔서.

              3 지금부터 약속이 있으셔서.

해설   ちょうど가 한국어로는 '마침'에 해당되지만 일본어 어감으로는 '좋은 타이밍'이라는 뉘앙스를 가지고 있으므로, '공교롭게'라는 뜻을 가진 あいにく를 사용한다는 점에 주의하자.

어휘   席(せき)を外(はず)す 자리를 비우다 | あいにく 공교롭게 | 外出(がいしゅつ) 외출

---

6   자연스러운 대화하기 ★★★ | 정답 2

1-4-07.mp3

男：彼の業績は、すごいけど、驚くには当たらないよ。
女：1 私も信じられないもの。
     2 やっぱりすごいね。
     3 そうね。驚きに堪えないわね。

해석   남 : 그의 업적은 굉장하지만 그리 놀랄 일도 아니야.

        여 : 1 나도 믿을 수 없는 걸.

              2 역시 굉장해.

              3 그렇지. 놀라움을 금할 길 없어.

해설   驚くには当たらない는 '놀랄 일도 아니다'라는 뜻이므로 やっぱりすごいね(역시 굉장해!)라고 반응하는 것이 자연스럽다.

어휘   業績(ぎょうせき) 업적 | 驚(おどろ)く 놀라다 | 堪(た)えない 억제할 수 없다

---

7   화자의 의도를 파악하고 동의하기 ★★★ | 정답 2

1-4-08.mp3

女：政治家の行動にはあきれてものもいえないわ。
男：1 政治家は尊敬されるべきなんだからさ。
     2 きのうや今日のことじゃないし。
     3 お見事ですね。

해석   여 : 정치가의 행동에는 질려서 말도 안 나와.

        남 : 1 정치가는 존경 받아야 하는 거니까 말이지.

              2 어제오늘 일은 아니잖아.

              3 훌륭하군요.

해설   あきれてものもいえない(질려서 말도 나오지 않는다)라는 말에 대해 '정치가가 늘 실망을 주고 있다'는 의도로 하는 말이므로 きのうや今日のことじゃないし를 선택하도록 한다.

어휘   政治家(せいじか) 정치가 | 行動(こうどう) 행동 | あきれる 질리다 | 尊敬(そんけい) 존경 | 見事(みごと) 훌륭함, 볼만함

---

8   사과에 대해 반응하기 ★★☆ | 정답 1

1-4-09.mp3

男：ごめん。さっき少し言い過ぎたよ。
女：1 いや、ぜんぜん気にしてないから。
     2 わかりました。気をつけてください。
     3 いろいろと迷惑かけてすみません。

해석   남 : 미안해. 아까 조금 말이 지나쳤어.

        여 : 1 아니, 전혀 신경 안 써.

              2 알았어요. 주의하세요.

              3 여러 모로 폐를 끼쳐 죄송합니다.

해설   사과를 하고 있으므로 괜찮다는 뜻으로 말한 1번이 정답이다.

어휘   言(い)い過(す)ぎる 말이 지나치다 | ぜんぜん 전혀 | 迷惑(めいわく) 폐, 신세

---

9   권유 거절하기 ★★☆ | 정답 2

1-4-10.mp3

女：みんなでイタリアンレストランにパスタ食べに行くんだけど、いっしょに行かない？
男：1 悪い。寝坊しちゃって。
     2 まだ仕事が終わらないんだ。ごめん。
     3 ちょっとだけ飲みすぎたから。

해석   여 : 다 같이 이탈리안 레스토랑에 파스타 먹으러 가는데, 같이 안 갈래?

        남 : 1 미안. 늦게 일어나서.

              2 아직 일이 안 끝났어. 미안.

              3 조금만 과음해서.

해설   권유를 거절할 때는 돌려서 말하는 게 좋으므로 2번이 가장 적절하다.

어휘   イタリアンレストラン 이탈리안 식당 | パスタ 파스타 | 寝坊(ねぼう)する 늦잠 자다 | ちょっとだけ 조금만

---

10   근황을 묻는 말에 대답하기 ★★☆ | 정답 3

1-4-11.mp3

男：論文のほうは進んでますか。
女：1 ええ、どうもお大事に。
     2 いちばん好きですね。
     3 まあ、おかげさまでなんとか頑張っています。

해석   남 : 논문은 잘되고 있습니까?

        여 : 1 네, 건강 조심하세요.

              2 가장 좋아합니다.

              3 뭐, 덕분에 그냥 힘내고 있습니다.

해설   進んでる는 '잘되다'의 뜻으로 논문이 잘되어 가느냐는 근황을 묻고 있으므로 '덕분에 분발하고 있다'고 대답하는 것이 가장 자연스럽다.

---

11   영탄에 대해 반응하기 ★★★ | 정답 2

1-4-12.mp3

女：徹夜で勉強だなんて、感心したわ！
男：1 どうぞ、おかまいなく。
     2 どうにかやってるんだけど、きついね。
     3 それほど勉強好きじゃないのに。

해석   여 : 밤을 새서 공부를 하다니, 감동 받았어!

男 : 1 부디 신경 쓰지 마세요.
　　 2 어떻게든 하고는 있지만 힘드네.
　　 3 그렇게 공부 안 좋아하는데 말이지.

해설　感心する는 '감탄하다, 감동하다'의 의미로 대화 문맥상 어떻게 하고는 있는데, 힘드네라고 반응하는 것이 가장 자연스럽다.

어휘　徹夜(てつや) 철야

12　적절한 응답하기 ★★★　　｜정답 3

> 1-4-13.mp3

> 男 : 先輩、仕事を抱え込まないで手際よくできる方法を教えてください。
> 女 : 1 さぞかしお疲れでしょう。
> 　　 2 休み時間に手をきれいに洗って仕事したらいいんですよ。
> 　　 3 細かくメモしながら済ませばいいんですよ。

해석　남 : 선배, 일을 계속 떠안지 않고 요령 있게 할 수 있는 방법을 가르쳐 주세요.
　　 여 : 1 얼마나 힘드시겠어요.
　　　　 2 쉬는 시간에 손을 깨끗이 씻고 일을 하면 좋습니다.
　　　　 3 꼼꼼하게 메모하면서 끝마치면 됩니다.

해설　手際よく는 '요령 있게'라는 뜻으로 어떻게 하면 되는지 방법에 대해 질문하고 있으므로 구체적인 일의 요령을 알려 주는 내용을 고르면 된다. 정답은 3번이다.

어휘　抱(かか)え込(こ)む 껴안다, 떠안다 ｜ さぞかし 필시, 틀림없이, 얼마나 ｜ 済(す)ます 마치다

13　물건 구입 시의 유의사항에 대해 반응하기 ★★★　　｜정답 1

> 1-4-14.mp3

> 女 : 恐れ入りますが、購入後は一切返品はできません。
> 男 : 1 そこのところをなんとかしてください。
> 　　 2 たいへん申し訳ございません。
> 　　 3 片付けられません。

해석　여 : 죄송합니다만, 구입 후에는 일절 반품은 불가능합니다.
　　 남 : 1 그 부분을 어떻게 좀 해 주세요.
　　　　 2 대단히 죄송합니다.
　　　　 3 정리할 수 없습니다.

해설　반품은 불가능하다는 유의사항에 대한 대책을 부탁하는 1번이 적절한 반응이라 볼 수 있다.

어휘　恐(おそ)れ入(い)る 황송하다, 미안하다 ｜ 購入(こうにゅう) 구입 ｜ 一切(いっさい) 일체 ｜ 返品(へんぴん) 반품 ｜ 片付(かたづ)ける 정리하다

문제5　통합이해 문제

비교적 긴 지문을 듣고 복수의 정보를 비교, 종합하면서 내용을 이해하는 문제이다. 뉴스, 설명, 대화 등이 주로 출제되므로 평소 뉴스나 이야기식의 단편 소설을 듣는 것이 도움이 된다.

> 문제5에서는 다소 긴 이야기를 듣습니다. 이 문제에 연습은 없습니다. 메모를 해도 괜찮습니다.
>
> 1 , 2 　문제용지에 아무것도 인쇄되어 있지 않습니다. 우선 이야기를 들으세요. 그러고 나서 질문과 선택지를 듣고 1부터 4 중에서 가장 알맞은 것을 하나 고르세요.

1　복수의 정보를 비교, 종합하면서 내용 이해하기 ★★★　　｜정답 3

> 1-5-01.mp3

> 自転車売り場で女の人と男の人が電動自転車を見ながら話しています。
>
> 男 : いらっしゃいませ。
> 女 : あのう、すみません。電動自転車を買おうと思ってるんですが。
> 男 : 電動自転車ですね。
> 女 : はい、最近メーカーが多すぎて、どれがいいかさっぱりわからなくて。
> 男 : そうですね。おっしゃる通り、最近電動自転車が人気なもんで、自転車メーカーが競って発売してまして、以前に比べると種類が多くなりました。
> 女 : 各社の自転車について説明してもらえますか。
> 男 : はい、かしこまりました。まずA社ですが、国内では最初に電動自転車を販売したので、そのブランドは信頼が高いと言えます。
> 女 : たしかにそうですね。
> 男 : 何よりデザイン性と高性能を両立したタイプで、お値段も以前よりたいへんお求めやすくなりました。
> 女 : ほかのメーカーは？
> 男 : B社の場合は、何と言っても業界屈指の品揃えを誇っていまして、その種類の多さによって、購入者の幅広いニーズに細かく対応しています。
> 女 : へえ、そうですか。それ以外には？
> 男 : C社とD社ですが、まずC社は自転車や車のタイヤの第一人者とも言える企業で、安定感抜群で、自転車用のオプションも充実しており、安全設計のチャイルドシートやヘルメットなど、電動自転車に必要なアクセサリーを一式取り揃えています。D社といえば、電動自転車に関してもかなり力を注いでいるメーカーでして、通学や通勤といった長距離運行に最適です。全国各地で販売店のネットワークが整備されている点も便利かと思います。
> 女 : そうですか。ブランドの信頼性、高性能、安全性か……。うちはやっぱり安全性重視ですね。子供を乗せたりするし。
> 男 : はい。では、さっそくお見せします。

女の人はどのメーカーの自転車に興味を示しましたか。

1　A社
2　B社
3　C社
4　D社

해석　자전거 매장에서 여자와 남자가 전동자전거를 보면서 이야기하고 있습니다.

남 : 어서 오세요.

여 : 저, 여기요. 전동자전거를 사려고 합니다만.

남 : 전동자전거 말씀이시군요.

여 : 네, 요즘 메이커가 너무 많아서 어느 것이 좋을지 전혀 몰라서요.

남 : 그러시군요. 말씀하신 대로 요즘 전동자전거가 인기가 많아 자전거 메이커가 앞다퉈 발매하고 있기 때문에 이전에 비하면 종류가 많아졌습니다.

여 : 각 회사의 자전거에 대해 설명해 주실 수 있으세요?

남 : 네, 알겠습니다. 우선 A사입니다만, 국내에서는 최초로 전동자전거를 판매했기 때문에 그 브랜드는 신뢰가 높다고 할 수 있습니다.

여 : 확실히 그렇네요.

남 : 무엇보다 디자인성과 고성능을 양립한 타입으로 가격도 이전보다 훨씬 구입하기 수월해졌습니다.

여 : 다른 메이커는요?

남 : B사의 경우에는 뭐니 뭐니 해도 업계 굴지의 제품 구색을 자랑하고 있으며, 그 종류가 많아 구입자의 폭넓은 요구에 세세하게 대응하고 있습니다.

여 : 어, 그래요? 그 밖에는요?

남 : C사와 D사입니다만. 우선 C사는 자전거와 자동차 타이어의 제1인자라고도 할 수 있는 기업으로, 안정감이 뛰어나고 자전거용 옵션도 충실하고 안전 설계된 어린이 시트와 헬멧 등 전동자전거에 필요한 액세서리를 모두 갖추고 있습니다. D사로 말씀드리자면 전동자전거에 관해서도 상당히 힘을 쏟고 있는 메이커로 통학이나 통근 같은 장거리 운행에 최적입니다. 전국 각지에 판매점 네트워크가 정비되어 있는 점도 편리하리라 생각됩니다.

여 : 그래요? 브랜드의 신뢰성, 고성능, 안정성이로군요……. 우리는 역시 안전성을 중시하니까. 아이를 태우기도 하고.

남 : 네, 그럼 바로 보여 드리겠습니다.

여자는 어느 회사의 자전거에 흥미를 보였습니까?

1　A사
2　B사
3　C사
4　D사

해설　여자는 마지막 대사에서 아이를 태우기도 하므로 안전성이 높은 자전거가 끌린다고 말하고 있다. 따라서 안전성이 높고 안전 설계된 어린이 시트가 있는 C사의 자전거에 흥미가 있는 것이므로 정답은 3번이다.

어휘　電動自転車(でんどうじてんしゃ) 전동자전거 ｜ 競(きそ)う 다투다, 경쟁하다 ｜ 信頼(しんらい) 신뢰 ｜ 屈指(くっし) 굴지 ｜ 品揃(しなぞろ)え 구색, 물건을 갖춤 ｜ 誇(ほこ)る 자랑하다 ｜ 購入者(こうにゅうしゃ) 구입자 ｜ 幅広(はばひろ)い 폭넓다 ｜ 機種

(きしゅ) 기종 ｜ 揃(そろ)える 갖추다, 구비하다 ｜ 坂道(さかみち) 언덕길 ｜ 充実(じゅうじつ) 충실 ｜ 設計(せっけい) 설계 ｜ 一式(いっしき) 한 세트 ｜ 注(そそ)ぐ 쏟다 ｜ 高性能(こうせいのう) 고성능 ｜ 重視(じゅうし) 중시

2　이야기 전반을 종합적으로 이해하기 ★★★　｜정답 3

`1-5-02.mp3`

3人の大学生がアルバイトについて話しています。

女1：ねえ、ひとみちゃんのバイトのことなんだけど、いちおう就職先が内定したんだから、そろそろ辞めたほうがいいんじゃないの？

男　：ひとみちゃんは会社に出勤するまでバイト辞めないんでしょ？

女2：まあね。会社に勤めてもバイト続けようかと思ってる。

女1：えっ、何で？

男　：ひょっとしたら給料が少ないかもしれないし。奨学金も返さなきゃならないし、頑張ってお金貯めておかないっていう精神？

女1：ほんとにそうなの？でも、現実的に考えたら、時間的にも無理だし、体も持たないはずなんだけど。

女2：そうなんだけどね、何より彼氏と早く結婚もしたくてね……。

女1：まあ、それは彼氏との結婚の話がまとまってからにしな。それはそうと、体に気をつけてね。

女の人はアルバイトをつづける一番大きい理由は何だと言っていますか。

1　会社の給料が少ないため
2　奨学金を返すため
3　結婚のため
4　貯蓄するため

해석　3명의 대학생이 아르바이트에 대해 이야기하고 있습니다.

여1 : 있지, 히토미의 아르바이트 말인데, 일단 취직이 내정되었으니까 슬슬 그만두는 게 좋지 않아?

남 : 히토미는 회사에 출근할 때까지 아르바이트 안 그만둘 거지?

여2 : 응. 회사에 근무를 해도 아르바이트 계속할까 하고 생각 중이야.

여1 : 아니, 왜?

남 : 혹시 급료가 적을지도 모르고, 장학금도 갚아야 하고, 노력해서 돈을 모아 두겠다는 마음인 거야?

여1 : 정말 그런 거야? 하지만 현실적으로 생각하면 시간적으로도 힘들고, 몸도 버텨 내지 못할 게 분명한데.

여2 : 그렇기는 하지만, 무엇보다 남자 친구와 빨리 결혼도 하고 싶어서 말이야…….

여1 : 음, 그건 남자 친구와의 결혼 이야기가 정해지고 난 다음에 해. 그건 그렇고, 건강에 신경 써.

여자는 아르바이트를 계속하는 가장 큰 이유는 무엇이라고 말하고 있습니까?

1　회사의 급료가 적기 때문에

2 장학금을 갚기 위해

3 결혼을 위해

4 저축하기 위해

해설 여자는 급료도 적고, 장학금도 갚아야 하지만 무엇보다 남자 친구와의 결혼을 위해 아르바이트를 계속하고 싶다고 말하고 있다. 아르바이트를 계속하려는 여러 가지 이유가 있지만 가장 큰 이유가 무엇인지를 파악해야 한다. 정답은 3번이다.

어휘 いちおう 일단, 우선 ｜ 内定(ないてい) 내정 ｜ 出勤(しゅっきん) 출근 ｜ 給料(きゅうりょう) 급료 ｜ 現実的(げんじつてき) 현실적

---

3 먼저 이야기를 들으세요. 그러고 나서 두 개의 질문을 듣고 각각 문제용지의 1부터 4 중에서 가장 알맞은 것을 하나 고르세요.

질문1 각각의 사항에 대해 제대로 이해하기 ★★★ ｜ 정답 2
질문2 두 가지 사항 비교 이해하기 ★★★ ｜ 정답 3

1-5-03.mp3

男の人と女の人がテレビでやっている「男性の脳と女性の脳」を見ながら話しています。

女1：男性と女性は体の造りが違うのもさることながら、その考え方も違います。まあ、中には男らしい女性もいますし、女らしい男性もいますがね。でも、違うことだけは確かです。考え方が違うということは、脳の何かが違うということは推測できますが、では具体的に男性と女性の脳の違いっていったい何なんでしょうか。まず、脳の物理的、機能的な違いを見てみましょう。大きさ、重さ、ホルモンの分泌による周期も違います。また、右脳と左脳をつなぐ脳梁というところが全然違います。女性のほうが丸みがかかっていて太いです。というわけで、男性は女性より空間認識能力が、女性は男性より言語能力が勝ります。

男：やっぱりそうだったんだ。それで、お前がそんなにナビが教えてくれる場所にもたどり着けないし、駐車もそんなにめちゃくちゃだったのか。

女2：何よ。この前、あなたも駐車しながら車こすったくせに、なによ、偉そうに。

男：そりゃ、暗かったし、俺、お酒飲んでたのに、お前が駐車が下手で時間がかかりそうだったから……。

女2：またそんなこと言って……。じゃ、その論理だとあなたがそんなに英語の勉強してるのに、旅行先でなぜ会話ができないのかわかる気がするわ。

男：でもすべての男性が英会話が下手とは限らないだろう。だから、その論理がぜったい合うとは言い切れないんだよ。

女2：それは女性もいっしょだもん。運転上手な人がいくらでもいるのよ。

男：わかった、わかった。人によることにしておこう。

質問1 男の人は何が問題だと言っていますか。

　1 女性が男性より運動神経が劣ること

　2 女性が男性より空間認識能力が劣ること

　3 男性が女性より言語能力が劣ること

　4 女性が男性より認知能力がすぐれていること

質問2 男性と女性が考え方や能力が異なる理由は何だと言っていますか。

　1 左脳と右脳の大きさや重さなどが違うから

　2 体の造りがまったく違うから

　3 脳が物理的、機能的に違うから

　4 右脳と左脳をつなぐ脳梁が女性にはないから

해석 남자와 여자가 TV에서 하고 있는 '남성의 뇌와 여성의 뇌'를 보면서 이야기하고 있습니다.

여1：남성과 여성은 몸의 구조가 다를 뿐 아니라 그 사고방식도 다릅니다. 개중에는 남자 같은 여성도 있고, 여자 같은 남성도 있지만 말입니다. 그렇지만 다른 것만은 확실합니다. 사고방식이 다르다는 것은, 뇌의 무엇인가가 다르다는 것은 추측할 수 있습니다만, 그러면 구체적으로 남성과 여성의 뇌의 차이란 과연 무엇일까요? 우선 뇌의 물리적, 기능적인 차이를 봅시다. 크기, 무게, 호르몬 분비에 의한 주기도 다릅니다. 또한 우뇌와 좌뇌를 연결하는 뇌량이라는 곳이 전혀 다릅니다. 여성 쪽이 둥그스름하고 두껍습니다. 따라서 남성은 여성보다 공간 인식 능력이, 여성은 남성보다 언어 능력이 뛰어납니다.

남：역시 그랬구나. 그래서 당신이 그렇게 내비게이션이 가르쳐 주는 장소에도 못 찾아가고 주차도 그렇게 형편없었던 거군.

여2：뭐야. 요전에 당신도 주차하면서 차를 긁어 먹었으면서, 뭐야, 잘난 척.

남：그건 어두웠고 난 술까지 마셨는데 당신이 주차가 서툴러서 시간이 걸릴 것 같았으니까 그랬지…….

여2：또 그렇게 말한다니까……. 그럼 그 논리라면 당신이 그렇게 영어 공부를 하고 있는데도 여행지에서 왜 회화가 안 되는 건지 알 것 같아.

남：그렇지만 모든 남자가 영어 회화를 잘 못하는 건 아니잖아. 그러니까 그 논리가 반드시 맞는다고도 단언할 수 없는 거지.

여2：그건 여자도 마찬가지야. 운전을 잘하는 사람이 얼마든지 있다고.

남：알았어, 알았다고. 사람에 따라 다른 걸로 해 두자고.

질문1 남자는 무엇이 문제라고 말하고 있습니까?

1 여성이 남성보다 운동 신경이 뒤떨어지는 것

2 여성이 남성보다 공간 인식 능력이 뒤떨어지는 것

3 남성이 여성보다 언어 능력이 뒤떨어지는 것

4 여성이 남성보다 인지 능력이 뛰어난 것

질문2 남성과 여성이 사고방식이나 능력이 다른 이유는 무엇이라고 말하고 있습니까?

1 좌뇌와 우뇌의 크기와 무게 등이 다르므로

2 몸의 구조가 전혀 다르므로

3 뇌가 물리적, 기능적으로 다르므로

4 우뇌와 좌뇌를 연결하는 뇌량이 여성에게는 없으므로

해설 여성은 공간 인식 능력이 남성에 비해 뒤떨어지며, 남성은 언어 능력이 여성에 비해 뒤떨어진다고 이야기하고 있으며 그것은 뇌의 구조 자체가 다르기 때문이라고 말하고 있다. 비교적 긴 지문 안에 제시되고 있는 사항을 종합적으로 이해하고 비교하는 능력이 요구되므로 메모하면서 주의깊게 들어야 한다.

어휘 造(つく)り 구조 | 確(たし)か 확실함 | 推測(すいそく) 추측 | 分泌(ぶんぴ) 분비 | 周期(しゅうき) 주기 | 脳梁(のうりょう) 뇌량 | 丸(まる)み 둥그스름함 | 空間認識(くうかんにんしき) 공간 인식 | 勝(まさ)る 낫다, 우수하다

실전 모의고사 2회

∶ 언어지식(문자·어휘) ∶

문제1 한자읽기 문제

먼저 음독한자인지 훈독한자인지 구분한다. 음독한자의 경우 탁음의 유무, 장단음, 촉음의 유무를 생각해 문제를 푼다.

1 ∼ 6 _____ 단어의 읽기로 가장 알맞은 것을 1·2·3·4 중에서 하나 고르시오.

1 훈독 명사 읽기 ★★★ ∣ 정답 2

해석 그 사람은 **인품**이 좋음과 다정한 성격이 얼굴에 넘쳐서 정말 멋진 사람입니다.

해설 人(사람 인)은 음으로는 じん·にん, 훈으로는 ひと로 읽고, 柄(자루 병)은 음으로는 へい, 훈으로는 がら·え로 읽는다. 人柄은 둘 다 훈독하는데, 柄의 경우 '몸집, 체격, 품격, 품위'라는 뜻일 때는 がら로 읽고, '손잡이'라는 뜻일 때는 え라고 읽으므로, ひとがら로 읽는 것에 주의한다.

어휘 人柄(ひとがら) 인품 | 性格(せいかく) 성격 | 溢(あふ)れ出(で)る 넘쳐나다 | 素敵(すてき) 멋짐

2 훈독 명사 읽기 ★★☆ ∣ 정답 3

해석 이 호텔은 비즈니스호텔로서는 높이 평가**할 만하다**.

해설 値(값 치)는 훈으로 あたい라고 읽는다. 주로 앞에 조사 に를 취하므로, 〜に値する의 형태로 '〜할 만하다, 〜할 값어치가 있다'로 외워 두자.

어휘 ビジネスホテル 비즈니스호텔 | 高評価(こうひょうか) 높은 평가 | 値(あたい)する 할 만하다, 값어치가 있다

3 훈독 명사 읽기 ★★★ ∣ 정답 1

해석 **잔디** 정원을 스스로 만들어 보자.

해설 芝(영지 지)는 훈으로 しば로 읽고, 生(날 생)은 음으로 せい, 훈으로 生(い)きる라고 읽는다. 그리고 '잔디'라는 뜻의 芝生는 しばふ라고 읽는다.

어휘 芝生(しばふ) 잔디 | 庭(にわ) 정원, 마당 | 自分(じぶん)で 스스로

4 동사 읽기 ★★☆ ∣ 정답 2

해석 일본의 원자력 발전의 존속이 **위태로워지고** 있다.

해설 危(위태할 위)는 동사로 사용될 때는 危ぶむ라고 표기하고 あやぶむ라고 읽으며, い형용사로 사용될 때는 危(あぶ)ない, 危(あや)うい라고 읽는다.

어휘 原子力発電(げんしりょくはつでん) 원자력 발전 | 存続(そんぞく) 존속 | 危(あや)ぶむ 위태로워하다, 불안해지다

5 명사의 관용적 독음 ★★☆ ∣ 정답 4

해석 **아쉽**지만, 이만 헤어지기로 하자.

해설 名(이름 명)은 훈으로 なり 읽고, 残(남을 잔)은 残(のこ)り라고 읽는데, 名残라는 한 단어로 쓰일 때는 なごり라는 관용적인 음으로 읽는다. なのこり라고 읽지 않도록 주의한다.

어휘 名残(なごり) 자취, 흔적, 이별 ┃ 惜(お)しい 아깝다 ┃ 名残惜(なごりお)しい 헤어지기 섭섭하다, 아쉽다

6 음독 명사 읽기 ★★☆ | 정답 1

해석 당분간은 **정체**를 숨겨야만 한다.

해설 正(바를 정)은 음으로 せい・しょう로 읽는데, 正体는 せいたい가 아니라 しょうたい로 읽는다.

어휘 しばらく 잠시, 당분간 ┃ 正体(しょうたい) 정체 ┃ 隠(かく)す 숨기다

문제2 문맥규정 문제

문맥에 맞는 적절한 어휘를 고르는 문제이다. 선택지의 단어를 문장 속에 넣어 자연스러운 어휘를 찾도록 한다. 최근에는 일상생활에서 사용되는 외래어 문제가 많이 출제되고 있다.

7 ~ 13 ( )에 들어갈 가장 알맞은 것을 1·2·3·4 중에서 하나 고르시오.

7 문맥에 맞는 어휘 고르기 ★★☆ | 정답 3

해석 이 메일과 **엇갈려** 보내주신 경우는 실례를 용서해 주십시오.

해설 메일과 엇갈려 보낸 경우를 말하는 것이므로 '엇갈림, 착오가 생김'이라는 뜻의 行(ゆ)き違(ちが)い가 정답이다.

어휘 送(おく)る 보내다 ┃ 場合(ばあい) 경우 ┃ 失礼(しつれい) 실례 ┃ 許(ゆる)す 용서하다 ┃ 行(ゆ)き違(ちが)い 엇갈림, 착오가 생김 ┃ 行(ゆ)きどまり 막다른 곳

8 적절한 표현 찾기 ★★★ | 정답 2

해석 다나카 씨는 회사에 근무**하는 한편** 대학원에 다니고 있다.

해설 かたわら는 '곁, 옆'이라는 명사적 용법 이외에 '~하는 한편, ~함과 동시에'라는 접속조사의 의미를 갖는다.

어휘 勤(つと)める 근무하다 ┃ 大学院(だいがくいん) 대학원 ┃ 通(かよ)う 다니다 ┃ じょじょに 서서히, 천천히

9 문맥에 맞는 어휘 찾기 ★☆☆ | 정답 1

해석 무슨 일이 있으면 **스스럼** 없이 상담해 주십시오.

해설 きがね(気兼ね)는 '스스럼, 어렵게 여김'이라는 의미이며, 気兼ねなく의 형태로 많이 쓰인다. 유사 표현으로 遠慮(えんりょ)なく (사양하지 말고)가 있다.

어휘 相談(そうだん) 상담 ┃ きがね 스스럼, 어렵게 여김 ┃ ことわり 거절, 미리 양해를 구함

10 적절한 어휘 찾기 ★☆☆ | 정답 4

해석 짧은 시간에 **솜씨** 좋게 일을 진행시켜서 성과를 내는 것이 중요합니다.

해설 手際(てぎわ)는 '솜씨, 수완'이라는 뜻으로 주로 手際よく(솜씨 있게, 수완 좋게)의 형태로 쓰인다.

어휘 仕事(しごと) 일 ┃ 成果(せいか) 성과 ┃ 順番(じゅんばん) 순서 ┃ 能力(のうりょく) 능력 ┃ 手間(てま) 시간, 노력, 수고 ┃ 手際(てぎわ) 솜씨, 수완

11 적절한 동사 찾기 ★★☆ | 정답 2

해석 신속한 거래에 **힘쓰고** 있으니까 잘 부탁드립니다.

해설 이 문제에서는 신속한 거래에 유의하는 것이므로 心(こころ)がける가 정답이다.

어휘 迅速(じんそく) 신속 ┃ 取引(とりひき) 거래 ┃ 心(こころ)づけ 팁, 수고비 ┃ 心(こころ)がける 마음 쓰다, 유의하다 ┃ 心当(こころあ)てる 짐작하다, 추측하다 ┃ 心得(こころえ)る 이해하다, 터득하다

12 어휘의 의미 파악하기 ★☆☆ | 정답 3

해석 정형 작업은 바로 **마무리해서** 잔업이 없습니다.

해설 정형 작업을 바로 마무리한다는 의미이므로 '일을 끝내다, 완성하다'라는 의미의 仕上(しあ)げる가 정답이 된다.

어휘 定型作業(ていけいさぎょう) 정형 작업 ┃ 瞬時(しゅんじ) 순간 ┃ 残業(ざんぎょう) 잔업 ┃ やりだす 시작하다 ┃ 気遣(きづか)う 염려하다, 걱정하다 ┃ 仕上(しあ)げる 일을 끝내다, 완성하다

13 문맥에 맞는 어휘 찾기 ★☆☆ | 정답 1

해석 주거와 자동차 등을 중심으로 자연재해에 **대비하는** 손해보험에 대해 소개한다.

해설 어떤 사태나 재해에 '대비하다, 갖추다'라는 의미를 나타내므로 備(そな)える가 정답이 된다.

어휘 住(す)まい 주거 ┃ 自然災害(しぜんさいがい) 자연재해 ┃ 損害保険(そんがいほけん) 손해보험 ┃ 備(そな)える 대비하다, 갖추다 ┃ 防(ふせ)ぐ 막다, 방지하다 ┃ 対(たい)する 대하다 ┃ 処(しょ)する 처하다

문제3 유의표현 문제

주어진 어휘와 유사한 의미의 어휘를 찾는 문제이다. 평상시 어휘 학습 시 유의어와 함께 공부하는 게 도움이 된다.

14 ~ 19 _____ 단어와 의미가 가장 가까운 것을 1·2·3·4 중에서 하나 고르시오.

14 유사 표현 찾기 ★★☆ | 정답 3

해석 **보기**와 달리 기능적인 숄더백입니다.

해설 見(み)かけ는 '외모, 겉보기'라는 뜻으로 外見(がいけん)이나 うわべ와 바꾸어 쓸 수 있다.

어휘 見(み)かけによらず 보기와 달리 ┃ ショルダーバッグ 숄더백 ┃ 見(み)せ掛(か)け 외견, 겉치레

15 유의어 찾기 ★★☆ | 정답 4

해석 다카하시 선생님은 <u>오로지</u> 연구에 힘쓰고 있다.

해설 ひたすら는 '오로지, 한결같은 마음으로'라는 뜻으로, 이 문장에서는 一途(いちず)に로 바꾸어 쓸 수 있다.

어휘 ひたすら 오로지, 한결같은 마음으로 | 研究(けんきゅう) 연구 | 勤(いそ)しむ 부지런히 힘쓰다, 열심히 노력하다 | 一夜(いちや)で 하룻밤에 | たまに 드물게 | ときに 때때로 | 一途(いちず)に 한 방향으로, 한결같이

16 유사 관용 표현 찾기 ★★★ | 정답 2

해석 <u>말꼬투리를 잡는</u> 사람의 심리를 모르겠다.

해설 揚(あ)げ足(あし)を取(と)る란 '들어 올린 다리를 잡다'는 것으로 '말꼬투리를 잡다, 트집을 잡다'는 관용적인 의미를 갖는다. 따라서 같은 뜻인 言(い)いがかりをつける가 정답이다.

어휘 揚(あ)げ足(あし)を取(と)る 말꼬투리를 잡다, 트집을 잡다 | 心理(しんり) 심리 | 言(い)い訳(わけ) 변명 | 言(い)いがかりをつける 말꼬리를 잡다, 시비를 걸다 | 言(い)い返(かえ)し 말대꾸 | 言(い)い切(き)り 단언

17 유사 어휘 찾기 ★★☆ | 정답 4

해석 그녀는 처음 만난 사람과 <u>무난한</u> 이야기를 잘합니다.

해설 あたりさわりのない話란 초면인 사람과 나누어도 '별 탈 없는 이야기'를 말하므로 さりげない話로 바꾸어 쓸 수 있다. 같은 표현으로 差(さ)し障(さわ)りのない話도 함께 외워 두면 좋다.

어휘 初対面(しょたいめん) 초면 | 当(あ)たり障(さわ)り 탈, 지장 | 得意(とくい) 장기, 잘할 수 있는 일 | 妨(さまた)げる 방해하다 | 具合(ぐあい) 형편, 상태 | 都合(つごう) 형편, 사정 | さりげない 아무 일도 없는 듯하다

18 유사 표현 찾기 ★★☆ | 정답 3

해석 30년 만의 동창회에 그리운 <u>얼굴들</u>이 모였다.

해설 顔(かお)ぶれ는 '모임이나 사업에 참가하는 멤버들'을 뜻하므로 連中(れんちゅう) 또는 面々(めんめん)과 바꾸어 쓸 수 있다.

어휘 同窓会(どうそうかい) 동창회 | 懐(なつ)かしい 그립다 | 顔(かお)ぶれ 모임이나 사업에 참가하는 사람들, 면면, 멤버 | 物事(ものごと) 세상사, 매사 | 連中(れんちゅう) 한패, 동아리, 일당

19 관용적 의미 이해하기 ★★★ | 정답 1

해석 우리 쪽이 랭킹은 위이지만, <u>마음을 다잡고</u> 겨루고 싶다.

해설 気(き)を引(ひ)き締(し)める는 '방심하지 않고 마음을 다잡다'는 의미로 사용되고 있다. 따라서 '방심하지 않고'라는 뜻의 油断(ゆだん)しないで가 정답이다.

어휘 ランキング 랭킹 | 気(き)を引(ひ)き締(し)める 마음을 다잡다 | 戦(たたか)う 싸우다, 겨루다 | 油断(ゆだん) 방심 | 健(すこ)やか 튼튼함, 건강함 | 速(すみ)やか 신속함, 빠름 | 頑(かたく)な 완고함, 고집스러움

문제4 용법 문제

제시된 어휘가 올바르게 사용된 문장을 고르는 문제이다. 해석보다는 일본어 자체의 뉘앙스를 파악하는 것이 중요하며, 이를 위해서는 평소에 많은 문장을 읽는 것이 좋다.

20 ~ 25 다음 단어의 용법으로 가장 알맞은 것을 1·2·3·4 중에서 하나 고르시오.

20 올바른 부사 용법 찾기 ★★★ | 정답 4

해석 1 컴퓨터 사용법은 <u>한결같이</u> 수월해졌다.
2 과거의 추억을 <u>오로지</u> 잊어버렸다.
3 무엇을 말하고 있는지 <u>한결같이</u> 모르겠다.
4 마감이 가까워져서 <u>오로지</u> 논문 집필에 열중하고 있다.

해설 もっぱら는 '오로지, 한결같이'라는 뜻으로 한 가지에 집중하고 있는 모습을 나타내는 부사이다. 따라서 정답은 4번이다. 유의어 ひたすら도 함께 외워 두자. 1번은 ずっと(훨씬), 2번은 すっかり(완전히), 3번은 さっぱり(전혀, 조금도)를 넣는 것이 문맥상 자연스럽다.

어휘 もっぱら 오로지, 한결같이 | 過去(かこ) 과거 | 思(おも)い出(で) 추억 | 締(し)め切(き)り 마감 | 打(う)ち込(こ)む 집중하다

21 주어진 어휘가 올바르게 사용된 문장 찾기 ★★★ | 정답 1

해석 1 검사 결과를 알게 되는 <u>대로</u> 연락 드리겠습니다.
2 순서가 보이지 않아서 불안합니다.
3 이 계산은 순서대로 틀려 있다.
4 여기에 도착하는 <u>대로</u> 다나카 씨에게 연락해 보았다.

해설 次第(しだい)는 명사로 '순서, 사정, 경과'라는 의미이지만 접미어로 사용될 때는 동사의 ます형에 접속해 '~하는 즉시, ~하는 대로, ~하자마자'라는 의미를 갖는다. 따라서 정답은 1번이다. 이 밖에 何事(なにごと)も人次第(ひとしだい)だ(모든 일도 사람 나름이다)와 같이 명사 뒤에 접속해 '~나름임, ~에 달림'을 나타내기도 한다.

어휘 次第(しだい) ~하는 대로(ます형에 접속) | 検査(けんさ) 검사 | 結果(けっか) 결과 | 連絡(れんらく) 연락 | 不安(ふあん) 불안 | 計算(けいさん) 계산 | 間違(まちが)う 틀리다

22 적절한 어휘 사용 ★★☆ | 정답 2

해석 1 <u>슬슬</u> 카레의 맛있는 냄새가 난다.
2 약속 시간이 되니 <u>슬슬</u> 사람이 모여 들었다.
3 저 사건에 그는 <u>슬슬</u> 충격을 받았다.
4 <u>슬슬</u> 부탁을 받아 깜짝 놀랐다.

해설 ぼつぼつ(슬슬, 조금씩)는 어떤 일이 서서히 진행되는 모양을 나타내는 부사어이다. 따라서 약속 시간이 되어 사람들이 서서히 모여드는 모습을 나타낸 2번이 정답이다. 이 밖에도 ぼつぼつ는 '점점이'처럼 작은 점이나 돌기물이 여기저기 흩어져 있는 모양을 나타내기도 한다. 1번은 どこからか(어디서부터인가), 3번은 かなり(상당히), 4번은 急(きゅう)に(갑자기)를 넣는 것이 문맥상 자연스럽다.

어휘 ぼつぼつ 슬슬, 조금씩 | 約束(やくそく) 약속 | 集(あつ)まる 모이다 | 事件(じけん) 사건 | 頼(たの)む 부탁하다

23 문맥에 맞는 호응관계 파악하기 ★★★　　　| 정답 4

해석　1 생활에 제법 여유가 있을지도 모른다.
　　　2 이제 마감이라서 제법 업무 모드로 들어가지 않으면 안 된다.
　　　3 몸 상태가 나쁘다고 해서 제법 약을 먹는 것은 좋지 않다.
　　　4 저 가방은 모조품이지만 제법 진품 같이 보인다.

해설　いかにも는 '제법, 아무리 봐도, 과연'이란 뜻의 부사어로 뒤에
　　　～らしい(같다, 답다)와 호응을 이루는 경우가 많다. 여기서도 い
　　　かにも～らしい의 호응관계를 따져 보면 쉽게 정답을 찾을 수
　　　있다. 1번은 かなり(꽤), 2번은 そろそろ(슬슬), 3번은 むやみ
　　　に(함부로)를 넣는 것이 자연스럽다.

어휘　いかにも 제법, 과연 ｜ 余裕(よゆう) 여유 ｜ 体調(たいちょう)
　　　몸 상태 ｜ 偽物(にせもの) 모조품, 가짜 물건 ｜ 本物(ほんもの) 진품

24 적절한 어휘 사용 ★★★　　　| 정답 1

해석　1 언뜻 보기에 온화한 사람으로 보이지만, 실은 화를 잘 내는 사
　　　람이네요.
　　　2 그는 바빠서 직접 만날 수는 없지만, 언뜻 보는 것은 가능하다.
　　　3 오랜만에 언뜻 봐서 기뻤다.
　　　4 언뜻 봤지만, 그녀는 선생님인 것 같다.

해설　一見(いっけん)은 '한번 봄, 언뜻 봄, 대충 봄'이라는 명사적 의미
　　　와 一見, 一見して, 一見すると의 형태로 '언뜻 보기에(는)'라
　　　는 부사적 의미를 갖는다. 따라서 언뜻 보기에는 온화해 보이지만
　　　화를 잘 낸다는 부사적인 의미로 사용되고 있는 1번이 정답이다.

어휘　一見(いっけん) 언뜻 보기에 ｜ 穏(おだ)やか 온화함 ｜ キレる 화
　　　내다, (일방적으로) 분노하다

25 어휘의 정확한 의미 이해하기 ★☆☆　　　| 정답 2

해석　1 일요일이니까 오늘은 공연히 청소할 작정이다.
　　　2 저는 가끔씩 공연히 슬퍼지는 경우가 있습니다.
　　　3 친구에게는 모처럼의 마음 씀씀이도 공연했다.
　　　4 불은 공연히 3층으로 번졌다.

해설　むしょうに는 '공연히, 한없이'라는 뜻의 부사어이다. 따라서 어휘
　　　의 의미만 정확히 알아두면 2번이 정답임을 쉽게 찾을 수 있다.

어휘　むしょうに 공연히 ｜ 掃除(そうじ) 청소 ｜ 心遣(こころづか)
　　　い 마음 씀씀이 ｜ 燃(も)え広(ひろ)がる (불이) 번지다

： 언어지식(문법) ：

문제 5　문법형식판단 문제

문장 내용에 맞는 문형이나 기능어를 고르는 문제이다. 커뮤니케이
션 활용능력을 측정하는 것이 목표이므로 문법 문제에서도 문어체
표현보다는 일상생활에서 자주 접할 수 있는 회화체 표현의 출제 비
중이 늘고 있다.

26 ～ 35　다음 문장의 (　　)에 들어갈 가장 알맞은 것을 1·2·
3·4 중에서 하나 고르시오.

26 글의 내용에 맞는 표현 찾기 ★★☆　　　| 정답 4

해석　'공휴일법'의 개정 여하에 따라서는 '국민의 휴일' 자체가 폐지될
　　　가능성도 있다.

해설　'～여하에 따라서'는 如何(いかん)によって라고 하므로 반드시
　　　외워 두도록 하자.

어휘　改正(かいせい) 개정 ｜ 休日(きゅうじつ) 휴일 ｜ 廃止(はいし)
　　　폐지 ｜ 可能性(かのうせい) 가능성 ｜ 是非(ぜひ) 시비 ｜ 有無(う
　　　む) 유무 ｜ 措置(そち) 조치 ｜ 如何(いかん) 여하

27 연결어 이해하기 ★★☆　　　| 정답 3

해석　그녀가 선실로 들어가자마자 불이 꺼졌다.

해설　동사 기본형에 접속해 '～하자마자 (곧), ～하기가 무섭게'라는 의
　　　미를 갖는다. 이와 같은 표현에는 ～そばから, ～なり, ～や
　　　いなや, ～が早(はや)いか가 있다는 것을 외워 두면 쉽게 정답
　　　을 찾을 수 있다.

어휘　船室(せんしつ) 선실 ｜ ～やいなや ～하자마자 ｜ 明(あ)かり
　　　불, 전등 ｜ 消(き)える 꺼지다, 사라지다 ｜ ～ばかりに ～한 탓으로,
　　　～한 만큼 ｜ ～ついでに ～하는 차에, ～하는 김에

28 글의 내용에 맞는 표현 찾기 ★★☆　　　| 정답 2

해석　신형 휴대전화는 5월 8일 한국을 시작으로 40개 이상의 나라에서
　　　11월 중에 발매됩니다.

해설　～を皮切(かわき)りに를 '～을/를 시작으로'라는 의미로 묶어
　　　서 외우면 정답을 쉽게 찾을 수 있다.

어휘　新型(しんがた) 신형 ｜ 携帯(けいたい) 휴대전화 ｜ 発売(はつば
　　　い) 발매 ｜ 皮切(かわき)り 개시, 시작, 시초 ｜ 禁(きん)じず 금하
　　　지 않고

29 관용적 표현 문형 ★★★　　　| 정답 1

해석　그 사람이 가든 안 가든 어쨌건 나는 갈 거야.

해설　의지를 나타내는 조동사 ～(よ)う와 함께 호응을 이뤄 ～(よ)
　　　うが～まいが, ～(よ)うと～まいと로 '～하든 안 하든'의 의
　　　미를 나타낸다. 문제에 사용된 '가든 안 가든'을 일본어로 하면 行
　　　こうが行くまいが, 行こうと行くまいと가 된다는 것을 알
　　　아두자.

어휘　～まい ～하지 않을 작정이다(부정적인 의지), ～않겠지(부정적인 추측)
　　　｜ とにかく 어쨌든

30 관용 표현 이해하기 ★★☆ | 정답 4

해석 언젠가는 조건이 바뀔 가능성도 <u>아주 없진 않을</u> 것이다.

해설 '~(도) 아주 없는 건 아니다'는 의미의 일어본 표현으로 ~(も)なきにしもあらず를 외워 두면 쉽게 풀 수 있다.

어휘 条件(じょうけん) 조건 | 可能性(かのうせい) 가능성 | なきにしもあらず 아주 없는 건 아니다

31 글의 내용에 맞는 표현 찾기 ★★☆ | 정답 1

해석 (TV로 야구 중계를 보면서)
A : 오늘 경기, 어떻게 될 것 같아?
B : 저 정도의 선수가 나오니까 경기는 이긴 거나 마찬가지야.

해설 ~も同然(どうぜん)だ를 '~한 것이나 마찬가지다(다름없다)'라고 외워 두면 정답을 쉽게 찾을 수 있다.

어휘 野球中継(やきゅうちゅうけい) 야구 중계 | 試合(しあい) 시합, 경기 | 同然(どうぜん) 똑같음, 다름없음

32 연결어 이해하기 ★★☆ | 정답 3

해석 오늘은 오랜만에 날씨가 좋았다. 일 때문에 쌓여 있던 빨래, 청소, 설거지를 재빨리 오전중에 해치웠다. 낮부터는 다이어트를 <u>겸해서</u> 워킹하러 나갔다.

해설 ~がてら는 동작을 나타내는 말에 접속하여 '~을/를 겸해서'라는 뜻을 나타내는 접미어라는 것을 알아두면 쉽게 정답을 찾을 수 있다.

어휘 久(ひさ)しぶり 오래간만임 | お天気(てんき) 좋은 날씨 | サクッと 간단히, 재빨리 | ~がてら ~를 겸해서 | ~かたわら ~하면서(동시에)

33 관용적 의미 파악하기 ★★☆ | 정답 2

해석 (회사에서 동료와 이야기하면서)
A : 어젯밤에 뭐 했어?
B : 어제는 일 때문에 피곤해서 말이지, 식사도 <u>하는 둥 마는 둥</u> 하고 일찍부터 자 버렸어.

해설 '~(도) 하는 둥 마는 둥'이라는 의미로 ~(も)そこそこに를 외워 두면 정답을 쉽게 찾을 수 있다.

어휘 顧(かえり)みず 되돌아보지 않고 | そこそこ 하는 둥 마는 둥 | ~やさき ~하던 참 | 未(いま)だ 아직

34 문맥에 맞는 표현 찾기 ★☆☆ | 정답 4

해석 (입시 때문에 몸이 안 좋은 아이에게)
A : 공부보다 건강이 먼저야.
B : 그건 알지만……. 그래도 일주일밖에 안 남아서…….
A : 대학에 합격해도 병이 나 버리면 <u>그걸로 끝</u>이야.

해설 ~それまでだ는 '거기까지다, 그걸로 끝이다'는 의미로 알아두면 답을 쉽게 찾을 수 있다.

어휘 受験(じゅけん) 수험, 입시 | 体調(たいちょう)を崩(くず)す 컨디션이 나빠지다, 몸이 안 좋다 | 後(あと) 앞으로

35 문법형식 이해하기 ★★★ | 정답 1

해석 (친구의 생일파티에서)
A : 오늘 와 줘서 고마워.
B : 아니야. 나야말로 즐거웠어.
A : 이대로 헤어지긴 섭섭하네.
B : 그렇네. 배도 부르고 하니 노래방이라도 갈까?

해설 ~ことだしは '~하고, ~하니까'의 뜻으로, 이유를 말할 때 쓰는 표현으로 외워 두면 정답을 쉽게 찾을 수 있다. 보다 정중한 표현으로는 ~ことですし라고 하면 된다.

어휘 誕生祝(たんじょういわ)い 생일축하(파티)

문제 6 문장만들기 문제

나열된 어휘를 문장의 의미가 통하도록 조합하는 문제이다. 문맥에 맞게 나열하며, 나열할 때는 조사 등의 연결에 유의한다. ___★___ 이 있는 부분에 들어가야 할 어휘를 고르는 문제이므로 위치에 혼동이 없도록 한다.

36 ~ 40 다음 문장의 ___★___ 에 들어갈 가장 알맞은 것을 1·2·3·4 중에서 하나 고르시오.

36 가정형을 살린 어휘 배열 ★★★ | 정답 1

완성문 皆様の協力が<u>あればこそ</u>無事完工できたことを感謝しております。

해석 여러분의 협력이 <u>있었기에</u> 무사히 완공될 수 있었음을 감사하고 있습니다.

해설 ~ばこそ를 '~이기에, ~이기 때문에'라는 뜻으로 외워 두면 쉽게 정답을 찾을 수 있다. 나열 순서는 2-3-1-4이다.

어휘 協力(きょうりょく) 협력 | 無事(ぶじ) 무사 | 完工(かんこう) 완공 | 感謝(かんしゃ) 감사

37 문맥에 맞는 단어 배열하기 ★★★ | 정답 2

완성문 ダメだと注意した<u>やさきに</u>、また同じ失敗を繰り返した。

해석 안 된다고 주의 주려던 찰나에 또 같은 실수를 되풀이했다.

해설 ~やさき(矢先)に를 '~하려던 차에, ~하려던 찰나에'라는 의미로 알아두면 쉽게 정답을 찾을 수 있다. 나열 순서는 3-4-2-1이 된다.

어휘 注意(ちゅうい) 주의 | 失敗(しっぱい) 실패 | 繰(く)り返(かえ)す 되풀이하다

38 이유 표현을 살린 어휘 배열 ★★★ | 정답 4

완성문 闇の中に<u>置かれたがゆえに</u>、それまで知らなかったさまざまな「明るさ」のありがたさがわかるのです。

해석 어둠 속에 놓여짐으로 인해 그때까지 몰랐던 다양한 '밝음'의 고마움을 알게 됩니다.

해설 ~がゆえに를 '~때문에, ~로 인해'라는 의미로 알아두면 쉽게 정답을 찾을 수 있다. 나열 순서는 1-3-4-2가 된다.

어휘 闇(やみ) 어둠

39 단어 바르게 배열하기 ★★☆ | 정답 1

완성문 今回の事業の**失敗**という**事実**を**踏まえて**、わが社は**次**の事業計画を立てなければならない。

해석 이번의 사업 실패라는 사실을 고려하여 우리 회사는 다음 사업 계획을 세우지 않으면 안 된다.

해설 〜を踏(ふ)まえる를 '〜를 근거로 삼다, 〜를 고려하다, 〜를 토대로 하다'라는 의미로 알아두면 쉽게 정답을 찾을 수 있다. 단어 나열 순서는 3-2-1-4가 된다.

어휘 事業(じぎょう) 사업 | 失敗(しっぱい) 실패 | 事実(じじつ) 사실 | 踏(ふ)まえる 근거로 삼다, 고려하다 | わが社(しゃ) 우리 회사 | 計画(けいかく) 계획

40 어휘 바르게 배열하기 ★★☆ | 정답 3

완성문 最近、親の**心配**を**よそに**テレビやマンガに**ゲーム**ばかりしている子が増えている。

해석 최근 부모의 걱정은 안중에 없이 TV와 만화에, 게임만 하는 아이가 늘고 있다.

해설 〜をよそに를 '〜을 무시하고, 〜은 안중에 없이'라는 의미로 알아두면 쉽게 정답을 찾을 수 있다. 올바른 단어 나열 순서는 4-2-3-1이 된다.

어휘 最近(さいきん) 최근 | 親(おや) 부모 | 心配(しんぱい) 걱정 | 〜ばかり 〜만, 〜뿐 | 増(ふ)える 늘다, 증가하다

문제7 글의 문법 문제

문장 흐름에 맞는 문법을 찾는 문제이다. 문법 문제이기 때문에 독해 문제와 달리 지문이 어렵지는 않다. 글의 흐름을 파악하고 그에 맞는 문법을 찾아내는 것이 중요하다.

41〜**45** 다음 글을 읽고 문장 전체의 취지를 근거로 **41** 부터 **45** 안에 들어갈 가장 알맞은 것을 1·2·3·4 중에서 하나 고르시오.

　설명문을 읽는 데 있어 중요한 것은 필자가 무엇을 전제로 하고 무엇을 사실로 보고 있는가 하는 점이다. 필자는 **41** 뜬금없는 의미를 부여하여 그것을 전제로 이야기를 시작하고 있는지도 모른다. 그렇기 때문에 그 전제를 정확히 알아둘 필요가 있는 것이다.

　수필도 설명문과 비슷해서 '필자가 본 세계를 그대로 쓰는' 글이다. 다만, 설명문의 경우에는 '필자의 해석을 바탕으로 세계를 모두 설명하는 체계'를 만들려고 하는데, 그 때문에 전제 부분의 의미 부여를 제외하면 나머지는 논리에 의해 매사가 진행되고, 모든 상황에 대해 무엇인가 설명을 붙이려고 한다. 이에 반해 수필은 **42** 그야말로 필자가 눈으로 본 것에 대해 저마다의 의미 부여를 하고 그걸로 끝이다. 그러므로, **43** 약간 추상적으로 말하면, 설명문은 세상 전체에 대한 일반성 있는 설명을 하려고 하는 데 반해, 수필은 개별 사상에 대한 설명을 하려 한다고 할 수 있을 것이다.

　다만, **44-a** 아무리 사상이 개별적 **44-b** 이라 하더라도 그 개별 사상을 서로 잇는 인과관계 등은 일반상식에 들어맞는 것일 것이다. "그는 약속 시간에 오지 않았다"와 "나는 화가 났다" 사이에는

'(일반적으로) 사람은 약속이 깨지게 되면 화가 난다'는 인과관계가 있다. 지금의 예는 이런 것을 생각하지 않더라도 확실한 것이지만, 수필에서 아무래도 이야기의 흐름이 따라가지 못하게 되었다는 생각이 들면, 개별적인 이야기의 배후에 있는 이른바 일반상식에 들어맞는 논리관계를 탐색해 보 **45** 면 좋을 것이다.

어휘 突拍子(とっぴょうし)もない 뜬금없다, 갑작스럽다 | 前提(ぜんてい) 전제 | 掘(ほ)り起(お)こす 파내다, 발굴하다 | 除(のぞ)く 제거하다 | 事柄(ことがら) 사항 | 随筆(ずいひつ) 수필 | 因果(いんが) 인과 | どうも 아무래도, 어쩐지 | 探(さぐ)る 탐색하다, 살피다

41 글의 흐름에 맞는 관용 표현 찾기 ★★☆ | 정답 2

해설 突拍子もない를 '뜬금없다, 갑작스럽다' 의미로 외워 두면 정답을 쉽게 찾을 수 있다.

어휘 筋(すじ)が合(あ)う 이치가 맞다

42 글의 흐름에 맞는 어휘 찾기 ★☆☆ | 정답 3

해설 설명문과 비교하여 수필의 특성을 나타내는 글이 이어지므로 이를 더욱 극대화할 수 있는 마사가 와야 글의 흐름이 자연스럽다.

어휘 実(じつ)に 실로 | おまけに 덤으로 | まさに 그야말로 | しかも 게다가

43 문맥에 맞는 연결 표현 찾기 ★★☆ | 정답 1

해설 앞서 구체적으로 설명한 내용을 추상적으로 요약하고 있으므로, 야야 抽象的に言えば(약간 추상적으로 말하면)라는 연결표현이 정답이 된다. 앞뒤 문장의 관계를 잘 살피면 쉽게 정답을 찾을 수 있다.

어휘 やや抽象的(ちゅうしょうてき)に言(い)えば 약간 추상적으로 말하면 | やや具体的(ぐたいてき)に言(い)えば 약간 구체적으로 말하면 | 客観的(きゃっかんてき)に言(い)えば 객관적으로 말하면 | 主観的(しゅかんてき)に言(い)えば 주관적으로 말하면

44 문장의 의미와 문법적 호응관계 파악 ★★★ | 정답 4

해설 문장의 의미와 문법적 호응관계를 유심히 살펴보면, '아무리 〜라 하더라도'라는 의미의 いくら〜だといっても가 정답이라는 것을 쉽게 찾을 수 있다.

어휘 どうやら〜らしく 아무래도 〜인 것 같이 | あたかも〜のように 흡사 〜인 듯이 | いまさら〜だと 이제 와서(새삼) 〜라면 | いくら〜だといっても 아무리 〜라 하더라도

45 글의 흐름에 맞는 표현 찾기 ★★★ | 정답 3

해설 필자의 의견을 나타내는 〜といいだろう(〜면 좋을 것이다)가 정답이 된다. 전체적인 문장의 흐름을 파악하며 읽어 내려가면 쉽게 정답을 찾을 수 있다.

어휘 〜に違(ちが)いない 〜임에 틀림없다

:독해:

문제8 단문이해 문제

200자 내외의 생활, 업무, 학습 등을 주제로 한 설명문이나 지시문을 읽고 내용을 파악하는 문제이다. 가장 중요한 것은 필자의 주장을 빨리 파악하는 것이다. 질문에 유의하며 글을 읽도록 한다.

46 ~ 48 다음의 (1)부터 (4)의 글을 읽고, 다음 질문에 대한 답으로 가장 알맞은 것을 1·2·3·4 중에서 하나 고르시오.

46 핵심 내용 파악하기 ★★★　　｜정답 1

(1)
　　날씨는 일찌감치 서쪽부터 흐려집니다. 서일본은 구름으로 덮이는 곳이 많겠고 규슈 북부 등 빠른 곳에서는 해질녘부터 비가 내리기 시작하겠습니다. 주고쿠와 시코쿠에서도 밤 늦게는 곳곳에서 비가 내리기 시작할 전망입니다. 호쿠리쿠와 도카이부터 간토는 가끔 맑겠지만, 계속해서 한겨울 같은 추위입니다. 따뜻하게 지내시기 바랍니다. 니가타부터 홋카이도 쪽은 계속해서 구름이 많았습니다. 단, 점차 눈은 그칠 전망입니다. 오늘 한낮 동안에도 한겨울 같은 추위가 이어지는 곳이 많겠습니다.

해석　이 일기예보에서 생각할 수 있는 것은 어느 것인가?
　　1 오늘은 매우 춥기 때문에 감기에 걸리지 않도록 따뜻하게 하고 외출합시다.
　　2 도쿄는 밤늦게는 곳곳에서 비가 내리기 시작하겠습니다.
　　3 도호쿠 지방은 점차 구름이 많아지겠습니다.
　　4 해질녘에는 전국적으로 비나 눈이 오겠습니다.

해설　글의 핵심을 정확히 파악하는 문제이다. 각 지역의 날씨를 정리하며 읽으면 쉽게 정답을 찾을 수 있다. 도쿄가 속한 간토 지방은 가끔 갤 것이라고 하고, 도호쿠 지방에 대한 언급은 없으므로 2번과 3번은 틀린 서술이다. 4번도 니가타는 눈이 점차 갤 전망이므로 전국적으로 비나 눈이 올 것이라고는 볼 수 없다.

어휘　天気(てんき) 날씨 ｜ 下(くだ)り坂(ざか) 내리막길, 날씨가 흐려짐 ｜ 覆(おお)う 덮다 ｜ 北部(ほくぶ) 북부 ｜ 九州(きゅうしゅう) 규슈 ｜ 夕方(ゆうがた) 해질녘 ｜ 中国(ちゅうごく) 일본의 山口(やまぐち), 鳥取(とっとり), 島根(しまね), 広島(ひろしま), 岡山(おかやま)의 5개 현이 있는 지방 ｜ 四国(しこく) 시코쿠 ｜ 見込(みこ)み 전망 ｜ 北陸(ほくりく) 福井(ふくい)·石川(いしかわ)·富山(とやま)·新潟(にいがた) 등 4개 현의 총칭 ｜ 東海(とうかい) 혼슈 중앙부의 태평양쪽 지방 ｜ 関東(かんとう) 간토 ｜ 晴(は)れ間(ま) (비, 눈이) 갠 사이 ｜ 引(ひ)き続(つづ)き 계속 ｜ 真冬(まふゆ) 한겨울 ｜ 次第(しだい)に 점차로 ｜ やむ 그치다 ｜ 日中(にっちゅう) 대낮, 한낮

47 필자의 의도 파악하기 ★★☆　　｜정답 2

(2)
　　노상 흡연은 거리를 지저분하게 하는 원인이 될 뿐 아니라, 특히 어린 아이들과 휠체어를 타는 분의 눈높이에 가까우며 또한 시각장애인 분에게 있어서도 극히 위험합니다. 게다가 담배를 피우지 않는 사람들에 대한 간접 흡연의 피해도 끼치고 있습니다. 위험하고 민폐

스러운 노상 흡연을 없애기 위해 신주쿠구는 헤이세이 17년 8월부터 '노상 흡연 금지'를 시작해서 '노상 흡연 금지 캠페인'을 실시하고 있습니다. 노상 흡연을 없애서 '안심, 안전하고 깨끗한 거리, 신주쿠'를 만듭시다.

해석　본문에서 필자가 가장 하고 싶은 말은 어느 것인가?
　　1 노상 흡연은 어린 아이들에게 위험하므로 그만둡시다.
　　2 노상 흡연을 없애서 안전하고 살기 좋은 신주쿠를 만듭시다.
　　3 노상 흡연을 없애서 간접 흡연의 피해를 막읍시다.
　　4 노상 흡연은 거리를 지저분하게 하는 원인이 됩니다.

해설　글을 읽으면서 필자의 의도를 정확히 파악하여 정답을 찾는다. 노상 흡연에 따른 여러 가지 피해를 나열한 것은 살기 좋은 신주쿠 만들기에 설득력을 높이기 위해서이므로 정답은 2번이다.

어휘　路上(ろじょう) 노상 ｜ 喫煙(きつえん) 흡연 ｜ 汚(よご)す 더럽히다 ｜ 原因(げんいん) 원인 ｜ 車椅子(くるまいす) 휠체어 ｜ 使用(しよう) 사용 ｜ 目線(めせん) 시선 ｜ 目(め)の不自由(ふじゆう)な方(かた) 시각장애인 분 ｜ 極(きわ)めて 극히, 매우 ｜ 危険(きけん) 위험 ｜ タバコを吸(す)う 담배를 피우다 ｜ 受動喫煙(じゅどうきつえん) 간접 흡연 ｜ 被害(ひがい) 피해 ｜ 及(およ)ぼす (영향을) 미치다 ｜ 迷惑(めいわく) 폐 ｜ 平成(へいせい) 1989년부터 사용하기 시작한 일본의 현재 연호 ｜ 禁止(きんし) 금지 ｜ 実施(じっし) 실시 ｜ 安心(あんしん) 안심 ｜ 安全(あんぜん) 안전

48 본문의 내용과 일치하는 내용 찾기 ★★★　　｜정답 4

(3)
　　당사에서는 개인정보 입력에 있어 개인정보 보호를 위한 안전장치로서 SSL⁽ᵁ⁾을 사용하고 있습니다. SSL은 웹사이트 상에서 통신 안전대책으로 이용되고 있는 일반적인 기술로, 웹브라우저와 본 사이트 간의 데이터 통신이 고도의 안전장치로 보호되므로, 주소나 전화번호 등의 개인정보를 안전하게 송신할 수 있습니다. 고객의 단말기 환경에 따라서는 SSL의 이용이 불가능한 경우도 있습니다만, 이런 경우에 대비해서 본 사이트의 일부에서는 비SSL 대응 페이지를 준비하고 있습니다. 이 경우에는 고객께서 직접 그 리스크를 판단하신 후에 이용해 주시기 바랍니다.

(주) SSL(Secure Sockets Layer) : 암호화 통신기술

해석　본문의 내용과 일치하는 것은 어느 것인가?
　　1 본 사이트에서는 SSL을 사용하고 있으므로 개인정보가 유출될 우려가 있다.
　　2 SSL은 웹사이트 상에서 개인정보를 보호하기 위한 유일한 기술이다.
　　3 단말기의 환경에 따라 SSL의 이용이 불가능한 경우에는 개인정보를 입력할 수가 없다.
　　4 본 사이트에서는 고객의 개인정보를 보호하게 위해 SSL에 대응하고 있다.

해설　본문의 내용을 잘 파악하고 일치하는 선택지를 찾는 문제이다. 선택지를 먼저 보고 본문을 읽으면서 체크하면 쉽게 정답을 찾을 수 있다. (1) SSL의 사용으로 개인정보를 안전하게 송신할 수 있으며 (2) SSL은 웹사이트 상의 일반적인 안전대책이며 (3) SSL의 사용이 불가능한 고객을 위해 별도의 대응 페이지에서 정보 입력이 가

능하므로 본문과 내용이 일치하는 것은 4번이다.

어휘 個人情報(こじんじょうほう) 개인정보 | 保護(ほご) 보호 | 通信(つうしん) 통신 | 安全対策(あんぜんたいさく) 안전대책 | 高度(こうど) 고도 | 端末(たんまつ) 단말기 | 環境(かんきょう) 환경 | 判断(はんだん) 판단 | 漏(も)れる 유출되다 | 恐(おそ)れ 우려, 걱정 | 唯一(ゆいいつ) 유일

문제9 중문이해 문제

500자 내외의 평론이나 수필 등의 지문을 읽고 문장의 인과관계와 이유 등을 파악하는 문제이다. 질문을 먼저 읽고 질문 내용에 유의하며 지문을 읽어 내려가는 것이 효율적이다.

49 ~ 57 다음의 (1)부터 (4)의 글을 읽고 다음 질문에 대한 답으로 가장 알맞은 것을 1·2·3·4 중에서 하나 고르시오.

49 ~ 51

(1)

오추겐이라는 것은 7월 초부터 15일경까지의 시기에 신세를 진 사람에게 선물을 보내는 습관이다. 원래는 중국의 행사로, 1월 15일을 '조겐(上元)', 7월 15일을 '주겐(中元)', 10월 15일을 '게겐(下元)'이라 하여 열렸던 마쓰리 중에서 주겐만이 일본의 오본과 연결되어 남은 것이다. 현재와 같은 습관으로 정착된 것은 에도시대라고 하는데, 평소 감사의 마음을 담아 보내는 '여름 인사'가 되었다.

동일본에서는 7월 초부터 15일까지, 서일본에서는 한달 늦은 8월 초부터 15일까지라고 하는데, 전국적으로는 7월 15일이 표준이 되어 8월 15일의 주겐을 '쓰키오쿠레(月遅れ)'라고 부른다. 최근에는 지방에 관계없이 7월 중순경까지 보내는 것이 일반적으로 되어 가고 있다. 일반적으로 3천 엔~5천 엔대 정도가 시세인데, 어느 정도 금액의 물건을 보낼지는 신세를 진 정도로 결정한다. 중요한 것은 감사하는 마음이므로 너무 비싼 물건을 보내서 상대방이 부담을 느끼는 일이 없도록 신경 쓴다.

오추겐을 받은 경우에는 될 수 있으면 감사글을 쓰도록 한다. 이쪽에서 오추겐을 보낸 경우라도 그것과는 별도로 감사글을 보내면 인상이 매우 좋아진다. 감사글은 오추겐을 받고 나서 3일 이내에 도착하도록 하는 것이 이상적이다. 특별히 신경 쓴 문장이 아니어도 괜찮다. 어디까지나 감사글이므로 감사의 마음이 전해진다면 충분하다.

어휘 お中元(ちゅうげん) 오추겐(음력 7월 15일에 보내는 선물) | お世話(せわ)になる 신세를 지다 | 贈(おく)り物(もの) 선물 | 習慣(しゅうかん) 습관 | 行事(ぎょうじ) 행사 | 上元(じょうげん) 음력 1월 15일 | 下元(かげん) 음력 10월 15일 | お盆(ぼん) 백중맞이 | 結(むす)びつく 결부되다 | 定着(ていちゃく) 정착 | 江戸時代(えどじだい) 에도시대 | 感謝(かんしゃ) 감사 | 込(こ)める 담다 | ご挨拶(あいさつ) 인사 | 標準(ひょうじゅん) 표준 | 最近(さいきん) 최근 | ~に関(かか)わらず ~에 관계없이 | 동사 ます형+つつある ~하는 중이다 | 相場(そうば) (가격이나 예산 등의) ~선, 시세 | 金額(きんがく) 금액 | 度合(どあ)い 정도 | 高額(こうがく) 고액 | 負担(ふたん) 부담 | 受(う)け取(と)る 받아들이다 | お礼状(れいじょう) 감사글 | したためる '쓰다, 적다'의 예스러운 말 | 印象(いんしょう) 인상 | 特別(とくべつ) 특

별 | 気(き)が利(き)く 눈치가 빠르다. 세심한 데까지 주의하다

49 필자의 주장에 바탕이 되는 이유 찾기 ★★☆ | 정답 2

해석 특별히 신경 쓴 문장이 아니어도 괜찮다고 생각한 것은 왜인가?
1 오추겐의 감사글로는 맞지 않으므로
2 중요한 것은 감사의 마음을 전하는 일이므로
3 세련된 글은 오히려 부담이 되므로
4 소박한 글이 더 좋으므로

해설 밑줄 친 문장이 의미하는 필자의 의도를 파악하는 내용이다. 바로 다음 문장을 힌트로 답을 찾으면 쉽게 풀 수 있는 문제이다.

어휘 伝(つた)える 전하다 | 洗練(せんれん)される 세련되다 | 負担(ふたん) 부담 | 素朴(そぼく) 소박

50 필자의 생각 파악하기 ★★★ | 정답 4

해석 오추겐에 대해 필자가 가장 하고 싶은 말은 무엇인가?
1 오추겐은 시기에 늦지 않도록 보냅시다.
2 오추겐은 비싼 물건을 보내서 상대가 부담을 느끼는 것을 피합시다.
3 오추겐을 받은 경우에는 꼭 감사글을 씁시다.
4 오추겐도 그 감사글도 감사의 마음을 담아 보냅시다.

해설 지문을 읽으며 필자의 생각을 정확히 파악하는 것이 중요하다. 두 번째와 세 번째 단락 마지막에서 각각 「大事なのは感謝の気持ち」, 「感謝の気持ちが伝われば十分」이라고 말하고 있는 것으로 보아 4번이 정답이다.

어휘 避(さ)ける 피하다 | 気持(きも)ちを込(こ)める 마음을 담다

51 본문 내용 정확히 이해하기 ★★★ | 정답 3

해석 본문의 내용과 맞지 않은 것은 어느 것인가?
1 현재, 오추겐은 '여름 인사'가 되었다.
2 오추겐을 받은 경우에는 감사글을 쓰는 것이 좋다.
3 오추겐은 에도시대에 중국에서 들어온 습관이다.
4 오추겐의 가격대는 신세 지고 있는 정도로 결정한다.

해설 본문 내용을 정확히 이해하여, 내용과 다른 선택지를 찾는 문제이다. 선택지를 먼저 읽은 후 본문을 읽으면서 일치하지 않는 선택지를 찾아가면 쉽게 정답을 찾을 수 있다. 첫 번째 단락에서 오추겐은 중국에서 들어와 에도시대에 정착되었다고 했으므로 3번이 본문의 내용과 맞지 않다.

어휘 値段(ねだん) 가격

52 ~ 54

(2)

학력사회라는 것은 학력에 따라 직업 선택, 급여 체계, 출세 속도 등이 좌우되는 사회이다. 버블붕괴 이후, 실력주의와 능력주의 사회를 맞이하여 이른바 유명 일류대학 브랜드라고 하는 학력사회는 없어진 것처럼 보여지지만, ①나는 반드시 학력사회는 없어졌다 또는 학력사회는 없어진다고는 생각하지 않는다. 오히려 지금까지보다도 박차가 가해질 것이라고조차 보고 있다. 그것은 무슨 무슨 대학이라고 하는 대학의 이름에 따른 '브랜드 학력사회'가 아닌, 고졸인지 대졸인지 아니면 대학원졸인지 하는 '고학력사회'를 맞이한다는 것이다.

한 가지 더 덧붙여 두자면, 앞으로는 학력사회(学歴社会)라기보다는 '②학력사회(学力社会)를 맞이한다'는 것이다. 대우 면에서 고졸과 대졸을 비교하면 고졸보다 대졸이 더 좋다. 학력사회(学歴社会)에서는 본인의 능력 여부에 관계없이, 고졸인지 대졸인지만으로 대우 면에 차이가 생기는 것이 문제였다. 그러나 정식으로 시험에 합격해서 학력(学歴)을 얻은 사람은 실력이 없는 것이 아닌, 학력(学歴)을 실력으로 전환시키지 못할 뿐이다. 학력(学力)이 담보되지 않아도 학력(学歴)만 있는 사람은 옛날처럼 종신고용의 시대가 끝나면 나이를 먹을수록 쓸모 없는 무용지물이 될 것이 분명하다.

어휘　学歴(がくれき) 학력 | 職業選択(しょくぎょうせんたく) 직업 선택 | 給与体系(きゅうよたいけい) 급여 체계 | 出世速度(しゅっせそくど) 출세 속도 | 左右(さゆう) 좌우 | バブル崩壊(ほうかい) 버블붕괴 | 実力主義(じつりょくしゅぎ) 실력주의 | 能力主義(のうりょくしゅぎ) 능력주의 | 迎(むか)える 맞이하다 | 一流(いちりゅう) 일류 | 拍車(はくしゃ)がかかる 박차가 가해지다 | ～さえ ～조차 | 高卒(こうそつ) 고졸 | 大卒(だいそつ) 대졸 | 大学院卒(だいがくいんそつ) 대학원졸 | 付(つ)け加(くわ)える 덧붙이다 | 待遇面(たいぐうめん) 대우 면 | 差(さ)が生(しょう)じる 차이가 생기다 | 試験(しけん)に受(う)かる 시험에 합격하다 | 転化(てんか) 전화, 변환 | 担保(たんぽ) 담보 | 終身雇用(しゅうしんこよう) 종신고용 | 歳(とし)を取(と)る 나이를 먹다 | 無用(むよう)の長物(ちょうぶつ) 무용지물

52 필자의 논리 근거, 이유 찾기 ★★☆ | 정답 2

해석　①나는 반드시 학력사회가 없어졌다 또는 학력사회는 없어진다고는 생각하지 않는다고 하는 이유는 무엇인가?
1 유명 일류대학을 나온 사람의 출세 속도가 빠르므로
2 고학력(高学歴) 사회를 맞이하고 있으므로
3 버블붕괴 후, 능력주의 사회를 맞이하였으므로
4 브랜드 학력(学歴)사회를 맞이하고 있으므로

해설　필자의 논리 근거, 이유를 찾는 문제이다. 주로 필자의 주장이 나온 문장의 앞뒤에 그 이유가 기술되어 있는 경우가 많으므로, 앞뒤 문장을 눈여겨 보면 정답을 쉽게 찾을 수 있다. 필자는 ①의 뒷부분에서 앞으로는 '브랜드 학력사회'가 아닌 '고학력사회'를 맞이할 것이라고 서술하고 있다. 따라서 정답은 2번이다.

53 밑줄 친 단어의 의미 찾기 ★★★ | 정답 4

해석　②학력(学力)사회란 어떠한 것인가?
1 시험에 합격한 사람이 인정받는 사회
2 본인의 능력에 관계없이 고졸인지 대졸인지만으로 대우 면에서 차이가 생기는 사회
3 고학력(高学歴)인 사람이 인정받는 사회
4 학력(学力)을 실력으로 전환시킬 수 있는 사람이 인정받는 사회

해설　밑줄 친 단어의 의미를 찾는 문제이다. 사전적 의미라기보다는 본문 내에서 사용되고 있는 의미를 파악하는 데 주안점을 두고 선택지와 본문을 대비해 읽으면서 정답을 찾는다.

어휘　本人(ほんにん) 본인

54 필자의 생각과 가까운 내용 찾기 ★★★ | 정답 1

해석　필자의 생각에 가장 가까운 것은 어느 것인가?
1 앞으로도 학력(学歴)과 무관해지기는 어렵다.
2 학력(学歴)만이 점점 더 중요시되어 갈 것이 분명하다.
3 학력(学歴)보다 본인의 능력이 더 중요시되고 있다.
4 종신고용의 시대는 아직 끝나지 않았다.

해설　필자의 생각과 가까운 내용을 찾는 문제이다. 선택지를 먼저 읽고 본문을 읽으면 정답을 쉽게 찾을 수 있다. 필자는 앞으로는 고학력 사회를 맞이하게 될 것이며 이런 사회에서는 학력(学歴)을 학력(学力)으로 바꾸지 못하는 사람은 종신고용 시대가 지나면 무용지물이 될 것이라고 서술하고 있다. 따라서 정답은 1번이다.

어휘　～離(ばな)れ ～와 관심이 멀어짐. ~와 동떨어진 상태

55 ～ 57

(3)

　요즘 사무실을 떠나 일하는 텔레워크(Telework)를 도입하는 기업이 늘고 있다. 텔레워크의 이점으로는 시간이나 장소의 제약을 받지 않고 유연하게 일할 수 있다는 것. 또한 재택 근무자가 증가함에 따라 교통기관 이용자가 감소하여 교통 정체나 대기 오염 등의 도시 문제의 해결 수단으로 효과가 있다는 것 등이 언급되고 있다. 그러나 '어디에서나 일할 수 있다'는 '어디에서든 일해야 한다'로 쉽게 바뀐다. 또, 텔레워커에게 ①재량권이 있다 해도 그것은 한정적인 것으로, 텔레워커에게는 업무량을 정할 권한은 없고, 업무량은 근무처 등 외부가 결정하고 있다. 노동시간이 보이지 않기 때문에 외부가 결정하는 업무량과 노동시간과의 균형 맞추기가 어렵고, '이 정도 할 수 있지'라고 외부가 업무량을 부과하면 텔레워커는 다 해내야만 한다. 그리고 재량 노동제라는 명목 하에 텔레워커는 '자신이 일을 조절하여 업무량을 완수하지 못하는 것은 자기 탓이다'라고 하여 업무량을 완수하기 위해 자신도 모르는 사이에 노동시간을 늘려 간다. 게다가 이 늘어난 시간을 텔레워커는 '노동시간으로 인식하지 않는' 경향이 있다고 한다. 이 노동시간의 장기화는 특히 업무의 단가가 싼 하청이 많은 재택 근무형에서 ②시급의 저액화를 초래하기 쉽다.

어휘　テレワーク(Telework) 텔레워크 | 導入(どうにゅう) 도입 | 利点(りてん) 이점 | 制約(せいやく) 제약 | 柔軟(じゅうなん) 유연 | 在宅勤務者(ざいたくきんむしゃ) 재택 근무자 | 交通機関(こうつうきかん) 교통기관 | 減少(げんしょう) 감소 | 渋滞(じゅうたい) 정체 | 大気(たいき) 대기 | 汚染(おせん) 오염 | 都市(とし) 도시 | 解決(かいけつ) 해결 | 手段(しゅだん) 수단 | 容易(ようい) 용이 | 置(お)き換(か)わる 옮겨지다 | 裁量権(さいりょうけん) 재량권 | 限定的(げんていてき) 제한적 | ノルマ(仕事量) 업무량, 할당량 | 権限(けんげん) 권한 | 勤(つと)め先(さき) 근무처 | 課(か)する 과하다 | こなす 다 해내다, 처리하다 | 裁量労働制(さいりょうろうどうせい) 재량노동제 | 名前(なまえ)の元(もと)に 이름 하에 | 延(の)ばす 늘리다 | 認識(にんしき) 인식 | 傾向(けいこう) 경향 | 長期化(ちょうきか) 장기화 | 単価(たんか) 단가 | 請負(うけおい) 청부, 하청 | 在宅(ざいたく)ワーク型(がた) 재택 근무형 | 時給(じきゅう) 시급 | 低額化(ていがくか) 저액화 | 招(まね)く 초래하다

55 밑줄 친 부분의 의미 파악하기 ★★☆ | 정답 3

해석　①재량권이 있다 해도 그것은 한정적인 것이란 어떠한 것인가?

　　1 노동시간이나 장소는 자유롭게 결정할 권한이 있다.
　　2 노동시간이나 장소는 자유롭게 결정할 권한은 없지만, 업무량을 결정할 권한은 있다.
　　3 노동시간이나 장소는 자유롭게 결정할 권한은 있지만, 업무량을 결정할 권한은 없다.
　　4 노동시간이나 장소뿐만 아니라 업무량도 결정할 권한이 없다.

해설　밑줄 친 부분의 의미나 가리키는 내용을 찾는 문제는 그 바로 앞이나 뒤에 힌트가 있는 경우가 많다. 이 문제도 밑줄 친 부분 바로 앞에서 '노동시간이나 장소제한을 받지 않는다', 밑줄 친 부분 뒤에서 '업무량을 정할 권한이 없다'는 힌트를 찾을 수 있다. 따라서 3번이 정답이다.

56 필자의 논리 근거, 이유 찾기 ★★★ | 정답 1

해석　②시급의 저액화를 초래하기 쉽다고 하는데, 왜 그러한가?

　　1 업무 단가는 싼데 업무량이 많아지면 아무래도 노동시간이 길어지기 쉬우므로
　　2 어디서든 일할 수 있다는 것이기에 이번에는 어디서든 일을 해야 하므로
　　3 자신이 일을 조절하고 업무량을 완수하지 못하는 것은 자기 탓이므로
　　4 외부가 업무량과 노동시간의 균형을 맞추고 있기 때문에

해설　밑줄 친 부분의 내용을 찾는 문제로, 이 문제의 경우 앞문장을 주의 깊게 살펴보면 쉽게 정답을 찾을 수 있다.

57 지문 내용과 일치하는 선택지 찾기 ★★★ | 정답 4

해석　본문의 내용과 일치하는 것은 어느 것인가?

　　1 텔레워크는 기업 입장에서는 비용 삭감, 고객 만족도 상승 등의 이점이 있다.
　　2 텔레워크는 주에 며칠인가는 사업소에 출근하지 않고 집에서 작업을 한다.
　　3 텔레워크에는 기업이나 관공서에 고용되어 재택 근무 등을 하는 고용형도 있다.
　　4 텔레워크의 장점은 직장 등의 일정한 장소에 구속되지 않고 어디서든 일할 수 있다는 것이다.

해설　지문 내용과 일치되는 선택지를 찾는 문제는 선택지를 먼저 보고 본문을 다시 한번 꼼꼼히 살펴볼 필요가 있다. 특히, 본문에 나와 있는 단어와 같은 의미를 가진 다른 단어로 쓰인 선택지에 유의한다.

어휘　縛(しば)る 묶다, 속박하다

문제10 장문이해 문제

긴 지문을 읽고 필자의 생각이나 인과관계, 이유 등을 파악하는 문제이다. 이 유형의 문제에서는 저자의 의도를 파악하는 문제가 많이 출제되며, 전체 내용을 파악하는 것이 무엇보다 중요하다. 또한, 시간이 부족하므로 문제를 먼저 읽은 후 지문을 나중에 읽는 것이 좋다.

58 ～ **61**　다음 글을 읽고 다음 질문에 대한 대답으로 가장 알맞은 것을 1·2·3·4 중에서 하나 고르시오.

　　의뢰장이란 부탁할 일을 써서 상대에게 보내는 편지를 말합니다. 의뢰장에는 자료 청구나 증명서 발행과 같은 일상 있는 것 외에 취임 의뢰, 강연 의뢰, 집필 의뢰 등이 있습니다.
　　의뢰 편지는 겸허한 자세로 부탁하고 싶은 내용을 명확하게 전달하는 것이 중요합니다. 설령 친한 사이라 하더라도 애매하고 에두른 표현이 되지 않도록 주의하여 정성스럽고 예의 바르게 쓰는 것이 예의입니다.
　　의뢰하는 이유 외에 상대에게 필요한 정보를 구체적이고도 간결하게 밝혀서 '어떠한 이유로 무슨 부탁을 받았는지'가 한번 읽어서 바로 이해되는 문장이 되도록 신경 씁니다.
　　또한, 의뢰를 거절하기 어렵게 하는 반강제적인 의뢰 방법은 피합시다. 승낙을 얻기 전부터 계약서나 필요한 서류를 동봉하거나 '다른 사람에게 의뢰했을 때는 받아 주었다'와 같은 문장을 쓰거나 예전에 자기가 편의를 봐 준 일을 끄집어내거나 하는 일은 그만둡시다.
　　거절 당한 경우라도 '그때 내가 ~해 주었는데'라는 식의 상대를 공격하는 행위는 엄격히 금지입니다. 마음에 부담을 준 데 대한 사과나 검토해 준 데 대한 인사, 지금까지처럼 변함없이 대해 줄 것을 바라는 말을 담은 답례 편지를 잊지 말고 보내도록 합시다.
　　의뢰 내용에 따라서는 답장을 받고 싶은 기한이 있는 경우나 준비하는 데 시간이 필요한 경우도 있으므로 일찌감치 편지를 보내는 등의 상대방을 배려하는 마음 씀씀이를 중요하게 생각합니다.
　　한편, 상대방의 의뢰를 들어줄 수 없는 경우에 쓰는 것이 거절 편지입니다. 거절 편지는 상대방의 마음이나 형편을 배려해서 ①일찌감치 보내는 것이 예의입니다. 거절하기 어려운 내용이라고 해서 언제까지나 보류하고 있으면 상대는 기대할 뿐 아니라 거절 당한 후의 다음 행동으로 옮기지도 못하기 때문에 폐를 끼치게 됩니다.
　　궁지에 있는 상대의 심정을 이해해 주면서 부드러운 표현으로 확실하게 거절하는 것이 중요합니다. 변명이 많은 문장이나 애매하고 에두른 표현이 되지 않도록 주의하고, 자신의 역량 부족을 사과하는 말을 전함과 동시에 앞으로도 좋은 관계를 유지할 수 있는 문장을 덧붙여 씁시다.
　　거절 이유는 때로는 거짓도 필요하지만, 빤히 보이는 거짓말로 상대를 상처 입히는 일이 없도록 상대가 납득할 수 있는 이유를 구체적으로 밝히도록 합니다.
　　또한, 설교나 조언 등 상대의 심정을 거스르는 잔소리도 피하면서, 의지해 준 상대에게 감사할 정도의 마음으로 겸허한 표현이 되도록 신경 씁시다.

어휘　依頼状(いらいじょう) 의뢰장　頼(たの)みごと 부탁할 것, 부탁 말　資料請求(しりょうせいきゅう) 자료 청구　証明書発行(しょうめいしょはっこう) 증명서 발행　身近(みじか) 일상 있는 모양　就任(しゅうにん) 취임　執筆(しっぴつ) 집필　謙虚(けんきょ) 겸허　姿勢(しせい) 자세　間柄(あいだがら) 관계, 사이

曖昧(あいまい) 애매함 | 遠(とお)まわし 애둘러 말함, 간접적임 | 礼儀正(れいぎただ)しい 예의가 바르다 | 簡潔(かんけつ) 간결 | 心(こころ)がける 마음을 쓰다, 유의하다 | 半強制的(はんきょうせいてき) 반강제적 | 仕方(しかた) 하는 방법 | 避(さ)ける 피하다 | 承諾(しょうだく) 승낙 | 契約書(けいやくしょ) 계약서 | 同封(どうふう) 동봉 | 世話(せわ)をする 보살피다 | 断(ことわ)る 거절하다 | 攻(せ)める 공격하다 | 厳禁(げんきん) 엄금 | 同様(どうよう) 마찬가지임 | 気遣(きづか)う 신경 쓰다, 배려하다 | 心遣(こころづか)い 배려, 마음 씀 | 配慮(はいりょ) 배려 | 동사 ます형+難(がた)い ~하기 어렵다 | 保留(ほりゅう) 보류 | 迷惑(めいわく)をかける 폐를 끼치다 | 窮地(きゅうち) 궁지 | 思(おも)いやる 염려하다, 헤아리다 | 言(い)い訳(わけ) 변명 | 力量(りきりょう) 역량 | 詫(わ)びる 사죄하다 | 書(か)き添(そ)える 덧붙여 써넣다 | 嘘(うそ) 거짓말 | 見(み)え透(す)く 빤히 들여다보이다 | 傷(きず)つける 상처 입히다 | 納得(なっとく) 납득 | 説教(せっきょう) 설교 | かき立(た)てる (심지를) 돋우다 | お節介(せっかい) 공연한 참견 | 控(ひか)える 삼가다, 보류하다 | 頼(たよ)る 의지하다, 의뢰하다

---

58 지문 내용과 일치하는 선택지 찾기 ★★★ | 정답 3

해석 필자가 말하는 의뢰문이나 거절 편지를 쓸 때의 마음가짐으로 맞는 것은 어느 것인가?
1 의뢰하는 이유와 필요한 정보를 구체적이고도 상세하게 밝힌다.
2 의지해 준 상대방에게 조언도 한다.
3 의뢰를 거절 당하더라도 답례 편지를 잊지 말고 보낸다.
4 거절하는 경우에는 상대의 심정을 헤아려서 완곡한 표현을 쓴다.

해설 지문 내용과 일치하는 선택지를 찾는 문제이다. 질문 내용과 선택지를 먼저 읽고 나서 본문을 읽어 내려가며 체크하면 정답을 쉽게 찾을 수 있다.

어휘 心得(こころえ) 마음가짐 | 婉曲(えんきょく) 완곡

59 밑줄 친 부분의 이유 찾기 ★★☆ | 정답 4

해석 ①일찌감치 보내는 이유로 적당하지 않은 것은 어느 것인가?
1 답신을 보류하고 있으면 상대방에게 폐를 끼치므로
2 상대방이 기대하므로
3 의뢰장의 답신을 받은 후의 다음 행동을 취하기 쉬우므로
4 부탁을 들어줄 수가 없으므로

해설 밑줄 친 부분의 의미나 가리키는 내용을 찾는 문제는 그 바로 앞이나 뒷 글에 힌트가 있는 경우가 많다. 이 문제도 밑줄 부분 바로 뒤에 힌트가 있다. 필자는 의뢰 편지는 구체적이고 간결하게 쓰고, 의뢰를 거절할 때에는 어드바이스를 삼가고 부드럽지만 확실하게 거절해야 한다고 서술하고 있다.

60 필자의 설명 이해하기 ★★☆ | 정답 3

해석 의뢰장과 거절 편지에 대한 설명으로 본문과 맞지 않는 것은 어느 것인가?
1 지금까지처럼 변함없이 대해 줄 것을 바라는 문장을 덧붙여 쓴다.
2 상대방의 마음과 형편을 배려한다.
3 거절 편지는 애매하고 에두른 표현으로 쓴다.
4 거절하기 힘들어도 일찌감치 보낸다.

해설 지문의 내용과 일치하지 않는 선택지를 찾는 문제이다. 질문 내용

과 선택지를 먼저 읽고 나서 본문을 읽어 내려가며 체크하면 정답을 쉽게 찾을 수 있다. 저자는 거절할 때, 핑계가 많은 문장이나 애매하고 에두른 표현이 되지 않도록 주의해야 한다고 하였으므로 정답은 3번이다.

61 지문의 내용과 일치하는 선택지 찾기 ★★★ | 정답 2

해석 본문의 내용과 일치하는 것은 어느 것인가?
1 의뢰하는 이유는 실례되지 않도록 간접적인 표현으로 쓴다.
2 의뢰장과 그 거절의 편지는 겸허한 자세와 표현을 쓴다.
3 부탁하고 싶은 내용을 명확히 쓰고, 필요한 서류도 동봉한다.
4 의뢰를 쉽게 받아들일 수 있도록 예전에 상대방이 신세 진 일 등을 써넣는다.

해설 장문 이해는 지문이 길기 때문에 선택지를 먼저 읽고 관련 단락을 찾아 핵심 문장을 체크하면서 읽어 내려가면 정답을 쉽게 찾을 수 있다. 필자는 세 번째 단락에서 의뢰 이유는 一読してすぐ理解できる文面으로 하라고 했으므로 1번은 일치하지 않는다. 또 네 번째 단락에서 의뢰 편지에 계약서나 필요 서류를 동봉하거나, 예전에 자신에게 신세를 진 일 등을 말하지 말라고 했으므로 3번과 4번도 모두 본문 내용과 일치하지 않는다.

문제11 통합이해 문제

같은 주제에 대한 복수의 글을 읽고 공통점과 차이점을 비교하거나 종합적으로 이해했는지를 묻는 문제이다. 질문과 선택지를 먼저 읽고 글의 주요 포인트를 표시하면서 읽으면 쉽게 정답을 찾을 수 있다.

62 ~ 64 다음 A와 B는 각각 다른 신문의 칼럼이다. A와 B 양쪽을 읽고 다음 질문에 대한 답으로 가장 알맞은 것을 1·2·3·4 중에서 하나 고르시오.

> A
>
> 지구 온난화의 위기가 외쳐지고, 화석연료를 태움으로써 그 원인인 이산화탄소를 증가시킨다는 사실이 알려진 이후, 원자력은 이산화탄소를 배출하지 않는 깨끗한 발전 방법으로서 주목받아 왔다. 그러나 발전 시에는 이산화탄소를 배출하지 않아도 연료의 채굴과정과 발전소 제작과정에서 방대한 이산화탄소가 방출된다는 사실은 이미 주지의 사실이다. 거기에다 핵분열 생성물이라고 하는 속수무책으로 위험한 핵폐기물까지 만들어 내므로, 꼭 그런 것은 아니지만 '깨끗함'이라고는 할 수 없으며 받아들일 수 있는 발전 방법이 아니다.
> 정부와 전력회사가 부르짖는 원전의 장점은 '원가가 쌀 뿐만 아니라 환경오염이 적고, 일본의 기술력이 높으니까, 원전은 안전·안심·경제적'이라는 것이 이번 동일본대지진 참사로 올바르지 않았음이 증명되고 말았다. 원래 지진 대국인 일본에 원전은 너무나 위험한 시설이다. 이번과 같은 참사를 되풀이하지 않기 위해서라도 조속히 원전 이외의 전력 공급 방법으로 전환하여, 전력 부족을 메워야 한다.

어휘 地球温暖化(ちきゅうおんだんか) 지구 온난화 | 危機(きき) 위기 | 叫(さけ)ぶ 외치다, 부르짖다 | 化石燃料(かせきねんりょう) 화석연료 | 燃(も)やす 불태우다 | 二酸化炭素(にさんかたんそ) 이산화탄소 | 原子力(げんしりょく) 원자력 | 排出(はい

しゅつ) 배출 | 発電(はつでん) 발전 | 採掘(さいくつ) 채굴 | 膨
大(ぼうだい) 방대 | 放出(ほうしゅつ) 방출 | 周知(しゅうち)
주지 | 核分裂(かくぶんれつ) 핵분열 | 提唱(ていしょう) 제창 |
環境汚染(かんきょうおせん) 환경오염 | 東日本大震災(ひが
しにほんだいしんさい) 동일본대지진 | 惨事(さんじ) 참사 | 繰
(く)り返(かえ)す 반복하다, 되풀이하다 | 早急(そうきゅう)に
조급히 | 供給(きょうきゅう) 공급 | 転換(てんかん) 전환

B

　방사능의 위험, 폐기물 문제 등은 있지만 발전량이 크다는 점, 환
경에 미치는 부담을 고려하면 원자력 발전에 반대할 수는 없다. 많은
전기에너지를 이용하는 일이 당연해져 버린 현재, 원전 없이는 전력
의 공급에 미치지 못한다. 화력은 이산화탄소를 대량으로 배출하고
수력, 지열은 신설과 증설이 어렵다. 또한 풍력이나 태양광과 같은
클린에너지는 출력, 안정성, 비용 등의 문제로 쓰기 어려운 것들뿐이
다. 그러한 문제를 해결한 획기적인 클린에너지가 개발되지 않는 한
원전에 의존하는 상황은 계속될 것이다. 원자력 발전은 제대로 관리
해서 다루면 상당히 효율적이고 안전한 에너지이다.

어휘　放射能(ほうしゃのう) 방사능 | 廃棄物(はいきぶつ) 폐기물 |
追(お)いつく 따라잡다, (수준에) 미치다 | 火力(かりょく) 화력 |
地熱(じねつ) 지열 | 新設(しんせつ) 신설 | 増設(ぞうせつ) 증
설 | 風力(ふうりょく) 풍력 | 太陽光(たいようこう) 태양광 |
クリーンエネルギー 클린에너지 | 安定性(あんていせい) 안
정성 | 画期的(かっきてき) 획기적 | 管理(かんり) 관리 | 効率
的(こうりつてき) 효율적

62　**두 지문의 공통인식 찾기** ★★☆　　　　　| 정답 1

해석　A, B에서 보여지는 공통인식으로 본문 내용에 맞는 것은 어느 것
인가?
1 현 상태로는 전력 공급이 수요를 못 따라간다.
2 화석연료를 태우는 화력 발전은 위험이 적다.
3 원자력은 발전 시 방대한 양의 이산화탄소를 배출한다.
4 원자력 발전은 환경오염이 적다.

해석　두 지문의 공통인식을 찾는 문제이다. 두 지문의 공통적인 내용과
각각 서로 다른 입장이나 견해를 종합적으로 이해하는 능력이 요
구된다. 질문과 선택지를 먼저 읽고 나서, 지문에 그와 관련된 부
분을 체크하면서 읽어 내려가면 두 글의 내용을 비교하여 종합적
으로 이해하는 데 훨씬 수월하다. A와 B 모두 화력발전 시 발생하
는 이산화탄소의 배출에 대해 부정적인 시각을 나타내고 있으므로
2번의「火力発電は危険が少ない」는 내용과 맞지 않는다. 또
A에서는 원자력 발전에 필요한 연료의 채굴과 발전소 제작 시 발생
하는 환경오염에 대해서, B에서는 방사능과 폐기물에 대한 언급으로
환경오염에 대해 서술하고 있으므로 3번과 4번은 맞지 않는다.

63　**두 지문의 다른 입장 찾기** ★★★　　　　　| 정답 1

해석　원자력 발전에 대한 필자의 입장을 잘 설명한 것은 어느 것인가?
1 A-원전은 너무나 위험한 시설로 시간을 두지 말고 다른 방법
　으로 전환해야만 한다.
2 B-풍력, 태양광과 함께 깨끗하고 안전한 에너지이다.
3 A-깨끗한 발전 방법으로 널리 알려져 있다.

---

4 B-획기적인 화력이 개발될 때까지 원전에 의존하는 상황도 계
　속된다.

해설　두 지문의 다른 입장을 찾는 문제이다. 질문과 선택지를 먼저 읽고
나서, 지문에 관련된 부분을 체크하며 읽어 내려가면 정답을 쉽게
찾을 수 있다. 특히, 지문 A는 주장이 맨 마지막에 나와 있는 미괄
식 문장으로, 이번과 같은 참사를 되풀이하지 않기 위해서라도 하
루빨리 원전 이외의 전력 공급 방법으로 전환해야 함을 기술하고
있다. 따라서 정답은 1번이다.

64　**지시 내용 찾기** ★★☆　　　　　| 정답 4

해석　주지의 사실과 관계없는 것은 어느 것인가?
1 원자력은 연료의 채굴 과정에서 이산화탄소를 다량으로 방출한다.
2 원자력은 이산화탄소를 방출하지 않는다.
3 발전소 제작과정에서 이산화탄소를 대량으로 배출한다.
4 풍력이나 태양광은 쓰기 불편하다.

해설　지시 내용을 찾는 문제이다. '주지의 사실'이라는 표현은 바로 앞을
주의 깊게 살펴보면 쉽게 지시 내용을 찾을 수 있다.

문제 12　**주장이해 문제**

사설이나 평론 등 추상적이고 논리적인 글을 읽고 필자의 주장이나
생각을 파악하는 문제이다. 질문을 먼저 읽고 필자의 논리에 맞춰 중
요 부분이나 키워드에 표시하면서 읽어 내려가도록 한다.

65～68　**다음 글을 읽고 다음 질문에 대한 답으로 가장 알맞은
것을 1·2·3·4 중에서 하나 고르시오.**

　저녁 늦게 먹으면 살이 찌는 이유로 '섭취한 칼로리를 소비할 수
없다'는 것이 일반적으로 알려져 있다. 늦은 시간에 먹고 바로 자 버
리면, 에너지가 소비되지 않고 남아 버려서 살이 찐다고 한다. 그러
나 밤늦게 먹고 살이 찌는 이유는 이것뿐만이 아니다. 이쯤에서 밤
늦게 먹으면 살이 찌는 주된 이유를 소개하겠다.
　자율신경에는 교감신경과 부교감신경이 있는데, 교감신경은 몸을
활동하기 좋게 작용하고, 부교감신경은 몸을 릴랙스 상태로 만들어
서 쉽게 작용한다. 밤늦은 시간이나 수면 시에는 몸을 쉬게 하기 위
한 부교감신경이 우위를 차지한다. 자율신경은 교감신경이 우위가
되어 활동하기 좋은 상태가 되어 있을 때는 대사를 촉진하도록 작용
하지만, 부교감신경이 우위에 있어 릴랙스한 상태에서는 대사를 억
제하도록 작용하고 있다. 그렇기 때문에 밤늦은 시간에는 대사가 억
제되고 있기 때문에 체지방으로 저장하기 쉬운 것이다.
　또한, 에너지 소비는 기초 대사나 활동에 따른 것뿐만 아니라, 식
사에 의해서도 일어나고 있다. 식사를 하면 몸이 따뜻해지는데, 이것
은 식사를 함으로써 에너지가 소비되고 있기 때문이다. 이 식사를 함
으로써 소비되는 에너지를 식사 유도성 열산생(DIT)이라고 한다. 매
운 것을 먹지 않아도 몸이 더워져서 땀을 흘리는 경우가 있는데, 이
것도 DIT에 의한 것이다. 이 DIT는 아침에 가장 많으며 밤이 되면 적
어진다. DIT는 일반적으로 소비 칼로리의 10%를 차지한다고 하는데
결코 적지는 않다. 식사시간이 늦어지면 늦어질수록, 식사에 의해 소
비되는 칼로리가 감소되므로 살이 찌기 쉽다고 할 수 있을 것이다.

다음으로, BMAL1이라는 지방을 축적하는 역할을 가진 단백질의 존재가 밝혀져 있다. BMAL1은 체내 시계를 컨트롤하는 작용이 있으며 지방을 축적하는 효소를 증가시킨다는 것이 알려져 있다. 또한 BMAL1의 양은 시간에 따라 변동하는데, 오후 3시가 가장 적으며 밤 10시부터 새벽 2시까지가 가장 많다고 한다. 즉 오후 10시부터 오전 2시가 가장 지방을 축적하기 쉬우며, 오후 3시는 가장 지방이 되기 힘든 시간대라는 것이다. 같은 칼로리를 섭취하더라도 저녁을 10시 이전에 먹는 것과 10시 이후에 먹는 것과는 지방이 축적되는 방식이 다른 것이다.

'자기 전에 먹으면 살찐다'고 하는데, 먹는 시간이 늦어졌기 때문에 자는 시간도 늦추면 된다는 것은 아닌 것 같다. 자는 시간을 늦췄다고 해서 그만큼 에너지를 소비할 수 있는 것도 아니고, 밤에는 에너지 소비가 어려워져 있으므로, 체내의 자율신경이나 단백질 등이 에너지 대사를 억제하여 지방을 축적하도록 작용하고 있다. 따라서 늦은 식사에서 섭취한 에너지를 소비하려면 밤새지 말고, 식사시간을 앞당기는 것이 좋다.

어휘 摂取(せっしゅ) 섭취 | 消費(しょうひ) 소비 | 自律神経(じりつしんけい) 자율신경 | 交感神経(こうかんしんけい) 교감신경 | 副交感神経(ふくこうかんしんけい) 부교감신경 | リラックス(relax) 릴랙스, 편히 쉼 | 睡眠(すいみん) 수면 | 優位(ゆうい) 우위 | 状態(じょうたい) 상태 | 代謝(たいしゃ) 대사 | 促進(そくしん) 촉진 | 抑制(よくせい) 억제 | 体脂肪(たいしぼう) 체지방 | 溜(た)め込(こ)む 꾸준히 모으다 | 基礎代謝(きそたいしゃ) 기초 대사 | 温(あたた)まる 데워지다, 따뜻해지다 | 食事誘導性熱産生(しょくじゆうどうせいねつさんせい, Diet Induced Thermogenesis) DIT | 汗(あせ)をかく 땀을 흘리다 | BMAL1(ビーマルワン) 비말원 | 脂肪(しぼう) 지방 | 蓄積(ちくせき) 축적 | たんぱく質(しつ) 단백질 | 体内時計(たいないどけい) 체내 시계 | 酵素(こうそ) 효소

65 밑줄 친 내용의 의미 파악하기 ★★★　　　| 정답 4

해석 본문에서 말하는 밤 늦게 먹으면 살이 찌는 이유로 해당되지 않는 것은 어느 것인가?
1 섭취 칼로리를 소비할 수 없다.
2 자율신경의 작용과 깊은 관계가 있다.
3 BMAL1양이 증가하여 지방을 축적하기 쉬워진다.
4 밤늦은 시간은 대사를 억제하지 않기 때문에 체지방으로 쌓이기 쉽다.

해설 이것은 추상적인 내용의 장문을 읽고 답하는 주장 이해 문제이다. 이 문제는 밑줄이 나타내는 내용의 의미를 파악하는 것으로, 추상적이고 어려운 단어나 표현이 나오더라도 당황하지 말고 단락의 요지를 파악하며 읽어 내려가면 쉽게 정답을 찾을 수 있다. 밤늦은 시간은 대사를 억제하기 때문에 체지방이 쌓이기 쉽다고 했기 때문에 4번은 본문의 내용과 다르다.

66 필자의 주장 파악하기 ★★☆　　　| 정답 1

해석 '살이 찌지 않기 위한 노력'으로 본문의 주장과 다른 것은 어느 것인가?
1 저녁 식사시간이 늦는 날은 그만큼 자는 시간을 늦춰야 한다.
2 같은 칼로리의 식사라면 밤 10시 이전까지 끝마치는 것이 바람

직하다.
3 아침 식사 시간대는 DIT가 높으므로 식사에 따른 에너지 소비도 활발해진다.
4 식사시간은 부교감신경이 우위에 서는 시간대를 피하도록 하면 좋다.

해설 추상적인 내용의 장문이므로 집중력을 요하게 된다. 단락별로 논점을 나타내는 핵심문장이라고 생각되는 문장에 밑줄을 그어두거나 핵심 내용을 메모하여 전체적인 필자의 주장을 파악하는 것도 좋은 방법이다. 마지막 단락에서 식사시간이 늦어졌다고 해서 자는 시간을 늦춰도 에너지 소비는 어렵다고 서술하고 있으므로 정답은 1번이다.

어휘 ずらす (겹치지 않도록) 비키어 놓다

67 전체적인 내용 이해하기 ★★★　　　| 정답 1

해석 본문의 내용으로 보아 가장 이상적인 사례자는 다음의 4인 중 누구인가?
1 대학생 이치로 씨는 매일 저녁 식사시간을 9시까지는 끝마치기로 정하고 있다.
2 잔업으로 귀가가 늦는 아버지는 11시에 식사하고 그대로 자 버리는 경우도 자주 있다.
3 6인 가족인 요코 씨 댁의 저녁 식사는 언제나 가족이 모이는 밤 10시 무렵이 되고 만다.
4 동아리 활동을 마치고 귀가하는 미키 씨는 역 구내의 카레집에서 문 닫기 직전에 카레우동을 자주 먹는다.

해설 필자의 주장을 정확히 이해하여 실제에 응용하는 문제이다. 추상적인 내용이므로 독해 문제 중 난이도가 가장 높은 파트인 만큼 필자의 주장을 꼼꼼히 파악하는 것이 중요하다. 밤 10시부터 새벽 2시 사이가 지방 축적이 가장 많아지는 때라고 서술하고 있으므로 이 시간대를 피하는 것이 좋다. 따라서 정답은 1번이다.

어휘 間際(まぎわ) 막 ~하려는 찰나

68 필자의 주장 이해 ★★☆　　　| 정답 2

해석 본문과 일치하는 주장은 다음 중 어느 것인가?
1 DIT가 높은 시간대에 식사하면 살찌기 쉽다.
2 교감신경이 우위에 있는 시간대에 에너지가 소비되기 쉽다.
3 체내 시계를 컨트롤하고 대사 촉진 효소를 증가시키는 효소가 존재한다.
4 식사에 의한 에너지 소비가 기초 대사, 신체 활동 소비량보다 많다.

해설 주어진 지문이 길어 집중력이 흐트러지면서 상식에 의존하여 문제를 푸는 경우가 있다. 그러나 상식적인 것이 함정 선택지로 제시될 수 있으므로 상식보다는 지문의 논지를 정확하게 파악하여 문제를 푸는 것이 중요하다. 정답은 2번이다. 세 번째 단락에서 DIT가 높은 시간대에 식사하면 칼로리 소비가 많아진다는 것을 설명하고 있으므로 1번은 틀린 주장이다. 3번은 BMAL1에 대한 설명으로 대사 촉진 효소를 증가시키는 효소가 아니라 지방을 축적하는 효소이므로 틀린 주장이다. 4번의 식사에 의한 에너지 소비는 소비 칼로리의 10%를 차지하므로 기초 대사와 신체 활동 소비량보다 많다고는 할 수 없다.

문제 13 정보검색 문제

실생활에서 많이 접하는 안내문이나 광고문 등을 보고 필요한 정보를 찾아내는 문제이다. 이 문제에서는 제시된 지문을 다 읽지 말고 문제에서 제시하고 있는 조건을 먼저 파악한 후, 지문을 읽으면서 조건에 맞는 사항을 체크하여 정답을 빠른 시간 내에 골라내는 것이 중요하다.

69 ~ 70 오른쪽 페이지는 도영주택의 입주자 모집 안내이다. 많은 희망자가 이번 도영주택 입주자 모집에 응모하려고 한다. 아래 질문에 대한 답으로 가장 알맞은 것을 1·2·3·4 중에서 하나 고르시오.

도영주택(가족 대상)의 입주자를 모집합니다.
갱신일: 헤이세이 25년 2월 1일

모집 호수
합계 1,190호 모집
　　한부모 세대(모자·부자 세대)
　　고령자 세대
　　심신장애자 세대
　　다자녀 세대
　　소득이 현저히 낮은 일반 세대
　　휠체어 사용자 세대

신청 자격
아래 조건을 모두 충족하는 분(휠체어 사용자 세대는 아래의 '휠체어 사용자 세대'의 조건을 모두 충족하는 분)
ア) 신청자 본인이 도쿄 도내에 연속 3년 이상 거주하고 있을 것
イ) 동거 친족이 있을 것
ウ) 신청 세대가 다음의 어느 하나에 해당될 것
　　한부모 세대
　　고령자 세대
　　심신장애자 세대
　　다자녀 세대
　　소득이 현저히 낮은 일반 세대
エ) 세대의 소득이 소득기준 이내일 것
オ) 주거 마련에 곤란을 겪고 있는 분
カ) 신청자(동거 친족을 포함)가 폭력단원이 아닐 것

휠체어 사용자 세대
ア) 도쿄도 내에 거주 중일 것
イ) 동거 친족이 있을 것
ウ) 동거 친족 중에 휠체어 사용자가 있을 것
エ) 휠체어 사용자는 도쿄 도내에 거주하는 만 6세 이상인 분
オ) 휠체어 사용자는 주거 내 이동에 휠체어 사용을 필요로 할 것
カ) 세대의 소득이 소득기준 이내일 것
キ) 주거 마련에 곤란을 겪고 있는 분
ク) 신청자(동거 친족을 포함)가 폭력단원이 아닐 것

모집 기간 및 신청서 배포 기간
헤이세이 25년 2월 4일(월) ~2월 14일(목)

배포 장소
【평일】오전 8시 30분~오후 5시 / 주택과(구청 제3청사 1층)
【평일·토·일·공휴일】오전 9시~오후 8시
　　　　　　　　　문화생활정보센터 종합안내창구

신청 방법
소정의 신청서를 작성해서 우편으로 신청해 주십시오.

모집 마감
헤이세이 25년 2월 18일(월)에 도쿄도 주택공급공사에 꼭 도착할 것

어휘　都営住宅(とえいじゅうたく) 도영주택 ｜ 家族向(かぞくむけ) 가족 대상 ｜ 入居者(にゅうきょしゃ) 입주자 ｜ 更新日(こうしんび) 갱신일 ｜ 募集戸数(ぼしゅうこすう) 모집 호수 ｜ ひとり親世帯(おやせたい) 한부모 세대 ｜ 高齢者(こうれいしゃ) 고령자 ｜ 心身障害者(しんしんしょうがいしゃ) 심신장애자 ｜ 多子世帯(たしせたい) 다자녀 세대 ｜ 車椅子(くるまいす) 휠체어 ｜ 申(もう)し込(こ)み 신청 ｜ 資格(しかく) 자격 ｜ 満(み)たす 충족시키다, 채우다 ｜ 引(ひ)き続(つづ)き 계속 ｜ 同居(どうきょ) 동거 ｜ 暴力団員(ぼうりょくだんいん) 폭력단원 ｜ 配布(はいふ) 배포 ｜ 〜にて 〜로 ｜ 締(し)め切(き)り 마감 ｜ 供給(きょうきゅう) 공급 ｜ 必着(ひっちゃく) 필착, 반드시 도착할 것

69 정확한 정보 파악하기 ★★★　　　　　｜ 정답 3

해석　다음은 이번 모집에 신청을 검토하고 있는 4세대를 나타낸 것이다. 이 중에서 응모 자격을 갖춘 세대는 어느 댁인가?
　　세대주 / 희망 / 현재 거주지 및 거주년수 / 특이사항
　1 야마다 씨 / 휠체어 세대 / 도내 거주 5년 / 현재 오사카 거주 중인 어머니(휠체어 생활자)
　2 나카무라 씨 / 다자녀 세대 / 도내 근무 15년 / 부부와 3자녀, 맞벌이 부부로 넉넉함
　3 다카하시 씨 / 한부모 세대 / 도내 거주 3년 / 모자 3인, 아이 한 명이 장애인
　4 사이토 씨 / 고령자 세대 / 도내 거주 합계 17년 / 부부, 도쿄 도내에 아파트 한 채 소유

해설　정보지, 비즈니스 문서, 안내문 등 일본에서 실제로 생활하면서 접하게 되는 많은 정보 안에서 필요한 정보를 찾아내는 문제이다. 정보검색 문제는 지문부터 읽지 말고 문제에서 제시하는 조건을 먼저 파악한 후 지문을 읽으며 조건에 맞는 사항을 체크해야만 문제를 푸는 데 걸리는 시간을 절약할 수 있다. 1번 야마다 씨의 경우 어머니가 현재 오사카에 거주하고 있는 점, 2번 나카무라 씨의 경우 경제가 넉넉하다는 점, 4번 사이토 씨의 경우 도쿄 도내에 아파트를 한 채 소유하고 있다는 점에서 응모자격을 갖추지 못하였다. 따라서 정답은 3번이다.

70 필요한 정보 찾기 ★★★　　　　　｜ 정답 1

해석　입주자 모집 광고에 대해 다음 4개의 설명 중에서 올바른 것은 어느 것인가?
　1 구청에서 받을 수 있는 신청서를 작성해서 우편으로 보낸다.
　2 신청일 현재, 신청자 및 그 동거 가족 전원이 도쿄 도내에 거주하고 있을 것

3 휠체어 세대의 경우, 그 대상자가 휠체어 없이 이동이 가능할 것
4 2월 10일에 신청서를 받으려면 제3청사를 방문하면 된다.

해설 신청은 소정의 신청서를 작성하여 우편으로 하도록 기술되어 있으므로 정답은 1번이다.

: 청해 :

문제1 과제이해 문제

내용을 듣고 문제 해결에 필요한 구체적인 정보를 찾아 이후 무엇을 해야 하는지를 알아내는 문제이다. 두 사람의 대화가 나오므로 누가 무엇을 해야 하는지에 대한 정보를 정확하게 구별해야 한다.

[1]~[6] 문제 1에서는 우선 질문을 들으세요. 그러고 나서 이야기를 듣고 문제용지의 1부터 4 중에서 가장 알맞은 것을 하나 고르세요.

예) | 정답 2

2-1-01.mp3

女の人が男の人と話しています。女の人はこれからまず何をしますか。

男：今晩、帰りに映画でも見ない？
女：ごめん、友達が入院したので、お見舞いに行こうと思っているの。
男：面会時間は何時から？
女：そこまではちょっと。
男：お見舞いに行く前に確かめたほうがいいよ。病院によってはお見舞いができる時間とできない時間があるから。
女：そうなの？知らなかった。
男：まずは、電話で聞いたら。
女：うん、わかった。ありがとう。

女の人はこれからまず何をしますか。
1 男の人と映画を見に行く
2 病院に電話をかけて面会時間を確認する
3 友達のお見舞いに行く
4 男の人と一緒に帰る

해석 여자와 남자가 이야기하고 있습니다. 여자는 지금부터 먼저 무엇을 합니까?
남：오늘 밤 집에 가는 길에 영화라도 보지 않을래?
여：미안. 친구가 입원해서 병문안 가려고 해.
남：면회 시간은 몇 시부터야?
여：거기까지는 좀……
남：병문안 가기 전에 확인하는 게 좋아. 병원에 따라서는 병문안이 되는 시간과 안 되는 시간이 있으니까.
여：그래? 몰랐어.
남：우선은 전화로 물어보는 게 어때?
여：응, 알았어. 고마워.

여자는 지금부터 먼저 무엇을 합니까?
1 남자와 영화를 보러 간다.
2 병원에 전화를 걸어 면회 시간을 확인한다.
3 친구의 병문안을 간다.
4 남자와 함께 귀가한다.

해설 필요한 정보를 토대로 과제를 수행하는 문제이다. 본문을 듣기 전에 상황 설명과 질문을 미리 음성으로 들려주므로 문제를 잘 이해한 후 본문의 대화를 집중해 듣는다. 이 문제에서는 "병문안 가기 전에 확인하는 게 좋아", "우선 전화로 물어보는 게 어때?"라는 남자의 말이 힌트가 된다.

어휘 お見舞(みま)い 병문안　確(たし)かめる 확인하다

[1] 필요한 정보를 토대로 과제 수행하기 ★★☆　|정답 4

2-1-02.mp3

薬屋で男の薬剤師が女の人と話しています。女の人が今晩飲む薬は何ですか。

男：田中さん。田中ゆかりさん。お待たせいたしました。お薬は3種類出ています。えーと、これは熱さましですね。
女：熱さましですか。
男：はい、まだ熱がありますから、一錠飲んでくださいね。それから、こちらは咳止めと鼻水の薬です。1日3回食後に飲んでくださいね。
女：これは飲むと眠くなることはないでしょうか。
男：鼻水薬は飲むと眠くなりますから、昼など、どうしても気になるときは飲まないでください。
女：はい、わかりました。
男：よろしいですね。じゃ、お大事に。

女の人が今晩飲む薬は何ですか。
1 熱さまし、鼻水の薬
2 咳止め、鼻水の薬
3 熱さまし、咳止め
4 熱さまし、咳止め、鼻水の薬

해석 약국에서 남자 약사가 여자와 이야기하고 있습니다. 여자가 오늘 밤에 먹을 약은 무엇입니까?
남：다나카 씨. 다나카 유카리 씨. 오래 기다리셨습니다. 약은 세 종류입니다. 음, 이건 해열제입니다.
여：해열제요?
남：네, 아직 열이 있으니까 한 알 드세요. 그리고 이건 기침약과 콧물약입니다. 하루에 세 번 식후에 드세요.
여：이건 먹으면 졸리거나 하지 않을까요?
남：콧물약은 먹으면 졸리기 때문에 낮이나 아무래도 신경이 쓰일 때는 드시지 마세요.
여：네, 알겠습니다.
남：괜찮으시죠? 자, 몸조심하세요.

여자가 오늘 밤에 먹을 약은 무엇입니까?
1 해열제, 콧물약
2 기침약, 콧물약

3 해열제, 기침약
4 해열제, 기침약, 콧물약

해설 여자가 처방 받은 약은 해열제, 기침약, 콧물약으로 정답은 4번이다. 낮에 졸리면 콧물약은 먹지 않아도 된다고 했으나 질문에서는 밤에 복용하는 약을 묻고 있다. 이런 함정에 빠지지 않으려면 조제된 약의 종류를 메모하면서 듣는 것이 문제풀이에 도움이 된다.

어휘 熱(ねつ)さまし 해열제 ㅣ 錠(じょう) 정, 알 ㅣ 咳止(せきど)め 기침약 ㅣ 鼻水(はなみず) 콧물

---

2 과제 해결에 필요한 구체적인 정보 찾기 ★★☆   ㅣ 정답 1

2-1-03.mp3

男の人がフリマの参加方法について問い合わせています。男の人は参加するため、まず何をしますか。

男：あの、すみません。今月のフリマに参加したいんですが……。
女：出店なさるんですね。
男：はい。でも初めてなので……。
女：出店なさるためには、まず、年会費4,000円を払って一般会員となっていただきます。
男：会員じゃないと、出店できないんですか。
女：いいえ、非会員のまま、お試し参加なさる方法もあります。必ずしも入会しなければならないわけではありません。
男：じゃ、まずはお試しで。
女：はい、どうぞ。まずは、本部へ電話かファックスで予約してください。それから参加費用を振り込んでいただいて、事務局が入金を確認したら、出店許可書を発送いたします。
男：はい、わかりました。

男の人はフリマに参加するため、まず何をしますか。
1 電話かファックスで予約をする
2 年会費を払って入会する
3 参加費用を振り込む
4 出店許可書を記入して発送する

해석 남자가 벼룩시장 참가 방법에 대해 문의하고 있습니다. 남자는 참가하기 위해 먼저 무엇을 합니까?
남 : 저기, 죄송한데요. 이번 달 벼룩시장에 참가하고 싶은데요……
여 : 가게를 여실 거군요.
남 : 네. 그런데 처음이라서……
여 : 가게를 열기 위해서는 우선 연회비 4,000엔을 내시고 일반 회원이 되시면 됩니다.
남 : 회원이 아니면 가게를 열 수 없습니까?
여 : 아니요, 비회원인 채 시험 삼아 참가하시는 방법도 있습니다. 반드시 입회해야 하는 것은 아닙니다.
남 : 그럼, 우선은 시험 삼아 참가하는 걸로.
여 : 네, 여기요. 우선은 본부에 전화나 팩스로 예약해 주세요. 그리고 나서 참가 비용을 입금하시고, 사무국이 입금을 확인하면 개점 허가서를 발송해 드립니다.

남 : 네, 알겠습니다.

남자는 벼룩시장에 참가하기 위해 먼저 무엇을 합니까?
1 전화나 팩스로 예약을 한다.
2 연회비를 지불하고 입회한다.
3 참가 비용을 입금한다.
4 개점 허가서를 기입하여 발송한다.

해설 과제 해결에 필요한 구체적인 정보를 찾는 문제이다. 상황과 문제를 잘 이해하고 대화를 집중해 듣는 것이 중요하다. 이 문제의 경우, 마지막 부분의 "우선은 본부에 전화나 팩스로 예약을 해 주세요"라는 말이 정답을 찾는 힌트가 된다.

어휘 フリマ(flea market) 벼룩시장 ㅣ 出店(しゅってん) 출점 ㅣ 年会費(ねんかいひ) 연회비 ㅣ 一般会員(いっぱんかいいん) 일반 회원 ㅣ 非会員(ひかいいん) 비회원 ㅣ 振(ふ)り込(こ)む 돈을 불입하다 ㅣ 入金(にゅうきん) 입금 ㅣ 発送(はっそう) 발송

---

3 문제 해결에 필요한 정보 찾기 ★★★   ㅣ 정답 3

2-1-04.mp3

男の人は「ごみの出し方」について隣の女の人と話しています。燃えないごみは何曜日に出しますか。

女：おはようございます。
男：おはようございます。引越ししたばかりで、まだこの地域のごみの出し方がちょっと分からないんですが。
女：ああ、ペットボトルなどの資源ごみは水曜日に出します。
男：なら、今日ですね。
女：はい、それから、燃えないごみは明日ですね。
男：じゃ、燃えるごみは？
女：月曜日と金曜日ですね。
男：ありがとうございます。助かります。

燃えないごみは何曜日に出しますか。
1 火曜日
2 月曜日と金曜日
3 木曜日
4 水曜日

해석 남자는 '쓰레기 배출법'에 대해 이웃 여자와 이야기하고 있습니다. 타지 않는 쓰레기는 무슨 요일에 배출합니까?
여 : 안녕하세요.
남 : 안녕하세요. 이사온 지 얼마 되지 않아서 아직 이 지역의 쓰레기 배출법을 잘 모르겠는데요.
여 : 아, 페트병 같은 재활용 쓰레기는 수요일에 내놓습니다.
남 : 그럼, 오늘이군요.
여 : 네, 그리고 타지 않는 쓰레기는 내일이에요.
남 : 그럼, 타는 쓰레기는요?
여 : 월요일과 금요일입니다.
남 : 고맙습니다. 도움이 되었습니다.

타지 않는 쓰레기는 무슨 요일에 내놓습니까?
1 화요일

2 월요일과 금요일

3 목요일

4 수요일

해설 상황과 문제를 잘 이해하고 대화를 들으면서 어떤 쓰레기를 무슨 요일에 내놓으면 되는지 메모하는 것이 좋다. 재활용 쓰레기를 내놓는 오늘이 수요일이라고 했으므로 타지 않는 쓰레기를 내놓는 내일은 목요일이므로 정답은 3번이다.

어휘 ごみの出(だ)し方(かた) 쓰레기 배출법 ┃ 燃(も)えないごみ 타지 않는 쓰레기 ┃ ペットボトル 페트병 ┃ 資源(しげん)ごみ 재활용 쓰레기 ┃ 燃(も)えるごみ 타는 쓰레기

---

[4] 과제 수행에 필요한 정보 찾기 ★★☆ ┃ 정답 1

`2-1-05.mp3`

クリーニング屋で女の人が洗濯物を出しています。女の人はいつ、取りに行きますか。

男：いらっしゃいませ。

女：これ、お願いします。

男：はい、お預かりします。シャツが1、2、3点と、ズボンと、それから、スカートですね。

女：はい。ズボンのすそが汚れているんですが。

男：ああ、ここですね。これは染み抜きしたほうがいいですね。プラス400円になりますけど、染み抜きいたしましょうか。

女：ええ、お願いします。

男：今日、5日だから、えーと、お渡しは14日になりますね。

女：あのう、スカートはちょっと急いでるんですが……。

男：ズボンは染み抜きしなければならないので、14日午後のお渡しになりますが、他は12日の朝お渡しできます。

女：12日の朝から必要なんですけど……。

男：では、その前日の夜ならなんとかお渡しできると思いますけど。

女：ありがとうございます。

女の人はいつ、取りに行きますか。

1 11日の夜

2 12日の朝

3 14日の午後

4 5日

해석 세탁소에서 여자가 세탁물을 맡기고 있습니다. 여자는 언제 찾으러 갑니까?

남 : 어서 오세요.

여 : 이거, 부탁합니다.

남 : 네, 맡겠습니다. 셔츠가 1, 2, 3개와 바지와 그리고 스커트군요.

여 : 네. 바짓단이 얼룩져 있는데요.

남 : 아, 여기군요. 이건 얼룩을 빼는 편이 좋겠네요. 400엔 추가되는데, 얼룩을 빼 드릴까요?

여 : 네, 부탁합니다.

남 : 오늘이 5일이니까, 음, 찾으시는 건 14일입니다.

여 : 저, 스커트는 좀 급한데요…….

남 : 바지는 얼룩을 빼야 해서 14일 오후에 찾을 수 있지만, 다른 건 12일 아침에 찾을 수 있습니다.

여 : 12일 아침부터 필요한데요…….

남 : 그럼, 그 전날 밤이라면 어떻게든 찾을 수 있을 겁니다.

여 : 고맙습니다.

여자는 언제 찾으러 갑니까?

1 11일 밤

2 12일 아침

3 14일 오후

4 5일

해설 상황과 문제를 잘 이해하고, 대화를 들으면서 세탁물을 찾으러 갈 날짜와 시간에 집중하여 들으면 문제풀이에 도움이 된다.

어휘 クリーニング屋(や) 세탁소 ┃ 洗濯物(せんたくもの) 세탁물 ┃ すそ 옷자락 ┃ 染(し)み抜(ぬ)き 얼룩 빼기 ┃ 渡(わた)す 건네다

---

[5] 대화 내용을 정확히 이해하기 ★★☆ ┃ 정답 4

`2-1-06.mp3`

女の人がデパートで試着して店員と話しています。女の人はどのズボンを買いますか。

男：よくお似合いですね。

女：そうですか。色は気に入ったんですが、横の線って太って見えませんか。

男：そんなことないですよ。でも、どうしてもお気になるようでしたら、こちらはいかがですか。これなら、色は同じで縦の線となっております。

女：でも、妹が似たようなものを持っているから。

男：じゃあ、こっちの花柄はいかがでしょうか。かわいいので今評判がいいですよ。

女：花柄はちょっと。かえって模様のないジーンズのほうがいいかも。

男：それなら、こちらの黒系とむこうの青系が最近売れてますが。

女：そうですか。青系は持っているので、じゃあ、これにします。

女の人はどのズボンを買いますか。

1 ストライプのズボン

2 横線の入ったズボン

3 青系のジーンズ

4 黒系のジーンズ

해석 여자가 백화점에서 옷을 입어 보고 점원과 이야기하고 있습니다. 여자는 어느 바지를 삽니까?

남 : 잘 어울리시네요.

여 : 그래요? 색은 마음에 드는데요, 가로줄은 뚱뚱해 보이지 않나요?

남 : 그렇지 않아요. 하지만 아무래도 신경이 쓰이시면 이쪽은 어떠세요? 이거라면 색은 같고 세로줄인데요.

여 : 하지만 여동생이 비슷한 걸 갖고 있어서요.

남 : 그럼, 이쪽 꽃무늬는 어떨까요? 귀여워서 지금 평판이 좋아요.

여 : 꽃무늬는 좀 그런데. 차라리 무늬가 없는 청바지가 더 나을지도 모르겠네요.

남 : 그렇다면 이쪽의 블랙 계열과 저쪽의 블루 계열이 요즘 잘 팔리는데요.

여 : 그래요? 블루 계열은 갖고 있으니, 그럼 이걸로 할게요.

어느 바지를 삽니까?

1 줄무늬 바지
2 가로줄이 들어간 바지
3 블루 계열의 청바지
4 블랙 계열의 청바지

해설 　 과제 해결에 필요한 구체적인 정보를 찾는 문제이다. 상황과 문제를 잘 이해하고, 바지의 색깔, 종류, 무늬에 집중하여 들으면 쉽게 정답을 찾을 수 있다.

어휘 　 試着(しちゃく) 옷이 몸에 맞는지 입어 봄 ｜ 似合(にあ)う 어울리다 ｜ 横(よこ)の線(せん) 가로줄 ｜ 縦(たて)の線(せん) 세로줄 ｜ 評判(ひょうばん) 평판 ｜ 花柄(はながら) 꽃무늬 ｜ ジーンズ (jeans) 청바지 ｜ 黒系(くろけい) 검은색 계열 ｜ 青系(あおけい) 파란색 계열

---

6 **과제 해결에 필요한 구체적인 정보 찾기** ★★☆ ｜ 정답 3

`2-1-07.mp3`

女の人は新入生です。先輩に学生食堂の利用の仕方について説明を聞いています。学食で夕飯を食べる時はどこで食券を買いますか。

男 : ここが学食ね。

女 : はい。

男 : 学食には北口と南口の両方から入れるんだ。食べるものが決まったら、まず、食堂の入り口の両側にある自動販売機で食券を買って、カウンターに出して。

女 : はい。食堂はお昼だけでしょうか。

男 : ううん。午前11時から夜8時までやってるよ。

女 : じゃあ、夕食もできるんですね。

男 : うん。ただ、6時以降は北口しか開いてないんだ。

女 : そうですか。食券は？

男 : 食券はお昼と一緒だよ。

女 : わかりました。

学食で夕飯を食べる時、食券はどこで買えますか。
1 北口のカウンター
2 南口のカウンター
3 自動販売機
4 店員

해석 　 여자는 신입생입니다. 선배에게 학생식당 이용 방법에 대해 설명을 듣고 있습니다. 학생식당에서 저녁밥을 먹을 때는 어디에서 식권을 삽니까?

남 : 여기가 학교식당이야.

여 : 네.

남 : 학교식당은 북쪽 문과 남쪽 문 양쪽에서 들어갈 수 있어. 메뉴

가 정해지면 먼저 식당 입구의 양쪽에 있는 자동판매기에서 식권을 사서 카운터에 내.

여 : 네. 식당은 점심만 해요?

남 : 아니야. 오전 11시부터 밤 8시까지 해.

여 : 그럼 저녁밥도 먹을 수 있네요.

남 : 응. 단 6시 이후는 북쪽 문밖에 열려 있지 않아.

여 : 그래요? 식권은요?

남 : 식권은 점심 때랑 같아.

여 : 알겠습니다.

학생식당에서 저녁밥을 먹을 때는 어디에서 식권을 삽니까?
1 북쪽문 카운터
2 남쪽문 카운터
3 자동판매기
4 점원

해설 　 과제 해결에 필요한 구체적인 정보를 찾는 문제이다. 상황과 문제를 잘 이해하고 식권을 파는 장소에 집중하여 들으면 쉽게 정답을 찾을 수 있다.

어휘 　 新入生(しんにゅうせい) 신입생 ｜ 学食(がくしょく) 학교식당 ｜ 食券(しょっけん) 식권 ｜ 北口(きたぐち) 북쪽 출입구 ｜ 南口(みなみぐち) 남쪽 출입구 ｜ 入(い)り口(ぐち) 출입구 ｜ 両側(りょうがわ) 양쪽 ｜ 自動販売機(じどうはんばいき) 자동판매기

문제2 **포인트이해 문제**

글 내용의 핵심을 파악하는 문제이다. 제시된 선택지를 중심으로 포인트에 집중해서 듣는 것이 중요하다.

1 ~ **7** 　 문제 2에서는 우선 질문을 들으세요. 그런 다음 문제용지의 선택지를 읽으세요. 읽을 시간이 있습니다. 그리고 이야기를 듣고 문제용지의 1부터 4 중에서 가장 알맞은 것을 하나 고르세요.

예) ｜ 정답 1

`2-2-01.mp3`

男の人と女の人が話をしています。女の人がランニングを始めた理由は何だと言っていますか。

女 : 今年からランニング始めたの。

男 : すごい。大変じゃない？

女 : 最初はちょっと大変だったけど、今はだいぶ慣れてきた。

男 : たしかに走ってる人多いよね。まあ、ランニングブームっていうか。

女 : 特に、女性ランナーもすごく増えてて、ウエアやシューズなどの関連グッズもかなり売れているみたいよ。

男 : へえ。おしゃれに美しく走りたいわけね。

女 : そう。

男 : しかし、なんで急にランニングなんか始めたわけ？ ダイエット？

女：ううん、それより生活リズムを整えるっていうか。いつも朝寝坊してたんだけど、朝ランニング始めてからは、規則正しい生活になったの。
男：へえ、いいね。

女の人がランニングを始めた理由は何だと言っていますか。
1 一日の生活リズムの調整のため
2 ダイエットのため
3 美しく走るため
4 女性ランナーが増えたから

해석　남자와 여자가 이야기를 하고 있습니다. 여자가 달리기를 시작한 이유는 뭐라고 말하고 있습니까?
　여 : 올해부터 달리기를 시작했어.
　남 : 대단하네. 힘들지 않아?
　여 : 처음에는 좀 힘들었는데, 지금은 꽤 익숙해졌어.
　남 : 확실히 달리고 있는 사람이 많네. 뭐 달리기 붐이랄까.
　여 : 특히 여성 주자도 꽤 늘어서 옷이나 신발 같은 관련 상품도 상당히 팔리는 것 같아.
　남 : 그래? 세련되고 아름답게 달리고 싶은 거군.
　여 : 그래.
　남 : 그런데 왜 갑자기 달리기를 시작한 거야? 다이어트?
　여 : 아니, 그것보다 생활 리듬을 조절한다고나 할까? 항상 늦잠을 잤는데, 아침에 달리기를 시작하고 나서는 생활이 규칙적으로 됐어.
　남 : 그래? 괜찮네.

여자가 달리기를 시작한 이유는 뭐라고 말하고 있습니까?
1 하루의 생활 리듬 조절을 위해
2 다이어트를 위해
3 아름답게 달리기 위해
4 여성 주자가 늘었기 때문에

해설　대화의 요지를 이해하는 문제이다. 상황을 잘 이해하고 여자가 달리기를 시작한 이유를 중심으로 주의 깊게 들으면 정답을 쉽게 찾을 수 있다.

어휘　ランニング(running) 달리기 ｜ ブーム(boom) 붐 ｜ ランナー (runner) 러너, 육상선수 ｜ ウエア(wear) 옷 ｜ シューズ(shoes) 슈즈, 신발 ｜ 関連(かんれん)グッズ(goods) 관련 상품 ｜ 朝寝坊(あさねぼう) 늦잠을 잠, 늦잠꾸러기 ｜ 規則正(きそくただ)しい 규칙 바르다

---

[1]　**대화의 핵심 이해하기** ★★☆　　　｜ 정답 2

2-2-02.mp3

新入社員の男の人は先輩から報告書の書き方についてアドバイスを聞いています。先輩はどんなアドバイスをしていますか。

女：初めてだから、大変でしょう？
男：はい。もう右も左も分からない状況で……。前もって読んでいただいて本当に助かります、先輩。
女：いえいえ、全体的によくできてると思うよ。ただね。

男：はい。
女：もう少し分かりやすくね。まず、行間をもう少し広めにしてね。
男：はい。
女：それから、このあたりの結果をね、＜表＞か＜図＞で示してくれると分かりやすいと思うんだけど、どう？
男：そうですね。
女：あと、この計画の効果をもう少し強調したほうがいいんじゃない？
男：そうですねえ、ちょっと生意気に思われちゃうんじゃないかなって思って。
女：いえ、かえってポジティブに思われるよ。
男：そうですか。では、今晩書き直します。

先輩はどんなアドバイスをしていますか。
1 結果の図表は省いたほうがいい
2 行間をもう少し広めにしたほうがいい
3 計画の効果を強調しないほうがいい
4 全体的に修正したほうがいい

해석　신입사원인 남자는 선배로부터 보고서 쓰는 법에 대해 조언을 듣고 있습니다. 선배는 어떤 조언을 하고 있습니까?
　여 : 처음이라서 힘들지?
　남 : 네. 정말 전혀 모르는 상황이라……. 미리 읽어 주셔서 정말 도움이 됩니다, 선배님.
　여 : 아니야, 전체적으로 잘된 거 같아. 다만 말이야.
　남 : 네.
　여 : 좀 더 알기 쉽게 말야. 우선, 행간을 좀 더 넓혀 봐.
　남 : 네.
　여 : 그러고 나서 이 부분의 결과를 말야, '표'나 '그림'으로 제시해 주면 알기 쉬울 것 같은데, 어때?
　남 : 그렇군요.
　여 : 그리고 이 계획의 효과를 좀 더 강조하는 편이 좋지 않을까?
　남 : 글쎄요, 좀 건방지게 보이지 않을까 해서요.
　여 : 아니, 오히려 긍정적으로 보여질 거야.
　남 : 그래요? 그럼 오늘 밤에 고쳐 쓰겠습니다.

선배는 어떤 조언을 하고 있습니까?
1 결과 도표는 생략하는 편이 좋다.
2 행간을 좀 더 넓게 하는 편이 좋다.
3 계획의 효과를 강조하지 않는 편이 좋다.
4 전체적으로 수정하는 편이 좋다.

해설　'행간을 넓히고, 표나 도표를 제시하여 계획의 효과를 더 강조하는 편이 좋다'는 선배의 조언을 메모하며 들으면 쉽게 정답을 찾을 수 있다.

어휘　新入社員(しんにゅうしゃいん) 신입사원 ｜ 報告書(ほうこくしょ) 보고서 ｜ 書(か)き方(かた) 쓰는 법 ｜ 行間(ぎょうかん) 행간 ｜ 生意気(なまいき) 건방짐 ｜ ポジティブ(positive) 긍정적인 ｜ 書(か)き直(なお)す 고쳐 쓰다 ｜ 図表(ずひょう) 도표

2 대화의 핵심 포인트 이해하기 ★★☆ | 정답 4

2-2-03.mp3

男の人と女の人が週末のセミナーについて話しています。男の人がセミナーに参加しない一番の理由は何ですか。

女 : ねえ、週末のセミナーのことなんだけど。
男 : はあ。
女 : 一緒に行く?
男 : うーん。今回はちょっと……。
女 : なんで? もしかして行かないつもりなの?
男 : うん。おれ、都合悪くてさ。
女 : 今回って高橋先生の講演もあるし、内容も充実していると思うんだけど。
男 : まあ……いいとは思うんだけどさ。なんというか、セミナーって退屈だし。
女 : へえ。一緒に行こうよ。紀子ちゃんも来るんだって。
男 : えーと、実は、俺も行きたいんだけど……、第一、あの子に会うのが気まずくてさ……。
女 : へえ?

男の人がセミナーに参加しない一番の理由は何ですか。
1 都合が悪いから
2 退屈だから
3 興味がないから
4 紀子ちゃんと会うのが気まずいから

해석 남자와 여자가 주말 세미나에 대해 이야기하고 있습니다. 남자가 세미나에 참가하지 않는 가장 큰 이유는 무엇입니까?
여 : 있잖아, 주말 세미나 말인데.
남 : 응.
여 : 같이 갈래?
남 : 음~. 이번에는 좀 그래.
여 : 왜? 혹시 안 갈 생각이야?
남 : 응. 나, 형편이 안 돼서 말이야.
여 : 이번엔 다카하시 선생님의 강연도 있고 내용도 충실할 텐데.
남 : 뭐……좋은 건 알지만. 근데 뭐랄까, 세미나는 지루해서.
여 : 그래? 같이 가자. 노리코도 온대.
남 : 그게, 실은 나도 가고 싶은데 말이야……. 가장 큰 건, 그 애와 만나는 게 어색해서 말이야.
여 : 그래?

남자가 세미나에 참가하지 않는 가장 큰 이유는 무엇입니까?
1 형편이 안 돼서
2 지루해서
3 흥미가 없어서
4 노리코와 만나는 것이 어색해서

해설 대화의 요지를 이해하는 문제이다. 상황을 잘 이해하고 질문의 포인트에 집중하여 대화를 들으면 쉽게 정답을 찾을 수 있다. 남자의 마지막 대사인 '가장 큰 건 그 애를 만나는 게 어색해서 말이야' 부분이 정답을 찾는 데 도움이 된다.

어휘 週末(しゅうまつ) 주말 | 都合(つごう) 형편, 상황 | 講演(こうえん) 강연 | 充実(じゅうじつ) 충실 | 退屈(たいくつ) 따분함, 지루함 | 気(き)まずい 어색하다, 서먹하다 | 興味(きょうみ) 흥미, 관심

3 내용 및 인과관계 파악하기 ★★☆ | 정답 3

2-2-04.mp3

女の人と男の人が話しています。女の人が今回韓国に行く理由は何ですか。

男 : おれ、来月韓国旅行に行くんだよ。
女 : へえ? 韓国のどこ?
男 : ソウルあたり。ゆうちゃんは韓国に行ったことあるんだよね。
女 : そう。韓国、大好き。
男 : 何回ぐらい行った?
女 : 今まで3回ね。最初は、「冬のソナタ」のロケ地巡りね。2回目は、少女時代のコンサートでしょう。3回目は、済州島の観光ね。
男 : へえ。もう韓国通だね。
女 : それほどではないけど、とりあえず好きなの。実は来週も行くんだ。グルメ旅行。
男 : へえー。

女の人が来週韓国に行く理由は何ですか。
1 観光のため
2 「冬のソナタ」のロケ地を巡るため
3 おいしい食べ物を楽しむため
4 少女時代のコンサートを見るため

해석 여자와 남자가 이야기하고 있습니다. 여자가 이번에 한국에 가는 이유는 무엇입니까?
남 : 나, 다음 달에 한국 여행 가.
여 : 그래? 한국 어디?
남 : 서울 근처. 유는 한국에 간 적 있지?
여 : 응. 한국 정말 좋아해.
남 : 몇 번 정도 갔어?
여 : 지금까지 3번. 처음에는 '겨울연가'의 촬영지 순회, 두 번째는 소녀시대 콘서트였어. 세 번째는 제주도 관광으로.
남 : 그래? 이제 한국통이네.
여 : 그 정도는 아니지만, 어쨌든 좋아해. 실은 다음 주에도 가. 음식 여행.
남 : 와~.

여자가 이번에 한국에 가는 이유는 무엇입니까?
1 관광하기 위해
2 '겨울연가'의 촬영지를 순회하기 위해
3 맛있는 음식을 즐기기 위해
4 소녀시대 콘서트를 보기 위해

해설 대화의 요지를 이해하는 문제이다. 상황을 잘 이해하고 질문의 포인트에 집중하여 대화를 들으면 쉽게 정답을 찾을 수 있다.

어휘 ロケ地巡(ちめぐ)り 촬영지 순회 | 観光(かんこう) 관광 | 韓国通(かんこくつう) 한국통 | グルメ旅行(りょこう) 음식 여행

4 인과관계 파악하기 ★★☆ | 정답 1

2-2-05.mp3

会社で男の人と女の人が話しています。どうして男の人は落ち込んでいますか。

女：どうしたの？
男：あーあ、転勤、決まっちゃった。
女：へえ。どこ？
男：札幌。
女：うらやましい。私、子供のころから夢なんだ。北海道に住んでみるの。
男：そんな夢あるかよ。
女：へえ、なんで？いやなの？
男：いやなわけじゃないけど……。
女：じゃ、なによ。夏は涼しいし、冬は雪景色がきれいだし。いいじゃない。
男：まあね。そこら辺はいいかもしれないけどね、家族のこと考えるとさ。
女：何？もしかして一人で行くの？
男：うん。

どうして男の人は落ち込んでいますか。
1 単身赴任は嫌だから
2 転勤したくないから
3 北海道が好きじゃないから
4 夢が叶えられなかったから

해석 회사에서 남자와 여자가 이야기하고 있습니다. 남자는 왜 시무룩해 있는 것입니까?
여 : 왜 그래?
남 : 아~, 전근, 결정됐어.
여 : 그래? 어디?
남 : 삿포로.
여 : 부럽다. 난 어릴 때부터 꿈이야. 홋카이도에 살아보는 게.
남 : 그런 꿈이 어디 있어.
여 : 어머, 왜? 싫어?
남 : 싫은 건 아니지만…….
여 : 그럼 뭐야. 여름은 선선하고, 겨울은 설경이 아름답고. 좋잖아.
남 : 그렇지. 그런 건 좋을지도 모르지만, 가족을 생각하면 말이야.
여 : 뭐? 혹시 혼자서 가?
남 : 응.

남자는 왜 시무룩해 있는 것입니까?
1 단신부임은 싫어서
2 전근하고 싶지 않아서
3 홋카이도를 좋아하지 않아서
4 꿈을 이룰 수 없어서

해설 대화의 요지(포인트)를 이해하는 문제이다. 상황을 이해하고 질문의 포인트에 집중하여 대화를 들으면 쉽게 정답을 찾을 수 있다. 이 문제의 경우 가족을 두고 혼자 근무지로 전근하는 것을 이르는 단신부임이라는 어휘를 알아야 풀 수 있는 문제로, 정답은 1번이다.

어휘 落(お)ち込(こ)む 낙담하다 | 転勤(てんきん) 전근 | 札幌(さっ

ぽろ) 삿포로 | 北海道(ほっかいどう) 홋카이도 | 涼(すず)しい 선선하다 | 雪景色(ゆきげしき) 설경 | 単身赴任(たんしんふにん) 단신부임 | 叶(かな)える 채우다, 충족시키다, 이루다

5 정확한 대화 내용 이해하기 ★★☆ | 정답 4

2-2-06.mp3

女の人と男の人が年末の大掃除について話しています。女の人は年末の大掃除に最も大変な場所はどこだと言っていますか。

男：もうそろそろ今年も終わりだね。
女：そうね。今度の週末、大掃除することにしたの。
男：へえ。大掃除とかまだやってるんだ。うちは、もう4、5年前からやってないからなあ。
女：うちはいまだにやってるの。もう、嫌になっちゃう。
男：いいじゃない。
女：よくないよ。
男：たしかに、俺も嫌だったなあ。風呂場とか、リビングとか、もう大変だったね。
女：それもそうだけど、一番嫌なのは台所。手荒れがひどくなるんだもん。

女の人は年末の大掃除に最も大変な場所はどこだと言っていますか。
1 リビング
2 窓際
3 風呂場
4 台所

해석 여자와 남자가 연말 대청소에 대해 이야기하고 있습니다. 여자는 연말 대청소로 가장 힘든 장소는 어디라고 말하고 있습니까?
남 : 이제 슬슬 올해도 끝이구나.
여 : 응. 이번 주말에 대청소 하기로 했어.
남 : 그래? 대청소 같은 걸 아직도 하는구나. 우리 집은 이미 4, 5년 전부터 안 하는데.
여 : 우리 집은 여전히 하고 있어. 정말 싫증 나.
남 : 좋잖아.
여 : 안 좋아.
남 : 확실히 나도 싫어했지. 목욕탕이라든가, 거실이라든가, 정말 힘들었어.
여 : 그것도 그렇지만, 가장 싫은 건 부엌이야. 손이 많이 거칠어지는걸.

여자는 연말 대청소로 가장 힘든 장소는 어디라고 말하고 있습니까?
1 거실
2 창가
3 욕실
4 부엌

해설 대화의 요지(포인트)를 이해하는 문제이다. 상황을 이해하고 질문의 포인트에 집중하여 대화를 들으면 쉽게 정답을 찾을 수 있다. 여자가 마지막 대사에서 가장 싫어하는 장소를 부엌이라고 한 데서 청소하기 가장 힘들어하는 장소라고 유추해 볼 수 있다. 따라서 정답은 4번이다.

어휘 | 年末(ねんまつ) 연말 | 大掃除(おおそうじ) 대청소 | 俺(おれ)
남자가 같은 또래나 아랫사람에게 쓰는 1인칭 | 風呂場(ふろば) 욕실 |
手荒(てあ)れ 손이 거칠어짐 | 窓際(まどぎわ) 창가

---

6 원인 파악하기 ★★☆ | 정답 2

`2-2-07.mp3`

女の人が子供の成績について話しています。英語のテストの点が悪かったのはどうしてですか。

男：元気ないね。どうしたんだよ？
女：きのう、期末テストの結果が出たのよ、うちの子。
男：なに？点数見てがっかりしたって？
女：がっかりどころじゃないんだってば。もう散々だったの。
男：はあ。
女：まず、英語がね、0点。
男：うっそ！
女：答案用紙に名前を書き忘れたんだって。ちゃんと名前を書いてたなら86点だったので、それはまあ、いいかって思うんだけど……。
男：だよね。
女：問題は数学ね。これがまた恐ろしいほどの無残な点数。
男：へえ？本人は？
女：今まで散々遊びほうけてた本人も、さすがにここまで悪いのはショックだったみたいで、一日だけど、登校拒否しちゃったの。
男：大変ね。

英語のテストの点が悪かったのはどうしてですか。
1 遊びほうけていたから
2 答案用紙に名前を書き忘れてしまったから
3 登校拒否したから
4 訳が分からない

해석 여자가 아이의 성적에 대해 이야기하고 있습니다. 영어시험 점수가 나빴던 것은 왜입니까?
남 : 기운이 없네. 왜 그래?
여 : 어제 기말시험 결과가 나왔어. 우리 애.
남 : 뭐야. 점수 보고 실망한 거야?
여 : 실망 정도가 아니야. 정말 형편없었어.
남 : 그래?
여 : 일단, 영어가 말이야. 빵점.
남 : 정말?
여 : 답안지에 이름을 안 적었대. 제대로 이름을 적었다면 86점이라니까, 그건 뭐 괜찮다고 생각하지만…….
남 : 그래.
여 : 문제는 수학이야. 이게 또 무서울 정도로 무참한 점수야.
남 : 그래? 본인은?
여 : 지금까지 실컷 놀았던 본인도 과연 이렇게까지 나쁜 건 쇼크였던 모양인지, 하루뿐이었지만 등교 거부해 버렸어.
남 : 힘들겠네.

영어시험 점수가 나빴던 것은 왜입니까?
1 노는 데 정신이 팔려 있었기 때문에
2 답안지에 이름 쓰는 걸 잊어버렸기 때문에
3 등교 거부를 했기 때문에
4 이유를 모르겠다.

해설 대화의 요지(포인트)를 이해하는 문제이다. 상황을 이해하고 질문의 포인트에 집중하여 대화를 들으면 쉽게 정답을 찾을 수 있다.

어휘 | 가っかりする 실망하다 | 散々(さんざん) 심함, 형편없음 | 答案用紙(とうあんようし) 답안지 | 書(か)き忘(わす)れる 쓰는 것을 잊다 | 恐(おそ)ろしい 두렵다 | 無残(むざん) 무참함 | 遊(あそ)びほうける 노는 데 정신이 팔리다 | 登校拒否(とうこうきょひ) 등교 거부 | 訳(わけ)が分(わ)からない 이유를 모른다

---

7 대화의 포인트 파악하기 ★★☆ | 정답 4

`2-2-08.mp3`

男の人と女の人が話しています。男の人が幸せなことだと考えているのは何ですか。

女：かっこいいね、剣道って。
男：そんなことないよ。
女：いつからやってるの？
男：始めたのは小4の時だね。
女：すごーい。じゃあ、経歴30年近くなんだ。
男：ううん。間にブランク20年ね。先月、再開したんだよ。
女：じゃあ、小学生のころ剣道を始めたきっかけは？
男：袴のかっこ良さにすごく惹かれてさ、つい「僕も剣道やる！」って言っちゃったのが運のツキってわけ。見た目のカッコ良さからは思いもつかない厳しさに、「騙された！」と思ったりしながら、いやいや稽古に行った日もあったんだよ。そのあと、結婚してすぐアメリカに行っちゃって、それきりになっていたんだ。
女：へえ、じゃあ、どうして、またやる気になったの？
男：それがね……。帰国してから、子供たちが剣道を始めたんだけど、見学しているうちに、稽古嫌いだったはずの僕がいつの間にか剣道を再開していたんだ。
女：やっぱり剣道好きなんだよね。
男：好きとは言えないけど。でも、剣道に出会うきっかけが2回もあったということは、幸せなことかもね。
女：そうね。

男の人が幸せなことだと考えているのは何ですか。
1 「私も剣道やる！」と言ったこと
2 剣道のカッコ良さに惹かれたこと
3 子供が剣道を始めたこと
4 剣道に2回も出会えたこと

해석 남자와 여자가 이야기하고 있습니다. 남자가 행복한 일이라고 생각하고 있는 것은 무엇입니까?
여 : 멋지네. 검도라니.
남 : 그렇지 않아.

여 : 언제부터 했어?

남 : 시작한 건 초등학교 4학년 때네.

여 : 굉장하다~. 그럼, 경력 30년 가까이 되네.

남 : 아냐. 중간에 텀이 20년 있어. 지난달에 다시 시작한 거야.

여 : 그럼 초등학생 때 검도를 시작한 계기는?

남 : 도복의 멋진 모습에 정말 반해서 말이야. 나도 모르게 그만 '나도 검도 할래'라고 말해 버린 게 끝장이었지. 보기에 멋진 거로는 상상할 수도 없는 엄격함에 '속았다!'고 생각하기도 하면서, 마지못해 연습하러 간 날도 있었어. 그 뒤에 결혼하고 바로 미국으로 가서 그만하게 됐어.

여 : 그래, 그럼. 왜 다시 할 마음이 생긴 거야?

남 : 그게 말야……. 귀국하고 나서 아이들이 검도를 시작했는데, 견학하는 사이에 연습을 싫어했던 내가 어느 사이엔가 검도를 다시 시작한 거야.

여 : 역시 검도를 좋아하는구나.

남 : 좋아한다고는 말할 수 없지만. 그래도 검도를 만난 계기가 두 번이나 있었다는 것은 행복한 일일지도 모르지.

여 : 그렇네.

남자가 행복한 일이라고 생각하고 있는 것은 무엇입니까?

1 '나도 검도 할래!'라고 말한 것
2 검도의 멋진 모습에 반한 것
3 아이가 검도를 시작한 것
4 검도를 두 번이나 만난 것

해설 대화의 요지(포인트)를 이해하는 문제이다. 상황을 이해하고 질문의 포인트에 집중하여 대화를 들으면 쉽게 정답을 찾을 수 있다. 정답은 남자의 마지막 대사에 나와 있다.

어휘 かっこいい 멋지다 ┃ 剣道(けんどう) 검도 ┃ 経歴(けいれき) 경력 ┃ 袴(はかま) 도복 ┃ 惹(ひ)かれる 반하다 ┃ 運(うん)のツキ 운이 다함 ┃ 思(おも)いも付(つ)かない 생각지도 못하다 ┃ 騙(だま)す 속이다 ┃ いやいや 마지못해 ┃ 稽古(けいこ) 학습, 연습 ┃ きっかけ 계기 ┃ やる気(き) 할 마음

문제3 개요이해 문제

서술 형식의 본문을 듣고 화자의 의도나 주장 등을 파악하는 문제이다. 상황 설명만 사전에 제시될 뿐 질문과 선택지가 나중에 제시되기 때문에 문제를 예상하기가 어렵다. 본문 전체의 흐름을 이해하면서 화자의 관심 대상이나 생각을 파악하도록 한다.

　1　～　6　　문제 3에서는 문제용지에 아무것도 인쇄되어 있지 않습니다. 이 문제는 전체적으로 어떤 내용인가를 묻는 문제입니다. 이야기 앞에 질문은 없습니다. 우선 이야기를 들으세요. 그러고 나서 질문과 선택지를 듣고 1부터 4 중에서 가장 알맞은 것을 하나 고르세요.

예)   ┃ 정답 3

2-3-01.mp3

男の人が「忘れられる権利」について話しています。

男：今「忘れられる権利」というネット上での新たなプライバシー保護が注目を集めています。悪意を持った第三者が、フェイスブックやブログなどのネット上に蓄積した個人の情報をかき集め、住所や家族関係、過去の恋愛経験まで、ネット上に晒すプライバシー侵害が相次いでいるからです。その数は日本国内だけでも去年1年間で1万件に上るそうです。そんな中、今年1月ＥＵで世界で初めて提唱された「忘れられる権利」は、サーバーの管理者や検索サービス会社に対し、個人が自分の情報を削除させる権利を認めることで、プライバシー保護を強化するのが狙いです。しかし、不都合な情報の削除を一方的に認めることが、ネットが広げてきた「表現の自由」や「知る権利」を損なうという懸念も広がっています。「忘れられる権利」は果たしてネット社会を変えるでしょうか。

話の内容と合っているのはどれですか。

1 我々はネット上で得た情報を忘れる権利がある
2 「忘れられる権利」は、個人が他人の情報を削除させる権利を認めることである
3 「忘れられる権利」は、プライバシー保護を強化するのがその目的である
4 「忘れられる権利」が「知る権利」を損なうという見解には賛成できない

해석 남자가 '잊혀질 권리'에 대해 이야기하고 있습니다.

남 : 지금 '잊혀질 권리'라는 인터넷상에서의 새로운 프라이버시 보호가 주목을 모으고 있습니다. 악의를 가진 제3자가 페이스북이나 블로그 등의 인터넷상에 축적된 개인 정보를 끌어 모아, 주소나 가족관계, 과거의 연애 경험까지를 인터넷상에 폭로하는 프라이버시 침해가 계속되고 있기 때문입니다. 그 수는 일본 내에서만도 작년 1년 동안 만 건에 달한다고 합니다. 그런 가운데, 올해 1월 EU에서 세계 처음으로 제창된 '잊혀질 권리'는 서버 관리자나 검색 서비스 회사에 대해 개인이 자신의 정보를 삭제시킬 권리를 인정하는 것으로, 프라이버시 보호를 강화하는 것이 목적입니다. 그러나 불리한 정보의 삭제를 일방적으로 인정하는 것이 인터넷이 펼쳐 온 '표현의 자유'나 '알 권리'를 해친다는 우려도 퍼지고 있습니다. '잊혀질 권리'는 과연 인터넷 사회를 바꿀까요?

이야기의 내용과 맞는 것은 어느 것입니까?

1 우리들은 인터넷에서 얻은 정보를 잊을 권리가 있다.
2 '잊혀질 권리'는 개인이나 타인의 정보를 삭제시키는 권리를 인정하는 것이다.
3 '잊혀질 권리'는 프라이버시 보호를 강화하는 것이 그 목적이다.
4 '잊혀질 권리'가 '알 권리'를 해친다는 견해에는 찬성할 수 없다.

해설 이야기 전체를 듣고 말하는 사람의 의도나 주장을 찾는 문제이다. 미리 질문을 들려주지 않기 때문에 무엇에 대해 이야기하고 있으며, 어떤 의견을 갖고 있는지 메모하면 문제를 푸는 데 도움이 된다. 이야기는 잊혀질 권리에 대한 내용으로, 잊혀질 권리는 프라이버시 보호를 강화하는 것이 목적으로 개인이 자신의 정보를 삭제시킬 권리를 인정하는 것이라고 말하고 있으므로 정답은 3번이다.

忘(わす)れられる権利(けんり) 잊혀질 권리 | プライバシー 프라이버시 | 保護(ほご) 보호 | 悪意(あくい) 악의 | フェイスブック 페이스북 | ブログ 블로그 | 蓄積(ちくせき) 축적 | 情報(じょうほう) 정보 | 恋愛経験(れんあいけいけん) 연애 경험 | 晒(さら)す 바람을 쐬다, 폭로하다 | 侵害(しんがい) 침해 | 相次(あいつ)ぐ 잇달다, 연달다 | 提唱(ていしょう) 제창 | 管理者(かんりしゃ) 관리자 | 検索(けんさく) 검색 | 削除(さくじょ) 삭제 | 強化(きょうか) 강화 | 狙(ねら)い 목적 | 不都合(ふつごう) 형편이나 사정이 좋지 못함 | 一方的(いっぽうてき)に 일방적으로 | 損(そこ)なう 파손하다, 부수다 | 懸念(けねん) 걱정, 염려 | 果(は)たして 과연, 역시

---

1 화자의 의도 및 주장 이해하기 ★★☆ | 정답 1

`2-3-02.mp3`

女の人が「流しそうめん」について話しています。

女：竹やプラスチックなどで作られた樋の中に水とそうめんを流し、箸で捕まえてつゆにつけて食べる夏の風物詩です。流しそうめんを行う際のポイントは、まず、流すルートを作成するため、樋を洗います。ルートを作成する時は一定の深みを確保するため、傾きをつけすぎないことが重要です。次は、麺を大量に用意します。そうめんは細いため、ゆで作業に注意を払わなければなりません。キレイな湯に麺を入れてよくかきまわし、1-2分でザルに上げて湯を捨てることを繰り返します。かきまわさないと束のまま固まるのでご注意ください。ゆで時間が長いと、糊のように溶けたり、伸びて食感が悪くなります。湯を再利用すると、とりのこした麺が湯の濁りとなり、新しい麺のくっつきを促進しますので、ご注意ください。ザルも氷も多めに用意する必要があります。その他、水を適度に流すことなどにも留意しなければいけません。

女の人は、流しそうめんを行う際のポイントは何だと言っていますか。
1 樋を作成し、麺を大量に用意する
2 樋は竹で作る
3 麺は太めに用意する
4 湯は再利用してもいい

해석　여자가 '나가시 소면'에 대해 이야기하고 있습니다.

여 : 대나무나 플라스틱 등으로 만들어진 통 속에 물과 소면을 흘려보내고, 젓가락으로 집어서 장국에 담가서 먹는 여름의 풍물시입니다. 나가시 소면을 할 때의 포인트는, 먼저 흐르는 길을 만들기 위해 통을 씻습니다. 길을 만들 때는 일정 깊이를 확보하기 위해 기울기를 심하게 하지 않는 것이 중요합니다. 다음은 면을 대량으로 준비합니다. 소면은 가늘기 때문에 삶는 작업에 주의를 기울이지 않으면 안 됩니다. 깨끗한 끓는 물에 면을 넣어 잘 휘젓고, 1~2분만에 채반에 올려 물을 버리는 것을 반복합니다. 휘젓지 않으면 덩어리째로 뭉치니까 주의해 주세요. 삶는 시간이 길면 풀처럼 녹거나 퍼져서 식감이 나빠집니다. 뜨거운 물을 재사용하면 남겨 둔 면이 물을 탁하게 해

서 새로운 면이 들러붙는 것을 촉진시키므로 주의해 주세요. 채반도 얼음도 넉넉하게 준비해야 합니다. 이 밖에, 물을 적당히 흘려보내는 것 등에도 유의해야 합니다.

女は、ながし소면을 할 때의 포인트는 무엇이라고 말하고 있습니까?
1 통을 만들고 면을 대량으로 준비한다.
2 통은 대나무로 만든다.
3 면은 굵게 준비한다.
4 삶는 물은 재사용해도 된다.

해설　이야기 전체를 듣고 말하는 사람의 의도나 주장을 찾는 문제이다. 미리 질문을 들려주지 않기 때문에 '나가시 소면'이 무엇이고, 어떤 식으로 준비해야 하는지를 메모하며 들으면 문제를 푸는 데 도움이 된다.

桶(おけ) 홈통, 물받이 | 箸(はし) 젓가락 | 捕(つか)まえる 꽉 잡다, 붙들다 | 夏(なつ)の風物詩(ふうぶつし) 여름의 풍물시 | 流(なが)しそうめん 나가시 소면 | 深(ふか)み 깊이 | 確保(かくほ) 확보 | 傾(かたむ)き 기울기 | 麺(めん) 면 | 用意(ようい) 준비 | 湯(ゆ) 뜨거운 물 | かきまわす 휘젓다 | ザル 채반 | 繰(く)り返(かえ)す 반복하다 | 束(たば) 다발, 묶음 | 固(かた)まる 굳어지다, 단단해지다, 뭉치다 | 糊(のり) 풀칠 | 溶(と)ける 녹다, 풀리다 | 伸(の)びる 늘어나다, 퍼지다 | 食感(しょっかん) 식감 | 再利用(さいりよう) 재이용 | とりのこす 남겨 두다 | 濁(にご)り 흐림, 탁함 | くっつき 들러붙음 | 促進(そくしん) 촉진 | 氷(こおり) 얼음 | 適度(てきど) 적당한 정도 | 留意(りゅうい) 유의

---

2 정확한 내용 파악하기 ★★☆ | 정답 3

`2-3-03.mp3`

女の人が「ウイルスプロテクター」について話しています。

女：首に掛けるだけでウイルスや菌が除去できる「空間除菌」効果をうたった「ウイルスプロテクター」を使用した人がやけどを負う事故が発生しているとして、消費者庁は直ちに使用を中止することを呼び掛けました。消費者庁によると、この商品は中国製で、市の「ダイトクコーポレーション」が1月25日から販売し、幼児の胸の皮膚が化学熱傷でただれ重傷を負うなど、今月6日以降、6件の事故情報が寄せられました。既に国内で70万個以上販売されており、厚生労働省が同社に自主回収を指導する予定です。使用から数時間後に症状が出るのが特徴で、消費者庁は、商品に触れて皮膚が赤くなったらぬるま湯でしっかり洗い流し、皮膚科で診察を受けるよう呼び掛けています。

話の内容と合っているのはどれですか。
1 使用してからすぐ症状が出るのが特徴である
2 消費者庁は、同社に自主回収を指導する予定だ
3 「ウイルスプロテクター」を使用した人がやけどを負う事故が発生している
4 厚生労働省は直ちに「ウイルスプロテクター」の使用を中止することを呼び掛けた

해석　여자가 '바이러스 프로텍터'에 대해 이야기하고 있습니다.

여 : 목에 거는 것만으로 바이러스나 균을 제거할 수 있는 '공간제균'효과를 주장한 '바이러스 프로텍터'를 사용한 사람이 화상을 입는 사고가 발생하고 있다고 해서 소비자청은 즉각 사용을 중지할 것을 당부했습니다. 소비자청에 따르면, 이 상품은 중국제로 시의 '다이토크 코퍼레이션'이 1월 25일부터 판매하여, 유아의 가슴 피부가 화학열상으로 짓무르는 중상을 입는 등, 이달 6일 이후, 6건의 사고 정보가 접수되었습니다. 이미 국내에서 70만 개 이상 판매되었고, 후생노동성이 이 회사에 자진회수를 지도할 예정입니다. 사용 후 몇 시간 후에 증상이 나타나는 것이 특징으로, 소비자청은 상품에 닿아서 피부가 붉어지면 미지근한 물로 깨끗이 씻어 없애고, 피부과에서 진찰을 받도록 당부하고 있습니다.

이야기의 내용과 맞는 것은 어느 것입니까?
1 사용하고 나서 바로 증상이 나타나는 것이 특징이다.
2 소비자청은 이 회사에 자진회수를 지도할 예정이다.
3 '바이러스 프로텍터'를 사용한 사람이 화상을 입는 사건이 발생하고 있다.
4 후생노동성은 즉각 '바이러스 프로텍터'의 사용을 중지할 것을 당부했다.

해설　이야기를 듣고 맞는 내용을 고르는 문제로, 미리 질문을 들려주지 않기 때문에 '바이러스 프로텍터'가 무엇이고, 어떤 문제가 있는지 메모하며 들으면 문제풀이에 도움이 된다. 바이러스 프로텍터는 사용 후 몇 시간 후에 증상이 나타나며 소비자청은 즉각 사용 중지를 당부하고, 후생노동성은 판매사에 자진회수를 지도할 예정이라고 말하고 있으므로 정답은 3번이다.

어휘　除去(じょきょ) 제거 | 空間除菌(くうかんじょきん) 공간제균 | 効果(こうか) 효과 | うたう 주장하다 | ウイルスプロテクター(virus protector) 바이러스 프로텍터 | やけどを負(お)う 화상을 입다 | 消費者庁(しょうひしゃちょう) 소비자청 | 直(ただ)ちに 즉각 | 呼(よ)び掛(か)ける 당부하다 | 販売(はんばい) 판매 | 幼児(ようじ) 유아 | 化学熱傷(かがくねっしょう) 화학열상 | ただれる 짓무르다 | 重傷(じゅうしょう)を負(お)う 중상을 입다 | 事故情報(じこじょうほう) 사고 정보 | 寄(よ)せる 밀려오다, 다가오다 | 厚生労働省(こうせいろうどうしょう) 후생노동성 | 自主回収(じしゅかいしゅう) 자진 회수 | 指導(しどう) 지도 | 症状(しょうじょう) 증상 | 触(ふ)れる 닿다 | ぬるま湯(ゆ) 미지근한 물 | 洗(あら)い流(なが)す 씻어 없애다 | 診察(しんさつ)を受(う)ける 진찰을 받다

3　인과관계 파악하기 ★★☆　　　　　　| 정답 1

`2-3-04.mp3`

男の人が話しています。

男 : JAガス会社は19日、暖房給湯温水システムの定期点検と修理保証をする「TESメンテナンスサービス」の解約手続きに誤りがあり、料金の過剰請求などが1,239件、計約928万円あったと発表しました。今後返金する予定です。JAガス会社によりますと、家庭の熱源機を取り外した際などに、正しい解約手続きがされずに契約が継続されたままだったり、

途中解約による返金がされなかったりしました。社内システムやマニュアルの不備が原因といいます。昨年12月に、解約手続きをしていた担当者がシステムの不備に気付いて発覚しました。サービスの始まった1993年10月以降に契約している計約52万件を調査しました。お問い合わせはフリーダイヤル0120・777・6539、午前9時から午後7時までです。午後7時から翌日午前9時までは録音で受付しており、順次対応いたします。

過剰請求の原因は何だと言っていますか。
1 社内システムやマニュアルの不備
2 正しい解約手続きがされずに契約が継続したこと
3 途中解約による返金がされなかったこと
4 解約手続きに誤りがあったこと

해석　남자가 이야기하고 있습니다.

남 : JA가스회사는 19일, 난방급탕 온수시스템의 정기점검과 수리 보증을 하는 'TES 관리 서비스'의 해약 절차에 오류가 있어, 요금의 과잉 청구 등이 1,239건, 합계 약 928만 엔이었다고 발표했습니다. 앞으로 환불할 예정입니다. JA가스회사에 따르면, 가정의 열원기를 떼어냈을 때 등에, 올바른 해약 절차가 이루어지지 않고 계약이 계속된 상태였거나 중도 해약에 따른 환불이 이루어지지 않기도 했습니다. 사내 시스템이나 매뉴얼의 준비 부족이 원인이라고 합니다. 작년 12월에 해약 절차를 수행하던 담당자가 시스템의 미비점을 찾아내 발각되었습니다. 서비스가 시작된 1993년 10월 이후에 계약한 합계 약 52만 건을 조사했습니다. 문의는 무료전화 0120-777-6539, 오전 9시부터 오후 7시까지입니다. 오후 7시부터 다음 날 오전 9시까지는 녹음으로 접수하여 순서대로 처리해 드립니다.

과잉 청구의 원인은 무엇이라고 말하고 있습니까?
1 사내 시스템이나 매뉴얼의 준비 부족
2 올바른 해약 절차가 이루어지지 않고 계약이 계속된 것
3 중도 해약에 따른 환불이 이루어지지 않았던 것
4 해약 절차에 오류가 있었던 것

해설　이야기를 듣고 질문에 맞는 답을 고르는 문제로, 중요한 단어나 숫자는 메모를 하면서 듣는 것이 좋다. 모르는 단어가 나와도 당황하지 말고 일단 들은 발음 그대로 메모하면서 내용 파악에 주력하는 것이 좋다. 정답은 1번이다. 2번, 3번, 4번은 모두 과잉 청구가 이루어진 상황을 열거한 것이다.

어휘　暖房給湯温水(だんぼうきゅうとうおんすい)システム 난방급탕 온수시스템 | 定期点検(ていきてんけん) 정기점검 | 修理保証(しゅうりほしょう) 수리 보증 | 解約手続(かいやくてつづ)き 해약 절차 | 料金(りょうきん) 요금 | 過剰請求(かじょうせいきゅう) 과잉 청구 | 返金(へんきん) 환불 | 熱源機(ねつげんき) 열원기 | 取(と)り外(はず)す 떼어내다 | 契約(けいやく) 계약 | 継続(けいぞく) 계속 | 途中解約(とちゅうかいやく) 중도 해약 | 不備(ふび) 충분히 갖추지 않음 | ~に気付(きづ)く ~을 알아차리다, 눈치채다 | 発覚(はっかく) 발각 | 録音(ろくおん) 녹음 | 受付(うけつけ) 접수 | 順次(じゅんじ) 순차, 순서 | 対応(たいおう) 대응

2-3-05.mp3

女の人が話をしています。

女：2012年冬のボーナスの使い道に関するアンケート
結果によりますと、上位を占めたのはお馴染みの
「貯蓄」や「旅行」のほかに「親孝行」と、他では見ない
項目もありました。一方、アンケートの質問には
「購入する商品」を聞く項目もあり、男女で比率は分
かれたものの「タブレット端末」が2位と8位に入り
ました。「購入する商品」はその他に中堅所得層向け
の高性能デジタルカメラやエコカー補助金の締め切
りが近付いている自動車の比率が上昇しました。一
方、DVDプレイヤーや去年から退潮傾向がはっきり
している薄型テレビはその率を下げました。これま
で家電業界を牽引してきたこれらの下げ幅は大き
く、これも時代を象徴するもので今年のアンケート
結果ははっきりしたトレンド商品が見られた面白い
ランキングだと思います。

**女の人は今年のアンケートの結果について、どう言って
いますか。**
1 例年と変わらないので、面白いランキングだ
2 タブレット端末は男女ともに購入する商品の2位を占
めている
3 自動車はその率を下げた
4 はっきりしたトレンド商品が見られた

해석　**여자가 이야기를 하고 있습니다.**

여：2012년 겨울 보너스 사용처에 관한 앙케트 결과에 따르면, 상
위를 차지한 것은 익숙한 '저축'이나 '여행' 이외에 '효도'라는
다른 데서는 볼 수 없는 항목도 있었습니다. 한편, 앙케트 질
문에는 '구입하는 상품'을 묻는 항목도 있어, 남녀 비율은 나뉘
어졌지만 '태블릿 단말기'가 2위와 8위에 들어갔습니다. '구입
할 상품'은 그 밖에 중견소득층을 대상으로 한 고성능 디지털
카메라나 에코카 보조금의 마감이 임박한 자동차의 비율이 상
승했습니다. 한편, DVD플레이어나 작년부터 감소 경향이 뚜
렷해진 평면TV는 그 비율을 내렸습니다. 지금까지 가전업계
를 이끌어왔던 이 상품들의 하락 폭은 크며, 이들도 시대를 상
징하는 것으로 올해 앙케트 결과는 확실한 트렌드 상품을 알
수 있었던 재미있는 랭킹이라고 생각합니다.

여자는 올해의 앙케트 결과에 대해 어떻게 이야기하고 있습니까?
1 예년과 다르지 않기 때문에 재미있는 랭킹이다.
2 태블릿 단말기는 남녀 모두 구입할 상품의 2위를 차지하고 있다.
3 자동차는 그 비율을 내렸다.
4 확실한 트렌드 상품을 알 수 있었다.

해설　이야기 전체를 듣고 말하는 사람의 의도나 주장을 찾는 문제이다.
미리 질문을 들려주지 않기 때문에 '앙케트 순위와 내용'에 주목하
여 메모하며 들으면 문제풀이에 도움이 된다. 여자는 앙케트 결과
태블릿 단말기는 남자 2위, 여자 8위의 순위이며, 에코카의 보조금
마감이 임박하여 자동차 구입 비율이 상승했다고 했다. 구입 물품

의 순위 변동은 시대의 상징으로 확실한 트렌드 상품을 알 수 있어
재미있었다고 말하고 있으므로 정답은 4번이다.

어휘　使(つか)い道(みち) 사용처 ┃ 馴染(なじ)み 익숙함, 친숙함 ┃ 貯
蓄(ちょちく) 저축 ┃ 親孝行(おやこうこう) 효도 ┃ 項目(こう
もく) 항목 ┃ 購入(こうにゅう) 구입 ┃ 比率(ひりつ) 비율 ┃ タ
ブレット端末(たんまつ) 태블릿 단말기 ┃ 中堅所得層(ちゅう
けんしょとくそう) 중견소득층 ┃ 高性能(こうせいのう)デジ
タルカメラ 고성능 디지털카메라 ┃ エコカー補助金(ほじょき
ん) 에코카 보조금 ┃ 締(し)め切(き)り 마감 ┃ 上昇(じょうしょ
う) 상승 ┃ DVDプレイヤー DVD플레이어 ┃ 退潮(たいちょう)
퇴조 ┃ 薄型(うすがた)テレビ 평면TV ┃ 家電業界(かでんぎょ
うかい) 가전업계 ┃ 牽引(けんいん) 견인 ┃ 下(さ)げ幅(はば) 하
락 폭 ┃ 象徴(しょうちょう) 상징 ┃ トレンド商品(しょうひ
ん) 트렌드 상품

2-3-06.mp3

男の人が非正規雇用者について話しています。

男：非正規雇用者は、正規雇用者と比較して短時間労働
をしている労働者のことで、社会的な弱者と言われ
ている。もちろん、時給に換算した場合の賃金が安
いうえ、賞与が出ないし、正社員と同じ環境の仕事
であっても、低賃金である。しかも、退職金が払わ
れないか、正社員よりも低いし、雇用形態が短期契
約のため、将来への展望が不安定である。若いうち
は良いが、年を取ると選べる仕事がなくなっていく
のもつらい。しかし、私は非正規雇用者としてのメ
リットも十分あると思う。多くの企業に触れて経験
を積むことができるし、すぐに代替の人材が確保で
きるため、採用されやすい。自分の都合に合わせて
仕事の時間や期間が調整できるし、ダブルワークが
やりやすいということは、非正規雇用者の大きなメ
リットだと、私は思う。

**この人は「非正規雇用者」についてどのように言ってい
ますか。**
1 時給に換算した場合の賃金が安くない
2 時間的自由が効く
3 副業などができない
4 最近は、雇用形態が短期契約ではない

해석　**남자가 비정규 고용자에 대해 이야기하고 있습니다.**

남：비정규 고용자는 정규 고용자와 비교해 단시간 노동을 하고
있는 노동자를 말하며, 사회적인 약자라고 일컬어지고 있다.
물론, 시급으로 환산한 경우의 임금이 싼 데다가 보너스가 나
오지 않고, 정사원과 같은 환경에서 일해도 저임금이다. 게다
가 퇴직금을 받지 못하거나 정사원보다도 적으며, 고용 형태
가 단기 계약이기 때문에 앞으로의 전망이 불안정하다. 젊을
때는 좋지만 나이가 들면 선택할 수 있는 일이 없어져 가는 것
도 괴롭다. 그러나 나는 비정규 고용자로서의 장점도 충분히
있다고 생각한다. 많은 기업을 접해 경험을 쌓을 수가 있고,

바로 대체 인재를 확보할 수 있기 때문에 채용되기 쉽다. 자신의 형편에 맞춰 업무 시간이나 기간을 조정할 수 있고, 겸업을 하기 쉽다는 것은 비정규 고용자의 큰 장점이라고 나는 생각한다.

이 사람은 '비정규 고용자'에 대해 어떻게 말하고 있습니까?
1 시급으로 환산했을 경우 임금이 싸지 않다.
2 시간적으로 자유롭다.
3 부업 등을 할 수 없다.
4 최근에는 고용 형태가 단기 계약이 아니다.

해설 이야기 전체를 듣고 말하는 사람의 주장을 찾는 문제이다. 미리 질문을 들려주지 않기 때문에 비정규 고용자에 관해 말하는 사람의 견해를 메모하며 들으면 문제풀이에 도움이 된다. 남자는 비정규 고용자는 단기 고용에 저임금이지만 업무 시간이나 기간을 조절할 수 있고 겸업을 할 수 있는 장점이 있다고 말하고 있으므로 정답은 2번이다.

어휘 非正規雇用者(ひせいきこようしゃ) 비정규 고용자 | 短時間労働(たんじかんろうどう) 단시간 노동 | 弱者(じゃくしゃ) 약자 | 時給(じきゅう) 시급 | 換算(かんさん) 환산 | 賞与(しょうよ) 상여금, 보너스 | 正社員(せいしゃいん) 정사원 | 低賃金(ていちんぎん) 저임금 | 退職金(たいしょくきん) 퇴직금 | 雇用形態(こようけいたい) 고용 형태 | 短期契約(たんきけいやく) 단기 계약 | 将来(しょうらい) 장래 | 展望(てんぼう) 전망 | 不安定(ふあんてい) 불안정 | 経験(けいけん)を積(つ)む 경험을 쌓다 | 代替(だいたい) 대체 | 採用(さいよう) 채용 | 調整(ちょうせい) 조정 | ダブルワーク 겸업

---

6 화자의 주장 이해하기 ★★☆ | 정답 2

`2-3-07.mp3`

女の人が少子化の原因について話しています。

女：少子化が社会問題になっていますね。少子化の原因としてよく、産婦人科医や小児科医の不足、育児の経済的負担が挙げられますが、根底はもっと別のところにあるように思います。と言うのは、少子化は日本だけでなく、アメリカを除く先進国の大半に共通の社会問題になっているからです。私の考えでは、おそらくですが。先進国→男女平等→少子化じゃないかなぁと思います。男女平等で働く女性が増えます。女性の賃金は増えますが、男性の賃金は減ります。夫婦の共働きが増えます。専業主婦に比べ育児の負担が増えたので子供は1人です。では、専業主婦も子供少ないじゃないかとなります。それは専業主婦の家庭は共働きの家庭に比べると収入が半分です。子供を増やすと金銭的に負担が大きいので、子供は少なくなると思います。もう一つ、男女平等のため、「結婚したら女性が嫁ぐ」という感覚が薄れ、核家族化します。じいちゃんばあちゃんとは別居なので家事や育児を手伝ってもらえません。したがって、育児が大変です。この他、就職難の原因も晩婚化したのも男女平等のせいじゃないかと思います。まぁ、男女平等が悪いとは言ってないですよ。

もちろん良い部分もたくさんあると思います。男女平等の副作用が色々あるんじゃないかなと思っただけです。

この人は少子化の原因の根底はどこにあると言っていますか。
1 育児の経済的負担
2 男女平等という先進国の社会問題
3 就職難
4 産婦人科医や小児科医の不足

해석 여자가 저출산의 원인에 대해 이야기하고 있습니다.
여 : 저출산이 사회문제가 되고 있습니다. 저출산의 원인으로 흔히, 산부인과 의사나 소아과 의사의 부족, 육아의 경제적 부담이 거론됩니다만, 근본적인 원인은 좀 더 다른 곳에 있는 것 같습니다. 왜냐하면, 저출산은 일본뿐만 아니라, 미국을 제외한 선진국 대부분에 공통적인 사회문제가 되어 있기 때문입니다. 제 생각으로는, 추측입니다만. 선진국 → 남녀평등 → 저출산이 아닐까 생각합니다. 남녀평등으로 일하는 여성이 늘어납니다. 여성의 임금은 늘지만, 남성의 임금은 줄어듭니다. 부부의 맞벌이가 증가합니다. 전업주부에 비해 육아 부담이 늘었기 때문에 아이는 한 명입니다. 그럼 전업주부도 아이가 적지 않을까라고 하겠죠. 그건 전업주부의 가정은 맞벌이 가정에 비하면 수입이 절반입니다. 아이를 늘리면 금전적으로 부담이 크기 때문에 아이는 적어진다고 생각합니다. 또 하나, 남녀평등을 위해 '결혼하면 여성이 시집간다'는 감각이 흐려지고 핵가족화됩니다. 할아버지, 할머니와는 따로 살기 때문에 가사나 육아를 도움 받을 수 없습니다. 따라서 육아가 힘듭니다. 이밖에 취직난의 원인도 늦은 결혼도 남녀평등의 탓이 아닌가 생각합니다. 뭐, 남녀평등이 나쁘다고는 하지 않았어요. 물론 좋은 부분도 많이 있다고 생각합니다. 남녀평등의 부작용이 여러 가지 있지 않을까 라고 생각했을 뿐입니다.

이 사람은 저출산 원인의 근본적인 원인은 어디에 있다고 말하고 있습니까?
1 육아의 경제적 부담
2 남녀평등이라는 선진국의 사회문제
3 취직난
4 산부인과 의사나 소아과 의사의 부족

해설 이야기 전체를 듣고 말하는 사람의 주장을 찾는 문제이다. 미리 질문을 들려주지 않기 때문에 '저출산의 원인'에 주목하여 말하는 사람의 의견을 메모하며 들으면 문제풀이에 도움이 된다. 산부인과 의사와 소아과 의사의 부족 및 육아의 경제적 부담은 사회적으로 거론되는 원인이고, 여자는 남녀평등에 따른 현상으로 저출산이 발생한다고 생각하고 있다. 취직난도 남녀평등에서 비롯된 것이라고 여기고 있으므로 정답은 2번이다.

어휘 少子化(しょうしか) 저출산 | 産婦人科医(さんふじんかい) 산부인과 의사 | 小児科医(しょうにかい) 소아과 의사 | 育児(いくじ) 육아 | 経済的負担(けいざいてきふたん) 경제적 부담 | 根底(こんてい) 근저(근본 원인) | 先進国(せんしんこく) 선진국 | 大半(たいはん) 대부분 | おそらく 아마, 대개, 추측 | 男女平等(だんじょびょうどう) 남녀평등 | 専業主婦(せんぎょうし

ゅふ) 전업주부 | 負担(ふたん) 부담 | 金銭的(きんせんてき) 금전적 | 嫁(とつ)ぐ 시집가다 | 核家族化(かくかぞくか) 핵가족화 | 別居(べっきょ) 별거 | 家事(かじ) 가사 | 就職難(しゅうしょくなん) 취직난 | 晩婚化(ばんこんか) 늦은 결혼 | 副作用(ふくさよう) 부작용

문제 4 즉시응답 문제

질문 등의 짧은 발화를 듣고 대화의 흐름에 맞는 적절한 응답을 고르는 문제이다. 대화가 자연스럽게 이어질 수 있는 것을 고르는 것이 핵심 포인트이며, 일상적으로 짝을 지어 나타나는 표현은 함께 외워 두면 즉시응답 유형의 문제를 푸는 데 도움이 된다.

1 ～ 13 문제 4에서는 문제용지에 아무것도 인쇄되어 있지 않습니다. 우선 문장을 들으세요. 그러고 나서 그에 대한 대답을 듣고 1부터 3 중에서 가장 알맞은 것을 하나 고르세요.

예) | 정답 3

2-4-01.mp3

男：ごちそうさまでした。
女：1 こちらこそよろしくお願いします。
　　2 いただきます。
　　3 おそまつさまでした。

해석　남 : 잘 먹었습니다.
　　　여 : 1 저야말로 잘 부탁드립니다.
　　　　　2 잘 먹겠습니다.
　　　　　3 조촐했습니다.

해설　주어진 짧은 말에 대한 적절한 대답을 찾는 문제이다. 이런 문제에서는 사고력보다 정확한 반응과 순발력이 요구된다. 이 문제에서 주어진 ごちそうさまでした(잘 먹었습니다)에 대한 응답으로는 おそまつさまでした(조촐했습니다)가 자연스럽다.

1 권유에 대한 응답 찾기 ★★☆ | 정답 2

2-4-02.mp3

男：今夜、飲みに行きませんか。
女：1 行かなかったんですね。
　　2 お気持ちだけいただきます。
　　3 ありがとうございました。

해석　남 : 오늘 밤 한잔하러 가지 않을래요?
　　　여 : 1 가지 않았군요.
　　　　　2 마음만 받겠습니다.
　　　　　3 고마웠습니다.

해설　상대방의 권유에 대한 적절한 응답을 찾는 문제이다. ～に行きませんか(~하러 가지 않을래요?)라는 권유에 대한 응답으로는 お気持ちだけいただきます(마음만 받겠습니다)가 자연스럽다.

2 짧은 말을 듣고 적절한 응답 찾기 ★★☆ | 정답 1

2-4-03.mp3

男：明日、8時までに来るようにお伝えください。
女：1 はい、かしこまりました。
　　2 はい、かまいません。
　　3 はい、遠慮なくいただきます。

해석　남 : 내일, 8시까지 오라고 전해 주세요.
　　　여 : 1 네, 알겠습니다.
　　　　　2 네, 상관없습니다.
　　　　　3 네, 사양하지 않고 받겠습니다.

해설　주어진 짧은 말에 대한 적절한 대답을 찾는 문제이다. 이 문제에서는 사고력보다 정확한 반응과 순발력이 요구된다. ～ようにお伝えください(~하도록 전해 주세요)라는 부탁에 대한 응답으로는 はい、かしこまりました(네, 알겠습니다)가 자연스럽다.

3 상황에 맞는 응답 표현 찾기 ★★☆ | 정답 3

2-4-04.mp3

男：お邪魔します。
女：1 失礼いたしました。
　　2 ごめんください。
　　3 どうぞ、お入りください。

해석　남 : 실례하겠습니다.
　　　여 : 1 실례했습니다.
　　　　　2 계십니까?
　　　　　3 자, 들어오세요.

해설　お邪魔します(실례하겠습니다)는 사무실 등 다른 사람의 공간에 들어갈 때 사용하는 표현이다. 따라서 이 표현에 대한 응답으로는 どうぞ、お入りください(자, 들어오세요)가 자연스럽다.

4 짧은 말을 듣고 적절한 응답 찾기 ★★☆ | 정답 1

2-4-05.mp3

男：お飲み物は何になさいますか。
女：1 オレンジジュースをお願いします。
　　2 ごちそうさま。
　　3 カレーライスにします。

해석　남 : 음료는 무엇으로 하시겠습니까?
　　　여 : 1 오렌지주스를 주세요.
　　　　　2 잘 먹었습니다.
　　　　　3 카레라이스로 하겠습니다.

해설　お飲み物は何になさいますか(음료는 무엇으로 하시겠습니까?)라는 질문에 대한 응답으로는 オレンジジュースをお願いします(오렌지주스를 부탁합니다)가 자연스럽다. 무엇을 선택할 때 ～にします(~로 하겠습니다)로도 자주 표현한다.

5 　정확한 의미 파악하기 ★★☆　　　　　|정답 2

`2-4-06.mp3`

> 男：申し訳ございません。あいにくシングルルームはふ
> 　　さがっております。
> 女：1　じゃ、シングルルームにします。
> 　　2　じゃ、ツインルームでお願いします。
> 　　3　じゃ、よかったね。

해석　남 : 죄송합니다. 공교롭게도 싱글 룸은 다 찼습니다.
　　　여 : 1　그럼, 싱글 룸으로 하겠습니다.
　　　　　 2　그럼, 트윈 룸으로 부탁합니다.
　　　　　 3　그럼, 잘됐네요.

해설　あいにくシングルルームはふさがっております(공교롭
　　　게도 싱글 룸은 다 찼습니다)라는 말에는 じゃ、ツインルーム
　　　でお願いします(그럼, 트윈룸으로 부탁합니다)로 대답하는 게
　　　자연스럽다.

어휘　ふさがる 막히다. 닫히다. 이미 차서 여유가 없다

6 　의태어 의미 파악하기 ★★☆　　　　　|정답 2

`2-4-07.mp3`

> 女：このシャツはうちの子にはだぶだぶですね。
> 男：1　それでぴったりですね。
> 　　2　もう少し小さいのをお見せしましょうか。
> 　　3　もう少し大きいのをお見せしましょうか。

해석　여 : 이 셔츠는 우리 애한테는 헐렁헐렁하네요.
　　　남 : 1　그걸로 딱이군요.
　　　　　 2　좀 더 작은 것을 보여 드릴까요?
　　　　　 3　좀 더 큰 것을 보여 드릴까요?

해설　이 문제에서는 だぶだぶ(헐렁헐렁)라는 말이 응답을 찾는 힌트가
　　　된다. 이에 대한 응답으로는 もう少し小さいのをお見せし
　　　ましょうか(좀 더 작은 것을 보여 드릴까요?)가 자연스럽다.

7 　관용적 의미 이해하기 ★★☆　　　　　|정답 2

`2-4-08.mp3`

> 女：田中さんって、周りの人のアドバイスに耳を貸さな
> 　　いきらいがあるんだよね。
> 男：1　へえ、田中さんはそれがきらいなの？
> 　　2　へえ、そんなとこあるの？知らなかったよ。
> 　　3　へえ、いい人だね。

해석　여 : 다나카 씨는 주변 사람의 조언에 귀를 기울이지 않는 경향이 있
　　　지.
　　　남 : 1　그래? 다나카 씨는 그걸 싫어해?
　　　　　 2　그래? 그런 점이 있어? 몰랐네.
　　　　　 3　그래? 좋은 사람이네.

해설　이 문제에서는 周りの人のアドバイスに耳を貸さないき
　　　らいがある(주변 사람의 조언에 귀를 기울이지 않는 경향이 있
　　　다)라는 말이 적절한 응답을 찾는 힌트가 된다. 이에 대한 응답으

로는 へえ、そんなとこあるの？知らなかったよ(그래?
그런 점이 있어? 몰랐네)가 자연스럽다.

어휘　耳(みみ)を貸(か)す 귀를 기울이다. 남의 이야기를 듣다 ｜ ～きら
　　　いがある ～경향이 있다

8 　짧은 말을 듣고 적절한 응답 찾기 ★★☆　　　|정답 3

`2-4-09.mp3`

> 男：いくらお金があっても病気になってしまったらそれ
> 　　までなんだよ。
> 女：1　それで終わりなの？
> 　　2　そうとは限らないよ。
> 　　3　それはそうね。健康を第一に考えないとね。

해석　남 : 아무리 돈이 있어도 병이 들어 버리면 끝장이야.
　　　여 : 1　그걸로 끝이야?
　　　　　 2　그렇다고만은 할 수 없어.
　　　　　 3　그건 그렇지. 건강을 제일로 생각하지 않으면 안 돼.

해설　いくらお金があっても病気になってしまったらそれま
　　　でなんだよ(아무리 돈이 있어도 병이 들어 버리면 끝장이야)라
　　　는 말에는 それはそうね。健康を第一に考えないとね(그
　　　건 그렇지. 건강을 제일로 생각하지 않으면 안 돼)라고 응답하는
　　　게 가장 자연스럽다.

9 　자연스러운 대화 이어가기 ★★☆　　　　|정답 1

`2-4-10.mp3`

> 女：子供じゃあるまいし、もう少し真剣に考えて決めな
> 　　いとね。
> 男：1　そうだね。まじめに考えないとね。
> 　　2　子供じゃないから仕方がないんだよね。
> 　　3　そうだね。真剣に考えないほうがいいね。

해석　여 : 어린애도 아닌데. 좀 더 신중하게 생각해서 정해야지.
　　　남 : 1　그렇지. 진지하게 생각하지 않으면 안 되지.
　　　　　 2　애가 아니니까 어쩔 수가 없어.
　　　　　 3　그렇지. 진지하게 생각하지 않는 편이 좋지.

해설　이 문제에서는 子供じゃあるまいし(어린애도 아닌데)라는 말
　　　이 적절한 응답을 찾는 힌트가 된다. 이에 대한 응답으로는 そう
　　　だね。まじめに考えないとね(그렇지. 진지하게 생각하지 않
　　　으면 안 되지)가 자연스럽다.

어휘　～ではあるまいし ～도 아닌데

10 　정확한 의미 파악하기 ★★☆　　　　　|정답 3

`2-4-11.mp3`

> 女：全員集まろうが集まるまいが、時間通りに出発しま
> 　　すよ。
> 男：1　へえ、集まらないと出発しませんか。
> 　　2　へえ、集まると出発しますか。
> 　　3　へえ、厳しいですね。

해석 　여 : 전원 모이든 모이지 않든, 시간대로 출발할 겁니다.

남 : 1 그래요? 모이지 않으면 출발하지 않습니까?

2 그래요? 모이면 출발합니까?

3 그래요? 엄격하네요.

해설 　이 문제에서는 全員集まろうが集まるまいが(전원 모이든 모이지 않든)라는 말이 적절한 응답을 찾는 힌트가 된다. 이에 대한 응답으로는 へえ、厳しいですね(그래요? 엄격하네요)가 자연스럽다.

어휘 　~(よ)うが~まいが ~하든 ~말든

---

11 관용 표현 이해 및 적절한 응답 찾기 ★★☆ | 정답 2

2-4-12.mp3

女 : 彼は自分こそ世界最高のピアニストだと断言しては
ばからないんだ。

男 : 1 やっぱり自分では断言できないんだよね。

2 へえ、そんなに自信あるんだ。

3 彼自身も「もっと頑張らなきゃ」と考えているん
だよね。

해석 　여 : 그는 자기야말로 세계 최고의 피아니스트라고 단언하길 꺼리지 않아.

남 : 1 역시 스스로는 단언할 수 없는 거지.

2 그래? 그렇게 자신 있구나.

3 그 자신도 '더 노력해야 한다'고 생각하고 있구나.

해설 　이 문제에서는 ~と断言してはばからない(~라고 거리낌없이 단언한다)라는 말이 적절한 응답을 찾는 힌트가 된다. 이에 대한 응답으로는 へえ、そんなに自信あるんだ(그래? 그렇게 자신 있구나)가 자연스럽다.

어휘 　~てはばからない ~하길 꺼리지 않다. ~하길 주저하지 않다

---

12 정확한 의미 파악하기 ★★☆ | 정답 2

2-4-13.mp3

男 : 何だ、これ。この部屋、汚いと言ったらありゃしない。

女 : 1 そうね。汚くはないんだよね。

2 そうね。まるで足の踏み場もないね。

3 そうね。きれいだと言ったらね。

해석 　남 : 뭐야 이거. 이 방 너무 더럽다.

여 : 1 그렇네. 더럽지는 않네.

2 그렇네. 정말 발 디딜 곳도 없네.

3 그렇네. 정말 깨끗하네.

해설 　이 문제는 ~と言ったらありゃしない(너무 ~하다)라는 말이 적절한 응답을 찾는 힌트가 된다. 이에 대한 응답으로는 そうね。まるで足の踏み場もないじゃないの(그렇네. 정말 발 디딜 곳도 없잖아)가 자연스럽다.

---

13 관용적 의미 이해하기 ★★☆ | 정답 3

2-4-14.mp3

男 : 見た目はいいけど、こんな安物はすぐに飽きるよ。
二、三回着たらおしまいってところだな。

女 : 1 それは有りうることではないね。

2 それはいいね。

3 「安物買いの銭失い」といったところかしら。

해석 　남 : 보기에는 좋지만, 이런 싼 물건은 금방 질려. 두세 번 입으면 끝이겠네.

여 : 1 그건 있을 수 있는 일이 아니야.

2 그거 좋네.

3 '싼 게 비지떡'이라는 건가.

해설 　이 문제는 安物はすぐに飽きるよ(싼 물건은 금방 질려)라는 말이 적절한 응답을 찾는 힌트가 된다. 이에 대한 응답으로는 「安物買いの銭失い」といったところかしら('싼 게 비지떡'이라는 건가)가 자연스럽다.

문제5 　통합이해 문제

비교적 긴 지문을 듣고 복수의 정보를 비교, 종합하면서 내용을 이해하는 문제이다. 뉴스, 설명, 대화 등이 주로 출제되므로 평소 뉴스나 이야기식의 단편 소설을 듣는 것이 도움이 된다.

문제 5에서는 다소 긴 이야기를 듣습니다. 이 문제에 연습은 없습니다. 메모를 해도 괜찮습니다.

1 , 2 　문제용지에 아무것도 인쇄되어 있지 않습니다. 우선 이야기를 들으세요. 그러고 나서 질문과 선택지를 듣고, 1부터 4 중에서 가장 알맞은 것을 하나 고르세요.

---

1 비교 분석하여 정확한 정보 파악하기 ★★☆ | 정답 1

2-5-01.mp3

女の人と男の人はお昼のメニューについて話しています。

男 　：久しぶりね。お昼、一緒にする？

女1 ：そうね。何食べようかな。

男 　：中華はどう？

女1 ：近くにおいしい中華料理屋さんがあるけど、今日
は休みね。

男 　：ざんねん。お勧めのとこあるの？

女1 ：韓国料理屋なら近くにおいしいとこあるよ。

男 　：辛いのはちょっと。

女1 ：へえ。辛いのだめなんだ。

男 　：うん。最近、胃薬飲んでるんだ。

女1 ：そしたら、和食のほうがいいかも。

男 　：そうね。

女1 ：近くにおいしいうどん屋さんがあるよ。

男 　：じゃ、そこ行こう。

女2：いらっしゃいませ。二名様でございますか。
男　：はい。
女2：こちらへどうぞ。メニューでございます。お決まりになりましたら、どうぞ。
男　：何にしようか。
女1：私は天ぷらうどんね。
男　：僕はきつねうどん。飲み物は？
女1：お茶でいいよ。
男　：じゃ、僕はオレンジジュース一つね。……すみません。
女2：はい。
男　：天ぷらうどんときつねうどん、それから、オレンジジュース、お願いします。
女2：はい。かしこまりました。

男の人は何を食べますか。
1 きつねうどんとオレンジジュース
2 きつねうどんとお茶
3 天ぷらうどんとお茶
4 天ぷらうどんとオレンジジュース

해석 여자와 남자는 점심 메뉴에 대해 이야기하고 있습니다.
남 : 오랜만이네. 점심 같이 할래?
여1 : 응. 뭐 먹을까?
남 : 중국 음식은 어때?
여1 : 근처에 맛있는 중국 음식점이 있는데, 오늘은 쉬는 날이야.
남 : 아깝다. 추천할 데 있어?
여1 : 한국 음식점이라면 근처에 맛있는 데 있어.
남 : 매운 건 좀 그런데.
여1 : 그래? 매운 거 못 먹는구나.
남 : 응. 요즘 위장약 먹고 있거든.
여1 : 그럼, 일식이 좋을지도 모르겠다.
남 : 응.
여1 : 근처에 맛있는 우동집이 있어.
남 : 그럼, 거기 가자.

여2 : 어서 오세요. 두 분이세요?
남 : 네.
여2 : 이쪽으로 오세요. 메뉴입니다. 정해지시면 말씀해 주세요.
남 : 뭘로 할까?
여1 : 난 튀김우동.
남 : 난 유부우동. 음료는?
여1 : 녹차면 됐어.
남 : 그럼, 난 오렌지주스 하나. ……여기요.
여2 : 네.
남 : 튀김우동하고 유부우동, 그리고 오렌지주스 주세요.
여2 : 네. 알겠습니다.

남자는 무엇을 먹습니까?
1 유부우동과 오렌지주스
2 유부우동과 녹차
3 튀김우동과 녹차
4 튀김우동과 오렌지주스

해설 여러 가지 정보를 비교, 분석하여 종합적으로 이해하는 문제이다. 따라서 한 가지 정보만을 찾는 것이 아니라 두 가지 이상의 정보를 비교하여 종합적으로 이해하면서 듣는 연습을 할 필요가 있다. 남녀별로 주문 내용을 메모하며 들으면 도움이 된다.

어휘 中華料理屋(ちゅうかりょうりや)さん 중국 음식점 | お勧(すす)め 추천 | 韓国料理屋(かんこくりょうりや) 한국 음식점 | 辛(から)い 맵다 | 胃薬(いぐすり) 위장약 | 和食(わしょく) 일식 | うどん屋(や)さん 우동집 | 二名様(にめいさま) 두 분 | お決(き)まりでしたら 정해지면 | 天(てん)ぷらうどん 튀김우동 | きつねうどん 유부우동 | 飲(の)み物(もの) 음료수 | かしこまりました 알겠습니다

2-5-02.mp3

女の人と男の人は、箱根旅行のため、原宿駅で会って話しています。

女　：おはよう。
男1：おはよう。早かったね。
女　：うん。乗り継ぎがよかったの。
男1：さあ、いよいよ出発だね。箱根って「箱根湯本駅」で降りればいいんだよね。
女　：うん。ここからどうやって行くの？
男1：たしか、品川駅から新幹線で行けるんだよね。
女　：へえ。箱根湯本まで新幹線行っているの？
男1：いや。小田原まで新幹線で、そこから箱根湯本までは小田急線。
女　：あ、そう。新幹線だと、高くない？駅員に聞いたら？
男1：そうだね。……あの、すみません。箱根湯本駅はどう行けばいいでしょうか。
男2：箱根湯本駅は、ですね、新宿駅で小田急線箱根湯本行きに乗り換えてください。
男1：品川経由でも行けますよね。
男2：はい、行けますけど、品川だと、乗り換えも多いし、交通費もかさばりますよ。新宿のほうが乗り換えも一回で済むし、値段も安いです。
男1：そうですか。じゃ、そっちで２枚お願いします。

男の人と女の人は、箱根までどのように行きますか。
1 原宿駅 → 品川駅 → 箱根湯本駅
2 原宿駅 → 品川駅 → 小田原駅 → 箱根湯本駅
3 原宿駅 → 新宿駅 → 箱根湯本駅
4 原宿駅 → 新宿駅 → 小田原駅 → 箱根湯本駅

해석 여자와 남자는 하코네 여행을 위해 하라주쿠 역에서 만나 이야기하고 있습니다.
여 : 안녕.
남1 : 안녕. 빨리 왔네.
여 : 응. 갈아타는 타이밍이 좋았어.
남1 : 자, 드디어 출발이네. 하코네는 '하코네유모토 역'에서 내리면 되지?

여 : 응. 여기서 어떻게 가지?

남 : 분명 시나가와 역에서 신칸센으로 갈 수 있을 거야.

여 : 그래? 하코네유모토까지 신칸센이 가?

남 : 아니. 오다와라까지 신칸센이고, 거기서 하코네유모토까지는 오다큐선.

여 : 아. 그래. 신칸센이라면 비싸지 않아? 역무원한테 물어보는 게 어때?

남 : 그렇네. …… 저, 죄송한데요, 하코네유모토 역은 어떻게 가면 되나요?

남2 : 하코네유모토 역은 말이죠, 신주쿠 역에서 오다큐선 하코네유모토 행으로 갈아타세요.

남 : 시나가와 경유로도 갈 수 있죠?

남2 : 네, 갈 수 있습니다만, 시나가와라면 환승도 많고 교통비도 비싸집니다. 신주쿠 쪽이 환승도 한 번으로 끝나고 가격도 쌉니다.

남 : 그래요? 그럼, 그쪽으로 2장 주세요.

남자와 여자는 하코네까지 어떻게 갑니까?

1 하라주쿠 역 → 시나가와 역 → 하코네유모토 역

2 하라주쿠 역 → 시나가와 역 → 오다와라 역 → 하코네유모토 역

3 하라주쿠 역 → 신주쿠 역 → 하코네유모토 역

4 하라주쿠 역 → 신주쿠 역 → 오다와라 역 → 하코네유모토 역

해설 하코네까지 가는 과정을 역 이름, 지명 중심으로 메모하며 들으면 정답을 찾는 데 도움이 된다.

어휘 箱根(はこね) 하코네 | 原宿(はらじゅく) 하라주쿠 | 乗(の)り継(つ)ぎ 환승(이어가기) | 箱根湯本駅(はこねゆもとえき) 하코네유모토 역 | 品川駅(しながわえき) 시나가와 역 | 新幹線(しんかんせん) 신칸센 | 小田原(おだわら) 오다와라 | 小田急線(おだきゅうせん) 오다큐선 | 駅員(えきいん) 역무원 | 経由(けいゆ) 경유 | 交通費(こうつうひ) 교통비 | かさばる 부피가 커지다 | 乗(の)り換(か)え 환승(갈아타기) | 済(す)む 끝나다, 해결되다 | 値段(ねだん) 가격

---

3 먼저 이야기를 들으세요. 그리고 나서 두 개의 질문을 듣고 각각 문제용지의 1부터 4 중에서 가장 알맞은 것을 하나 고르세요.

질문1 복수 정보의 차이점 파악하기 ★★☆　　　　　정답 4

질문2 복수 정보를 정확히 이해하기 ★★☆　　　　　정답 2

2-5-03.mp3

テレビで女の人が保育施設の不足について話しています。

女1：共働き世帯が増えてる中で、保育施設の整備は急がれています。しかし、大規模なマンション建設が続く区では、保育を必要とする子どもの急増に施設の整備が追いついていません。フルタイムの共働き家庭ですら、子どもを認可保育園に預けることができない事態が日常化しています。この区の保育事情は厳しいです。今年4月の認可保育園入園申し込みが3,740人に達したのに対して、1次募集での「不承諾」(落選)の通知は1,278人にも上っ

ています。申込人数が5年前に比べて7割近くも増えるとともに、不承諾も8割近く増加しています。優先的に入園が認められる共働き世帯ですら、多くが不承諾通知を受け取りました。母親がパートタイマーだったり、職探し中の家庭では、認可保育園への入園はもう絶望的です。育児休業中の甲斐さんは4月からフルタイムでの職場復帰を計画しています。ところが、申し込んだ認可保育園は第1希望から第3希望まで軒並み落選しました。万が一に備えて予約していた認可外保育施設に預けて急場をしのぐ考えですが、保育料が高いうえに、今後、幼児教育が必要な年齢になったときに、認可保育園に転園できるのか不安が尽きないそうです。

女2：大変ね。

男 ：そうだね。でも、認可外保育施設だとかわいそうだよ、子どもが。

女2：かわいそうだけど、母親も仕事に復帰しないわけには行かないし。

男 ：仕事はその後すればいいじゃない。

女2：そんなに簡単な問題じゃないよ。子育て終わって、40、50代になって仕事始めるのも大変だよ。しかも、今の世って共働きじゃないと、経済的にも大変だし。

男 ：母親は子供を第一に考えるべきだと思うんだけどね。普通に認可保育園に預けられたら問題ないけど、認可外はちょっとね。

女2：だから、区でちゃんとした保育施設を整備してくれるしかないのよ。

質問1 男の人の考えは、どうですか。

1 認可保育園に預けるのは問題だ

2 母親の仕事も大事だ

3 区で保育施設を増やすべきだ

4 認可外保育園に預けるのは再考の余地がある

質問2 女の人の考えは、どうですか。

1 母親も子供も大変だけど、問題の解決策は見当たらない

2 区で保育施設を整備するのが急務だ

3 日本の保育料は高すぎる

4 認可外保育園を増やすべきだ

해설 텔레비전에서 여자가 보육시설 부족에 대해 이야기하고 있습니다.

여1 맞벌이 세대가 증가하고 있는 가운데 보육시설 정비는 급선무입니다. 그러나 대규모 맨션 건설이 계속되는 구에서는 보육을 필요로 하는 아이들의 급증에 시설 정비가 따라가지 못하고 있습니다. 풀타임 맞벌이 가정에서조차 아이를 인가 보육원에 맡길 수 없는 사태가 일상화되고 있습니다. 이 구의 보육 사정은 심각합니다. 올해 4월 인가 보육원 입학 신청이 3,740명에 달한데 반해, 1차 모집에서 '불허'(낙선) 통지는 1,278명에 달합니다. 신청자 수가 5년 전에 비해 70% 가까이 증가함과 동시에 불허도 80% 가까이 증가하고 있습

니다. 우선적으로 보육원 입학이 인정되는 맞벌이 세대에서조차 대부분이 불허 통지를 받았습니다. 엄마가 파트타임이거나 구직 중인 가정에서는 인가 보육원 입학은 이미 절망적입니다. 육아 휴직 중인 가이 씨는 4월부터 풀타임으로 직장 복귀를 계획하고 있습니다. 하지만 신청한 인가 보육원은 제1희망부터 제3희망까지 모두 낙선했습니다. 만일에 대비해 예약해 둔 인가 외 보육시설에 맡겨 위기를 넘길 생각입니다만, 보육료가 비싼 데다가, 앞으로 유아 교육이 필요한 연령이 되었을 때 인가 보육원으로 옮길 수 있을지 불안이 사라지지 않는다고 합니다.

여2 : 큰일이네.
남 : 그러게. 하지만 인가 외 보육 시설이라면 불쌍하다. 아이가.
여2 : 가엾지만, 엄마도 직장에 복귀하지 않을 수는 없고.
남 : 일은 나중에 하면 되잖아.
여2 : 그렇게 간단한 문제가 아냐. 육아가 끝나고 40, 50대가 되어서 일을 시작하는 것도 큰일이야. 게다가 요즘 세상은 맞벌이가 아니면 경제적으로도 힘들고.
남 : 엄마는 아이를 우선적으로 생각해야 한다고 생각해. 그냥 인가 보육원에 맡길 수 있다면 문제 없지만, 인가 외는 좀 그래.
여2 : 그러니까, 구에서 제대로 된 보육 시설을 정비해 주는 수밖에 없어.

질문1 남자의 생각은 어떻습니까?
1 인가 보육원에 맡기는 것은 문제이다.
2 엄마의 일도 중요하다.
3 구에서 보육 시설을 늘려야 한다.
4 인가 외 보육원에 맡기는 것은 재고의 여지가 있다.

해설 보육 시설 부족에 대한 설명을 듣고 나서 남자와 여자가 각각 어떤 생각을 하고 있는지 묻는 문제이다. 이런 문제의 경우 남녀의 견해 차를 중심으로 메모해 가며 들으면 정답을 찾는 데 도움이 된다. 남자는 마지막 대사에서 인가 보육 시설 외의 시설에 아이를 맡기는 것은 좋지 않다고 말하고 있으므로 정답은 4번이다.

질문2 여자의 생각은 어떻습니까?
1 엄마도 아이도 힘들지만, 문제 해결책은 보이지 않는다.
2 구에서 보육 시설을 정비하는 것이 급선무다.
3 일본의 보육료는 너무 비싸다.
4 인가 외 보육원을 늘려야 한다.

해설 여자는 마지막 대사에서 구에서 보육 시설을 정비해야 한다고 말하고 있으므로 정답은 2번이다.

어휘 保育施設(ほいくしせつ) 보육 시설 | 共働(ともばたら)き 맞벌이 | 整備(せいび) 정비 | 急(いそ)ぐ 서두르다 | 大規模(だいきぼ) 대규모 | 急増(きゅうぞう) 급증 | 追(お)いつく 따라잡다. 따라붙다 | フルタイム(full time) 풀타임 | 認可(にんか) 인가 | 預(あず)ける 맡기다 | 入園(にゅうえん) (유치원 등에) 들어감, 입원 | 申(もう)し込(こ)み 신청 | 不承諾(ふしょうだく) 불승낙, 불허 | 落選(らくせん) 낙선 | 通知(つうち) 통지 | 優先的(ゆうせんてき) 우선적 | パートタイマー(part timer) 파트타이머 | 職探(しょくさが)し 구직 | 絶望的(ぜつぼうてき) 절망적 | 育児(いくじ) 육아 | 職場復帰(しょくばふっき) 직장 복귀 | 軒(のき)並(な)み 집집마다, 모두, 다 함께 | 万(まん)が一(いち)に 만일에 | 備(そな)える 대비하다 | 認可外保育施設(にんかがいほいくしせつ) 인가 외 보육 시설 | 急場(きゅうば)をしのぐ 위기를 넘기다 | 転園(てんいん) 보육원을 옮김 | 尽(つ)きる 끝나다, 다하다

실전 모의고사 3회

: 언어지식(문자·어휘) :

문제1 한자읽기 문제

먼저 음독한자인지 훈독한자인지 구분한다. 음독한자인 경우 탁음의
유무, 장단음, 촉음의 유무를 생각해 문제를 푼다.

1 ~ 6 _____ 단어의 읽기로 가장 알맞은 것을 1·2·3·4 중
에서 하나 고르시오.

1 음독 명사 읽기 ★★☆　　　　　　　　　| 정답 1

해석　격변하는 경제 환경에 **유연하게** 대응하기 위해 무엇을 해야 하는가.

해설　일본어 한자의 음독 중에 한국어와 발음이 비슷하여 혼동하기 쉬
운 글자들이 있으므로 주의해야 한다.

어휘　激変(げきへん) 격변 | 経済環境(けいざいかんきょう) 경제
환경 | 柔軟(じゅうなん) 유연 | 対応(たいおう) 대응

2 い형용사 읽기 ★★★　　　　　　　　　| 정답 3

해석　사람과 사귀는 것은 **귀찮다**고 생각하는 사람이 늘고 있다.

해설　厚(あつ)かましい(뻔뻔하다), 慌(あわただ)しい(분주하다), 騒
々(そうぞう)しい(소란하다), 勇(いさ)ましい(용감하다), 煙
(けむ)い(연기로 인해 쾌쾌하다)와 함께 많이 사용되는 형용사이
므로 반드시 암기해 두도록 한다.

어휘　人(ひと)付(つ)き合(あ)い 사람과의 교제 | 煩(わずら)わしい
번잡스럽다, 귀찮다 | 忌(いま)わしい 꺼림칙하다 | 汚(けが)らわ
しい 더럽다, 역겹다 | 小忙(こぜわ)しい 공연히 바쁘다

3 특별하게 읽는 한자 읽기 ★★★　　　　　| 정답 4

해석　이번 결과는, 그야말로 **자업자득**이기 때문에 어쩔 수가 없습니다.

해설　業(일 업)은 평상시 ぎょう라고 읽지만, 自業自得과 같이 불교
관련 용어일 경우에는 業을 ごう로 읽는다.

어휘　まさに 정말로 | 自業自得(じごうじとく) 자업자득 | 仕方(しか
た)がない 하는 수 없다, 어쩔 수 없다

4 동음이의어 읽기 ★★★　　　　　　　　| 정답 2

해석　약을 효과적으로 사용함으로써 대부분의 통증은 안전하게 **완화**할
수 있다.

해설　かんわ라는 일본어 한자음은 緩和·漢和·閑話 등이 있다. 구
별하여 읽을 수 있도록 공부하자. 또한 緩은 한국어로 '완'이라고
읽지만 일본어로는 かん이라고 읽는 것에 주의해야 한다.

어휘　効果的(こうかてき) 효과적 | 安全(あんぜん) 안전 | 緩和(か
んわ) 완화

5 동사 읽기 ★★☆　　　　　　　　　　　| 정답 2

해석　돈으로는 결코 **보상할 수 없는** 죄를 저질렀습니다.

해설　한 글자 동사는 綴(と)じる(철하다), 襲(おそ)う(덮치다), 脅(お
びや)かす(위협하다), 覆(くつがえ)す(뒤집다)와 같이 획수가
많은 한자 혹은 免(まぬか)れる(면하다), 志(こころざ)す(지향
하다), 試(こころ)みる(시험해 보다)와 같이 1개의 한자가 여러
음절로 발음되는 동사가 출제되기 쉽다.

어휘　決(けっ)して～ない 결코 ～지 않다 | 償(つぐな)う 보상하다,
속죄하다 | 罪(つみ)を犯(おか)す 죄를 저지르다

6 촉음 한자 읽기 ★★☆　　　　　　　　　| 정답 3

해석　**스스로 솔선**하여 자연환경 보전에 힘쓰지 않으면 안 된다.

해설　촉음은 か·さ·た·ぱ행 앞에서 일어나는 경우가 많으며 発揮(は
っき)(발휘), 達者(たっしゃ)(달인, 명인), 直行(ちょっこう)(직
행), 実費(じっぴ)(실비) 등이 그 예이다.

어휘　自(みずか)ら 스스로 | 率先(そっせん) 솔선 | 保全(ほぜん) 보
전 | 努(つと)める 노력하다, 힘쓰다

문제2 문맥규정 문제

문맥에 맞는 적절한 어휘를 고르는 문제이다. 선택지의 단어를 문장
속에 넣어 자연스러운 어휘를 찾도록 한다. 최근에는 일상생활에 많
이 쓰이는 외래어 문제가 출제되고 있다.

7 ~ 13 (　　)에 들어갈 가장 알맞은 것을 1·2·3·4 중에
서 하나 고르시오.

7 부사의 용법 ★★☆　　　　　　　　　　| 정답 1

해석　결석을 할 경우에는 **미리** 알려 주세요.

해설　'미리'의 뜻을 가진 부사로 あらかじめ 이외에도 まえもって·
かねがね와 같은 단어가 있다. 같은 뜻을 가진 단어를 정리해 한
번에 암기해 두면 도움이 된다.

어휘　あらかじめ 미리 | タイミングよく 타이밍 좋게 | あらためて
て 다시 | なんとかして 어떻게 해서든

8 부사의 용법 ★★★　　　　　　　　　　| 정답 3

해석　**요령 있게** 이야기를 마무리하고 집에 가고 싶다고 생각했다.

해설　手際(てぎわ)よくは '요령 있게', 혹은 '솜씨 있게'라고 해석되긴
하지만 要領(ようりょう)よく와는 다르다. 手際よくは '센스
있고 전혀 버릴 데가 없다'는 뜻으로 사용되는 반면, 要領よくは
'머리가 좋고 방법을 잘 알아 상황에 잘 맞추어 하다'는 뉘앙스로
쓰인다.

어휘　にわかに 갑자기 | 気障(きざわ)りなく 아니꼽지 않게, 비위에 거
슬리지 않게 | 手際(てぎわ)よく 요령 좋게 | てっきり 틀림없이

9 의미 추측하기 ★★★　　　　　　　　　| 정답 4

해석　왜 인간은 **체면**이 그렇게 신경 쓰이는지 이해하기 어렵다.

해설　世間体(せけんてい)의 동의어에는 外聞(がいぶん)·体面(た
いめん)·見栄(みえ) 등이 있다.

어휘　世間体(せけんてい) 세상에 대한 체면 ┃ 理解(りかい)に苦(く
る)しむ 이해하기 어렵다 ┃ 仕組(しく)み 사물의 구조, 장치 ┃ 仕上
(しあ)げ 완성

10 뉘앙스에 맞는 단어 넣기 ★☆☆　┃정답 2

해석　계획을 **실행**에 옮기는 것은 생각했던 것보다 어려운 일이다.

해설　우리말로 해석해 実現(じつげん)으로 답을 하는 수험자가 많다.
　　　우리말로 해석하지 말고 많은 일본어 문장을 접하면 実行(じっこ
　　　う)に移(うつ)す가 자연스럽다는 것을 알게 된다.

어휘　実技(じつぎ) 실기 ┃ 実行(じっこう)に移(うつ)す 실행에 옮기
　　　다 ┃ 実現(じつげん) 실현 ┃ 行使(こうし) 행사

11 문맥에 맞는 어휘 고르기 ★★☆　┃정답 1

해석　가족이 **다 모인** 시간은 정말 오랜만이다.

해설　そろって는 '다 함께, 모두 모여서'라는 의미이므로 단어 앞에 가
　　　족, 부부처럼 집합명사가 오는 경우가 많다.

어휘　そろって 갖추어, 모여 ┃ 総出(そうで) 총출동 ┃ 一丸(いちがん)
　　　한 덩어리 ┃ 見逃(みのが)す 놓치다

12 일본식 한자의 용법 ★★★　┃정답 3

해석　간호사는 익숙한 손길로 아이에게 상처의 응급처치를 **해** 주었다.

해설　応急手当(おうきゅうてあ)てを施(ほどこ)す '응급처치를
　　　하다'는 어구이다. 施す는 '시행하다, 베풀다'의 의미이기 때문에
　　　恩恵(おんけい)・食糧(しょくりょう)・医療(いりょう)와 같
　　　은 단어와 함께 쓰인다.

어휘　看護師(かんごし) 간호사 ┃ 馴(な)れる 익숙하다 ┃ 手(て)つき
　　　손놀림 ┃ 傷(きず) 상처 ┃ 応急(おうきゅう) 구급, 응급 ┃ 手当(て
　　　あ)て 처치, 수당 ┃ 設(もう)ける 설치하다 ┃ 施(ほどこ)す 시행하
　　　다, 베풀다 ┃ 構(かま)える 꾸미다, 보살피다

13 한자어의 용법 ★★☆　┃정답 1

해석　말기 암을 치료하는 것은 **지극히 어려운** 기술이라고밖에 표현할
　　　수가 없다.

해설　至難(しなん)의 わざ는 지극히 달성하기 어려운 일을 이루어 낼
　　　정도의 기술이라는 뜻이다.

어휘　末期(まっき)がん 말기 암 ┃ 至難(しなん)のわざ 지극히 어려운
　　　기술 ┃ 一難(いちなん) 하나의 재난 ┃ 無限(むげん) 무한

> **문제3**　유의표현 문제
> 주어진 어휘와 유사한 의미의 어휘를 찾는 문제이다. 평상시 어휘 학
> 습 시 유의어와 함께 공부하는 게 도움이 된다.

> 14 ~ 19 ＿＿＿＿ 단어의 의미가 가장 가까운 것을 1·2·3·4 중
> 에서 하나 고르시오.

14 유의어 고르기 ★★☆　┃정답 3

해석　자기 이름표를 **각자** 집어 가세요.

해설　銘々(めいめい)는 '각기, 각자'라는 뜻이다. 各自(かくじ), 各々
　　　(おのおの), それぞれ가 유사어이므로 함께 암기해 둔다.

어휘　名札(なふだ) 이름표 ┃ 適当(てきとう)に 적당하게 ┃ 粗末(そま
　　　つ)に 허술하게

15 복합어의 의미 알기 ★★☆　┃정답 2

해석　성실함만이 그녀의 **장점**이다.

해설　取(と)り柄(え)는 '취할 점, 장점'이라는 뜻으로 같은 의미로 쓰이
　　　는 長所(ちょうしょ)(장점), 得手(えて)(장기, 특기)와 함께 외
　　　워 두도록 한다.

어휘　誠実(せいじつ) 성실 ┃ 取(と)り柄(え) 장점 ┃ 半人前(はんに
　　　んまえ) 한 사람 몫의 절반

16 가타카나어의 의미 파악하기 ★★☆　┃정답 4

해석　호수에 괴물이 출현한다는 **유언비어**를 믿은 사람이 많다.

해설　デマ는 '의도적으로 퍼뜨리는 악선전, 헛소문'이라는 뜻이므로 근
　　　거가 없는 것을 만들어낸다는 의미를 가진 단어를 찾으면 문제를
　　　쉽게 풀 수 있다. デモ(데모), マンネリ(매너리즘), リハビリ
　　　(사회 복귀를 위한 훈련), コネ(연줄)와 같이 생략된 가타카나어
　　　가 많이 출제되고 있다.

어휘　デマ 유언비어 ┃ 襲(おそ)う 습격하다 ┃ 暴(あば)れる 날뛰다 ┃
　　　出没(しゅつぼつ)する 출몰하다 ┃ でっちあげる 꾸며내다, 날조
　　　하다

17 주어진 어휘의 대체어 찾기 ★★☆　┃정답 1

해석　의사에게 술과 담배를 **자제하**라는 말을 들었다.

해설　慎(つつし)む는 '삼가다, 자제하다'는 뜻인데, 이번 기회에 동음이
　　　의어로 '황공해 하다'는 謹(つつし)む도 함께 외워 두자. 덧붙여
　　　謹(つつし)んで는 '삼가'라는 뜻의 부사이다.

어휘　慎(つつし)む 삼가다, 자제하다 ┃ 控(ひか)える 삼가다 ┃ 咎(とが)
　　　める 나무라다 ┃ 束(たば)ねる 통솔하다, 묶다

18 유사 어휘 찾기 ★★☆　┃정답 3

해석　그날은 무척 추웠고 **게다가** 비까지 내렸다.

해설　おまけに와 비슷한 의미로 쓰이는 말에는 さらに, もっと, ま
　　　すます 등이 있다. 덧붙여 さっそく와 비슷한 말로는 すぐ
　　　に, ただちに가 있고, いきなり와 비슷한 말로는 突然(とつ
　　　ぜん)이 있다.

어휘　くっきり 뚜렷하게, 선명하게 ┃ いきなり 갑자기

19 유사 표현 찾기 ★★★　┃정답 1

해석　오랜 시간을 들여서 **공들인** 도자기를 만들 수 있게 되었다.

해설　凝(こ)る에는 '공들여 만든 멋진'이라는 뜻 외에도 '몰두하다, 결
　　　리다, 응고하다'는 뜻이 있으므로 함께 외워 두자.

어휘　凝(こ)る 공들이다 ┃ 독특한 焼(や)き物(もの) 도자기 ┃ 手(て)が
　　　込(こ)む 정성 들이다, 공이 많이 들다 ┃ 目(め)がきく 안목이 있다

제시된 어휘가 올바르게 사용된 문장을 고르는 문제이다. 해석보다는 일본어 자체의 뉘앙스를 파악하는 것이 중요하며, 이를 위해서는 평소에 많은 문장을 읽는 것이 좋다.

20 ~ 25 다음 단어의 용법으로 가장 알맞은 것을 1·2·3·4 중에서 하나 고르시오.

20 문맥에 맞는 명사 고르기 ★★★ | 정답 3

해석 1 그녀는 그와 거기서 <u>인연</u>적으로 만났다.
2 할아버지의 <u>인연</u>의 장소에 돌아가 정착했다.
3 깡패와 <u>시비</u>가 붙어 경찰서까지 갔다.
4 왠지 친근감이 느껴지는 사람은 분명 전생의 <u>인연</u>이 있기 때문일 것이다.

해석 因縁(いんねん)은 '불교 용어의 인연, 숙명, 시비'라는 뜻이다. 因縁をつける를 알고 있으면 쉽게 풀 수 있는 문제이다. 1번은 문맥상 運命的(うんめいてき)가, 2번은 縁(ゆかり)가 자연스럽다. 일본인들은 대개 나쁜 의미로 因縁을 쓰는 경우가 많으므로 4번은 縁(えん)이라고 하는 것이 자연스럽다.

어휘 因縁(いんねん) 인연(불교용어), 숙명, 시비 | ちんぴら 불량 소년·소녀, 졸개 | 因縁(いんねん)をつける 생트집을 잡다

21 명사의 올바른 용법 파악하기 ★★★ | 정답 4

해석 1 억만장자이기 때문에 <u>소박</u>하게 사회에 기부했다.
2 이벤트에서 화려한 차림으로 <u>소박</u>하게 등장했다.
3 그는 대중 앞에서 <u>소박</u>한 생각을 발표했다.
4 대단히 <u>소박</u>한 생활을 보내며 사치를 싫어했다고 한다.

해석 質素(しっそ)는 '검소, 소박'이라는 뜻이다. 1번은 多(おお)めに(넉넉하게), 2번과 3번은 素朴(そぼく)(소박)라고 하는 것이 자연스럽다. 質素는 생활이나 옷차림 등이 검소한 것을, 素朴는 언동이나 성격 등이 꾸밈이 없는 것을 나타낼 때 쓴다.

어휘 質素(しっそ) 검소, 소박 | 億万長者(おくまんちょうじゃ) 억만장자 | 寄付(きふ) 기부 | 贅沢(ぜいたく) 사치

22 적절한 동사 사용하기 ★★☆ | 정답 3

해석 1 돌에 <u>물러서</u> 넘어지고 말았다.
2 과거로 <u>물러서</u> 다시 생각해 보다.
3 국가대표 선수가 현역을 <u>은퇴하겠다</u>고 결단했다.
4 실권을 <u>물리치는</u> 정치가가 많은 모양이다.

해석 退(しりぞ)く는 '물러서다, 은퇴하다, 물리치다'는 뜻이다. 1번은 つまずく(발이 걸려 넘어지다), 2번은 戻(もど)る(원래대로 돌아가다), 4번은 握(にぎ)る(잡다)로 바꾸는 것이 자연스럽다.

어휘 しりぞく 물러서다, 은퇴하다, 물리치다 | 転倒(てんとう) 전도, 거꾸로 됨 | 現役(げんえき) 현역

23 동사의 올바른 용법 알기 ★★☆ | 정답 2

해석 1 희망으로 마음이 <u>당황스럽다</u>.
2 외국과의 문화 차이로 <u>당황스러운</u> 경우가 가끔 있다.
3 이 결심만은 <u>당황하는</u> 일은 없다.

4 상대 팔에서 벗어나려고 필사적으로 <u>당황</u>했다.

해석 戸惑(とまど)う는 '당황하다, 갈피를 못잡다'는 뜻이다. 1번은 わくわくする(두근대다), 3번은 揺(ゆ)れる(흔들리다), 4번은 もがく(발버둥치다)라고 하는 것이 자연스럽다.

어휘 とまどう 당황하다, 갈피를 못잡다 | 逃(のが)れる 달아나다, 도망치다

24 문맥에 맞는 な형용사 고르기 ★★★ | 정답 3

해석 1 종업원의 건강 문제는 결코 <u>드문드문</u>하게 할 수 없는 과제다.
2 학생의 본분은 학업이므로 기말시험을 <u>드문드문</u>해서는 안 된다.
3 앞으로 나아감에 따라 나무가 점점 <u>드문드문</u>해졌다.
4 그들은 <u>드문드문</u>한 차이로 그 선거에 졌다.

해석 まばら는 '성김, 드문드문함'이라는 뜻이다. 1번과 2번은 おろそかに(소홀하게), 4번은 わずかな(근소한)로 바꾸어 사용한다.

어휘 まばら 성김, 드문드문함 | 本文(ほんぶん) 본문 | 学業(がくぎょう) 학업 | 選挙(せんきょ) 선거

25 제시어의 올바른 사용 문장 찾기 ★★★ | 정답 4

해석 1 저는 실패를 경험으로 살리기 위해 <u>어쩐지</u> 노력하고 있습니다.
2 <u>어쩐지</u> 태풍이 오면 큰일이 날 것이다.
3 정세는 정부의 힘으로는 <u>어쩐지</u> 되지 않게 되었다.
4 <u>어쩐지</u> 대화는 드디어 막바지 단계에 들어선 모양이다.

해석 どうやら는 '어쩐지'라는 추측을 나타내는 부사이다. 1번은 一生懸命(いっしょうけんめい)(열심히), 2번은 もし(만약), 3번은 どうにも(아무래도)로 바꾸는 것이 자연스럽다.

어휘 どうやら 어쩐지 | 情勢(じょうせい) 정세 | いかす 살리다 | 詰(つ)め 최종 국면, 결말이 가까운 단계, 마무리

: 언어지식(문법) :

문장 내용에 맞는 문형이나 기능어를 고르는 문제이다. 커뮤니케이션 활용능력을 측정하는 것이 목표이므로 문법 문제에서도 문어체 표현보다는 일상생활에서 자주 접할 수 있는 회화체 표현의 출제 비중이 늘고 있다. 앞뒤의 호응 관계에 유의하면서 보도록 한다.

26 ~ 35 다음 문장의 ( )에 들어갈 가장 알맞은 것을 1·2·3·4 중에서 하나 고르시오.

26 유의어 중 뉘앙스에 맞는 표현 고르기 ★★☆ | 정답 2

해석 어릴 적에 비가 오는 날에는 <u>진흙투성이</u>가 되어 엄마에게 혼난 적도 많다.

해설 '~투성이'를 나타내는 일본어에는 だらけ·まみれ·ずくめ가 있다. 血(ち)(피), 汗(あせ)(땀), ほこり(먼지)와 같이 눈에 보이는 물질명사에 대해서는 だらけ·まみれ를 쓰는 경우가 많으며, いいこと·規則(きそく)와 같이 플러스 이미지의 추상명사는 ずくめ를 쓰는 경우가 많다.

어휘 幼(おさな)い 어리다 | 泥(どろ) 진흙

27 글의 내용에 맞는 표현 찾기 ★★☆ | 정답 3

해석 점원이 권해 주는 대로 고가의 물건을 사 버린 것을 후회하고 있다.

해설 ～がままには '～하는 대로 그대로"의 의미로 思(おも)うがまま(생각대로)·あるがままに(있는 그대로)·なるがままに(되는 대로)의 형태로 쓰인다.

어휘 高価(こうか) 고가 | 後悔(こうかい) 후회

28 호응관계 파악하기 ★★★ | 정답 4

해석 선진국의 적극적인 참가 없이는 환경문제의 해결은 불가능하다고 해도 과언이 아니다.

해설 ～にもかかわらず를 선택하기 쉽지만 뒤에는 역접의 결과(과거형)가 와야 하므로 ～なくしては가 가장 적절하다. 넣어야 할 어휘와 뒤에 오는 시제의 조화에도 주의하면서 문제를 풀도록 한다.

어휘 先進国(せんしんこく) 선진국 | 積極的(せっきょくてき) 적극적 | 参加(さんか) 참가 | ～なくしては ～없이는 | 環境問題(かんきょうもんだい) 환경문제 | 解決(かいけつ) 해결 | 過言(かごん)ではない 과언이 아니다

29 글의 내용에 맞는 문법형식 찾기 ★★★ | 정답 3

해석 최근 장애인의 고용 창출에만 머무르지 않고 자립을 도우려고 하는 움직임이 있다.

해설 ～にとどまらず 어떤 사항이 발전해 가는 것이 진행형임을 나타냄에 주의한다. ～のなんのとは '～라면서', ～におよばない는 '～에 미치지 않다', ～はずみには '～한 경위로, ～여세로'라는 뜻이다.

어휘 障害者(しょうがいしゃ) 장애인 | 雇用創出(こようそうしゅつ) 고용 창출 | ～にとどまらず ～에 멈추지 않고 | 自立(じりつ) 자립

30 경어의 올바른 사용 ★★★ | 정답 1

해석 죄송합니다만, 성함을 가르쳐 주실 수 있겠습니까? 오늘은 약속을 하셨는지요?

해설 お+ます형+いただける+でしょう의 형태로 높은 경의를 표현하고 있다. 경어는 형태를 익혀 두는 것이 무엇보다 중요하다.

어휘 恐(おそ)れ入(い)ります 죄송합니다, 황송합니다 | 本日(ほんじつ) 금일 | 申(もう)し上(あ)げる 말씀 올리다(言う의 겸양어)

31 대화 흐름에 맞는 관용어구 찾기 ★★☆ | 정답 2

해석 A : 제대로 할 수 있을까?
B : 걱정하지 마. 덜렁이 스즈키 씨도 아닌데 뭘. 맡겨.

해설 ～じゃあるまいし 앞에는 부정적인 이미지의 말이 오는 것이 특징이며, 상대방에게 자신이 그와 반대로 잘할 수 있다는 안도감을 주기 위해 사용하는 말이다.

어휘 心配(しんぱい) 걱정, 염려 | おっちょこちょい 덜렁이 | ～じゃあるまいし ～도 아니고 말이지 | 任(まか)す 맡기다

32 수익동사의 용법 알기 ★★☆ | 정답 4

해석 A : 이 일, 저 같은 사람이 해도 될까요?

B : 물론이지. 이 일로 조금이라도 자신감을 얻었으면 해.

해설 상대방에게 어떤 일을 했으면 좋겠다는 희망사항을 전달할 때 ～てもらう·～てもらいたい를 많이 사용한다. 또한 이 경우에는 수동이 아니므로 주의한다.

어휘 自信(じしん)をつける 자신감을 얻다

33 유사어의 올바른 용법 찾기 ★★★ | 정답 2

해석 선물을 샀습니다. 다음 주에 인사도 드릴 겸 댁에 들르겠습니다.

해설 ～がてら·～かたがたは ～のついでに(～하는 김에), ～そばからは ～するとすぐ(～하면 바로)와 같은 뜻이다. 단 ～がてら가 ～かたがた보다 구어적이므로 이 문제에는 ～かたがた가 적절하다. 문어체인지 구어체인지 구별해 사용하는 것도 중요하다.

어휘 お土産(みやげ) 선물, 토산품 | お宅(たく)を伺(うかが)う 댁에 방문하다 | ～かたわら ～함과 동시에 | ～ぬきで ～을 제외하고

34 문법형식 파악하기 ★★☆ | 정답 1

해석 A : 어떨까? 다나카 씨라면 분명 이 일, 해 줄 거야 그치?
B : 글쎄. 부탁하기에 따라서는 해 줄 거라고 생각은 하지만 말이야.

해설 名詞(－の)+いかんでは / いかんによっては의 형태로 '～에 따라서는'이라는 의미로 사용된다. ～によっては보다 딱딱한 표현이다.

어휘 頼(たの)み 부탁 | ～ならでは ～이 아니고는 | ～ともなると ～이라도 되면

35 뉘앙스에 맞는 올바른 용법 파악하기 ★★☆ | 정답 3

해석 그 사람은 자신이 듣고 싶지 않은 것은 안 들으려는 경향이 있다.

해설 ～のきらいがある·～するきらいがある의 형태로 '～하는 경향이나 습성이 있다'는 의미로 쓰인다. 특히, 좋지 않은 경향에 대해 사용되는 경우가 많으니 앞에 어떠한 뉘앙스의 어휘가 오는지 살펴보아야 한다.

어휘 ～にかたくない ～하기 어렵지 않다 | ～までのことだ ～뿐이다, ～그만이다

문제6 문장만들기 문제

나열된 어휘를 문장의 의미가 통하도록 조합하는 문제이다. 문맥에 맞게 나열하며, 나열할 때는 조사 등의 연결에 유의한다. _★_ 이 있는 부분에 들어가야 할 어휘를 고르는 문제이므로 위치에 혼동이 없도록 한다.

36 ~ 40 다음 문장의 _★_ 에 들어갈 가장 알맞은 것을 1·2·3·4 중에서 하나 고르시오.

36 문장 끝의 올바른 반문 표현 고르기 ★★★ | 정답 3

완성문 大義名分はつけているものの、厳密に言って環境破壊でなくてなんだろう。

해석 대의명분을 내세우고 있기는 하지만, 엄밀히 말해서 환경 파괴가

아니고 **무엇**이란 말이냐.

해설 반문 표현으로 ～でなくてなんだろう는 '～이 아니고 무엇이겠느냐'는 뜻이다. 같은 표현으로는 ～と言わずしてなんだろう、～そのものだ、～にほかならない가 있다. 올바른 배열 순서는 4-1-3-2이다.

어휘 大義名分(たいぎめいぶん) 대의명분 │ 厳密(げんみつ) 엄밀 │ 環境破壊(かんきょうはかい) 환경 파괴

---

[37] 대조, 대비, 예시를 나타내는 문법 찾기 ★★☆ │ 정답 2

완성문 常時禁煙しろとまでも言わないが、決まった場所だけで吸ってほしいものだ。

해석 항상 금연하라고__까지__ 말하진 않겠지만, 정해진 장소에서만 피웠으면 한다.

해설 '～하지 않을지언정, ～까지는 아니더라도'의 의미로 말하는 정도에는 좀 못 미치는 정도 혹은 최소한 그 정도까지는 해야 한다는 의미이다. ～までもない(～할 것까지도 없다)와 혼동하지 않도록 순서에 주의하여 암기한다. 올바른 배열 순서는 3-1-2-4이다.

어휘 常時(じょうじ) 항상, 상시 │ 禁煙(きんえん) 금연 │ 場所(ばしょ) 장소

---

[38] 동조를 나타내는 표현 고르기 ★★★ │ 정답 3

완성문 高齢化が進むにつれ、認知症老人の介護が問題になっている。しかし、これからは介護__のこともさることながら__いかに予防するかがさらに重要といえる。

해석 고령화가 진행됨에 따라 인지증 노인의 간호가 문제가 되고 있다. 그러나 앞으로는 간호의 문제도 물론 그렇지만 어떻게 예방하느냐가 더욱 중요하다고 할 수 있다.

해설 A도さることながら B는 'A도 물론 그러하지만, B도'라는 표현으로 もさることながら 앞에는 명사가 온다. 또한 さる(然る)는 '그럴 만한 일, 당연한 일'이라는 의미라는 것을 알아두도록 한다. 올바른 배열 순서는 2-4-3-1이다.

어휘 高齢化(こうれいか) 고령화 │ ～につれ ～함에 따라서 │ 認知症(にんちしょう) 인지증 │ 介護(かいご) 간호 │ 予防(よぼう) 예방

---

[39] 이유를 나타내는 올바른 문법 알기 ★★★ │ 정답 3

완성문 彼は自らの罪から逃れんがため、虚偽の証言をしたばかりか、他人に罪をなすりつけたのだ。

해석 그는 __스스로의 죄로부터 도망치기 위해__ 허위 증언을 했을 뿐만 아니라 다른 사람에게 죄를 뒤집어 씌웠던 것이다.

해설 ～んがため(に)는 동사 ない형에 접속해 ～するために(～을 위해)와 같은 뜻을 나타낸다. 즉, ない+ん+がために・がため의 형태가 되며 する에 접속할 경우에는 せんがため가 된다는 점을 잘 기억해 두자. 올바른 배열 순서는 4-1-3-2이다.

어휘 罪(つみ) 죄 │ 虚偽(きょぎ) 허위 │ 証言(しょうげん) 증언 │ ～ばかりか ～뿐만 아니라 │ なすりつける 뒤집어씌우다

---

[40] 한정을 나타내는 표현 고르기 ★★☆ │ 정답 4

완성문 彼は科学者であるのみならず、世界的に有名な探険家

でもある。

해석 그는 과학자일 뿐만 아니라 세계적으로 유명한 탐험가이기도 하다.

해설 ～のみならず는 '～뿐만 아니라'의 의미로 문어적 표현이다. 구어적으로는 ～だけでなく를 쓴다. 올바른 배열 순서는 1-3-4-2이다.

어휘 科学者(かがくしゃ) 과학자 │ 探検家(たんけんか) 탐험가

문제7 글의 문법 문제

문장 흐름에 맞는 문법을 찾는 문제이다. 독해 문제와는 달리 문법 문제이기 때문에 지문이 어렵지는 않으며, 글의 흐름을 파악하고 그에 맞는 문법을 찾아내는 것이 중요하다.

[41]～[45] 다음 글을 읽고 문장 전체의 취지를 근거로 [41] 부터 [45] 안에 들어갈 가장 알맞은 것을 1·2·3·4 중에서 하나 고르시오.

과거, 환경 보전은 '보호인가, 개발인가'라는 두 항목 대립으로 이야기되어 왔다. 이러한 사고는 개발을 우선시하는 측과 보호를 우선시하는 측과의 사이에서 많은 갈등(주1)을 빚어 왔다. 그러나 이 세상에 존재하는 다양한 생물종을 가능한 멸종시키지 않고 후세에 남기기 위해서는 단순히 인간의 활동을 배제한, 손때 묻지 않은 자연을 어딘가에 남겨 놓는 것만으로는 [41] 충분치 않다.

인간도 생물이며, 인간은 자연을 이용하지 않으면 살아갈 수 없다. 한편, 다른 생물의 대부분도 인간과의 관계 속에서 여러 가지 적응을 해 왔다. 지금 존재하는 생물의 다양성이란 이러한 인간과 자연과의 관계의 상대적인 결과이다. 이 생물다양성을 보전하기 위해서는 인간과 자연과의 관계를 전체적으로 재고하고, 회복 불가능하게 될 정도로 자연을 일방적으로 수탈(주2)하지 않고 인간이 행복해지기 위해서는 무엇을 하면 좋은지를 [42] 찾지 않으면 안 된다.

생물다양성 보전의 중요성은 국제적으로 [43] 인식되고 있으며, '생물다양성 조약'이라는 국제 조약이 있다. 일본은 조약 채택 이듬해인 1993년에 체결국이 되었다. 생물다양성 보전은 틀림없이 [44] 여전히 일본의 국가적 과제인 것이다.

개발과 경제 발전은 단기적인 이익을 낳기 때문에 매력적이다. 물질적으로 풍요로워져 편한 생활을 하는 것도 단기적인 쾌락이며, 매력적이다. 그에 비해 회복 불가능하게 되지 않을 정도로 자연의 이용을 자제하고, 후세에 생물다양성을 남기는 것은 아마 자기 자신은 그 혜택을 입을 일이 없을 것이며, 장기적인 이익이다. 이러한 [45-a] 장기적인 이익을 위해 [45-b] 단기적인 이익을 참는 것은 보통은 어렵다. 그러나 많은 사람들이 환경 문제를 중요한 문제라고 인식하고 있는 지금, 이 장기적 이익에 가치를 발견하려는 사람은 많지 않을까?

(주1) 갈등 : 대립하고 관계가 어려워지는 일
(주2) 수탈 : 강제적으로 빼앗는 것

어휘 かつて 이전에, 과거에 │ 環境保全(かんきょうほぜん) 환경 보전 │ 二項(にこう) 두 개의 항목 │ 葛藤(かっとう) 갈등 │ 排除(はいじょ) 배제 │ 手(て)つかず 손이 닿지 않은 │ 適応(てきおう) 적응 │ 遂(と)げる 이루다, 달성하다 │ 多様性(たようせい) 다양성 │ 相対的(そうたいてき) 상대적 │ 修復(しゅうふく) 수복, 복원 │ 収奪(しゅうだつ) 수탈 │ 採択(さいたく) 채택 │ 締約国

(ていやくこく) 체결국 | 快楽(かいらく) 쾌락 | とどめる 멈추
다 | 恩恵(おんけい)をこうむる 은혜를 입다

41 문법적 호응 관계 파악하기 ★★☆　　　　│ 정답 4

해설　문맥상으로 '손때 묻지 않은 자연을 어딘가에 남겨 놓는 것만으로
는 충분치 않다'가 가장 자연스럽다. ～だけでは～ない가 '～만
으로 ～치 않다'는 호응 관계를 이룬다는 것을 알아두자.

42 글의 흐름에 맞는 표현 찾기 ★★☆　　　　│ 정답 1

해설　'자연을 일방적으로 수탈하지 않고 인간이 행복해지기 위해서는
무엇을 하면 좋은지를 찾지 않으면 안 되는 것이다'는 문장이 되도
록 선택지에서 고른다. 선택지를 차례대로 넣어 보았을 때 자연스
러운 문맥이 되어야 한다.

어휘　探(さぐ)る 찾다, 탐색하다

43 수동 표현 찾기 ★★☆　　　　│ 정답 3

해설　문맥상 가장 자연스러운 '생물다양성 보전의 중요성은 국제적으로
인식되고 있으며'가 되도록 수동 표현인 認識される를 선택한다.

어휘　いまになっては 지금이 되어서는 | いまや 지금이야말로, 지금은

44 문맥에 맞는 부사적 표현 고르기 ★★☆　　　　│ 정답 3

해설　1993년에 체결국이 되었으며 그 이후로 '여전히'라는 것을 강조하
고 있으므로 이에 해당되는 いまでも를 고르면 된다.

45 글의 흐름 파악하기 ★★★　　　　│ 정답 4

해설　開発、経済発展＝短期的利益、後世に生物多様性を残
す＝長期的利益라는 것을 염두에 둔다. 결국 인간이 당장 혜택
을 입을 수는 없으나 후세를 위한 '장기적 이익'을 위해 '단기적인
이익'이 어렵더라도 감수해야 한다고 주장하고 있다. 이에 맞는 선
택지를 고르면 된다.

：독해：

문제8 단문이해 문제

200자 내외의 생활, 업무, 학습 등을 주제로 한 설명문이나 지시문을
읽고 내용을 파악하는 문제이다. 가장 중요한 것은 필자의 주장을 빨
리 파악하는 것이다. 질문에 유의하며 글을 읽도록 한다.

46 ～ **49** 다음의 (1)부터 (4)의 글을 읽고, 다음 질문에 대한 답
으로 가장 알맞은 것을 1·2·3·4 중에서 하나 고르시오.

46 내용의 인과관계 파악하기 ★★★　　　　│ 정답 3

(1)

　눈앞에 있는 사람의 이름이 떠오르지 않아 곤란했던 적은 없는가?
노래방에서 노래 제목이 생각나지 않아 괴로웠던 적은 없는가? 멋
진 말을 하려고 했는데 생각이 나지 않아 좌절하고는 간단한 인사로
만 끝낸 경험은 없는가?

　뇌에는 '생각해 내는 과정'이라는 것이 있는데, 먼저 기억은 '전두
엽'에 저장되어 있어, 그것을 '전두엽'에서 '이 기억을 꺼냈으면 한다'
는 지령을 받고 우리들 인간은 무언가를 생각해 낸다고 한다. 생각을
잘 꺼내지 못하면 전두엽의 '지령'은 '부탁'으로 바뀌고, 마지막에는
'간원(주)'이라는 형태로 바뀌는 모양이다. 그러나 아무리 노력을 한들
생각해 낼 수 없는 것은 생각할 수 없다.

　잊어버리면 '노력해 생각해 내는 게 좋다'고들 하는데 그 생각해
내는 노력이 전두엽과 측두엽 사이의 회로를 점점 두껍게 해 생각해
내기 쉽게 한다는 이유에서라고 한다.

(주) 간원 : 절실하게 바라는 일

해석　생각해 내기 쉽게 한다는 것은 왜인가?
　　　1 기억은 '전두엽'에 저장되므로
　　　2 '생각해 내는 과정'은 노력하면 바로 움직이므로
　　　3 생각해 내는 노력에 의해 전두엽과 측두엽 간의 회로가 두꺼워
　　　　지므로
　　　4 전두엽의 지령이 '부탁'에서 '간원'으로 바뀌므로

해설　마지막 단락에서 생각해 내는 노력으로 전두엽과 측두엽 간의 회
로가 두꺼워지고 이로 인해 생각이 잘 난다고 설명하고 있다. 설명
문의 내용을 읽고 잘 파악하도록 한다.

어휘　悶々(もんもん) 몹시 애타는 심정 | 口(くち)にする 말하다 | 挫
(くじ)ける 좌절하다 | 前頭葉(ぜんとうよう) 전두엽 | 蓄(たく
わ)える 저장하다, 비축하다 | 指令(しれい) 지령 | 懇願(こんが
ん) 간원, 간절한 부탁 | 側頭葉(そくとうよう) 측두엽 | 理屈(り
くつ) 이유

47 비즈니스문에서 내용에 맞는 제목 파악하기 ★★☆　　　　│ 정답 3

(2)

도요타 시게키 님

　　　　　　　　　　　　　　　　　주식회사 글로벌 상사
　　　　　　　　　　　　　　　　　인사부장 미야타 나가오

(합격 통지 및 면접 시험 안내)

근계 요즘 더더욱 건승하시리라 믿어 마지않습니다.
다름이 아니오라, 지난번에 실시한 채용 시험의 결과, 제2차 전형에
합격하셨기에 연락드립니다.
이에, 하기의 요령으로 제3차 전형인 면접 시험을 실시하오니 참석
하시도록 부탁드리는 바입니다.

　　　　　　　　　　　　　　　　　　　　　　　　　　경구

　　　　　　　　　　　　　　기

1. 일시 : 4월 5일(금요일) 10시부터 10시 30분
2. 장소 : 본사 빌딩 9층 회의실

불분명한 점 등이 있으시면 인사 담당 오타: 전화(03-1234-5678)로
문의해 주십시오.

　　　　　　　　　　　　　　　　　　　　　　　　　　이상

해석　이 글의 제목으로서 (　　　) 안에 들어갈 것은 어느 것인가?
　　　1 회사 안내 및 합격 통지
　　　2 합격 통지 및 제출 서류 연락

（左段）

　　3　합격 통지 및 면접 시험 안내
　　4　내정 통지 및 면접 시험 안내

해설　제2차 전형의 합격 통지와 함께 제3차 전형인 면접 시험을 안내하고 있다. 전체 내용을 아우르는 제목이 무엇인지 파악하는 것이 중요하다.

어휘　株式会社(かぶしきがいしゃ) 주식회사 ｜ 商事(しょうじ) 상사 ｜ 人事部長(じんじぶちょう) 인사부장 ｜ 拝啓(はいけい) 근계, 배계, 편지 머리말에 쓰는 인사말 ｜ 健勝(けんしょう) 건승 ｜ さて 다름이 아니오라 ｜ 先般(せんぱん) 지난번 ｜ 実施(じっし) 실시 ｜ 選考(せんこう) 전형, 시험 ｜ 要領(ようりょう) 요령 ｜ 敬具(けいぐ) 경구, 편지 마지막에 쓰는 인사말 ｜ 不明(ふめい) 불명 ｜ お問(と)い合(あ)わせ 문의

[48]　설명문의 내용 이해하기　★★★　｜정답 4

(3)
　영국의 유명한 경제학자 존 메이너드 케인즈는 '매매 시세란 미인투표이다'라고 말했다. 전문가는 투자하는 데 있어 그 회사의 업적과 시장을 둘러싼 환경 등을 고려해 결정하는 것이 아니라, 다른 투자가들은 어떠한 종목을 사는가를 예상해서 산다는 것이다. 또한 케인즈는 저서에 '전문가가 하는 투자는 투표자가 100장의 사진 중에서 가장 미모가 아름다운 6명을 고르고, 그것이 투표자 전체의 평균적인 기호에 가장 근접했던 사람에게 상품이 주어지는 것이다. 이 경우, 각 투표자는 자신이 가장 아름답다고 생각하는 용모의 사람을 고르는 것이 아니라 다른 투표자의 기호에 가장 맞다고 생각되는 용모의 사람을 선택하지 않으면 안 된다. 게다가 투표자 모두가 같은 관점에서 투표하고 있다'고 저술하고 있다.

해석　전문 투자가가 생각하는 투자에 대해 가장 가까운 것은 어느 것인가?
　　　1　주식의 매매 시세는 '미인대회'와 같은 것으로, 가장 업적이 좋은 종목을 골라 투자한다.
　　　2　'미인대회'의 심사위원과 같이 무기명으로 투표해서 종목을 결정한다.
　　　3　회사의 업적이나 둘러싼 환경을 잘 생각한 후에 다른 투자가의 기호에 맞는 종목에 투자한다.
　　　4　회사의 업적이나 환경 등은 따지지 않고 다른 투자가의 눈치를 보고 투자한다.

해설　업적과 환경보다는 미인대회와 같이 다른 투표자들이 고를 것 같은 종목에 투자한다고 서술하고 있다. 비슷한 내용처럼 보이지만 선택지를 잘 읽고 신중히 골라야 한다.

어휘　経済学者(けいざいがくしゃ) 경제학자 ｜ 相場(そうば) 매매 시세 ｜ 投票(とうひょう) 투표 ｜ 玄人(くろうと) 전문가 ｜ 業績(ぎょうせき) 업적 ｜ 取(と)り巻(ま)く 둘러싸다 ｜ 銘柄(めいがら) 종목 ｜ 美貌(びぼう) 미모

[49]　키워드의 내용 이해하기　★★★　｜정답 2

(4)
　행동 콘트롤은 기본적으로는 감정에 얽매이지 않는 콘트롤이다. 감정을 직접 건드리려 하면 역효과가 나는 경우가 있기 때문에 행동을 콘트롤하면서 결과적으로 감정에 접근한다는 사고방식이다.
　행동 콘트롤의 대표적인 것은 행동요법이지만, 원래 행동요법은 동물 훈련 등에서 나온 것이다. 동물에게 감정이 있건 없건 인간이 감정에 따라 동물을 움직이게 하는 것은 아니다. 감정적으로 화가 나

（右段）

소리쳐도 동물이 얌전해질지 어떨지는 잘 알 수 없다. 애완동물인 개나 고양이에게 소리를 쳤을 때 개나 고양이는 일단은 얌전해진 것처럼 보일지도 모르지만, 그 직후에 덤벼들어 물 가능성이 없다고는 할 수 없다. 동물의 행동은 감정 레벨로는 읽어내는 것이 어렵다. 동물에게 적응 행동을 시키려면 감정에 초점을 맞추지 않는 기술을 사용하는 수밖에 없었다. 그것이 상과 벌을 필두로 하는 행동요법 수법의 기초가 되고 있다.

해석　필자가 주장하는 '행동 콘트롤'이 아닌 것은 어느 것인가?
　　　1　동물 훈련 등이 대표적인 예이다.
　　　2　동물에 대해서는 감정적으로 소리치는 기술을 사용한다.
　　　3　상과 벌을 사용하는 것도 행동 콘트롤 중의 하나이다.
　　　4　감정에 얽매이지 않는 수법이다.

해설　행동 컨트롤의 대표적인 예가 행동요법이며 이는 동물 훈련에서 나온 것으로, 감정에 얽매이지 않고 상과 벌을 포함한 것이 행동요법의 기초가 된다고 주장하고 있다. 여기에서는 그에 해당되지 않는 것을 골라야 하므로 정답은 2번이다.

어휘　絡(から)む 얽히다, 밀접한 관계를 가지다 ｜ 逆効果(ぎゃくこうか) 역효과 ｜ アプローチする 어프로치하다, 접근하다 ｜ 行動療法(こうどうりょうほう) 행동요법 ｜ しつけ 예의범절을 가르침 ｜ あるにせよないにせよ 있건 없건 ｜ 怒鳴(どな)る 소리치다, 고함치다 ｜ いったん 일단 ｜ 飛(と)びかかる 덤벼들다 ｜ 噛(か)みつく 물어뜯다 ｜ 適応行動(てきおうこうどう) 적응행동 ｜ 焦点(しょうてん)を当てる 초점을 맞추다 ｜ 賞(しょう) 상 ｜ 罰(ばつ) 벌 ｜ 手法(しゅほう) 수법

문제9　중문이해 문제

500자 내외의 평론이나 수필 등의 지문을 읽고 문장의 인과관계와 이유 등을 파악하는 문제이다. 질문을 먼저 읽고 질문 내용에 유의하며 지문을 읽어 내려가는 것이 효율적이다. 최근에는 본문의 어휘를 선택지에서 풀어서 쓰는 경우가 많으므로 유의한다.

[50]～[58]　다음의 (1)부터 (3)의 글을 읽고, 다음 질문에 대한 답으로 가장 알맞은 것을 1·2·3·4 중에서 하나 고르시오.

[50]～[52]

(1)
　사람들은 얼굴을 감추지 않게 되었다. 얼굴이 여기저기에 넘쳐나고 있다. 번화가나 사무실에, 브라운관 속에, 잡지 표지에, 전화 부스의 광고지나 포스터에……. 그런데 한편으로 얼굴을 느끼고, 얼굴에 접한다는 경험이 매우 드물어진 것 같은 생각이 든다. 우리는 대부분의 용건을 전화나 팩시밀리로 끝내고, 실제로 얼굴을 맞대고 교섭하는 일은 드물어지고 있다. 백화점에 가도 점원의 웃는 얼굴에는 자주 접하지만, 그것이 진짜 얼굴이냐 하면 오히려 기호라고 하는 편이 실제적으로 맞다. 〈얼굴〉은 이제 범람하고 있는 것인가, 아니면 궁핍해져 있는 것인가, 과잉인가, 아니면 과소인가.
　내가 여기서 생각해 보고 싶은 것은 〈얼굴〉이라는 현상에 대해서이다. 그러나 어느 〈얼굴〉부터 시작할지, 〈얼굴〉에 어디서부터 접근할지가 되면 이것이 의외로 어렵다.

예를 들어, 〈얼굴〉은 항상 누군가의 얼굴이다. 그렇다고 하면 '누구'라는 문제를 제외하고 혹은 '누구'라는 계기를 뺀다면 의미가 있는 것일까? 라는 의문이 우선 들게 된다. 우리는 타인의 얼굴을 그리는 일 없이 그 사람에 대해 생각을 펼칠 수는 없는데 그렇다고 한다면 이 물음 속에 이미 인칭(누구)과 얼굴의 관계라고 하는 〈얼굴〉을 둘러싼 가장 기본적인 문제 하나가 나타나 있다.

혹은 같은 사람의 〈얼굴〉일지라도 도대체 그의 어느 얼굴에 위치(주)하면 좋은가. 우리는 다음에 이러한 ①기묘한 물음에도 부딪치지 않을 수 없다. 얼굴이라는 것은 불안정하다. 얼굴은 정지해 있지 않다. 남성의 경우, 아침에 정돈한 얼굴도 저녁때가 되면 기름이 끼어 번질거리게 되고, 수염도 진해진다. 여성의 경우, 화장을 지우면 다른 사람인 것 같은 얼굴이 드러난다. 더욱이 사람은 얼굴을 '만드는' 경우도 있다. 이렇게 타인의 얼굴에 관해서는 우리가 보통 접하는 것은 그중 한 개나 두 개의 얼굴에 지나지 않는다. 게다가 그 얼굴은 그것이 누구에게 향해 있느냐에 따라 마치 채널을 바꾸는 것처럼 똑같이 변화한다. 그중 어느 것이 본래의 얼굴 혹은 본연의 얼굴이냐고 질문을 받는다면 ②필시 누구나 대답이 궁핍해질 것이다.

(와시다 키요카즈 「얼굴」에서)

(주) 정위 : 위치·자세를 일정하게 하는 것

어휘 溢(あふ)れる 넘치다 | 盛(さか)り場(ば) 번화가 | 乏(とぼ)しい 부족하다 | つきあわせる 맞대다, 대조하다 | 氾濫(はんらん) 범람 | 過剰(かじょう) 과잉 | ～をぬきにして ～을 빼고 | 人称(にんしょう) 인칭 | 定位(ていい) 일정한 위치 | 突(つ)き当(あ)たる 부딪치다 | 整(ととの)える 정돈하다 | 脂(あぶら)ぎる 기름 끼다 | てかてか 번쩍번쩍 | 髭(ひげ) 수염 | 別人(べつじん) 다른 사람 | チャンネルを替(か)える 채널을 돌리다 | 返答(へんとう)に窮(きゅう)する 대답하기 곤란하다

[50] 키워드의 내용 파악하기 ★★☆ | 정답 4

해석 '얼굴'에 대한 필자의 감상으로 맞지 않는 것은 어느 것인가?

1 백화점 점원의 웃는 얼굴은 기호라 해도 과언이 아니다.
2 접하는 타인의 얼굴은 일률적이라고는 말하기 어렵다.
3 '누구'를 뺀다면 의미가 없는 것이다.
4 자연스러운 얼굴을 보여주는 것은 불가능하다.

해설 사람마다 상황에 따라 다른 표정을 지으며, 백화점 점원의 웃는 얼굴은 거의 기호에 가깝다고 말하고 있다. 또한 각기 다른 표정 때문에 기묘한 기분이 든다고 하고 있지, 자연스러운 얼굴을 보이는 것이 불가능하다는 내용은 서술되어 있지 않다.

[51] 어구의 의미 파악하기 ★★★ | 정답 2

해석 ①기묘한 물음이라고 되어 있는데, 왜 기묘한가?

1 사람의 〈얼굴〉을 생각하는 일이 기묘해서
2 사람은 다양한 〈얼굴〉의 소유자라서, 어느 얼굴로 하면 좋을지 결정하기 어려워서
3 원래 사람에게는 본연의 〈얼굴〉이라 할 수 있는 것이 없어서
4 사람의 〈얼굴〉은 늘 같아서

해설 사람은 다양한 얼굴의 소유자라 어느 얼굴이 진짜인지, 그리고 어느 얼굴에 접근해야 할지 몰라 기묘한 기분이 든다고 말하고 있다.

[52] 내용의 인과관계 파악하기 ★★★ | 정답 1

해석 ②필시 누구나 대답이 궁핍해질 것이다의 이유는 무엇인가?

1 〈얼굴〉은 다양하고 대하는 사람마다 다른 얼굴을 보여줘서
2 우리가 보고 있는 〈얼굴〉은 있는 그대로의 자연의 것이 아니라서
3 〈얼굴〉의 동일화 문제는 어려워서
4 〈얼굴〉이 범람하고 있어서

해설 얼굴이 다양하고 대하는 사람마다 각자 다른 얼굴을 보이므로 원래 얼굴이 어느 것이냐 질문을 받는다면 대답하기 무척 어려울 것이라고 주장하고 있다. 제시되는 문장의 앞뒤 문장에 이유를 나타내는 경우가 많으므로 주의해 살펴본다.

[53] ～ [55]

(2)

직장에서 발생하는 문제는 한 사람의 힘으로는 어쩔 수 없는 것이 의외로 많다.
①'세 사람이 모이면 문수보살(주)의 지혜'
라는 속담에도 있듯이 평범한 인간, 평균적인 인간이 서너 명이 모임으로써 문수보살과 같은 뛰어난 지혜가 솟아 나오기 때문에 문제를 해결할 수 있게 된다. 그렇다면 어째서 ②그러한 현상이 일어나는 것일까? 보통 사람, 평균적인 인간이라도 인간은 십인십색, 백인백태라고 해서 한 명 한 명이 다른 존재이다. 이 차이에 주목하면 직장에서 일을 하는 사람은 연령, 입장, 가치관, 사고방식 등이 그야말로 다른 사람들인 것이다. 차이가 눈에 띄거나 특히 차이를 강조하는 사람은 '이상한 사람' '별난 사람'으로 보이기 십상인데, 정도의 차이는 있을지언정 사람은 한 명 한 명이 별난 존재라 해도 좋을 것이다. 그러므로 이질적인 사람들끼리 모여 이야기를 하고, 의견 교환을 함으로써 새로운 발견이 생겨나고, 그것들이 집결되어 한 명의 인간으로는 생각해 낼 수 없는 해결책이 만들어지게 되는 것이다.

또한 회의는 다음과 같은 효용도 있다.
업무의 세분화, 전문화가 진행되고 있는 지금 시대, 자신의 담당 업무 이외에 주위 사람들이 어떤 일을 하고 있는지 전혀 모르는 사람이 많다. 그것이 타 부문이 되면 그 정도는 심해진다. 본인이 적극적으로 알려는 노력, 정보 수집을 해야만 하지만 그럴 여유가 없다. 자신의 일만으로도 정신이 없기 때문이다. 그러나 회의에 출석함으로써 지식을 효과적으로 흡수할 수가 있다.

과내 회의에서는 동료·선배 등의 일의 현황, 문제점을 들을 수 있다. 확실하지 않은 점은 질문을 하여 배울 수도 있다. 타 부문과의 회의에서는 서로 업무에 관한 정보교환을 하고 타 업무에 관한 정보를 얻는다. 다양한 정보를 수집함으로써 시야가 넓어지고 자신의 일도 다른 것과의 관련 속에서 폭넓게 이해할 수 있게 된다.

인간은 자신의 껍질에 갇혀 있으면 사물을 보는 시각과 사고방식이 고정되기 십상이다. 동시에 자신과는 다른 의견을 갖고 있는 사람들의 사물을 보는 시각에 접해 봄으로써 자극을 받아 뜻하지 않은 새로운 발상이 생겨나게 된다.

(주) 문수 : 부처의 지혜를 상징하는 보살

어휘 手(て)に負(お)えない 감당 못하다 | 三人(さんにん)よれば文殊(もんじゅ)の知恵(ちえ) 세 명만 모이면 문수보살과 같은 지혜가 생겨난다 | 平均的(へいきんてき) 평균적 | 菩薩(ぼさつ) 보살 | 十人十色(じゅうにんといろ) 십인십색, 각인각색 | 百人

百様(ひゃくにんひゃくよう) 백인백양 　変(か)わった 별난
異質(いしつ) 이질 　効用(こうよう) 효용 　細分化(さいぶん
か) 세분화 　部門(ぶもん) 부문 　取得(しゅとく) 취득 　殻(か
ら) 껍질 　刺激(しげき)を受(う)ける 자극을 받다

53　어구의 의미 파악하기 ★★☆ 　　　　　| 정답 3

해석　①세 사람이 모이면 문수보살의 지혜의 의미로 맞는 것은 어느 것
인가?
　　　1 뛰어난 한 사람의 인간은 세 사람의 역할을 대신할 수 있다.
　　　2 문수 세 명의 지혜로 많은 사람이 구원을 받는다.
　　　3 평범한 인간이라도 몇 사람이 지혜를 짜내면 좋은 아이디어를
　　　　 생각해 낼 수 있다.
　　　4 보통 사람은 세 명 이상이 아니면 지혜가 샘솟지 않는다.
해설　문수보살은 지혜와 학문의 보살로 평범한 사람이라도 세 명 이상
　　　모이면 좋은 생각이 떠오를 수 있다는 뜻이다. 정답은 3번이다.

54　인과관계 파악하기 ★★★ 　　　　　| 정답 2

해석　②그런 현상이 일어난다는 이유는 무엇인가?
　　　1 주변 사람이 서로 돕기 때문에
　　　2 다른 의견 교환으로 새로운 해결책을 모색할 수 있기 때문에
　　　3 동료, 선배 등의 일의 현황, 문제점을 들을 수 있기 때문에
　　　4 지식을 효과적으로 흡수할 수 있기 때문에
해설　여러 사람의 의견을 들으면 새롭게 해결책이 떠오를 수 있으므로
　　　회의가 필요하다고 말하고 있다. 따라서 정답은 2번이다.

55　필자의 의도 파악하기 ★★☆ 　　　　　| 정답 4

해석　필자가 말하는 회의의 효용이 아닌 것은 어느 것인가?
　　　1 회의는 정보 획득의 장이다.
　　　2 회의는 타인으로부터 자극을 받는 장이다.
　　　3 회의를 통해 넓은 시야를 가질 수 있다.
　　　4 회의는 표현력을 익힐 수 있는 기회이다.
해설　필자는 마지막 두 단락에서 회의의 효용에 대해 설명하고 있는데
　　　4번 회의가 표현력을 익힐 수 있는 기회라고는 말하고 있지 않다.
　　　이런 문제의 경우, 글을 읽으면서 맞는 선택지를 체크해 나가는 것
　　　이 유리하다.

56 ～ 58

(3)
　　　말라리아 박멸[주1]을 위해 세계에서 널리 이용되게 된 송사리와 같
은 부류인 모기고기[주2]는 글자 그대로 모기를 없애 버릴 정도로 모기
유충을 포식하는데, 이것이 다른 물고기의 알을 먹는 것을 무시하면
큰일이 벌어진다. 특히, 양어지나 물고기 산란장에 모기고기를 풀어
놓으면 다른 물고기에게 커다란 피해를 끼친다.
　　　①생물농약은 화학 살충제와는 다른 의미로 수많은 위험을 안고 있
다. 특히, 종래 그 토지에 살지 않았던 동물을 들여오는 것은 안이하
게 해서는 안 된다. 일단 자연 안에 풀어 놓은 동물은 상황이 나빠졌
다고 해서 회수할 수가 없다. 그리고 그 동물이 새로운 환경에서 어디
에 어떻게 연쇄반응을 일으키게 될지는 우리에게는 예측할 수 없는
일이기 때문이다. 그 연쇄반응은 몇 단계인가 뒤에 나타나게 되면 그

것이 과연 이입된 동물의 영향에 의한 것인지 아닌지조차 알 수 없게
된다.
　　　이렇게 보면 농약에 손을 뻗어 실패한 우리는 지금 또 ②다른 종류
의 동일한 과오를 계속 범하려 하고 있다고 할 수 있다.
　　　이렇게 된 경위의 시작을 밝히자면, 동물 행동의 어떤 일면을 보고
거기에서 모든 것을 파악했다고 믿어 버리기 때문이다. 동물의 행동
이 갖는 다면성을 이해하지 못하고 해면에 뛰어오른 한 순간의 물고
기의 행동을 보고 바다 속까지 구석구석 다 보았다고 착각하는 듯한
경솔함이 우리를 파멸로 내몰고 있는 것이다.
　　　백만 종을 넘는 동물들 하나하나가 각각 짜내는 행동의 복잡함은
그야말로 상상을 뛰어넘는 것이 있으며, 그 복잡함을 알면 알수록 우
리는 겸허해지지 않을 수 없을 것이다. 실로 겸허함이야말로 우리가
동물의 행동으로부터 배울 수 있는 커다란 교훈이자 동시에 그것은
동물의 행동으로부터 무언가를 배우려 할 때의 기본적인 태도가 아
니면 안 될 것이다.

(주1) 박멸 : 멸망시켜 없애는 것
(주2) 모기고기 : 북아메리카 원산의 담수어

어휘　撲滅(ぼくめつ) 박멸 　カダヤシ 모기고기 　文字(もじ)どお
　　　り 글자 그대로 　絶(た)やす 없애다, 끊다 　ボウフラ 모기 유충
　　　捕食(ほしょく) 포식 　養魚池(ようぎょち) 양어지 　産卵場
　　　(さんらんじょう) 산란장 　放(はな)す 풀어놓다 　被害(ひがい)
　　　を及(およ)ぼす 피해를 미치게 하다 　生物農薬(せいぶつのう
　　　やく) 생물농약 　化学殺虫剤(かがくさっちゅうざい) 화학살
　　　충제 　幾多(いくた) 수많이 　はらむ 잉태하다 　持(も)ち込(こ)
　　　む 가지고 들어오다 　安易(あんい) 안이 　連鎖反応(れんさは
　　　んのう) 연쇄반응 　移入(いにゅう) 이입 　過(あやま)ちを犯
　　　(おか)す 잘못을 저지르다 　多面性(ためんせい) 다면성 　錯覚
　　　(さっかく) 착각 　軽率(けいそつ) 경솔 　駆(か)け立(た)てる
　　　휘몰다, 몰아대다, 강제로 가게 하다 　織(お)り出(だ)す 무늬를 짜내
　　　다 　想像(そうぞう)を絶(ぜっ)する 상상을 뛰어넘다 　謙虚(け
　　　んきょ) 겸허

56　키워드의 의미 파악하기 ★★★ 　　　　　| 정답 3

해석　①생물농약의 특징이 아닌 것은 어느 것인가?
　　　1 화학농약처럼 위험하다.
　　　2 생물농약은 어떠한 연쇄반응이 일어날지 검증되지 않았다.
　　　3 생물농약은 인간을 겸허하게 한다.
　　　4 생물농약의 다면성을 이해하지 않으면 안 된다.
해설　본문에서 말하는 것과 다른 것을 고르는 문제로, 생물농약이 앞으
　　　로 어떤 영향을 미칠지조차 인간은 파악할 수 없고 생물의 일면을
　　　보고 모든 것을 다 아는 듯한 착각을 하는 인간들은 겸허해야 한다
　　　고 하고 있을 뿐 생물농약이 인간을 겸허하게 한다는 주장은 하고
　　　있지 않다.
어휘　検証(けんしょう) 검증

57　키워드의 내용 이해하기 ★★★ 　　　　　| 정답 1

해석　②다른 종류의 동일한 과오란 무엇인가?
　　　1 동물의 다면성을 고려하지 않고 생물농약으로 사용하는 것
　　　2 화학농약을 사용하여 자연환경을 파괴하는 것

3 어떤 종의 동물을 박멸하여 절멸시키는 것
4 자연 속에 풀어 놓은 동물을 회수하는 것

해설　지금까지 화학농약을 사용해 자연환경을 파괴해 왔으나 생물농약이 환경파괴를 하지 않는다는 보장이 없으므로 또 다른 과오를 범하려 하고 있다고 필자는 경고하고 있다.

어휘　放(はな)つ 풀어 놓다

58 논설문의 주제 파악하기 ★★★　　　　　　| 정답 4

해석　필자가 가장 말하고 싶은 것은 무엇인가?
1 동물 행동의 복잡함은 상상을 뛰어넘는 것이라서 주의 깊게 연구하지 않으면 안 된다.
2 자연 속으로 동물을 풀어 놓을 때에는 신중하지 않으면 안 된다.
3 모기고기는 물고기의 알을 먹기 때문에 무시해서는 안 된다.
4 자연을 본받아 경솔하게 행동하지 말고 신중하고도 겸허하게 행동하지 않으면 안 된다.

해설　필자는 생물농약도 인간이 상상할 수 없는 환경파괴를 초래할 수 있으므로 근시안적으로 경솔하게 행동하는 것을 삼가고 신중하고도 겸허한 자세로 자연환경을 지켜야 한다고 주장하고 있다.

어휘　振舞(ふるま)う 행동하다

문제10 장문이해 문제

긴 지문을 읽고 필자의 생각이나 인과관계, 이유 등을 파악하는 문제이다. 이 유형의 문제에서는 저자의 의도를 파악하는 문제가 많이 출제되며, 전체 내용을 파악하는 것이 무엇보다 중요하다. 또한, 시간이 부족하므로 문제를 먼저 읽은 후 지문을 나중에 읽는 것이 좋다.

59 ~ **62** 다음 글을 읽고 다음 질문에 대한 답으로 가장 알맞은 것을 1·2·3·4 중에서 하나 고르시오.

　타인으로부터 ①'역시 개구리의 자식은 개구리야'라는 말을 들으면 납득하는 사람과 반발하고 싶어지는 사람으로 나뉘어질 것입니다. 피부색이나 머리카락 색, 외모 등은 틀림없이 부모로부터 물려받은 자질이 짙게 나타납니다. 그렇다면 좋은 머리도 모두 유전자로 결정되는 것일까요?
　같은 유전자를 가진 일란성쌍둥이를 예로 들어 설명해 봅시다. 각기 따로 자란 159쌍의 일란성쌍둥이와 이란성쌍둥이의 지능지수의 유전율을 비교하면 일란성쌍둥이 쪽이 유전율이 높다는 결과가 나옵니다. 여기에서 결론을 내자면 유전적 요소가 크게 지능지수에 영향을 미친다고 할 수 있습니다. 또한 다른 여러 연구를 보아도 지능지수에는 유전의 영향이 커서 50%에서 70%까지 유전이 영향을 미치고 있는 모양입니다.
　그렇다면 노력과 환경을 갖추는 것이 전혀 소용없는 일이냐 하면 그렇지는 않습니다. 그리고 어릴 적에 지능지수가 높으면 어른이 되어 일에서 성공이 약속되어 있느냐 하면 그렇다고도 할 수 없습니다. 최근 뇌과학 연구에 의해 ②뇌의 발달은 지식이나 경험에 의해 변화한다는 사실이 밝혀졌습니다.
　미국 프린스턴대학교의 엘리자베스 골드 박사는 과학잡지 『사이언스』에 '인식과 지각 등의 중요한 역할을 관장하는 대뇌피질에는 어른이 되어도 새로운 뇌세포가 생성된다'고 발표했습니다. 빨간털원

숭이를 사용한 실험에서 이 새로운 사실을 발견한 박사팀은 '인간의 뇌에서도 같은 현상이 일어나고 있다고 보여집니다. 새롭게 생성되는 뇌세포는 기억과 학습 등의 고도한 기능과 관련이 있는 것 같다'고 지적하고 있습니다. 또한 런던대학교의 엘레노어 맥과이어 박사(인지신경학)가 「미국 국립과학원 회보」에 게재한 연구 결과에 따르면 길을 잘 알고 있는 택시 운전수의 뇌의 일정 부위가 일반 사람보다 비대하다는 사실이 명확해졌습니다. 대뇌피질의 안쪽에 있는 '해마'라고 불리는 부위로, 신경세포의 수가 늘어났다는 것입니다. 30년 베테랑 운전수 중에는 3%나 그 부위가 커져 있다는 사실을 알게 되었습니다.
　이들 연구에서 증명된 것은 어른이 되어도 뇌는 사용하면 사용할수록 신경세포가 늘어난다는 사실입니다. 뇌의 신경세포는 태아기에 이미 네트워크를 만들어갑니다. 정보처리 구조가 형성된 이후, 뇌를 자꾸 사용해 단련함으로써 지식이 쌓입니다. 그리고 어른이 되어도 뇌를 사용함으로써 뇌는 변화하는 것입니다.
　최근 화제가 되고 있는 잡학 프로그램의 원점은 인간의 흥미, 관심입니다. ③잡학왕과 잡학다식(주1)의 달인이라 불리는 사람은 잡학가가 되려고 해서 된 것은 아닙니다. "이건 뭐지?"하고 관심을 갖고 '더 알고 싶다'는 의욕을 갖고 스스로 조사한 결과 자꾸 정보가 들어오게 되어 지식이 축적된 것입니다. 그리고 그것을 상기시키는 능력이 남들보다 뛰어났기 때문입니다.
　수백 명 단위로 고객의 이름과 얼굴, 회사명을 외우고 있는 호텔맨과 영업사원 등도 또한 그 분야의 '천재'라고 할 수 있겠지요. 흥미가 있는 분야에서 마음껏 충분히 뇌를 사용하고 있는 사람들이기 때문입니다.
　기억력을 단련시키고, 지식을 활용해 비즈니스 분야에서 '천재적인' 역할을 하는 사람들에게 공통되는 특징은 지식이 점재(주2)하지 않고 선이 되어 있다는 사실입니다. 그리고 여러 분야에서 지식을 응용할 수 있습니다. 타인은 그것을 '직감'이라고 할지도 모릅니다. 경험을 쌓아가는 중에 얻어낸 지식이 서로 연결되어 상승효과(주3)를 낳는 것입니다.
　그리고 자신의 가능성을 믿는 것도 일 잘하는 사람, 머리 좋은 사람의 공통점입니다. 자신감을 갖고 기억력을 단련하면 누구나 ④'천재적'인 활동을 하는 것은 결코 불가능하지 않습니다.

　　　　　　　　　　　(요네야마 기미히로 「기억 뇌를 강하게 하다」에서)

(주1) 온축 : 지식을 깊이 쌓고 저장하는 것. 또는 그 지식
(주2) 점재 : 여기저기에 점점이 있는 것
(주3) 상승효과 : 복수의 요인이 겹쳐, 그들 각각이 가져오는 효과 이상을 낳는 것

어휘　納得(なっとく) 납득 ┃ 反発(はんぱつ) 반발 ┃ 容姿(ようし) 외모 ┃ 資質(ししつ) 자질 ┃ 色濃(いろこ)い 기색이 짙다, 어떤 경향이 심하다 ┃ 遺伝子(いでんし) 유전자 ┃ 一卵性(いちらんせい) 일란성 ┃ 双生児(そうせいじ) 쌍둥이 ┃ 知能指数(ちのうしすう) 지능지수 ┃ 整(ととの)える 정리하다, 정돈하다 ┃ 脳科学(のうかがく) 뇌과학 ┃ 科学誌(かがくし) 과학지 ┃ つかさどる 맡다, 취급하다 ┃ 大脳皮質(だいのうひしつ) 대뇌피질 ┃ 認知神経学(にんちしんけいがく) 인지신경학 ┃ 掲載(けいさい) 게재 ┃ 肥大(ひだい) 비대 ┃ 海馬(かいば) 해마 ┃ ふくらむ 부풀다, 규모가 커지다 ┃ 胎児期(たいじき) 태아기 ┃ 情報処理(じょうほうしょり) 정보처리 ┃ 鍛(きた)える 단련하다 ┃ 特化(とっか) 특

화 | 蓄(たくわ)える 저장하다, 쌓아두다 | 雑学(ざつがく) 잡학 |
ウンチク 온축 | 達人(たつじん) 달인 | 蓄積(ちくせき) 축적 |
想起(そうき) 상기 | 博識(はくしき) 박식 | ひらめき 번뜩임 |
顧客(こきゃく) 고객 | 思(おも)う存分(ぞんぶん) 충분히, 실컷
| 点在(てんざい) 점재 | 相乗(そうじょう) 상승

---

59 주제 문장 이해하기 ★★☆ | 정답 3

해석 ①'역시 개구리의 자식은 개구리야'라고 되어 있는데, 어떠한 말인가?
  1 개구리의 유전자는 새끼에게 전해지지 않으면 안 된다.
  2 개구리의 신경세포는 특수해서 새끼에게도 이어져야 한다.
  3 부모로부터 물려받은 유전자는 어쩔 수 없이 닮았다.
  4 부모로부터 물려받은 자질은 훌륭한 것이다.

해설 그 자식은 부모를 닮았다는 뜻으로 자식은 부모의 유전자를 이어
받게 되어 있다는 뜻이다.

---

60 주어구의 의미 파악하기 ★★★ | 정답 4

해석 필자가 말하는 ②뇌의 발달에 관한 설명 중에서 맞지 않는 것은 어
느 것인가?
  1 뇌는 어른이 되어도 사용하면 새로운 뇌세포가 늘어난다.
  2 천재가 되려면 유전적인 요소가 상당히 영향을 미친다.
  3 흥미와 관심을 가지고 지식을 축적해 나가면 천재가 될 수 있다.
  4 천재는 유전적으로 결정되어 있는 거라서 경험과 지식에 의해
   변화는 전혀 없다.

해설 좋은 머리는 유전적인 요소도 영향을 미치지만 경험과 지식의 축
적에 의해 새로운 뇌세포가 형성되면서 '천재'가 될 수 있다고 주
장하고 있다. 따라서 정답은 4번이다.

---

61 인과관계 파악하기 ★★★ | 정답 2

해석 ③잡학왕과 잡학다식의 달인이 되는 이유는 무엇인가?
  1 원래 천재적인 번뜩임을 갖고 있으므로
  2 원래 탐구심이 왕성하고 의욕적으로 지식을 조사하여 그것이
   쌓이게 되므로
  3 자신도 모르는 사이에 자꾸 정보가 들어오므로
  4 원래 잡학가가 되려고 다양한 지식을 쌓으므로

해설 필자는 잡학왕과 잡학다식의 달인은 흥미와 관심을 가지고 의욕적
으로 조사하다 보니 지식을 갖게 되고 그것이 쌓여 상황에 맞게 활
용하는 능력이 있어서 되는 것이라고 말하고 있다.

---

62 글의 의도 파악하기 ★★☆ | 정답 1

해석 필자는 ④'천재적인' 활동을 가능하게 하는 것은 무엇이라고 생각
하는가?
  1 자신을 믿고 흥미를 가지고 계속 조사하는 것
  2 뇌의 발달을 위해 다양한 길을 외우는 것
  3 신경세포를 활성화시키기 위해 영업사원이나 호텔맨을 체험해
   보는 것
  4 여러 가지 분야에 지식을 응용해 보는 것

해설 필자는 천재적인 활동은 자신감과 흥미를 갖고 조사하면 신경세포
가 활성화되면서 가능해진다고 주장하고 있다. 장문이해 문제는
전체적인 내용과 필자가 주장하는 것을 이해하면 문제 풀기가 수
월해진다.

문제 11 통합이해 문제

같은 주제에 대한 복수의 글을 읽고 공통점과 차이점을 비교하거나
종합적으로 이해했는지를 묻는 문제이다. 질문과 선택지를 먼저 읽고
글의 주요 포인트를 표시하면서 읽으면 쉽게 정답을 찾을 수 있다.

63 ~ 65 다음의 A와 B는 각각 다른 신문의 칼럼이다. A와 B
양쪽을 읽고 다음 질문에 대한 답으로 가장 알맞은 것을 1·2·3·4 중
에서 하나 고르시오.

A

  지금 직장 안에서도 정신적 장애를 호소하는 사람이 늘어나고 있
다. 이러한 속에서 정신의학 세계에서 주목받고 있는 것이 정신과 식
사와의 관계를 연구하는 정신영양학이다. '의식 동원'이나 '병은 마음
에서부터' 등의 '상식'에 비춰 보면 음식과 기(마음 · 정신)가 연결되
어 있어도 특별히 이상한 일은 아니다. 오히려 지금까지 식생활의 관
점에서 정신 건강에 대해 이야기가 없었던 사실에 머리를 갸우뚱할
정도도.
  이 초스트레스 사회. 언제 누가, 우울증을 비롯한 정신 질환에 걸
려도 이상하지 않다. 게다가 항정신약의 부작용에 대해서도 여러 가
지 이야기를 듣게 되었다. 병에 걸려도 약에 절고 싶지는 않다. 음식
으로 마음의 병이 예방 · 치료된다면 반드시 지식을 도입하고 싶다.
  일본의 정신영양학은 뒤쳐져 있어 일본에서 연구가 시작된 것은
불과 수년 전부터이다. 반면, 구미에서는 10년쯤 전부터 식생활과 정
신 질환의 관련을 나타내는 연구가 급증하고 있으며, 이를 임상 현장
에서 활용하는 일도 드문 일이 아니게 되었다.

어휘 不調(ふちょう)を訴(うった)える 장애를 호소하다 | 精神医学
(せいしんいがく) 정신의학 | 栄養学(えいようがく) 영양학 |
医食同源(いしょくどうげん) 의식 동원 | 鑑(かんが)みる 비
추어 보다 | 特段(とくだん) 특단 | 首(くび)を傾(かし)げる 고
개를 갸우뚱거리다 | 疾患(しっかん) 질환 | 向精神薬(こうせい
しんやく) 향정신약 | 副作用(ふくさよう) 부작용 | 罹患(りか
ん) 이환, 병에 걸림 | 薬漬(くすりづ)け 약에 절다 | 臨床(りんし
ょう) 임상 | 療法(りょうほう) 요법

B

  식사 기록으로 불면에 대해 해석해 보자면 수면에 문제를 안고 있
는 사람은 저녁 식사시간이 늦거나 혹은 저녁 식사량이 많은 케이스
가 대부분이다. 현대인은 마지막 전철이 아슬아슬할 때까지 먹고 마
시고 집에 돌아와 내장이 소화라는 이름의 운동을 전력으로 하고 있
는데도 본인은 피곤하다며 우렁차게 코를 골며 즉각 자거나 한다. 이
래서는 수면의 역할인 몸을 쉬게 할 수 없다. 그러면 피로가 남는 것
은 당연하다 해도 과언이 아니다.
  게다가 곤란하게도 이러한 타입은 "위가 무거우니 아침밥은 필요
없어. 먹고 싶지 않아"가 되어, 생활 리듬이 엉클어지고 만다. 아침 끼
니를 거르는 것이 오전 중의 업무 효율을 떨어뜨리고 점심을 먹어야
겨우 스위치가 들어간다고 생각하면, 밤부터 낮까지 장시간 끼니를
걸렀으니 혈당치가 안정되지 않고 식후에는 졸리거나 몸이 나른해진
다. 일도 끝나 좋은 컨디션으로 돌아온 밤, 또 마셔러 가기가 반복된
다……. 그리고 다음 날 아침은 먹지 못한다……의 반복. 이 악순환은
어딘가에서 끊어 내지 않으면 몸은 언젠가 비명을 지르고 말 것이다.

어휘　読(よ)み解(と)く 풀어내다, 해석하다 ｜ 終電(しゅうでん) 마지막 전철 ｜ ぎりぎり 아슬아슬함, 빠듯함 ｜ 飲(の)み食(く)い 먹고 마시기 ｜ 内臓(ないぞう) 내장 ｜ 高(たか)いびきをかく 우렁차게 코를 골다 ｜ 即刻(そっこく) 즉각 ｜ 仕事効率(しごとこうりつ) 업무 효율 ｜ スイッチが入(はい)る 스위치가 켜지다 ｜ 欠食(けっしょく) 결식 ｜ 血糖値(けっとうち) 혈당치 ｜ 絶好調(ぜっこうちょう) 아주 좋음 ｜ またしても 또 ｜ 悪循環(あくじゅんかん) 악순환 ｜ 断(た)ち切(き)る 끊어내다

---

63 두 글을 비교 분석하기 ★★★　　　　　ㅣ 정답 1

해석　A와 B 어느 쪽 칼럼에도 서술되지 않은 내용은 어느 것인가?
　　1 비만은 마음의 병이 되기 쉽기 때문에 적절한 식사 조절이 필요하다.
　　2 야식으로 건강하지 못한 식습관이 만들어져 버린다.
　　3 지금은 스트레스 사회이기 때문에 정신적으로 이상해지는 것도 무리는 아니다.
　　4 아침을 먹지 않으면 일의 능률이 떨어지고 만다.

해설　A는 식사와 정신 건강이 중요시 되어야 한다는 내용의 칼럼이며, B는 밤의 음주로 인해 식사를 거르게 되는 등 건강하지 못한 식습관에 대해 다룬 칼럼이다. 두 글의 공통적인 주제와 차이점을 모두 파악해야 한다.

---

64 두 글의 서술 내용 비교하기 ★★★　　　　ㅣ 정답 2

해석　식사와 건강의 관계에 대해 A와 B는 어떻게 서술하고 있는가?
　　1 A도 B도 식생활은 건강에 미치는 영향이 크지만 하루 세 끼만 제대로 먹으면 건강한 생활을 보낼 수 있다고 한다.
　　2 A도 B도 식생활과 건강은 밀접한 관계가 있으며, 선순환이 되도록 유의하는 편이 좋다고 한다.
　　3 A에서는 제대로 된 식사를 하지 않아서 정신적인 병을 앓는 사람이 늘어나고 있다고 말하고 있으며, B에서는 야식을 먹음으로써 몸을 쉬게 하지 못한다고 말하고 있다.
　　4 A에서는 식생활과 정신의 관계성에 관한 과학적 연구가 구미에 비해 10년은 늦다고 말하고 있으며, B에서는 수면에 문제를 안고 있는 사람은 세 끼를 모두 먹을 수 없다고 말하고 있다.

해설　두 기사 모두 식생활과 건강은 밀접한 관련이 있다고 말하고 있으며, 제대로 식사를 하지 않아 정신병을 앓는 사람이 늘어난다는 이야기는 양쪽 모두 하지 않았다.

어휘　患(わずら)う 병을 앓다, 병이 나다

---

65 글의 주장과 다른 내용 찾기 ★★☆　　　　ㅣ 정답 4

해석　식생활과 건강에 대한 의견으로 맞지 않는 것을 하나 고르시오.
　　1 식생활이 정신 건강에도 영향을 미치고 있다고 생각되기 때문에 그 관련성에 대한 연구가 필요하다.
　　2 신체와 정신 건강을 위해 바른 식습관이 무엇보다 중요하다.
　　3 건강을 위해 수면도 바른 식생활도 중요하다.
　　4 장시간 결식을 하면 컨디션이 좋아진다.

해설　위 두 글의 주제는 식생활과 건강과의 관계에 대해 논한 글이다. 두 내용과 일치하지 않는 것을 고르는 문제이므로 하나라도 일치하지 않는 것이 있는지 눈여겨 보아야 한다. B에서는 장시간 결식을 하면 컨디션이 나빠진다고 주장하고 있으므로 정답은 4번이다.

문제12 주장이해 문제

사설이나 평론 등 추상적이고 논리적인 글을 읽고 필자의 주장이나 생각을 파악하는 문제이다. 질문을 먼저 읽고 필자의 논리에 맞춰 중요 부분이나 키워드에 표시하면서 읽어 내려가도록 한다.

66 ~ 69 다음 글을 읽고 다음 질문에 대한 답으로 가장 알맞은 것을 1·2·3·4 중에서 하나 고르시오.

　근래 문제화되고 있는 것이 익명성 하에 남을 비난하는 풍조이다. 특히 인터넷 사회는 익명성이 높기 때문에 ①자주 이 점이 문제가 된다.
　얼굴이 보이지 않는 곳에서 자신은 책임을 지지 않아도 되는 형태로 타인을 매도(주1)한다. 누군가가 말하거나 못매질을 하는 것은 제대로 된 싸움 방법이 아니다.
　이러한 수법은 ②비평 정신과는 본질적으로 다르다. 비평이라든가 비판이라고 하는 것은 더욱 정정당당한 정면 승부다. 누가 어떠한 입장에서 발언을 하고 있는지가 명확하지 않으면 안 된다. 그것을 위해서는 자신의 있는 그대로(주2)를 명확히 하고 같은 시합 장소에 설 필요가 있다.
　중요한 것은 비평은 개인의 인간성을 공격하는 것이 아니라 서로의 생각의 차이를 파헤치는 교류 방법이라는 사실이다.
　상대가 마음에 들지 않기 때문에 파헤치는 것이 아니라 오히려 상대의 인간성에 대한 이해와 신뢰라는 발판이 있기 때문에 솔직하게 전력을 다해 서로 부딪친다. 공격성을 갖고 서로 파헤쳤다고 해도 상대를 멸시하는(주3) 것이 목적이 아니다.
　예를 들어 사르트르와 까뮈는 사이가 좋은 시기도 있었지만 어떤 일을 계기로 격렬한 논쟁을 펼친다. 그 내용은 『혁명인가 반항인가 — 까뮈＝사르트르 논쟁』이라는 책으로도 만들어졌지만, 사상가인 이상, 의견이 완전히 일치하는 일은 있을 수 없다. 철저하고도 뜨겁게 서로 논쟁을 한다.
　결국, 두 사람은 완전히 갈라서게(주4) 되지만, 이 논쟁은 상대의 인신 공격이 아니며, 대단히 세밀한 논리를 구사하며 서로 논쟁을 한다는 의미에서는 논쟁의 정신으로서 관계성의 성실함이 유지되고 있었다.
　사상가, 문학자, 혹은 미술에서도 음악에서도 그렇지만, 날카롭게 서로 파헤치는 관계라는 것은 자신의 사고와 예술성을 깊이 파고 들어 보다 명확하게 언어화해 가는 작업의 일환이다.
　안 좋은 기분이 드는 일이 있어도 또 다음 날에 만난다. 상대가 싫어서 서로 논쟁을 하는 것이 아니라 서로 이해하기 위해 논쟁을 한다. 자신이 목표하는 것은 이런데 당신은 어떠하냐는 의식의 응수(주5)를 한다. 대화하는 것이 에너지원이 되어 있었다.
　그래서 교환되는 것은 각자가 지향해야 하는 것, 이상의 존재 방식으로, 말로 날카롭게 서로 논쟁하는 것으로 촉발되어 서로 레벨을 높여 간다.
　원래 비평 정신이라는 것은 자기 세계에 파묻히는 것이 아니라 타자성을 가지고 다른 의견을 받아들이는 것을 대단히 가치 있는 것이라고 보는 것에서부터 시작되고 있었다. 설령, 철저하게 당해 패배를 맛보았다 하더라도 그 응수에 의해 성장할 수 있다는 발상의 기본에 서 있다.
　거대한 타자성과 대치(주6)하면 할수록 자기 성장도 커지고, 분기함으로써 더욱더 아이덴티티를 획득해 나간다. 높은 곳까지 도달해 갈 수 있을 것이라고 생각된다.
　따라서 ③자극적일 필요가 있었을 것이다.

젊을 때에 그러한 비평 정신을 주고받으며 서로 파헤쳤던 사람들은 예사롭지 않을 정도의 터프함이라는 것을 얻고 있다.

(사이토 다카시 「부러지지 않는 마음 만들기」에서)

(주1) 매도 : 천하게 욕을 하는 것, 또는 그 말
(주2) 소성 : 사람이 태어난 집안이나 혈통, 태생이나 성장
(주3) 얕보다 : 열등하다고 멸시하다, 업신여기다, 깔보다
(주4) 배반 : 따르던 사람 등이 배반해 떠나는 것
(주5) 응수 : 서로 주고받는 것, 또 상대가 해 온 일에 대해 이쪽에서 돌려주는 것
(주6) 대치 : 대립하는 사람끼리 서로 노려본 채 가만히 움직이지 않고 있는 것

어휘 匿名性(とくめいせい) 익명성 ┃ バッシングする 비난하다 ┃ 風潮(ふうちょう) 풍조 ┃ 責任(せきにん)を問(と)う 책임을 묻다 ┃ 罵倒(ばとう) 매도 ┃ 袋叩(ふくろだた)き 많은 사람으로부터 비난을 당함, 뭇매 ┃ やり口(くち) 방법, 수법 ┃ 批評(ひひょう) 비평 ┃ 正々堂々(せいせいどうどう) 정정당당 ┃ 真っ向勝負(まっこうしょうぶ) 정면승부 ┃ 素性(すじょう) 혈통, 집안, 천성, 본성 ┃ 同(おな)じ土俵(どひょう)に立(た)つ 같은 씨름판에 서다 ┃ えぐり出(だ)す 도려내다, 파헤치다 ┃ 足場(あしば) 발판 ┃ 率直(そっちょく) 솔직 ┃ 全身全霊(ぜんしんぜんれい) 성심성의 ┃ 貶(おと)しめる 얕보다, 멸시하다 ┃ 論(ろん)じ合(あ)う 논쟁하다 ┃ 離反(りはん) 이반, 배반, 등을 돌리다 ┃ 人格攻撃(じんかくこうげき) 인격공격 ┃ 駆使(くし)する 구사하다 ┃ 掘(ほ)り下(さ)げる 파고들다 ┃ 作業(さぎょう)の一環(いっかん) 작업의 일환 ┃ 応酬(おうしゅう) 응수 ┃ 触発(しょくはつ) 촉발 ┃ 埋没(まいぼつ) 매몰 ┃ 他者性(たしゃせい) 타자성 ┃ 完膚(かんぶ)なきまでに 철저하게 ┃ 敗北(はいぼく) 패배 ┃ 喫(きっ)する 맛보다 ┃ 対峙(たいじ) 대치 ┃ 奮起(ふんき) 분기 ┃ さらなる 게다가, 더욱더 ┃ 獲得(かくとく) 획득 ┃ 高(たか)み 높은 곳 ┃ 尋常(じんじょう) 보통, 평범

---

66 **지시 내용 파악하기** ★★★ | 정답 4

해석 ①자주 이 점이 문제가 된다고 되어 있는데, 문제가 되는 것은 어느 것인가?
1 무엇을 하든 문제가 되지 않는 것
2 두 사람의 의견이 맞지 않아서 논쟁이 되는 것
3 점점 자극적인 사회가 되어 가는 것
4 익명성으로 남을 비난하는 분위기인 것

해설 '자주 이 점이 문제가 된다' 바로 앞 문장에서 '익명성으로 타인을 비난하는 풍조다'라고 말하고 있다. 지시어가 가리키는 내용이 무엇인지 정확하게 파악해야 한다.

---

67 **키워드의 의미 파악하기** ★★☆ | 정답 3

해석 필자는 ②비평 정신이란 무엇이라고 생각하고 있는가?
1 철저히 자신의 입장에서 상대를 바라보고 단점만을 지적한다.
2 의견이 일치하도록 조금씩 조정해 가도록 노력한다.
3 상대를 멸시하는 일 없이 서로의 다른 사고방식을 객관적으로 공격한다.
4 서로의 인간성에 대해 솔직히 이야기를 나눈다.

해설 필자는 '비평 정신'이란 어떤 입장인지를 명확히 해야 하며 인간성 공격이 아닌 서로 다른 생각에 대한 논리적이고 객관적인 공격이라고 말하고 있다. 따라서 정답은 3번이다.

---

68 **글의 인과관계 파악하기** ★★★ | 정답 1

해석 ③자극적일 필요가 있었을 것이다의 이유로 옳은 것은 어느 것인가?
1 객관성과 대립하는 것이 자기 성장과 연결되므로
2 의식의 소통으로 쾌감을 얻을 수 있으므로
3 자기 세계에 파묻혀 아이덴티티를 획득할 수 있으므로
4 의견 대립에서 패하여 정신적으로 강해지므로

해설 필자는 바로 앞 단락에서 '거대한 타자성과 대치하면 할수록 자기 성장이 커지고 분기함으로써 더욱더 큰 아이덴티티를 획득해, 더욱 높은 경지에 이를 수 있을 것이라 생각된다'고 말하고 있다. 따라서 정답은 1번이다.

---

69 **글의 주제 파악하기** ★★★ | 정답 2

해석 필자가 가장 말하고 싶은 것은 어느 것인가?
1 상대로부터 듣기 싫은 생각을 객관적으로 비평하는 것이 중요하다.
2 젊을 때 격렬하게 비평을 주고받은 사람에게는 터프함을 얻을 수 있다.
3 사상가, 문학자, 예술가는 명확한 언어성을 획득할 필요가 있다.
4 인신공격이 아니라 솔직하게 논쟁하는 것에 에너지원이 존재한다.

해설 필자가 가장 말하고 싶은 것은 글의 마지막 문장에 잘 나타나 있다.

문제13 정보검색 문제

실생활에서 많이 접하는 안내문이나 광고문 등을 보고 필요한 정보를 찾아내는 문제이다. 이 문제에서는 제시된 지문을 다 읽지 말고 문제에서 제시하고 있는 조건에 맞는 정답을 빠른 시간 내에 골라내는 것이 중요하다.

70 ~ 71 오른쪽 페이지는 국민건강보험 가입신청 안내이다. 아래 질문에 대한 답으로 가장 알맞은 것을 1·2·3·4 중에서 하나 고르시오.

● **국민건강보험 가입 신청 안내** ●

가입해야 할 이유가 발생한 날로부터 반드시 14일 이내에 신청을 부탁드립니다. 국민보험 가입 대상자에 대해서는 '국민건강보험에 가입하는 분이란'을 참조해 주십시오. 국민건강보험 가입 신청은 창구에서 접수합니다. 또한 신청이 가능한 것은 원칙적으로 세대주, 해당자 본인, 주민표상 동 세대원입니다.

■ **신청에 필요한 것**
전입 시: 본인 확인 가능한 것(면허증, 여권, 연금수첩 등)
외국 국적인 분의 전입 시:
재류카드 · 특별영주자 증명서(또는 외국인등록증)와 여권
외국 국적인 분이며 재류 자격이 '공용'인 분의 전입 시:
'거주 장소와 고용기간을 명확히 한 서면' 또는 '임대계약서'와 '여권'

근무지의 건강보험 탈퇴 시:

　　　퇴직일 · 직장의 건강보험 자격 상실 일자를 알 수 있는 것

생활보호 폐지 시: 본인 확인 가능한 것 외 보호 폐지 결정 통지

출생 시: 국민건강보험증, 모자건강수첩

■ **외국 국적인 분도 가입대상**

　외국 국적인 분이며 일본에서 재류 기한이 3개월 이상인 분의 경우, 또는 재류 자격이 '공용'인 분 중 3개월 이상 일본에 체재하는 분의 경우에는 국민건강보험에 가입하지 않으면 안 됩니다.

■ **접수 창구**

● 국민보험 · 연금과 자격부과

● 출장소

어휘　国民健康保険(こくみんけんこうほけん) 국민건강보험 ┃ 届出(とどけで) 신청 ┃ 参照(さんしょう) 참조 ┃ 世帯主(せたいぬし) 세대주 ┃ 該当者(がいとうしゃ) 해당자 ┃ 住民票(じゅうみんひょう) 주민표 ┃ 転入(てんにゅう) 전입 ┃ 免許証(めんきょしょう) 면허증 ┃ 年金手帳(ねんきんてちょう) 연금수첩 ┃ 外国籍(がいこくせき) 외국 국적 ┃ 永住者(えいじゅしゃ) 영주자 ┃ 登録証(とうろくしょう) 등록증 ┃ 在留資格(ざいりゅうしかく) 재류자격 ┃ 公用(こうよう) 공용 ┃ 雇用(こよう) 고용 ┃ 賃貸契約書(ちんたいけいやくしょ) 임대계약서 ┃ 脱退(だったい) 탈퇴 ┃ 退職日(たいしょくび) 퇴직일 ┃ 喪失日(そうしつび) 상실일 ┃ 保護廃止決定通知(ほごはいしけっていつうち) 보호 폐지 결정 통지 ┃ 母子健康手帳(ぼしけんこうてちょう) 모자건강수첩 ┃ 年金課(ねんきんか) 연금과 ┃ 資格賦課(しかくふか) 자격부과 ┃ 出張所(しゅっちょうしょ) 출장소

70　**필요 정보 골라내기** ★☆☆　　　┃ 정답 2

해석　미국에서 온 유학생 리사 씨는 국민건강보험에 가입하려고 하고 있다. 그녀는 언제 신청을 해야 하는가?

　　1 이사하고 나서 1주일 이내

　　2 이사하고 나서 2주일 이내

　　3 이사하고 나서 3주일 이내

　　4 일본에 체재하고 나서 3개월 이내

해설　안내문 첫 문장에 14일 이내에 신청하라고 되어 있다. 글에서 기한이 써 있는 부분에 신경을 기울여 보도록 한다.

71　**조건에 맞는 정보 고르기** ★★★　　┃ 정답 1

해석　리사 씨가 국민보험 가입 시에 필요로 하는 것이 모두 갖춰진 것은 어느 것인가?

　　1 외국인등록증명서, 여권

　　2 임대계약서, 여권, 건강보험자격 증명서

　　3 운전면허증, 거주지와 고용 기간을 명확히 하는 서류

　　4 특별영주자 증명서, 재류 카드

해설　외국인의 경우 외국인등록증명서와 여권이 필요하다. 리사 씨는 유학생이기 때문에 특별영주자 증명서가 필요하지 않으며, 고용으로 일본에 간 것이 아니기 때문에 임대계약서나 고용 관계를 알 만한 서류가 필요하지 않다.

: 청해 :

문제 1　과제이해 문제

내용을 듣고 문제 해결에 필요한 구체적인 정보를 찾아 이후 무엇을 해야 할지를 알아내는 문제이다. 두 사람의 대화가 나오므로 누가 무엇을 해야 하는지에 대한 정보를 정확하게 구별해야 한다.

1〜**6**　문제 1에서는 우선 질문을 들으세요. 그리고 나서 이야기를 듣고 문제용지의 1부터 4 중에서 가장 알맞은 것을 하나 고르세요.

예)　　　　　　　　　　　　　　　　　　　　　┃ 정답 3

3-1-01.mp3

女の人が新しい製品の企画書について男の人と話しています。女の人はこの後、何をしなければなりませんか。

女：課長、明日の会議の企画書、見ていただけるでしょうか。

男：うん、わかりやすくできあがってるね。

女：ありがとうございます。ただ、実は製品の説明がちょっと弱いかなって気になってるんですが。

男：うーん、そうだね。でも、この部分はいいかな。で、えーと。この11ページのグラフ、これ、ずいぶん前のだね。

女：すみません。

男：じゃ、そのグラフは変えて。あ、それから、会議室のパソコンやマイクは準備はできてる？

女：あ、そっちは大丈夫です。

女の人はこの後、何をしなければなりませんか。

1 企画書を見せる

2 製品の説明を直す

3 データを新しくする

4 パソコンを準備する

해석　여자가 새로운 제품의 기획서에 대해 남자와 이야기를 나누고 있습니다. 여자는 이후 무엇을 해야 합니까?

　　여 : 과장님, 내일 회의 기획서, 봐 주실 수 있으세요?

　　남 : 응. 알기 쉽게 되었네.

　　여 : 감사합니다. 그런데 실은 제품 설명이 좀 약한 것 같아 신경이 쓰입니다만.

　　남 : 음, 그렇네. 그래도 이 부분은 괜찮아. 그런데…… 저기 말이지. 이 11페이지 그래프가 상당히 옛날 거네.

　　여 : 죄송합니다.

　　남 : 그럼, 이 그래프는 바꾸고. 아, 그리고 회의실 컴퓨터와 마이크는 준비 되었어?

　　여 : 아, 그쪽은 괜찮습니다.

여자는 이후 무엇을 해야 합니까?

1 기획서를 보여 준다.

2 제품 설명을 고친다.

3 데이터를 새롭게 한다.

4 컴퓨터를 준비한다.

해설   여자가 과장에게 내일 회의에서 사용할 기획서를 봐 달라고 하고 있다. 여자는 제품 설명 부분이 약하다고 생각했지만 과장은 그래 프가 상당히 오래 전 것이므로 바꾸라고 조언하고 있다. 따라서 정답은 3이다.

어휘   企画書(きかくしょ) 기획서 | 製品(せいひん) 제품

---

1   과제 해결에 필요한 정보 찾기 ★★☆ | 정답 2

3-1-02.mp3

女の人が温水プールの担当者と話しています。女の人は
この後、どうしますか。

女：すみません。こちらの温水プールを利用したいんで
　　すが。
男：はい、えーと、自由水泳と講習がありますが、どち
　　らをご利用になりますか。
女：あのう、自由水泳と講習は何が違いますか。水泳は
　　まったく初めてなんで。
男：そうですか。講習は専門のコーチから水泳が習えま
　　す。自由水泳は別途に講習しないで、ご自由に泳げ
　　ますよ。水泳が初めてですと、講習を受けたほうが
　　いいです。
女：ですよね。時間は自分で決められますか。
男：はい、ここに時間とコーチ、クラスのレベルが書い
　　てありますので、ご覧になってください。
女：ええ。
男：登録が必要になります。初級の場合は、毎週月曜の
　　クラスと木曜のクラスがあります。
女：試しに講習を受けてみてから登録することはできま
　　せんか。
男：申し訳ありませんが、登録済みの方に限って講習が
　　できます。木曜のクラスなら初心者が多いので、そ
　　こをお勧めしますが。
女：木曜日ならちょうどいいです。

女の人はこの後、どうしますか。
1　月曜日の自由水泳をする
2　木曜日の講習を受ける
3　月曜日の講習を受ける
4　木曜日の自由水泳をする

해석   여자가 온수 수영장 담당자와 이야기하고 있습니다. 여자는 이후 어떻게 합니까?
　　여 : 저기요, 이쪽 온수 수영장을 이용하고 싶은데요.
　　남 : 네, 저기, 자유 수영과 강습이 있습니다만, 어느 쪽을 이용하시 겠습니까?
　　여 : 저기, 자유 수영과 강습은 뭐가 다른가요? 수영은 완전 처음 이라서.
　　남 : 그렇습니까? 강습은 전문 코치로부터 수영을 배울 수 있습니 다. 자유 수영은 별도로 강습하지 않고 자유롭게 수영할 수 있 습니다. 수영이 처음이시라면 강습을 받는 편이 좋습니다.
　　여 : 그렇겠지요. 시간은 제가 정할 수 있습니까?
　　남 : 네, 여기에 시간과 코치, 클래스 레벨이 적혀 있으니 보십시오.

　　여 : 네.
　　남 : 등록이 필요합니다. 초급의 경우에는 매주 월요일 클래스와 목요일 클래스가 있습니다.
　　여 : 시험 삼아 강습을 받아 보고 나서 등록할 수는 없나요?
　　남 : 죄송합니다만, 등록이 끝나신 분에 한해서 강습이 가능합니다. 목요일 클래스라면 초보자가 많으니 거기를 권해 드립니다만.
　　여 : 목요일이라면 딱 좋네요.

여자는 이후 어떻게 합니까?
1　월요일의 자유 수영을 한다.
2　목요일의 강습을 받는다.
3　월요일의 강습을 받는다.
4　목요일의 자유 수영을 한다.

해설   여자는 처음으로 수영을 하기 때문에 자유 수영보다는 강습 받기 를 원하고 있다. 남자가 목요일에 초급자가 많다며 권하자 여자가 좋다고 말하고 있다.

어휘   温水(おんすい)プール 온수 수영장 | 自由水泳(じゆうすい えい) 자유 수영 | 講習(こうしゅう)を受(う)ける 강습을 받다 | まったく 전혀 | 専門(せんもん) 전문 | 別途(べっと) 별도 | 初級(しょきゅう) 초급 | ~に限(かぎ)って ~에 한해서

---

2   내용 듣고 구별하기 ★★★ | 정답 3

3-1-03.mp3

男の人と女の人が話しています。男の人は袋に何が入っ
ていると言っていますか。

女：最近、地震が多いから、もしもの時のために、非常
　　袋とか要るんじゃない？
男：まだ用意してないのかよ。いつ起きるか分からない
　　し、地震の時にだけじゃないよ。台風や津波、洪水
　　みたいな自然災害が増えてきたから、避難した後
　　に、自分と家族の命をつなげる、まさにサバイバル
　　グッズなんだよ。
女：ふーん。たかし君は持ってるわけでしょう？
男：もちろんさ。
女：たかし君は非常袋に何入れておいたの？
男：まず、カンパンの缶詰とインスタントラーメン、懐
　　中電灯、ラジオ、救急箱と防災グッズぐらいかな。
女：消防庁では印鑑や通帳も入れておくようにと言って
　　るようだけど。それは入れてない？
男：まあな。普段使っているものだからな。ああ、そう
　　だ、毛布とろうそく、ライターも入ってる。
女：なるほどね。あれ？たかし君、水は？
男：あっ、いけね。言われてみればこの前飲んで補充し
　　てない。さっそく買って補充しないと。

男の人は袋に何が入っていると言っていますか。
1　カンパンの缶詰、インスタントラーメン、懐中電
　　灯、ラジオ、ろうそく、ライター、通帳、印鑑
2　カンパンの缶詰、インスタントラーメン、懐中電
　　灯、ラジオ、水

```
  3  カンパンの缶詰、インスタントラーメン、懐中電
     灯、ろうそく、ライター
  4  カンパンの缶詰、インスタントラーメン、懐中電
     灯、ラジオ、ろうそく、ライター、水
```

해석 남자와 여자가 이야기하고 있습니다. 남자는 주머니에 무엇이 들어 있다고 말하고 있습니까?

여 : 최근, 지진이 많으니 만약의 사태를 위해 비상가방 같은 게 필요하지 않을까?

남 : 아직도 준비 안 했단 말이야? 언제 일어날지 모르고 지진 때뿐만이 아니야. 태풍이나 쓰나미, 홍수 같은 자연재해가 늘어났기 때문에 피난한 후에 자신과 가족의 생명을 이어주는 그야말로 서바이벌 물건이지.

여 : 흐~음. 다카시 군은 가지고 있는 거지?

남 : 물론이지.

여 : 다카시 군은 비상가방에 뭘 넣어 두었어?

남 : 먼저, 건빵 통조림과 인스턴트 라면, 손전등, 라디오, 구급상자와 방재물품 정도야.

여 : 소방청에서는 인감과 통장도 넣어 두라고 하는 것 같던데. 그건 안 넣었어?

남 : 뭐, 평소에 쓰고 있는 거라서. 아, 그렇지. 담요와 양초, 라이터도 들어 있어.

여 : 그렇구나. 어머? 다카시 군, 물은?

남 : 앗, 안 넣었다. 듣고 보니 일전에 마시고는 채워 두질 않았어. 당장 사서 보충해 둬야겠다.

남자는 봉투에 무엇이 들어 있다고 말하고 있습니까?

1 건빵 통조림, 인스턴트 라면, 손전등, 라디오, 양초, 라이터, 통장, 도장
2 건빵 통조림, 인스턴트 라면, 손전등, 라디오, 물
3 건빵 통조림, 인스턴트 라면, 손전등, 라디오, 양초, 라이터
4 건빵 통조림, 인스턴트 라면, 손전등, 라디오, 양초, 라이터, 물

해설 통장은 평상시 쓰고 있어 넣지 않았고, 물은 일전에 마시고는 채워 두지 않았다고 말하고 있다. 가방에 넣은 것과 넣지 않은 것을 잘 구별하여 들어야 한다. 이 경우에는 메모를 하며 듣는 것이 좋다.

어휘 袋(ふくろ) 주머니 │ 地震(じしん) 지진 │ 非常袋(ひじょうぶくろ) 비상 주머니 │ 津波(つなみ) 쓰나미 │ 自然災害(しぜんさいがい) 자연재해 │ 避難(ひなん) 피난 │ 懐中電灯(かいちゅうでんとう) 손전등 │ 救急箱(きゅうきゅうばこ) 구급상자 │ 防災(ぼうさい)グッズ 방재물품 │ 消防庁(しょうぼうちょう) 소방청 │ 印鑑(いんかん) 도장, 인감 │ 通帳(つうちょう) 통장 │ 毛布(もうふ) 담요 │ ろうそく 양초 │ 補充(ほじゅう) 보충

3 대화의 요지 이해하기 ★★☆ | 정답 2

3-1-04.mp3

女の人と男の人が話しています。女の人は男の人にその書類をどうしてほしいと言っていますか。

女 : 中野さん、私が送った書類は見つかった？
男 : うん、中村君が僕の一番下の引き出しに入れてくれていたんだ。

女 : よかった。あれ、都合のいい時に、どうしても目を通してもらいたいの。
男 : でも、今日は午後に会議が2つ入っているんで、4時ぐらい前までは見る時間がなさそうなんだけど。
女 : かまわないよ。私、とても困っていて、ぜひあなたの意見がほしいの。
男 : そうなんだ。例の件でしょ？ まだ終わってないのかよ。
女 : 2週間ずっとそれにかかりっきりになっていたんだけど、まだ完成していないのよ。目を通してコメントしてもらいたいの。明日、クライアントに持ってくことになってるから、直しが必要だったら好きに直してね。
男 : わかった。会議が終わった後に見とくから。

女の人は男の人にその書類をどうしてほしいと言っていますか。

1 彼女のクライアントに送ってもらいたい
2 見てから適当に直してもらいたい
3 会議が終わるまでにはどこにあるか見つかってほしい
4 書類に目を通してからコメントだけもらいたい

해석 여자와 남자가 이야기하고 있습니다. 여자는 남자에게 그 서류를 어떻게 해 달라고 말하고 있습니까?

여 : 나카노 씨, 내가 보낸 서류는 찾았어?
남 : 응, 나카무라 군이 내 제일 아래 서랍에 넣어 두었어.
여 : 다행이네. 그거, 상황이 될 때 꼭 한번 훑어봐 줬으면 해.
남 : 그런데, 오늘은 오후에 회의가 두 개나 있어서 4시 정도 전까지는 볼 시간이 없을 것 같은데.
여 : 상관없어. 나, 너무 곤란해서 꼭 네 의견이 듣고 싶어.
남 : 그렇구나. 그때 그 건 말이지? 아직 안 끝났어?
여 : 2주 동안 계속 붙잡고 있었는데 아직도 완성되질 않았어. 훑어보고 코멘트를 받고 싶어. 내일 클라이언트한테 가져가기로 되어 있으니까 수정이 필요하다면 마음대로 해.
남 : 알았어. 회의가 끝난 뒤에 봐 둘 테니까.

여자는 남자에게 그 서류를 어떻게 해 달라고 말하고 있습니까?

1 그녀의 클라이언트가 발송해 주었으면 좋겠다.
2 보고 나서 적당히 고쳐 주었으면 좋겠다.
3 회의가 끝날 때까지는 어디에 있는지 찾아 주었으면 좋겠다.
4 서류를 훑어보고 나서 코멘트만 받고 싶다.

해설 여자는 마지막 대사에서 남자에게 서류를 훑어보고 고칠 곳이 있으면 마음대로 고치라고 말하고 있다. 선택지에는 혼동되는 사항이 제시되어 있으므로 요지를 제대로 파악할 수 있도록 집중해 듣는다.

어휘 書類(しょるい) 서류 │ 目(め)を通(とお)す 훑어보다 │ かかりっきり 그 일만 매달림 │ 完成(かんせい) 완성 │ クライアント 클라이언트, 고객 │ 直(なお)し 고침, 수정 │ 見(み)とく(=見ておく) 봐 두다

| 4 | 内容を聞いて合う答えを探す ★★☆ | | 정답 2 |

3-1-05.mp3

男の人と女の人が話しています。男の人は、どの部で勤務していますか。

女：山本君、久しぶりね。来週、部署移動するんだってね。

男：久しぶりです。今度は開発部です。

女：開発部だとうちの企画部との仕事が多いのよ。これからもよろしくね。

男：そうですね。よくわかりませんが、今までの営業部での経験を活かすチャンスが増えそうです。

女：たしかに役に立つと思うよ。今まで直接聞いたお客さんの声を開発とつなげていけばいい仕事ができるからね。

男：そうなるように頑張ります。いろいろと教えてくださいね。

女：あっ、そうだ。再来週、営業部と国際部と開発部、合同の打ち合わせが予定されているんだけど、そのときはいい案件持ってきてね。

男の人は、どの部で勤務していますか。

1 国際部
2 営業部
3 開発部
4 企画部

해석　남자와 여자가 이야기하고 있습니다. 남자는 어느 부서에서 근무하고 있습니까?

여 : 야마모토 군, 오랜만이네. 다음 주에 부서 이동한다면서?

남 : 오랜만입니다. 이번에는 개발부입니다.

여 : 개발부라면 우리 기획부와의 일이 많아. 앞으로도 잘 부탁해.

남 : 그렇군요. 잘 모르지만, 지금까지 영업부에서의 경험을 살릴 기회가 늘어날 것 같습니다.

여 : 틀림없이 도움이 될 거라 생각해. 지금까지 직접 들었던 고객의 소리를 개발과 연결시켜 나가면 좋은 일을 할 수 있을 테니 말이야.

남 : 그렇게 되도록 노력하겠습니다. 여러 가지로 가르쳐 주세요.

여 : 앗, 그렇지. 다다음 주에 영업부와 국제부와 개발부, 합동 회의가 예정되어 있는데, 그때 좋은 안건 가지고 와.

남자는 어느 부서에서 근무하고 있습니까?

1 국제부
2 영업부
3 개발부
4 기획부

해설　여자는 남자에게 영업부에서 들은 고객의 소리를 새로 이동하는 개발부에서 활용하라고 말하고 있다. 따라서 이동 전인 남자의 현재 근무 부서는 영업부이다.

어휘　勤務(きんむ) 근무 ｜ 部署移動(ぶしょいどう) 부서 이동 ｜ 開発部(かいはつぶ) 개발부 ｜ 企画部(きかくぶ) 기획부 ｜ 営業部(えいぎょうぶ) 영업부 ｜ 経験(けいけん)を活(い)かす 경험

| 5 | 정확한 내용 파악하기 ★★★ | | 정답 4 |

3-1-06.mp3

男の人と女の人が話しています。男の人は新しく開発されたロボットは、どんなときに役に立つと言っていますか。

女：わーあ、これ、ロボットじゃないの？新しく開発されたものでしょ？

男：うん。先月開発したばかりなんだ。

女：これは形からすると、人間の生活に役立つというよりは、きっと特殊な目的がありそうなんだけど……。

男：するどいね。地震や噴火の被害者を救助するためのロボットなんだ。

女：ああ、聞いたことがある。もともとはトンネルを掘るところを探索するためのものだったんでしょ？

男：うん。詳しいじゃない。驚いたよ。

女：地震だけじゃなくて、大雨や洪水で山が崩れたり埋もれたりした時にも使えるかしら。

男：それがね、残念ながらまだ水には弱いのが弱点でさ。改善していくつもりなんだ。

男の人は新しく開発されたロボットは、どんなとき役に立つと言っていますか。

1 トンネル工事のとき
2 大雨のとき
3 洪水のとき
4 火山の噴火のとき

해석　남자와 여자가 이야기하고 있습니다. 남자는 새로 개발된 로봇은 어떤 때 도움이 된다고 말하고 있습니까?

여 : 와, 이거 로봇 아니야? 새로 개발된 거지?

남 : 응. 지난달 막 개발한 거야.

여 : 이건 모양을 보니, 인간 생활에 도움이 된다기보다는 분명 특수한 목적이 있을 것 같은데…….

남 : 예리하네. 지진이나 분화의 피해자를 구조하기 위한 로봇이야.

여 : 아, 들은 적이 있어. 원래는 터널 파는 곳을 탐색하기 위한 거였지?

남 : 응. 잘 아는데? 놀랐어.

여 : 지진뿐만 아니라 폭우나 홍수로 산이 무너지거나 파묻히거나 했을 때에도 쓸 수 있을까?

남 : 그게 말야. 애석하게도 아직 물에는 약한 것이 약점이라서. 개선해 나갈 예정이야.

남자는 새로 개발된 로봇은 어떤 때 도움이 된다고 말하고 있습니까?

1 터널 공사 때
2 폭우가 내릴 때
3 홍수 때
4 화산 분화 때

해설 남자는 로봇이 지진이나 분화의 피해자를 구조하기 위해서 개발되었다고 말하고 있다. 잘 듣지 않으면 폭우나 홍수로 산이 무너져 사람이 파묻혔을 때 혹은 터널 공사에도 사용되는 것처럼 들릴 수 있으나 어디까지나 함정이다. 혼동하지 않도록 유의한다.

어휘 開発(かいはつ) 개발 ┃ 特殊(とくしゅ) 특수 ┃ 噴火(ふんか) 분화 ┃ 被害者(ひがいしゃ) 피해자 ┃ 救助(きゅうじょ) 구조 ┃ トンネル 터널 ┃ 掘(ほ)る 파다 ┃ 探索(たんさく) 탐색 ┃ 詳(くわ)しい 상세하다, 잘 알다 ┃ 大雨(おおあめ) 큰비, 폭우 ┃ 崩(くず)れる 무너지다 ┃ 埋(うず)もれる 파묻히다 ┃ 弱点(じゃくてん) 약점 ┃ 改善(かいぜん) 개선

---

6 화자의 의도 파악하기 ★★★ | 정답 3

> 3-1-07.mp3

女の人と男の人が話しています。女の人はこの後、何をしなければなりませんか。

女 : 毎度ありがとうございます。世界トラベルの木村です。
男 : もしもし、私は、大阪航空の田中と申しますが、鈴木部長いらっしゃいますでしょうか。
女 : お世話になっております。あいにく鈴木は席を外しております。
男 : いつ会社にお戻りになる予定でしょうか。
女 : それが、セミナーに出席しておりまして、今日は戻ってこないと思います。
男 : そうですか。困ったな。それではたいへん申し訳ありませんが、鈴木部長以外に小社の仕事を担当していらっしゃる方とは今お話できませんか。
女 : そうですね。さっそく担当している者が誰か調べてから、担当者にお電話をするように手配いたします。
男 : そうしていただけると助かります。今日は、ずっとオフィスにおりますので。
女 : かしこまりました。今日中には必ずご連絡いたします。

女の人はこの後、何をしなければなりませんか。
1 部長に連絡を取る
2 部長が会社に戻ったら大阪航空に連絡させる
3 大阪航空の担当者に連絡させる
4 大阪航空に担当者の連絡先を教える

해석 여자와 남자가 이야기하고 있습니다. 여자는 이후 무엇을 해야 합니까?
여 : 매번 감사합니다. 세계여행의 기무라입니다.
남 : 여보세요, 저는 오사카항공의 다나카라고 합니다만, 스즈키 부장님 계십니까?
여 : 늘 신세 지고 있습니다. 공교롭게도 스즈키 부장은 자리를 비웠습니다.
남 : 언제 회사에 돌아오실 예정입니까?
여 : 그게, 세미나에 참석을 하고 있어서 오늘은 돌아오지 않을 것 같습니다.

남 : 그렇습니까? 이거 참 곤란한걸. 그러면 대단히 죄송합니다만, 스즈키 부장님 외에 저희 회사 업무를 담당하고 계신 분과는 지금 이야기할 수 없습니까?
여 : 글쎄요. 지금 바로 담당자가 누구인지 알아보고 나서 담당자에게 전화 드리도록 조치하겠습니다.
남 : 그렇게 해 주시면 감사하겠습니다. 오늘은 계속 사무실에 있으니까.
여 : 잘 알겠습니다. 오늘 안으로는 반드시 연락 드리겠습니다.

여자는 이후 무엇을 해야 합니까?
1 부장에게 연락을 취한다.
2 부장이 회사에 돌아오면 오사카항공에 연락하도록 한다.
3 오사카항공 담당자에게 연락을 시킨다.
4 오사카항공에 담당자의 연락처를 알려 준다.

해설 남자는 스즈키 부장과 통화를 하고 싶어 했으나 외근 중인 데다가 오늘은 사무실에 돌아오지 않을 예정이라고 여자가 말하자 오사카항공을 담당하고 있는 다른 담당자와의 통화를 원하고 있다. 이에 여자는 담당자를 알아본 후 담당자가 직접 오사카항공으로 연락하도록 하겠다고 말하고 있다. 따라서 정답은 3번이다.

어휘 航空(こうくう) 항공 ┃ 担当者(たんとうしゃ) 담당자 ┃ 毎度(まいど) 매번 ┃ 申(もう)す 말하다(겸양어) ┃ あいにく 공교롭게도 ┃ お世話(せわ) 신세 ┃ 席(せき)を外(はず)す 자리를 비우다 ┃ セミナー 세미나 ┃ 出席(しゅっせき) 출석 ┃ 申(もう)し訳(わけ)ない 드릴 말씀이 없다, 죄송하다 ┃ 小社(しょうしゃ) 자신의 회사(겸양어) ┃ さっそく 당장, 바로 ┃ 手配(てはい) 수배, 준비 ┃ 助(たす)かる 도움이 되다, 살아나다 ┃ ずっと 쭉, 계속 ┃ かしこまる 알다(겸양어) ┃ 必(かなら)ず 반드시, 꼭 ┃ 連絡(れんらく)を取(と)る 연락을 취하다

문제2 포인트이해 문제

말 그대로 핵심을 파악하는 문제이다. 제시된 선택지를 중심으로 포인트에 집중해서 듣는 것이 중요하다.

1 ~ 7 문제 2에서는 우선 질문을 들으세요. 그런 다음 문제용지의 선택지를 읽으세요. 읽을 시간이 있습니다. 그러고 나서 이야기를 듣고 문제용지의 1부터 4 중에서 가장 알맞은 것을 하나 고르세요.

예) | 정답 3

> 3-2-01.mp3

大学で男の人と女の人が話しています。男の人は、どうして先生が怒ったと言っていますか。

男 : ああ、先生を怒らせちゃったみたいなんだよね。こまったな。
女 : え、どうしたの?
男 : それがね、先生に頼まれた資料、昨日までに渡さなくちゃいけなかったんだけど、いろいろあって渡せなくて。
女 : それで怒られちゃったの?

男：うん。いや。それで怒られたっていうより、おとと
　　い、授業の後、飲み会があってね。で、ついそれを
　　持っていっちゃったんだけど、飲みすぎて寝ちゃっ
　　て忘れてきちゃったんだよね。

女：じゃ、それでなくしちゃったわけ？

男：まあ、出てはきたんだけどね。先生はなんでそんな
　　大事な資料を飲み会なんかに持っていくんだって。

女：まあ、それはそうよね。

男の人はどうして、先生が怒ったと言っていますか。

1 昨日までに資料を渡さなかったから
2 飲み会で飲みすぎて寝てしまったから
3 飲み会に資料を持っていったから
4 資料をなくしてしまったから

해석　대학교에서 남자와 여자가 이야기하고 있습니다. 남자는 왜 선생
　　님이 화를 냈다고 합니까?

　　남 : 아, 선생님을 화나게 한 모양이야. 큰일났어.

　　여 : 응. 무슨 일인데?

　　남 : 그게 말이지, 선생님께 부탁 받은 자료, 어제까지 드렸어야 했
　　　는데, 일이 많아서 드리질 못했거든.

　　여 : 그래서 화를 내신 거야?

　　남 : 음. 아니. 그래서 화를 내셨다기보다는 그저께 수업 후 술자리
　　　가 있었거든. 근데 깜빡 그걸 가져가 버렸는데, 과음해서 자는
　　　바람에 잊어버리고 왔지 뭐야.

　　여 : 그럼, 그래서 잃어버린 거야?

　　남 : 뭐, 나오긴 했는데. 선생님께서는 왜 그런 중요한 자료를 술자
　　　리 같은 데 가져갔냐고 하셔.

　　여 : 뭐, 그건 그렇네.

남자는 왜 선생님이 화를 냈다고 합니까?

1 어제까지 자료를 넘기지 않았기 때문에
2 술자리에서 과음해 잠들어 버렸기 때문에
3 술자리에 자료를 가져갔기 때문에
4 자료를 잃어버렸기 때문에

해설　남자는 교수님께 어제까지 자료를 드렸어야 했으나 일이 많아 드
　　리지를 못하다가, 수업 후 술자리에 가서 과음하는 바람에 자료를
　　잊고 왔다고 한다. 그 후 자료를 찾기는 했지만 술자리 같은 곳에
　　자료를 들고 간 자신에게 교수님이 화가 난 모양이라고 말하고 있
　　으므로 정답은 3번이다. 怒らせちゃった、寝ちゃった、な
　　くしちゃった 등과 같은 축약 표현에 유의한다.

어휘　資料(しりょう) 자료 ｜ 飲(の)み会(かい) 회식, 술자리

1 　대화의 요지 파악하기 ★★☆　　　　　　　　　| 정답 3

[3-2-02.mp3]

**女の人と男の人が話しています。女の人はどんなカーテ
ンがほしいと言っていますか。**

女：3月だからか、気温はそんなに上がらないけど、春
　　めいてきたわね。

男：そうだね。春だし、家の大掃除をしようかと思って
　　いるんだけど、面倒くさくて……。

女：家の雰囲気を変えるにはカーテンが一番よ。私も今
　　の厚い生地のカーテンは変えようと思っているんだ
　　けど。

男：そっか、カーテンか。それもいいね。

女：そうよ。やっぱりパステル調の花柄が春らしくてい
　　いんじゃないかな。考えただけでも気分転換になる
　　もん。

男：僕は、実用性のあるものがいいんだ。たとえば、遮
　　光カーテンとか防炎カーテンとか。

女：遮光は安眠できるし、防炎は安全性にすぐれてはい
　　るけどね。でも、やっぱり家の雰囲気を変えるには
　　デザインや色だね。

女の人はどんなカーテンがほしいと言っていますか。

1 安眠できる遮光のカーテン
2 安全性にすぐれている防炎カーテン
3 春が感じられるかわいいカーテン
4 保温性のいい厚い生地のカーテン

해석　여자와 남자가 이야기하고 있습니다. 여자는 어떤 커튼을 갖고 싶
　　다고 말하고 있습니까?

　　여 : 3월이라 그런지 기온은 그렇게 높지 않은데, 봄 기운이 완연해
　　　졌어.

　　남 : 그래. 봄이고 하니 집 대청소를 할까 생각 중인데, 귀찮아서
　　　말야…….

　　여 : 집 분위기를 바꾸는 데는 커튼이 최고야. 나도 지금의 두꺼운
　　　천의 커튼은 바꾸려고 생각하고 있는데.

　　남 : 그런가, 커튼인가. 그것도 좋겠네.

　　여 : 그래. 역시 파스텔 톤의 꽃무늬가 봄다워서 좋지 않을까? 생
　　　각만 해도 기분전환이 되네.

　　남 : 난 실용성 있는 게 좋아. 예를 들면 차광 커튼이라든가 방염
　　　커튼 같은 거 말야.

　　여 : 차광은 편한 잠을 잘 수 있고, 방염은 안전성이 뛰어나긴 하지
　　　만 말야. 그래도 역시 집 분위기를 바꾸는 데는 디자인이나 색
　　　상이야.

여자는 어떤 커튼을 갖고 싶다고 말하고 있습니까?

1 편히 잘 수 있는 차광 커튼
2 안전성이 뛰어난 방염 커튼
3 봄을 느낄 수 있는 귀여운 커튼
4 보온성이 좋은 두꺼운 천 커튼

해설　여자는 봄 분위기를 느낄 수 있는 파스텔 톤의 꽃무늬 커튼을 갖고
　　싶다고 말하고 있다. 따라서 정답은 3번이다. 반면, 남자는 차광이
　　나 방염과 같은 실용성 있는 커튼이 좋다고 말하고 있다.

어휘　生地(きじ) 원단, 천 ｜ 気温(きおん) 기온 ｜ 春(はる)めく 봄 기
　　운이 나다 ｜ 面倒(めんどう)くさい 귀찮다 ｜ 大掃除(おおそう
　　じ) 대청소 ｜ パステル調(ちょう) 파스텔 톤 ｜ 花柄(はながら)
　　꽃무늬 ｜ 気分転換(きぶんてんかん) 기분전환 ｜ 実用性(じつよ
　　うせい) 실용성 ｜ 遮光(しゃこう) 차광 ｜ 防炎(ぼうえん) 방염 ｜
　　安眠(あんみん) 안면, 편한 잠 ｜ すぐれる 뛰어나다, 우수하다 ｜ 保
　　温性(ほおんせい) 보온성

2 내용의 인과관계 유추하기 ★★★ | 정답 4

`3-2-03.mp3`

男の人と女の人が話しています。男の人はどうして来年インフルエンザの予防接種を受けないと言っていますか。

女：あら、福田さん、ひどい咳だね。大丈夫？ひどい風邪だね。

男：なかなか直らないからお医者さんに診てもらったら、インフルエンザだってさ。

女：かわいそうに。あっ、そういえば今年私といっしょに予防接種受けたんじゃなかったっけ？

男：そうだよ。受けたのにかかっちまってさ。予防接種、意味ないよ。

女：いろんな型のインフルエンザがあって、はやってるのと予防接種したのが違うとあんまり効き目がないみたいだけどね。

男：来年は予防接種はしたくないな。なんか悔しい気がして。

女：でも、肺炎の予防接種は必ず受けたほうがいいって言うから、来年はいっしょに受けようよ。

男：そうだねえ。どうしよう。

男の人はどうして来年インフルエンザの予防接種を受けないと言っていますか。
1 お医者さんに予防接種が要らないと言われたから
2 インフルエンザの予防接種より肺炎の予防接種が効き目があるから
3 毎年はやっているインフルエンザの型が異なるから
4 予防接種を受けたにも関わらずインフルエンザにかかってしまったから

해석　남자와 여자가 이야기하고 있습니다. 남자는 왜 내년에 독감 예방접종을 하지 않겠다고 말하고 있습니까?
여 : 어머, 후쿠다 씨, 기침이 심하네. 괜찮아? 독감이네.
남 : 좀처럼 안 나아서 병원에 갔더니 독감이래.
여 : 가엾어라. 앗, 그러고 보니 올해 나랑 같이 예방접종 했잖아.
남 : 맞아. 접종했는데도 걸려 버렸다니까. 예방접종, 소용이 없어.
여 : 여러 가지 유형의 독감이 있어서, 유행하는 것과 예방접종한 것이 다르면 별로 효과가 없는 것 같긴 한데.
남 : 내년에는 예방접종은 하고 싶지 않아. 왠지 억울한 기분이 들어서.
여 : 그렇지만 폐렴 예방접종은 반드시 하는 게 좋다고 하니까 내년에는 같이 접종하자.
남 : 글쎄. 어쩌지.

남자는 왜 내년에 독감 예방접종을 하지 않겠다고 말하고 있습니까?
1 의사에게 예방접종이 필요없다는 말을 들었기 때문에
2 독감 예방접종보다 폐렴 예방접종이 효과가 있기 때문에
3 매년 유행하는 독감 유형이 다르기 때문에
4 예방접종을 했는데도 불구하고 독감에 걸려 버렸기 때문에

해설　남자는 올해 여자와 함께 독감 예방접종을 했는데도 불구하고 독감에 걸려서 '억울하다'고 말하고 있으며, 그 때문에 내년에는 예방접종을 하고 싶지 않다고 말하고 있다. 따라서 정답은 4번이다.

어휘　インフルエンザ 인플루엔자, 독감 | 予防接種(よぼうせっしゅ) 예방접종 | 咳(せき) 기침 | かかっちまった 들어 버리다, 걸려 버리다 ⑧ かかってしまった | 肺炎(はいえん) 폐렴 | 型(かた) 형, 유형 | 効(き)き目(め) 효과, 효능 | ～にも関(かか)わらず ～임에도 불구하고 | 悔(くわ)しい 분하다, 억울하다 | 気(き)がする 생각이 들다 | 毎年(まいとし) 매년 | 異(こと)なる 다르다

3 해결에 필요한 정보 찾기 ★★★ | 정답 4

`3-2-04.mp3`

木村さんの留守番電話に録音されたメッセージです。木村さんは図書館から借りた本をどうすればいいですか。

女：こんにちは。こちらはアジア大学の図書館でございます。木村さんが2週間前にお借りになっている本3冊の返却日が過ぎておりますので、今週の木曜日までにお返しください。返却日がすでに過ぎておりますので、返却ポストには投函できません。カウンターまでお持ちいただくようお願いします。開館時間は朝10時から夜9時までとなっております。なお、休館日は毎週水曜日になっております。それではよろしくお願いいたします。

木村さんは図書館から借りた本をどうすればいいですか。
1 今週の木曜日までに返却ポストに入れる
2 木村さんの都合のいい時間に返却する
3 水曜日に大学図書館のカウンターへ返す
4 今週の木曜日までに大学図書館のカウンターへ返す

해석　기무라 씨의 자동응답전화기에 녹음된 메시지입니다. 기무라 씨는 도서관에서 빌린 책을 어떻게 하면 됩니까?
여 : 안녕하세요. 여기는 아시아대학교 도서관입니다. 기무라 씨가 2주 전에 빌리신 책 3권의 반납일이 지났으니 이번 주 목요일까지 반납해 주십시오. 반납일이 이미 지났기 때문에 반환함에는 넣을 수 없습니다. 카운터까지 가져오시도록 부탁드립니다. 개관 시간은 아침 10시부터 밤 9시까지입니다. 또한 휴관일은 매주 수요일입니다. 그럼 잘 부탁드리겠습니다.

기무라 씨는 도서관에서 빌린 책을 어떻게 하면 됩니까?
1 이번 주 목요일까지 반환함에 넣는다.
2 기무라 씨가 편한 시간에 반납한다.
3 수요일에 대학 도서관 카운터에 반납한다.
4 이번 주 목요일까지 대학 도서관 카운터에 반납한다.

해설　반납일이 지났으므로 반환함에 넣는 것은 안 되며 직접 도서관의 카운터로 이번 주 목요일까지 반납하라고 말하고 있다. 또한 매주 수요일은 도서관 휴관일이며, 카운터 운영 시간은 오전 10시부터 밤 9시 사이라고 설명하고 있으므로 그 시간은 피해서 가야 한다.

어휘　留守番電話(るすばんでんわ) 자동응답전화기 | 録音(ろくおん) 녹음 | すでに 이미 | 返却(へんきゃく)ポスト 반환함 | 投函(とうかん) 투함 | カウンター 카운터 | 開館(かいかん) 개관 | 休館日(きゅうかんび) 휴관일 | 都合(つごう)がいい 형편(사정)이 좋다

4 화자의 주장 이해하기 ★★☆ | 정답 1

3-2-05.mp3

女の人と男の人が話しています。女の人はなぜ前より元気になりましたか。

男：ともこちゃん、前より元気そうに見えるんだけど。

女：そう？実はね、私、このごろすごく元気もりもりなの。前はいつも疲れていたんだ。だって、階段を上がることもできないくらいだったもの！

男：うん、気付いていたさ。秘訣でもあるわけ？

女：みんなはね、歩くのがいいだの、自転車がいいだの、水泳がいいだの、いろいろ話すけどね。

男：たしかに運動は健康にいいけど、そんなに速く効果が出るもんじゃないんだろう？

女：そうそう。それで実はね。ビタミンをとって、食事に気を使ってるの。

男：ああ、食事か。

女：健康的な食事をすると全然違うって本当に思うわ。前は何も考えずにインスタントを食べてたんだけど、今はいくら忙しくてもきちんと1日3食とっているし、外食はなるべく控えているわ。

男：僕もそうすべきだと思ってはいたんだけど、忙しい時に健康的な食事をとるのは難しいんだよなあ。

女の人はなぜ前より元気になりましたか。

1 ビタミンと健康的な食事をとっているから
2 自転車や水泳などの運動を続けているから
3 忙しいときを除いてはきちんと食事をとっているから
4 インスタントばかり食べているから

해석　여자와 남자가 이야기하고 있습니다. 여자는 왜 전보다 건강해졌습니까?

남 : 도모코, 전보다 건강해 보이네.

여 : 그래? 실은 나 요즘 굉장히 기운이 버쩍버쩍 나. 전에는 늘 피곤했었어. 글쎄 계단도 못 오를 정도였다니까!

남 : 음. 눈치채고 있었어. 비결이라도 있는 거야?

여 : 모두들 말야. 걷는 게 좋다. 자전거가 좋다. 수영이 좋다는 둥 여러 이야기를 하는데 말이지.

남 : 확실히 운동은 건강에 좋지만 그렇게 빨리 효과가 나는 건 아니잖아?

여 : 그래 맞아. 그래서 실은 말이야. 비타민을 먹고 식사에 신경을 쓰고 있어.

남 : 아, 식사구나.

여 : 건강한 식사를 하면 전혀 다르다고 정말 그렇게 생각해. 전에는 아무 생각 없이 인스턴트를 먹었었는데, 지금은 아무리 바빠도 하루에 세 끼를 제대로 먹고 있고 외식은 되도록 삼가고 있어.

남 : 나도 그렇게 해야 한다고 생각하고 있는데, 바쁠 때 건강한 식사를 하는 건 어려워서 말이지.

여자는 왜 전보다 건강해졌습니까?

1 비타민과 건강한 식사를 하고 있으므로
2 자전거나 수영 등의 운동을 계속하고 있으므로
3 바쁠 때를 제외하고는 제대로 식사를 하고 있으므로
4 인스턴트만 먹고 있으므로

해설　여자는 건강해진 것은 비타민 섭취와 건강한 식사 때문이라 답하고 있다. 여자가 '남들은 걷기, 자전거, 수영 등의 운동을 하면 건강해진다고 하는데'라고 말하는 부분이 함정이 될 수 있으니 주의하자.

어휘　もりもり 왕성하게 하는 모양 ｜ 階段(かいだん) 계단 ｜ 秘訣(ひけつ) 비결 ｜ ビタミン 비타민 ｜ 気(き)を使(つか)う 신경을 쓰다 ｜ 全然(ぜんぜん) 전혀 ｜ 健康的(けんこうてき) 건강적 ｜ インスタント 인스턴트 ｜ 外食(がいしょく) 외식 ｜ 控(ひか)える 삼가다. 절제하다 ｜ ～すべき ～해야 함(당위)

5 대화의 요지 파악하기 ★★★ | 정답 2

3-2-06.mp3

男の人と女の人が話しています。二人は何について話していますか。

女：最近、郵便局や銀行を名乗ってお金を騙し取る詐欺が流行ってるんだって。

男：そうそう、いわゆるフィッシング詐欺っていうやつだよね。

女：あなたのカードに何か問題が生じてしまったから、詐欺防止のために暗証番号を教えてくれるようにって言うらしいんだよ。

男：しかも、緊急だから急がないと銀行に預けたお金が全部おろされちゃうかもしれないって言われると、頭が真っ白になっちゃって、暗証番号を言っちゃうみたい。

女：そうよね。急にそんなふうに言われたら、私も言いそうだもん。

男：最近のフィッシング詐欺って、手法も多様化してるし、手口が巧妙だからな。

女：少しでもあやしいと思ったら電話を切ったほうがいいよね。

男：それと、周りのお年寄りにも、こういう詐欺があるってことを伝えて、被害を防ぐようにしないとね。

二人は何について話していますか。

1 フィッシング詐欺の手順
2 フィッシング詐欺への対策
3 カード盗難時の対策
4 詐欺手法と犯人に対しての非難

해석　남자와 여자가 이야기하고 있습니다. 두 사람은 무엇에 대해 이야기하고 있습니까?

여 : 최근, 우체국이나 은행을 사칭해서 돈을 갈취하는 사기가 유행하고 있대.

남 : 맞아 맞아, 이른바 피싱 사기라는 거지.

여 : 당신 카드에 뭔가 문제가 생겼으니까 사기 방지를 위해 비밀번호를 가르쳐 달라고 하는 모양이야.

남 : 게다가 긴급하니까 서두르지 않으면 은행에 맡긴 돈이 전부 인출되어 버릴지도 모른다는 소리를 들으면 머릿속이 하얘져 버려서 비밀번호를 말해 버리는 모양이야.

104

여 : 그렇지. 갑자기 그런 말을 들으면 나도 말해 버릴 것 같아.

남 : 최근의 피싱 사기는 수법도 다양해지고 있고, 수법 유형이 교묘해서 말야.

여 : 조금이라도 의심스러운 생각이 들면 전화를 끊는 게 좋을 거야.

남 : 그리고 주변의 연세 드신 분들에게도 이런 사기가 있다는 것을 전해서 피해를 막도록 해야 해.

두 사람은 무엇에 대해 이야기하고 있습니까?
1 피싱 사기의 순서
2 피싱 사기에 대한 대책
3 카드 도난 시의 대책
4 사기 수법과 범인에 대한 비난

해설 남자와 여자는 피싱 사기에 대한 수법과 그 대책에 대해 이야기하고 있다. 카드 도난 시의 대책이나 범인에 대한 비난은 나와 있지 않으므로 단어만 듣고 속단하지 않는 것이 중요하다.

어휘 名乗(なの)る 일컫다. 칭하다 | お金(かね)を騙(だま)し取(と)る 금전을 갈취하다. 사람을 속여 돈을 빼앗다 | いわゆる 소위, 이른바 | フィッシング詐欺(さぎ) 피싱 사기 | 手法(しゅほう) 수법 | 手順(てじゅん) 순서 | 対策(たいさく) 대책 | 盗難時(とうなんじ) 도난 시 | 犯人(はんにん) 범인 | 非難(ひなん) 비난

---

6 화자의 주장 이해하기 ★★☆ | 정답 3

> 3-2-07.mp3

女の人が話しています。女の人が新聞を読むことを勧める最も大きい理由は何ですか。

女 : 就活をしていると、新聞を読むようにアドバイスされることが多いかと思います。それでは、なぜ就活生が新聞を読まなければならないのでしょうか。企業は常に消費者のニーズを探り、消費者が喜ぶこと、望むことに応えようとします。社会人の多くは日々、新聞から膨大な情報を入手しています。新聞に目を通していないと、情報にうとくなり、仕事が成立しないからです。常に新聞やニュースに興味を示している就活生なら、そのような情報にも詳しいだろうと思うのです。つまり、自分たちと価値観を共有し、自分たちの仲間になりたい、企業に役に立ちそうな人を就活生の中から選んでいるのだと言えます。そう考えている人々の仲間入りをしようというのですから、就活生も新聞を読まなければならないのは当たり前のことです。

女の人が新聞を読むことを勧める最も大きい理由は何ですか。
1 新聞から膨大な情報を入手するために
2 社会人と価値観を共有するために
3 常に新聞やニュースに興味を持つことで、企業の人と仲間になれるから
4 就活生が新聞を読むのは当たり前のことだから

해석 여자가 이야기하고 있습니다. 여자가 신문을 읽는 것을 권하는 가장 큰 이유는 무엇입니까?

여 : 취업활동을 하고 있으면 신문을 읽으라고 조언을 듣는 경우가 많을 것입니다. 그러면 왜 취업준비생이 신문을 읽지 않으면 안 되는 것일까요? 기업은 늘 소비자의 요구를 탐색하며 소비자가 기뻐하는 일, 원하는 일에 부응하려고 합니다. 사회인의 대부분은 매일 신문에서 방대한 정보를 입수하고 있습니다. 신문을 훑어보지 않으면 정보에 어두워져서 일을 할 수 없기 때문입니다. 항상 신문이나 뉴스에 관심을 보이고 있는 취업준비생이라면 그러한 정보도 잘 알 것이라고 생각합니다. 즉, 자신들과 가치관을 공유하고 자신들의 동료가 되고 싶고, 기업에 도움이 될 만한 사람을 취업준비생 중에서 뽑고 있는 것이라 할 수 있습니다. 그렇게 생각하는 사람들의 동료가 되려는 일이므로 취업준비생도 신문을 읽어야 하는 것은 당연한 일입니다.

여자가 신문을 읽는 것을 권하는 가장 큰 이유는 무엇입니까?
1 신문에서 방대한 정보를 입수하기 위해
2 사회인과 가치관을 공유하기 위해
3 항상 신문과 뉴스에 흥미를 가짐으로써 기업의 사람과 동료가 될 수 있으므로
4 취업준비생이 신문을 읽는 것은 당연한 일이므로

해설 취업준비생에게 신문을 권하는 가장 큰 이유로서 사회인들은 일에 도움이 되고자 신문을 읽기 때문에, 그들이 자신들과 같은 가치관을 공유하는 기업에 도움이 될 만한 신문을 읽는 사람을 뽑을 것이라 말하고 있으므로 정답은 3번이다.

어휘 アドバイス 어드바이스 | 就活生(しゅうかつせい) 취업준비생 | 常(つね)に 늘, 항상 | 消費者(しょうひしゃ) 소비자 | ニーズ 요구, 수요 | 探(さぐ)る 탐색하다 | 応(こた)える 응답하다 | 膨大(ぼうだい) 방대, 막대 | 入手(にゅうしゅ) 입수 | うとい (사정 등에) 어둡다 | 興味(きょうみ) 관심, 흥미 | つまり 즉, 다시 말해 | 価値観(かちかん) 가치관 | 共有(きょうゆう) 공유 | 行為(こうい) 행위 | ありのまま 있는 그대로 | ～がち ～하기 십상이다 | 前段階(ぜんだんかい) 전 단계 | 歩(あゆ)み寄(よ)る 접근시키다. 서로 다가가다 | 姿勢(しせい) 자세

---

7 화자의 주장 이해하기 ★★☆ | 정답 1

> 3-2-08.mp3

男の人と女の人が引っ越すマンションについて話しています。男の人が引越しを決めた基準は何ですか。

女 : 田村さん、もうすぐお引越しするって？

男 : うん、先週末までマンション探しで忙しかったよ。

女 : そうなんだ。いろいろ見て回ってたんだ。

男 : そう。僕は会社への通勤があるから、交通の便のよさを基準にして探してたんだけど。

女 : あら、田村さんのご都合だけ考えてよかったの？奥さんも賛成してくれた？

男 : いや、それがね。どうも家内は子供の教育環境とか買い物とかが優先だったもんだからな。

女 : すべての条件に合う物件はなかったの？

男 : あることはあるさ。予算が合わないだけだよ。

女：そうよね。それで、決まったところは？

男：予算に合う家をいろいろ見て回っていたんだけど、先週子供の交通安全問題がテレビで取り上げられているのを見て、私も家内もやっぱり子供の安全を最優先にしようという話にまとまっちゃって。

女：そうね。それが一番大事よね。

男の人が引越しを決めた基準は何ですか。
1 子供の安全
2 子供の教育環境
3 買い物の利便性
4 交通の利便性

해석　남자와 여자가 이사할 맨션에 대해 이야기하고 있습니다. 남자가 이사를 결정한 기준은 무엇입니까?

여：다무라 씨, 이제 곧 이사한다면서?

남：응, 지난 주말까지 맨션 찾느라 바빴어.

여：그렇구나. 여러 군데 보며 돌았구나?

남：응. 나는 회사로의 통근이 있으니까 교통편이 좋은 것을 기준으로 찾았는데.

여：어머, 다무라 씨 상황만 고려해서 괜찮았어? 부인도 찬성해 줬어?

남：아니. 그게 말이지. 아무래도 아내는 아이의 교육환경이라든가 쇼핑 같은 것이 우선이었던 것 같았어.

여：모든 조건에 맞는 물건은 없었어?

남：있긴 있지. 예산이 맞지 않을 뿐이지.

여：그렇지. 그래서 결정된 곳은?

남：예산에 맞는 집을 여러 군데 보며 돌았었는데, 지난주에 아이의 교통안전 문제가 TV에서 다루어지는 것을 보고 나도 아내도 역시 아이의 안전을 최우선으로 하자는 이야기로 모아져서.

여：그렇구나. 그게 가장 중요하지.

남자가 이사를 결정한 기준은 무엇입니까?
1 아이의 안전
2 아이의 교육환경
3 쇼핑의 편리성
4 교통의 편리성

해설　안전, 교통의 편리성, 교육환경, 쇼핑의 편리성 등 몇 가지 조건 중에 화자는 최우선으로 중시하는 게 자녀의 안전이라고 말하고 있다. 이처럼 모든 조건이 선택지에 제시되는 경우, 가장 중요한 결론은 무엇인지 귀 기울여 잘 들어야 한다.

어휘　基準(きじゅん) 기준 | 見(み)て回(まわ)る 보면서 돌다 | 通勤(つうきん) 통근 | 交通(こうつう)の便(びん) 교통편 | 賛成(さんせい) 찬성 | 優先(ゆうせん) 우선 | 条件(じょうけん)に合(あ)う 조건에 맞다 | 物件(ぶっけん) 물건 | 予算(よさん)が合(あ)う 예산이 맞다 | 取(と)り上(あ)げる 다루다 | やっぱり 역시 | 最優先(さいゆうせん) 최우선 | 大事(だいじ) 소중함, 중요함 | 利便性(りべんせい) 편리성

문제3 개요이해 문제

서술 형식의 본문을 듣고 화자의 의도나 주장 등을 파악하는 문제이다. 상황 설명만 사전에 제시될 뿐 질문과 선택지가 나중에 제시되기 때문에 문제를 예상하기 어렵다. 본문 전체의 흐름을 이해하면서 화자의 관심 대상이나 생각을 파악하도록 한다.

> **1 ~ 6** 문제 3에서는 문제용지에 아무것도 인쇄되어 있지 않습니다. 이 문제는 전체적으로 어떤 내용인가를 묻는 문제입니다. 이 야기 앞에 질문은 없습니다. 우선 이야기를 들으세요. 그러고 나서 질문과 선택지를 듣고 1부터 4 중에서 가장 알맞은 것을 하나 고르세요.

예)　　　　　　　　　　　　　　　　　　　　　| 정답 1

> 3-3-01.mp3

県知事の選挙で男の人が演説をしています。

男：えー、今回の選挙で最も注目されているのが新空港と道路の問題です。空港は予算の無駄と批判される方もおられますが、県の経済にとってはなくてはならないものです。また、それに伴う道路の建設も環境への影響をさらに慎重に調査したいとは思いますが、県の今後の発展のためには非常に重要であり、私が知事になった際には積極的に進めたいと思っております。

男の人はどう考えていますか。
1 空港の建設にも、道路の建設にも賛成だ
2 空港の建設にも、道路の建設にも反対だ
3 空港の建設には賛成だが、道路の建設には反対だ
4 空港の建設には反対だが、道路の建設には賛成だ

해석　현지사 선거에서 남자가 연설을 하고 있습니다.

남：에ー, 이번 선거에서 가장 주목 받고 있는 것이 신공항과 도로 문제입니다. 공항은 예산 낭비라고 비판하시는 분도 계시지만, 현 경제에는 없어서는 안 될 것입니다. 또한 그에 동반되는 도로 건설도 환경에 미치는 영향을 더욱 신중하게 조사하고자 생각합니다만, 현의 향후 발전을 위해서는 대단히 중요하며, 제가 지사가 되었을 때는 적극적으로 추진하고 싶습니다.

남자는 어떻게 생각하고 있습니까?
1 공항 건설에도 도로 건설에도 찬성이다.
2 공항 건설에도 도로 건설에도 반대이다.
3 공항 건설에는 찬성이지만, 도로 건설에는 반대이다.
4 공항 건설에는 반대지만, 도로 건설에는 찬성이다.

해설　공항 건설을 낭비라 생각하는 사람이 있을지 모르지만, 현의 경제 발전에는 필요하며 그에 수반되는 도로 건설은 지사가 되면 진행하고 싶다고 하므로 정답은 1번이다.

어휘　県知事(けんちじ) 현지사 | 選挙(せんきょ) 선거 | 演説(えんぜつ) 연설 | 無駄(むだ) 낭비

1 대화의 요지 이해하기 ★★☆　　　　　| 정답 1

`3-3-02.mp3`

女の人と男の人が話しています。

男：松本さん、その携帯、新しく買ったの？

女：うん、前のが壊れちゃってさ。

男：最近、話題になってるやつでしょ？ テレビCMの効果も大きいようなんだけど。

女：でも、CM見て買ったんじゃないよ。今までの携帯とはぜんぜん違う新しい機能がいっぱい付いてるって、店員さんから勧められてね。

男：そうなんだ。僕は松本さんがそのCMモデルが好きで買ったんだと思った。

女：うそ、まさか。しかも、発売して間もないのにセールしてたんだよ。

男：あ、そうしてみれば、松本さん、前の携帯も買ってそんなに経ってないんじゃないの？

女：そうなんだけどね、修理しようと思って見積もりしてもらったんだけど、新しく買うより高くてね。

男：そっか。最近の携帯は壊れたら修理費がものすごくかかるからな。

女：まあね。

女の人が携帯電話を買い替えた一番の理由は何ですか。

1　故障した携帯の修理費が高かったから

2　待ちに待った新製品が発売されたから

3　CMモデルのファンだから

4　セールで携帯が安かったから

해석　여자와 남자가 이야기하고 있습니다.

남 : 마쓰모토 씨, 그 휴대전화 새로 샀어？

여 : 응. 전의 것이 망가져 버려서.

남 : 요즘 화제가 되고 있는 거지？ TV 광고 효과도 큰 모양이지만.

여 : 그렇지만 광고 보고 산 건 아니야. 지금까지의 휴대전화와는 전혀 다른 새로운 기능이 가득 들어 있고 점원한테 권유 받아서 말야.

남 : 그렇구나. 나는 마쓰모토 씨가 그 광고 모델을 좋아해서 샀다고 생각했어.

여 : 말도 안 돼. 설마. 게다가 발매된 지 얼마 되지 않았는데 세일 했었어.

남 : 아, 그러고 보니 마쓰모토 씨. 전의 휴대전화도 사고 그렇게 오래되지 않았잖아？

여 : 그렇기는 한데. 수리할까 해서 견적을 받았더니, 새로 사는 것 보다 비싸서 말야.

남 : 그렇구나. 요즘 휴대전화는 망가지면 수리비가 너무 들어서 말야.

여 : 맞아.

여자가 휴대전화를 새로 바꾼 가장 큰 이유는 무엇입니까？

1　고장난 휴대전화의 수리비가 비쌌기 때문에

2　기다리고 기다리던 신제품이 발매되었기 때문에

3　광고 모델의 팬이기 때문에

4　세일로 휴대전화가 저렴했기 때문에

해설　여자는 발매된 지 얼마 되지 않았는데 세일도 했고 광고 모델을 좋아하긴 하지만 가장 큰 이유는 망가진 휴대전화의 수리비가 새로 사는 것보다 비쌌기 때문에 결국 새로 샀다고 이유를 말하고 있다.

어휘　買(か)い替(か)える 새로 사서 바꾸다 ｜ 機能(きのう) 기능 ｜ 発売(はつばい) 발매 ｜ 見積(みつ)もり 견적 ｜ 修理費(しゅうりひ) 수리비 ｜ ものすごく 무척, 대단히 ｜ 故障(こしょう) 고장 ｜ 新製品(しんせいひん) 신제품

2 화자의 의도와 주장 이해하기 ★★☆　　　　| 정답 4

`3-3-03.mp3`

男の人がストレスについて話しています。

男：ストレス社会といわれている現代。現代人が抱えている悩みやストレスはさまざまです。花粉症やアトピー体質や病気など健康に関わる悩みもあれば、家族や友達そして職場での人間関係もあげられます。それだけじゃありません。残業や、職を失うかもしれないという不安、給料が上がらないなど、悩みがつきません。恋愛や夫婦、そして子供との関係での悩みもありますし、自分の性格に関する悩みまで、現代人にとってストレスはつきものといっても言い過ぎではありません。一時的な解消には半身浴、アロマを使ったりするのもいいし、ペットを飼うのも癒されるようです。しかし、何より自分を大事にし愛すれば、自分の心が喜びで満たされていくはずです。

現代人のストレス解消に一番いい方法は何だと言っていますか。

1　家族や友達と向き合い話をすること

2　安定で給料が高い会社に転職すること

3　半身浴やアロマ療法をやってみること

4　自分を見直し、大事に思うこと

해석　남자가 스트레스에 대해서 이야기하고 있습니다.

남 : 스트레스 사회라고 불리는 현대. 현대인이 떠안고 있는 고민과 스트레스는 여러 가지가 있습니다. 꽃가루 알레르기나 아토피 체질, 질병 등 건강과 관련된 고민도 있는가 하면, 가족과 친구 그리고 직장에서의 인간관계도 들 수 있습니다. 그것뿐만이 아닙니다. 잔업이나 직업을 잃을지도 모른다는 불안, 급료가 오르지 않는 등 고민이 끊이질 않습니다. 연애와 부부, 그리고 아이들과의 관계에서의 고민도 있으며, 자신의 성격에 관한 고민까지 현대인에게 있어 스트레스는 늘 붙어 다니는 것이라 해도 과언이 아닙니다. 일시적인 해소에는 반신욕, 아로마를 사용하는 것도 좋고, 애완동물을 기르는 것도 위로를 받는 것 같습니다. 그러나 무엇보다 자신을 소중히 여기고 사랑하면 분명 자신의 마음이 기쁨으로 가득차게 될 것입니다.

현대인의 스트레스 해소에 가장 좋은 방법은 무엇이라고 말하고 있습니까？

1　가족이나 친구와 마주보고 이야기를 하는 것

2　안정적이고 급료가 높은 회사로 전직하는 것

3 반신욕과 아로마 요법을 해 보는 것
4 자신을 되돌아보고 소중히 생각하는 것

해설 　반신욕이나 아로마, 혹은 애완동물을 기르는 것도 좋은 방법이지만 마지막에 무엇보다 자기 자신을 소중히 여기라고 말하고 있다. 마지막 문장까지 긴장을 늦추지 말고 듣는 것이 중요하다.

어휘 　ストレス解消(かいしょう) 스트레스 해소 ｜ 抱(かか)える 떠안다 ｜ 花粉症(かふんしょう) 꽃가루 알레르기 ｜ アトピー体質(たいしつ) 아토피 체질 ｜ ～もあれば ～도 있는가 하면 ｜ 職場(しょくば) 직장 ｜ 人間関係(にんげんかんけい) 인간관계 ｜ つきもの 붙어 다니는 것 ｜ 半身浴(はんしんよく) 반신욕 ｜ ペット 애완동물 ｜ 飼(か)う 기르다 ｜ 癒(いや)す 치유하다 ｜ 満(み)たす 채우다, 충족시키다 ｜ 向(む)き合(あ)う 마주하다 ｜ 安定(あんてい) 안정 ｜ 転職(てんしょく) 전직 ｜ 療法(りょうほう) 요법 ｜ 見直(みなお)す 재고하다

3-3-04.mp3

---

3 ｜ 대화의 상황 이해하기 ★★★　　　｜ 정답 3

女の人と男の人が駅で話しています。

(電車が閉まる信号音が鳴る)
女：はあ、あーあ、よかった。セーフ。間に合った。
男：はあ、はーあ。これで鈴木君との約束に間に合うよね。
女：約束は11時だから大丈夫。あれ？ どうしたんだろう？ 何かへん。この電車、動いてないんでしょ？
男：あっ、ほんとだ。なんなの？ いったい？
女：ほら、「信号機のトラブルで一時運転の見合わせ」だってよ。
男：ほんとだ。いつまで待たなきゃならないの？
女：そうだね。せっかく駆け込み乗車までしたのに。これじゃ遅れちゃう。
男：そうだね。仕方ないね。鈴木君にまず電話から入れておこう。
女：わかった。

女の人はこれから電話で何と言いますか。
1 電車に間に合わなかったので約束時間に遅れる
2 電車が1時間ぐらい動けそうにないので遅れる
3 電車がしばらく動かないので遅れる
4 事故にあっているので遅れる

해석 　여자와 남자가 역에서 이야기하고 있습니다.
(전철이 닫히는 신호음이 울린다)
여 : 헉헉, 아, 다행이다. 세이프. 겨우 탔네.
남 : 헉헉, 휴. 이러면 스즈키 군과의 약속에 안 늦겠지.
여 : 약속은 11시니까 괜찮아. 어? 어떻게 된 거지? 뭔가 이상해. 이 전철, 안 움직이지?
남 : 앗, 정말이네. 뭐지? 도대체?
여 : 저것 봐, '신호기 고장으로 일시적으로 운전 보류'래.
남 : 정말이네. 언제까지 기다려야 하는 거지?
여 : 글쎄. 애써 달려서 아슬아슬하게 탔는데. 이러면 늦고 말 거야.
남 : 그렇네. 어쩔 수 없네. 스즈키 군에게 먼저 전화부터 해 두자.

여 : 알았어.

여자는 지금부터 전화로 무엇이라 말합니까?
1 전철 시간을 맞추지 못해서 약속 시간에 늦는다.
2 전철이 1시간 정도 움직이지 못할 것 같아서 늦는다.
3 전철이 한동안 움직이지 않아서 늦는다.
4 사고를 당해서 늦는다.

해설 　전철은 겨우 탔지만 신호 고장으로 운행이 일시적으로 정지되고 있으므로 스즈키 군에게는 전철이 움직이지 않아 늦는다고 말할 것이다.

어휘 　信号音(しんごうおん) 신호음 ｜ 鳴(な)る (소리가) 울리다 ｜ セーフ 세이프 ｜ へん 이상함 ｜ いったい 도대체 ｜ 信号機(しんごうき) 신호기 ｜ トラブル 트러블, 문제 ｜ 見合(みあ)わせ 보류 ｜ 駆(か)け込(こ)み乗車(じょうしゃ) 뛰어들어 타기 ｜ 事故(じこ)にあう 사고를 당하다

3-3-05.mp3

---

4 ｜ 화자의 주장 파악하기 ★★☆　　　｜ 정답 2

女の人が商店街について話しています。

女：長期にわたる経済不況のせいで消費が減り、大型ショッピングセンターの進出や消費者のニーズの多様化によって、街の商店街では廃業する店が相次いでいます。商店街は近所にあって買い物に便利だし、経営者の顔を見てものが買えるので、安心して商品を買うこともできることや、細かな要望にも応えてもらえるという利点があります。一方、駐車場がないため、ものをたくさん買ったときには運びにくいし、営業時間が短くて夜遅くに買い物ができないのも不便です。商店街が生き残るためには、自分の店だけのいい商品、いいサービスを作っていく努力が必要なのではないでしょうか。

女の人はどうして商店街が問題だと言っていますか。
1 店の経営者の顔が見られないから
2 駐車場がないから
3 安く買い物ができないから
4 次々と廃業してしまうから

해석 　여자가 상점가에 대해 이야기하고 있습니다.
여 : 장기간에 걸친 경제 불황의 탓으로 소비가 줄어들고 대형 쇼핑센터의 진출과 소비자 요구의 다양화에 의해 동네 상점가에서는 폐업하는 상점이 줄을 잇고 있습니다. 상점가는 근처에 있어 쇼핑에 편리하며, 경영자의 얼굴을 보고 물건을 살 수 있기 때문에 안심하고 상품을 살 수도 있는 것과 작은 요구사항도 들어줄 수 있다는 이점이 있습니다. 반면, 주차장이 없기 때문에 물건을 많이 샀을 때에는 옮기기가 어렵고, 영업시간이 짧아 밤늦게 물건을 살 수 없다는 것도 불편합니다. 상점가가 살아남기 위해서는 자기 가게만의 좋은 상품, 좋은 서비스를 만들어 가는 노력이 필요하지 않을까요?

여자는 왜 상점가가 문제라고 말하고 있습니까?

1 가게 경영자의 얼굴을 볼 수 없어서
2 주차장이 없어서
3 싸게 쇼핑을 할 수 없어서
4 연속적으로 폐업해 버려서

해설 대화를 들으면서 상점가의 장점과 단점을 나누어 메모하는 것이 좋다. 단점이 곧 문제점이므로 상점가의 단점에 해당되는 것을 고르면 된다.

어휘 商店街(しょうてんがい) 상점가 | 長期(ちょうき)にわたる 장기간에 걸치다 | 経済不況(けいざいふきょう) 경제 불황 | 消費(しょうひ) 소비 | 大型(おおがた) 대형 | 進出(しんしゅつ) 진출 | 多様化(たようか) 다양화 | 廃業(はいぎょう) 폐업 | 相次(あいつ)ぐ 연달아 지속되다 | 近所(きんじょ) 근처 | 便利(べんり) 편리 | 経営者(けいえいしゃ) 경영자 | 要望(ようぼう) 요망 | 利点(りてん) 이점 | 駐車場(ちゅうしゃじょう) 주차장 | 生(い)き残(のこ)る 살아남다

---

5 대화의 요지 파악하기 ★★☆ | 정답 2

3-3-06.mp3

兄と妹が喧嘩をしています。

男：マミ、このランニングマシン買って正解だったでしょ？使ってるの？
女：あ、そうだ。お兄ちゃん、そのランニングマシンの商品代の半分、私が立て替えたこと覚えてるでしょ？いつ返してくれるのよ。早くちょうだい。
男：えっ？何言ってるんだよ。次の日にあげたじゃん。
女：お兄ちゃんこそ何を言ってるの？何が次の日だよ。もらってないって。
男：よく考えてみな。お前が覚えてないだけさ。
女：きっとお兄ちゃんが勘違いしてるんだよ。
男：お前がだろう。
女：もうっ、悔しい。またかよ。信じられない。ママに聞いてみて。
男：聞いてみて、もし俺が払ったんなら絶対そのお金返してもらうからな。覚悟しときなよ。

二人はどうして喧嘩をしたのですか。
1 せっかく買ったランニングマシンを妹が利用しないから
2 立て替えた商品代をお兄さんが払わないから
3 お兄さんが妹の陰口をしたから
4 母が妹ばかりかわいがるから

해석 오빠와 여동생이 싸움을 하고 있습니다.
남：마미야, 이 런닝머신 정말 잘 샀지? 쓰고 있어?
여：아, 맞다. 오빠, 그 런닝머신 상품 대금의 절반, 내가 대신 낸 거 기억하지? 언제 돌려줄 거야. 빨리 줘.
남：어? 뭐라는 거야? 다음 날 줬잖아.
여：오빠야말로 뭐라는 거야? 뭐가 다음 날이야. 안 받았어.
남：잘 생각해 봐. 네가 기억하지 못하는 것뿐이야.
여：분명 오빠가 착각을 하고 있는 거라고.
남：네가 하는 거지.

여：정말 억울해. 또 이러기야? 믿을 수가 없어. 엄마한테 물어보라고.
남：물어보고 만일 내가 돈을 냈다면 반드시 그 돈 돌려받을 테니까. 각오해.

두 사람은 왜 싸움을 한 것입니까?
1 모처럼 산 런닝머신을 여동생이 이용하지 않아서
2 대신 지불한 상품 대금을 오빠가 지불하지 않아서
3 오빠가 여동생의 험담을 했기 때문에
4 엄마가 여동생만 귀여워해서

해설 여동생이 대신 지불한 런닝머신 대금을 오빠는 다음 날 주었다고 하고, 여동생은 받지 않았다는 문제로 싸우고 있다. 정답은 2번이다. 여기서는 立(た)て替(か)える라는 단어의 의미를 파악하는 것이 중요하다.

어휘 喧嘩(けんか) 싸움 | ランニングマシン 런닝머신 | 正解(せいかい) 정답 | 商品代(しょうひんだい) 상품 대금 | 半分(はんぶん) 절반 | 立(た)て替(か)える 대신 지불하다 | 勘違(かんちが)い 착각, 착오 | 覚悟(かくご) 각오 | 陰口(かげぐち) 험담 | かわいがる 귀여워하다

---

6 대화의 요지 파악하기 ★★☆ | 정답 4

3-3-07.mp3

男の人と女の人が話しています。

女：あのう、部長。実はちょっとご相談したいことがあるんですが。
男：そう。何か。
女：この忙しい時期にたいへん申し訳ございませんが、辞職させていただきたいんです。
男：えっ？どうしたの？仕事で体でもこわしちゃったのか。
女：とんでもございません。そういうことじゃなく、実は主人が海外への転勤が決まってしまって……。
男：そう？困ったな。旦那さんはどこへ？
女：アメリカです。急に行くことになったんです。
男：旦那さん、単身赴任だと大変だと結論づけちゃったわけでしょ？
女：はい、子供の教育問題も合わせて考えて出した結論でして。部長をはじめ、会社の皆さんには本当に申し訳ありませんが。
男：家族がいっしょにいるっていうのは当たり前だよ。気にしない、気にしない。後任者が決まったら、引継ぎをよろしく頼むね。

女の人は男の人に何と言っていますか。
1 主人が単身赴任する
2 忙しい時期だから後任者に来て手伝ってほしい
3 子供の教育問題で会社を辞める
4 家族でアメリカに行くため、会社を辞める

해석 남자와 여자가 이야기하고 있습니다.
여：저기, 부장님. 실은 좀 의논 드릴 일이 있는데요.

남 : 그래. 뭔데?

여 : 이 바쁜 시기에 너무 죄송합니다만. 사직을 하고 싶습니다.

남 : 뭐라고? 무슨 일 있어? 일 때문에 건강이라도 안 좋아진 거야?

여 : 말도 안 돼요. 그런 게 아니라, 사실은 남편이 해외로 전근이 결정되는 바람에……

남 : 그래? 이거 곤란한걸. 남편은 어디로 가는데?

여 : 미국이요. 갑자기 가게 되었습니다.

남 : 남편, 단신부임이면 힘들다고 결론 내려진 거지?

여 : 네, 아이의 교육문제도 함께 생각해서 내린 결론이라서요. 부장님을 비롯해 회사의 모든 분들께는 정말 뭐라 드릴 말씀이 없습니다만.

남 : 가족이 함께 있는 건 당연한 일이야. 신경 쓰지 마. 신경 쓰지 마. 후임자가 결정되면 인수인계를 잘 부탁해.

여자는 남자에게 뭐라고 말하고 있습니까?

1 남편이 단신부임한다.

2 바쁜 시기라서 후임자가 와서 도와주길 바란다.

3 아이의 교육문제로 회사를 그만둔다.

4 가족 모두 미국에 가기 때문에 회사를 그만둔다.

해설 여자는 남편이 갑자기 미국으로 전근을 가게 되어 가족도 모두 미국으로 가기로 해 회사를 그만두게 되었다고 말하고 있다. 이야기 중간 중간에 핵심 화제와는 관계 없는 내용들이 끼어 있으므로 핵심이 무엇인가를 잘 파악하는 것이 중요하다.

어휘 辭職(じしょく) 사직 | 体(からだ)をこわす 몸을 망가뜨리다. 건강을 해치다 | とんでもない 당치도 않다 | 転勤(てんきん) 전근 | 旦那(だんな)さん (남의) 남편 | 急(きゅう)に 갑자기, 급하게 | 単身赴任(たんしんふにん) 단신부임 | 結論(けつろん)をつける 결론짓다 | 教育問題(きょういくもんだい) 교육문제 | 後任者(こうにんしゃ) 후임자 | 引継(ひきつ)ぎ 인수인계

문제4 즉시응답 문제

질문 등의 짧은 발화를 듣고 대화의 흐름에 맞는 적절한 응답을 고르는 문제이다. 대화가 자연스럽게 이어질 수 있는 것을 고르도록 하며, 일상적으로 짝을 지어 나타나는 표현은 함께 외워 두면 즉시 응답 유형의 문제를 푸는 데 도움이 된다.

1 ~ 13 문제 4에서는 문제용지에 아무것도 인쇄되어 있지 않습니다. 우선 문장을 들으세요. 그리고 나서 그에 대한 대답을 듣고 1부터 3 중에서 가장 알맞은 것을 하나 고르세요.

예) | 정답 1

> 3-4-01.mp3

女 : あのう、先月の家賃なんですけど、まだ振り込まれてないようですが。

男 : 1 すみません、うっかりしてて。

2 では、そうしていただけますか。

3 あ、すぐに頂きますので。

해석 여 : 저, 지난달 집세 말인데요, 아직 입금이 되지 않은 것 같은데요.

남 : 1 죄송합니다. 깜빡 잊어버려서.

2 그럼, 그렇게 해 주실 수 있으시겠어요?

2 아, 즉시 받겠습니다.

해설 집세가 입금되지 않았다고 말하고 있다. うっかりする는 '깜빡 잊다'이며, 우선 그에 대한 사과를 해야 한다.

어휘 家賃(やちん) 집세 | 振(ふ)り込(こ)む 입금하다

---

1 대화 내용에 맞는 응답 찾기 ★★☆ | 정답 2

> 3-4-02.mp3

男 : 今日の映画、期待以上に面白かったです。

女 : 1 私の口には合いませんでした。

2 ええ、ずっと目が離せませんでした。

3 ええ、期待はしないほうがよかったですね。

해석 남 : 오늘 영화. 기대 이상으로 재미있었습니다.

여 : 1 제 입맛에는 맞지 않았습니다.

2 네, 계속 눈을 뗄 수가 없었습니다.

3 네, 기대는 하지 않는 편이 좋았을 텐데요.

해설 期待以上(きたいいじょう)는 '기대 이상'이라는 뜻으로 영화가 기대 이상으로 재미있었다는 말에 대한 반응으로 目が離せない(눈을 뗄 수 없다)가 가장 적절하다. 1번은 식사를 한 후 주고받는 대화이다.

어휘 期待(きたい) 기대 | 口(くち)に合(あ)う 입맛에 맞다

---

2 권유하는 말에 응답하기 ★★☆ | 정답 1

> 3-4-03.mp3

女 : ご飯のおかわりはいかがでしょうか。

男 : 1 お言葉に甘えて、いただきます。

2 ぜひご覧に入れていただきたいです。

3 遠慮は要りませんから。

해석 여 : 밥 더 드실래요?

남 : 1 그렇게 말씀해 주시니 잘 먹겠습니다.

2 꼭 봐 주셨으면 합니다.

3 사양은 필요없으니까.

해설 おかわりはいかがでしょうか는 '더 먹을래요?'라는 뜻이다. 따라서 '말씀에 따라서'라는 뜻의 お言葉に甘えて를 선택하면 된다.

---

3 감사 인사에 호응하기 ★★★ | 정답 2

> 3-4-04.mp3

女 : 本当にありがとうございます。おかげさまで助かりました。

男 : 1 いえいえ、お疲れさまです。

2 いえいえ、お互いさまです。

3 いえいえ、おあいにくさまです。

해석 여 : 정말 감사합니다. 덕분에 살았습니다.

남 : 1 아니에요. 수고하셨습니다.

2 아니에요. 피차일반입니다.

3 아니에요. 공교로운 일입니다.

해설　助かりました는 '살았습니다, 고맙습니다'는 뜻으로, 도움을 준데 대한 감사 인사를 하는 상황이다. 감사 인사에는 2번과 같이 겸손하게 말하는 것이 적절하다. 3번 おあいにくさま는 '공교롭다, 애석하다'는 의미이다.

4　사과에 응답하기 ★★★　　　　　　　| 정답 3

3-4-05.mp3

女：気を悪くしちゃってごめん。あんなに人多かったのに、無神経で。
男：1　さっきから具合が悪かったんです。
　　2　危ないところでしたね。
　　3　気にしてませんから。

해석　여 : 기분 나쁘게 해서 미안. 그렇게 사람이 많았는데 무신경해서.
　　　남 : 1 아까부터 컨디션이 좋지 않았어요.
　　　　　2 위험할 뻔했어요.
　　　　　3 신경 안 써요.

해설　気を悪くする는 '기분 나쁘게 하다'는 뜻이다. 상대방에게 사과하고 있는 상황이므로 대화의 흐름에 맞게 사과하는 사람의 마음을 편하게 해 주는 표현을 고르면 된다. 정답은 3번이다.

5　일상생활 표현 이해하기 ★★★　　　　　| 정답 2

3-4-06.mp3

女：仕事が立て込んで休みも取れないんだよ。
男：1　いつも込んでいるのでしょうがないじゃん。
　　2　そっか、無理しないでね。
　　3　あとでとっておくからな。

해석　여 : 일이 많아서 휴가도 못 써.
　　　남 : 1 늘 정체되어 있으니까 어쩔 수 없잖아.
　　　　　2 그렇구나. 무리하지 마.
　　　　　3 나중에 챙겨 둘 테니까.

해설　仕事が立て込む는 '여러 가지 일이 있어 바쁘다'는 뜻이다. 이 문제의 경우 여자가 바빠서 휴가를 갈 수 없다는 불평을 하고 있는 상황이므로 위로의 표현을 고르면 된다. 신JLPT에서는 일상 커뮤니케이션 능력을 측정하는 문제가 출제되므로 일상생활에 자주 사용되는 표현은 미리 숙지해 둘 필요가 있다.

6　일상생활 표현 이해하기 ★★★　　　　　| 정답 2

3-4-07.mp3

女：お宅から犬の鳴き声がうるさいという苦情が入りましたので、少し気を使っていただけませんか。
男：1　そんなの、できっこありません。
　　2　すみません。これから注意します。
　　3　遠慮はしておきます。

해석　여 : 댁에서 개 짖는 소리가 시끄럽다는 클레임이 들어왔기 때문에 조금 신경을 써 주실 수 없겠습니까?
　　　남 : 1 그런 것 될 리가 없어요.
　　　　　2 죄송합니다. 앞으로 주의하겠습니다.

　　3　사양은 해 두겠습니다.

해설　苦情が入る는 '불만, 불평이 접수되다'는 뜻이므로 이제부터 주의하겠습니다라고 대답하는 것이 가장 적절하다.

어휘　できっこない 될 리가 없다

7　양해 표현에 응답하기 ★★☆　　　　　| 정답 3

3-4-08.mp3

女：差し支えなければ、お電話番号をお書きください。
男：1　ええ、ごめんなさい。
　　2　はい、お願いします。
　　3　ええ、かまいません。

해석　여 : 지장 없으시면 전화번호를 적어 주십시오.
　　　남 : 1 네, 미안합니다.
　　　　　2 네, 부탁합니다.
　　　　　3 네, 상관없습니다.

해설　差し支えなければ는 '지장이 없다면, 거리끼지 않는다면'처럼 상대편의 양해를 구할 때 어두에 사용되는 말이다. 양해를 구하는 내용에 대한 적합한 표현을 고르면 된다.

8　어구의 의미 파악하기 ★★★　　　　　| 정답 2

3-4-09.mp3

女：この子ったら、親に怒られたからって口も聞かないの。
男：1　親が言うことを聞かなくてもいいんですか。
　　2　こっちから理解を示せばきっと仲直りできますよ。
　　3　子供ってずる賢いですからね。

해석　여 : 이 아이 정말, 부모한테 혼났다고 말도 안 해.
　　　남 : 1 부모가 하는 말을 안 들어도 됩니까?
　　　　　2 이쪽부터 이해를 해 주면 분명 화해할 수 있어요.
　　　　　3 아이들은 영악하니까요.

해설　口を聞かない는 '말을 하지 않다'는 뜻이므로 내용상 부모와의 화해에 대해 언급한 2번이 적절하다.

9　불만에 대해 반응하기 ★★☆　　　　　| 정답 3

3-4-10.mp3

女：もう、また靴下脱ぎっぱなしで、だらしないね。
男：1　仕方ありませんね。
　　2　そこにあったんだ。ぜんぜん気付きませんでした。
　　3　すみません。すぐ片付けます。

해석　여 : 정말, 또 양말 벗어 던져 놓고, 칠칠치 못하다니까.
　　　남 : 1 어쩔 수 없네요.
　　　　　2 거기에 있었는지 전혀 몰랐어요.
　　　　　3 미안합니다. 바로 정리하겠습니다.

해설　だらしない는 '단정치 못하다, 칠칠치 못하다'는 뜻이다. 따라서 이야기를 듣고 바로 정리하겠다고 하는 것이 적절한 대답이다.

| 10 | 한정 표현 이해하기 ★★☆ | | 정답 2 |

3-4-11.mp3

女：予防接種を受けたとしてもインフルエンザにかからないとも限らないからな。

男：1 お医者さんに診てもらったほうがいいんじゃないのかな。

　　2 でも、かかりにくいって言うんだもん。

　　3 そうか、二度とかからないよね。

해석　여：예방접종을 했더라도 독감에 걸리지 않는다고 할 수만도 없으니까.

　　남：1 의사한테 가는 게 좋지 않을까?

　　　　2 그렇지만 잘 안 걸린다고 하는걸.

　　　　3 그런가, 두 번 다시 안 걸리는 거지?

해설　~とは限らない는 '~라고 단정지을 수 없다, ~라고 할 수만도 없다'는 뜻으로 의미를 제대로 이해한 후 적절한 대화를 고르도록 한다.

| 11 | 복합동사의 의미 이해하기 ★★☆ | | 정답 1 |

3-4-12.mp3

女：見てもいないのにテレビつけっぱなしにしてどうするの？

男：1 そっちのほうが落ち着くから。

　　2 面白くてたまらないんだ。

　　3 母さんもいっしょに見てよ。

해석　여：보지도 않으면서 TV를 내내 틀어 놓고 있으면 어떡해?

　　남：1 그쪽이 더 안정되니까.

　　　　2 재미있어서 참을 수 없어.

　　　　3 엄마도 같이 봐.

해설　~ぱなし는 '내내 ~ 상태이다'라는 뜻이다. 따라서 내내 보지 않는 TV를 틀어 놓고 있다는 비난에 대한 대답을 골라야 한다. 이처럼 접사가 동사에 접속해 뜻을 강조하거나 계속, 단절을 나타내는 경우가 있으므로 숙지하도록 한다.

| 12 | 대화 흐름에 맞는 가벼운 응대하기 ★★★ | | 정답 2 |

3-4-13.mp3

女：小学生じゃあるまいし、それぐらいは自分でできるでしょうが。

男：1 いつまでそんなに子ども扱いする気かよ。

　　2 わかった。自分でやるよ。

　　3 心配しないでね。

해석　여：초등학생도 아니고, 그 정도는 직접 할 수 있을 텐데.

　　남：1 언제까지 그렇게 아이 취급할 생각이야.

　　　　2 알았어. 내가 할게.

　　　　3 걱정할 것 없어.

해설　~じゃあるまいし는 '~도 아니고 말이지'라는 뜻이다. 전체적으로는 상대에게 요구하는 내용이므로 자기 행동을 시정하겠다는 응답을 고르면 된다.

| 13 | 올바른 경어 사용하기 ★★★ | | 정답 3 |

3-4-14.mp3

女：今回は仕事をお引き受けいただき、どうもありがとうございます。

男：1 本当です。二度と話かけないでください。

　　2 いいえ、心配ご無用です。

　　3 いいえ、よろこんでやらせていただきます。

해석　여：이번에는 일을 맡아 주셔서 정말 감사합니다.

　　남：1 정말입니다. 두 번 다시 말 걸지 마세요.

　　　　2 아니에요, 걱정은 필요없습니다.

　　　　3 아니에요, 기꺼이 하겠습니다.

해설　お引き受けいただき는 '맡아주셔서'라는 의미이므로 '기쁜 마음으로 맡아서 하겠다'는 반응이 나오는 것이 자연스럽다. 신능력시험에서는 경어 문제가 출제되므로 경어의 사용법을 잘 익혀 두어야 한다.

어휘　よろこんで 기꺼이, 기쁘게　引(ひ)き受(う)ける 떠맡다, 인수하다

문제 5　통합이해 문제

비교적 긴 지문을 듣고 복수의 정보를 비교, 종합하면서 내용을 이해하는 문제이다. 뉴스, 설명, 대화 등이 주로 출제되므로 평소 뉴스나 이야기식의 단편 소설을 듣는 것이 도움이 된다.

문제 5에서는 다소 긴 이야기를 듣습니다. 이 문제에 연습은 없습니다. 메모를 해도 괜찮습니다.

1 , 2 문제용지에 아무것도 인쇄되어 있지 않습니다. 우선 이야기를 들으세요. 그리고 나서 질문과 선택지를 듣고 1부터 4 중에서 가장 알맞은 것을 하나 고르세요.

| 1 | 비교, 분석하여 정보 이해하기 ★★★ | | 정답 1 |

3-5-01.mp3

電気店で、女の人が冷蔵庫を探しています。

女：あのう、冷蔵庫はどこにおいてありますか。

男：はい、いらっしゃいませ。冷蔵庫ですね。どのぐらいの容量のものをお探しでしょうか。

女：結婚を控えているんですが……。

男：ああ、おめでとうございます。そうしましたら、お子さんが生まれる時に備えて3人以上が使われる容量のものがいいと思います。こちらが当店の売り上げランキングになっておりますので、参考になさってください。

女：この4位のはずいぶん安いですね。

男：はい、そうです。だからといって性能が劣るわけではなく、自動的に気になるにおいも脱臭してくれますし、除菌フィルターも付いています。

女：ああ、そうですか。

男：あと、こちらは3位ですが、電気代が気になる方もいらっしゃるんですが、棚が動いて食材を取り出しやすく、収納力をアップする機能があります。

女：電気代がかかるのはちょっとねぇ。

男：そうですか。最近電気代も値上がりしちゃったんですからね。2位の冷蔵庫は脱臭や除菌はもちろん、更にビタミンC、Aやポリフェノールのアップや、野菜のいたみのもとであるエチレンガスの分解もしますので、野菜の鮮度が長持ちするのが特徴です。あ、となりの1位のものはムダを見つけて自動的に節電してくれる省エネ商品でして、最近売れ行きが一番いいです。

女：そうですか。鮮度の長持ちっていうのも気になりますけど、予算がちょっとオーバーしちゃうから、うーん。やっぱり少しでも節約できるほうがいいかな。これにします。

女の人はどの冷蔵庫を買いましたか。

1　電気店の売れ行き1位のもの
2　電気店の売れ行き2位のもの
3　電気店の売れ行き3位のもの
4　電気店の売れ行き4位のもの

해석　전자제품 매장에서 여자가 냉장고를 찾고 있습니다.

여 : 저기, 냉장고는 어디에 놓여 있어요?

남 : 네, 어서 오세요. 냉장고 말씀이시군요. 어느 정도 용량의 것을 찾으시는지요?

여 : 결혼을 앞두고 있는데요…….

남 : 아, 축하드립니다. 그러시다면 아이가 태어날 때에 대비해 3인 이상이 사용하실 용량의 것이 좋을 것입니다. 이쪽이 저희 매장의 판매 랭킹이니 참고하십시오.

여 : 이 4위의 것은 상당히 싸군요.

남 : 네, 그렇습니다. 그렇다고 해서 성능이 뒤떨어지는 것은 아니고 자동으로 신경이 쓰이는 냄새도 탈취해 주고, 제균 필터도 붙어 있습니다.

여 : 아, 그래요?

남 : 그리고 이쪽 3위인데요, 전기세가 걱정되는 분도 계십니다만, 선반이 움직여 식재료를 꺼내기 쉽게 수납력을 상승시키는 기능이 있습니다.

여 : 전기세가 드는 것은 좀 그래요.

남 : 그러세요? 최근 전기세도 올랐으니까요. 2위 냉장고는 탈취와 제균은 물론, 거기에 비타민C, A나 폴리페놀의 상승, 야채를 상하게 하는 원인인 에틸렌가스의 분해도 하기 때문에 야채의 신선도가 오래 유지되는 것이 특징입니다. 아, 옆의 1위의 것은 낭비를 찾아 자동으로 절전해 주는 에너지 절약 상품이어서 최근 판매 실적이 가장 좋습니다.

여 : 그래요? 신선도가 오래 유지되는 것도 좋을 것 같지만 예산이 조금 초과해 버리니까, 음~. 역시 조금이라도 절약할 수 있는 편이 좋겠네. 이걸로 할게요.

여자는 어느 냉장고를 샀습니까?

1　전자제품 매장의 판매 1위
2　전자제품 매장의 판매 2위

3　전자제품 매장의 판매 3위
4　전자제품 매장의 판매 4위

해설　1위 제품은 낭비를 발견해 자동으로 절전해 주는 에너지 절약 상품, 2위는 탈취와 제균은 물론, 비타민C, A나 폴리페놀의 상승, 야채를 상하게 하는 원인인 에틸렌가스도 분해하기 때문에 야채의 신선도가 오래 유지되는 상품, 3위는 선반이 움직여 식재료를 꺼내기 쉽게 수납력을 향상시킨 상품, 4위는 제균 필터가 달려 있으며, 자동으로 탈취를 해 주는 상품인데, 여자는 전기세 절약이 가장 중요하다고 말하고 있는 점에 유의해 답을 고른다. 정답은 1번이다. 몇 가지 정보가 한꺼번에 흘러나오므로 빠른 시간에 각 항목에 따른 특징을 파악해 메모해 두고 질문에 알맞은 선택지를 고르도록 한다.

어휘　電気店(でんきてん) 전기제품 판매점 ｜ 容量(ようりょう) 용량 ｜ 控(ひか)える 앞두다 ｜ 劣(おと)る 뒤떨어지다 ｜ 脱臭(だっしゅう) 탈취 ｜ 除菌(じょきん)フィルター 제균 필터 ｜ 収納力(しゅうのうりょく) 수납력 ｜ ポリフェノール 폴리페놀 ｜ 分解(ぶんかい) 분해 ｜ 鮮度(せんど) 신선도 ｜ 節電(せつでん) 절전 ｜ 省(しょう)エネ 에너지 절약 ｜ 売(う)れ行(ゆ)き 판매 실적 ｜ オーバー 초과

2 대화의 요지 파악하기 ★★★　　정답 3

3-5-02.mp3

女の人と男の人が話しています。

女：ゆうき、テストどうだった？いい点、取れそう？

男：いや、最悪だよ。50点だってさ。信じられる？

女：えっ、どうしたの？この前は確か100点だったよね。今度は半分しかできなかったってこと？

男：それがさ。解答用紙の答えを書く欄を1行ずつずらしちゃってさ。最後の問題になったら一つ足りないわけよ。気付いてどたばたいくつかは直したんだけど、あとは、あっ、もう、悪夢みたいよ。

女：えーっ、ゆうき君がそんなミスをするなんて。

男：うん、あとで答え合わせをしたら、間違いさえなかったら100点とれてた。

女：それはいたいね。早く忘れな。今日、気分転換に映画見に行かない？

男の人のテストの点が悪くなったのはどうしてですか。

1　テストが難しすぎたから
2　解答欄が1行多かったから
3　解答を書き間違えたから
4　問題を見間違えたから

해석　여자와 남자가 이야기하고 있습니다.

여 : 유키, 시험 어땠어? 좋은 점수 받을 것 같아?

남 : 아니, 최악이야. 글쎄 50점. 믿을 수 있어?

여 : 아니, 무슨 일이야? 요전에는 틀림없이 100점이었잖아. 이번에는 반밖에 못 풀었단 말이야?

남 : 그게 말이지. 해답용지의 답을 쓰는 칸을 한 줄씩 밀려 써서 말이야. 마지막 문제가 되니 한 개 부족하지 뭐야. 알아채고 급하게 몇 개는 고치긴 했는데 그 다음은 아휴, 정말 악몽 같다니까.

여 : 아니, 유키 군이 그런 실수를 하다니.

남 : 응, 나중에 답을 맞춰 봤더니, 실수만 없었으면 100점이었어.

여 : 그건 참 속 쓰리겠다. 빨리 잊어버려. 오늘 기분전환 삼아 영화 보러 갈래?

남자의 시험 점수가 나빠진 것은 왜입니까?

1 시험이 너무 어려웠기 때문에
2 해답란이 1줄 많았기 때문에
3 해답을 잘못 썼기 때문에
4 문제를 잘못 보았기 때문에

해설　남자는 해답용지에 답을 1줄씩 밀려 써서 시험 점수를 50점 받았다고 말하고 있다. 여기에서는 １行ずつずらしちゃってさ라는 말이 핵심 포인트가 되며 내용을 듣고 필요한 요지만을 골라 듣는 훈련을 해 두도록 한다.

어휘　最悪(さいあく) 최악 ｜ 解答用紙(かいとうようし) 해답용지 ｜ 欄(らん) 란, 칸 ｜ どたばた 우당탕 ｜ 悪夢(あくむ) 악몽 ｜ ミスをする 실수를 하다 ｜ 〜なんて 〜하다니 ｜ 間違(まちが)い 실수, 잘못 ｜ 気分転換(きぶんてんかん) 기분전환 ｜ 見間違(みまちが)える 잘못 보다

---

3 먼저 이야기를 들으세요. 그러고 나서 두 개의 질문을 듣고 각각 문제용지의 1부터 4 중에서 가장 알맞은 것을 하나 고르세요.

질문1 비교, 분석해 정보 파악하기 ★★☆　　　｜정답 1
질문2 각 정보의 특징 이해하기 ★★★　　　｜정답 3

`3-5-03.mp3`

男の人と女の人が海外旅行保険についての説明を聞いています。

男1：ご来店、どうもありがとうございます。

女　：あのう、来月海外へ旅行に行く予定なんですが、まえもって海外旅行保険に加入したいと思って。

男1：さようでございますか。ご存知かと思いますが、海外旅行保険は、日本のお住まいを出発してから、帰るまでの間のさまざまなリスクを補償する保険です。

男2：いろんな会社の保険があるようですが、各社の保険について説明してもらえますか。

男1：はい、もちろんです。弊店では４社の保険を取り扱っております。まず、Ａ社ではトラブルにはすべて日本語で24時間スピーディーに対応します。また、治療をお受けいただけるようキャッシュレス・メディカルサービスを用意しております。なにより発生する治療費や救助費用は無制限に補償するのが特徴です。

女　：は、無制限ね。

男1：Ｂ社では緊急歯科治療や弁護士費用、テロや旅先での非常時、帰国が遅れたことで生じる宿泊延長費用もカバーしております。また、繰り返しご加入いただく方には保険料５％割引もあるので、旅行が好きな方にはお勧めです。

男2：それもいいかな。

男1：Ｃ社では、日本語サービスやキャッシュレス医療サービスはもちろん、旅行前にかかっていた病気が旅先で急激に悪化した場合の治療費も保障します。スーツケース修理業者紹介サービスもついております。

女　：そうそう、スーツケースが故障したりするとほんとに困っちゃうもんね。

男1：最後にＤ社ですが、旅行時に盗難などの場合、緊急時の現金の手配、言葉が通じずお困りの際に、電話での通訳サービスも行っております。空港とホテル間の送迎も無料サービス、パスポートの紛失や盗難された場合のサポートもしております。現地が提携している世界100都市以上の病院で、保険証券または保険契約証を見せるだけで自己負担することなく治療を受けられるサービス、重大な病気やけがの場合の病院の手配、お客様の移送の手配等についても、Ｄ社のサポートデスクが責任を持って、きめ細かいサービスを提供いたします。

女　：今回はヨーロッパ８カ国を巡る旅行なんだから、それも頭に入れて決めなきゃね。

男2：それじゃ、迷うこともなくＤ社だね。Ｄ社の保険に加入します。

質問1 病院での治療費や救助費用を無制限に出してくれる会社はどれですか。

1 Ａ社
2 Ｂ社
3 Ｃ社
4 Ｄ社

質問2 女の人と男の人はどうしてＤ社の保険に加入することにしましたか。

1 いつでもどこでもスーツケースの修理ができるから
2 保険料の５％も割引をしてくれるから
3 多くの都市で保険契約書さえ持っていれば治療ができるから
4 盗難にあっても無制限で補償してくれるから

해석　남자와 여자가 해외여행 보험에 대한 설명을 듣고 있습니다.

남1 : 내점해 주셔서 감사합니다.

여　: 저기, 다음 달 해외로 여행갈 예정인데요, 미리 해외여행 보험에 가입하고 싶어요.

남1 : 그러십니까? 아시겠지만, 해외여행 보험은 일본의 주거지를 출발해서 돌아올 때까지 사이의 여러 가지 위험을 보상하는 보험입니다.

남2 : 여러 회사의 보험이 있는 것 같은데, 각 회사의 보험에 대해 설명해 주실 수 있습니까?

남1 : 네, 물론입니다. 저희 지점에서는 4개 회사의 보험을 취급하고 있습니다. 우선, A사에서는 트러블에는 모두 일본어로 24시간 신속하게 대응합니다. 또한 치료를 받으실 수 있도록

무현금 의료 서비스를 준비해 두고 있습니다. 무엇보다 발생되는 치료비나 구조 비용은 무제한으로 보상하는 것이 특징입니다.

여 : 아, 무제한이군요.

남1 : B사에서는 긴급 치과 치료와 변호사 비용, 테러와 여행지에서의 비상시, 귀국이 지연되어 생기는 숙박 연장 비용도 커버하고 있습니다. 또한 다시 또 가입해 주시는 분에게는 보험료 5% 할인도 있기 때문에 여행을 좋아하시는 분에게는 권해 드리는 상품입니다.

남2 : 그것도 좋겠군요.

남1 : C사에서는 일본어 서비스와 무현금 의료 서비스는 물론, 여행 전에 걸린 병이 여행지에서 급격하게 악화된 경우의 치료비도 보장합니다. 여행가방 수리업자 소개 서비스도 포함되어 있습니다.

여 : 맞아 맞아. 여행가방이 고장나거나 하면 정말 난처해져.

남1 : 마지막으로 D사입니다만, 여행 시에 도난 등의 경우, 긴급 시의 현금 수배, 말이 통하지 않아 곤란할 때에 전화로 하는 통역 서비스도 하고 있습니다. 공항과 호텔 간의 송영도 무료 서비스, 여권 분실과 도난 당한 경우의 서포트도 하고 있습니다. 현지가 제휴하고 있는 세계 100개 도시 이상의 병원에서 보험증권 또는 보험계약증서를 보여주는 것만으로 자기 부담하는 일 없이 치료를 받을 수 있는 서비스, 중대한 병이나 상처인 경우의 병원 수배, 손님의 이송 수배 등에 대해서도 D사의 서포트 데스크가 책임을 지고 세심한 서비스를 제공합니다.

여 : 이번에는 유럽 8개국을 도는 여행이니까 그것도 염두에 두고 결정하지 않으면 안 되겠네.

남2 : 그렇다면 더 고민할 것도 없이 D사네. D사 보험에 가입하겠습니다.

질문1 병원에서의 치료비와 구조 비용을 무제한으로 내 주는 회사는 어느 것입니까?

1 A사
2 B사
3 C사
4 D사

해설 A사는 병원 소개와 구급의료 수배, 발생되는 치료비와 구조 비용 무제한 보상, B사는 긴급 치과 치료와 변호사 비용, 테러와 여행지에서의 비상시, 귀국이 지연돼 생기는 숙박 연장 비용과 반복 가입 시 5% 할인 서비스 제공, C사는 여행지에서 질병이 급격하게 악화된 경우, 치료비 보장과 여행가방 고장 시 수리업자 소개 서비스, D사는 여행지에서 긴급 시의 현금 수배, 전화 통역 서비스, 공항과 호텔 간의 무료 송영 서비스, 여권 분실이나 도난 시의 서포트 및 보험계약서만으로 세계 100개 도시 이상에서 무료 의료 서비스를 받을 수 있다. 정답은 1번이다.

질문2 여자와 남자는 왜 D사 보험에 가입하기로 했습니까?

1 언제 어디서나 여행가방 수리가 가능하므로
2 보험료의 5 %나 할인을 해 주므로
3 많은 도시에서 보험계약서만 가지고 있으면 치료가 가능하므로
4 도난을 당해도 무제한으로 보상해 주므로

해설 여자와 남자가 계획하고 있는 여행은 유럽 8개국을 순회하는 여행이므로 의료와 관련해 가장 세심한 서비스를 해 주는 D사가 가장

유효하다고 판단했다. D사가 제공하는 의료 서비스는 보험계약서만 있으면 세계 100개 도시 이상에서 자기 부담 없이 병원 치료를 받을 수 있는 조건이다. 따라서 정답은 3번이다.

어휘 来店(らいてん) 내점 | まえもって 미리 | 弊店(へいてん) 폐점 | 取(と)り扱(あつか)う 다루다, 취급하다 | 治療(ちりょう) 치료 | 救急医療(きゅうきゅういりょう) 구급의료 | 無制限(むせいげん) 무제한 | 緊急(きんきゅう) 긴급 | 弁護士(べんごし) 변호사 | 延長(えんちょう) 연장 | カバーする 커버하다, 보호하다 | 繰(く)り返(かえ)し 반복 | 割引(わりびき) 할인 | 旅先(たびさき) 여행지 | 修理業者(しゅうりぎょうしゃ) 수리업자 | 緊急(きんきゅう) 긴급 | 手配(てはい) 수배 | 言葉(ことば)が通(つう)じる 말이 통하다 | 送迎(そうげい) 송영, 보내고 맞이함 | 紛失(ふんしつ) 분실 | 提携(ていけい) 제휴 | 証券(しょうけん) 증권 | 契約証(けいやくしょう) 계약증서 | 移送(いそう) 이송 | 責任(せきにん)を持(も)つ 책임지다 | きめ細(こま)かい 치밀하다 | 巡(めぐ)る 돌다, 순회하다 | 頭(あたま)に入(い)れる 염두에 두다

실전 모의고사 4회

: 언어지식(문자·어휘) :

문제1 한자읽기 문제

먼저 음독한자인지 훈독한자인지 구분한다. 음독한자인 경우 탁음의 유무, 장단음, 촉음의 유무를 생각해 문제를 푼다.

1 ~ 6 ____ 단어의 읽기로 가장 알맞은 것을 1·2·3·4 중에서 하나를 고르시오.

1 な형용사 읽기 ★★★ | 정답 2

해석 '위엄'은 당당하고 **엄숙한** 것과 위엄 있는 것, 차분함이 있는 것을 말한다.

해설 厳(위엄 엄)은 음으로는 げん, 훈으로는 厳(おごそ)か라고 읽으며, '위엄'이라는 뜻이다. 일본어 공부에서 한자 읽는 법을 익히는 것은 매우 중요하므로 평소에 어려운 어휘를 중심으로 꼼꼼히 외워 두면 '한자읽기 문제'는 쉽게 풀 수 있다.

어휘 厳(おごそ)か 엄숙함 | のどか 한가로움 | しずか 조용함

2 동사 읽기 ★★☆ | 정답 1

해석 인생에서 통근에 **소비하는** 시간은 어느 정도일까요?

해설 훈독 동사의 읽는 법을 묻는 문제이다. 費(소비 비)는 음으로 ひ, 훈으로 費(つい)やす라고 읽는다. 사용빈도가 높은 어휘이므로 반드시 구분해서 알아둔다.

어휘 費(つい)やす 지불하다 | 冷(ひや)す 식히다 | 癒(いや)す 치유하다

3 훈독 복합명사 읽기 ★★☆ | 정답 3

해석 각각의 장소에 맞는 행동을 평소부터 **알아** 두는 것이 중요합니다.

해설 훈독 복합명사의 읽는 법을 묻는 문제이다. 心(마음 심)은 훈으로 こころ, 得(얻을 득)은 훈으로 え라고 읽는다. 心得는 출제 빈도가 높은 한자이므로 반드시 알아두도록 하자.

어휘 日(ひ)ごろ 평소 | 心得(こころえ) 마음가짐, 행동

4 동사 읽기 ★★★ | 정답 1

해석 남의 이야기를 **가로막는** 것은 그만두는 편이 좋다고 생각합니다.

해설 훈독 동사의 읽는 법을 묻는 문제이다. 遮(막을 차)는 음으로 しゃ, 훈으로 遮(さえぎ)る라고 읽는다. 반드시 구분해서 알아두자.

어휘 遮(さえぎ)る 가로막다 | 遮断(しゃだん)する 차단하다

5 음훈독 명사 읽기 ★★☆ | 정답 2

해석 네 **지시**는 안 받을 거니까.

해설 훈독과 음독이 복합된 명사의 읽는 법을 묻는 문제이다. 指(손가락 지)는 훈으로 さし, 図(그림 도)는 음으로 ず라고 읽는다. 指図는 출제 빈도가 높은 한자이니 반드시 알아두도록 하자.

어휘 指示(しじ) 지시 | 指図(さしず) 지휘, 지시 | 指導(しどう) 지도

6 동사 읽기 ★★☆ | 정답 4

해석 종적 행정이 피해 지역의 부흥을 **가로막고** 있다.

해설 훈독 동사의 읽는 법을 묻는 문제이다. 阻(저지할 저)는 음으로 そ, 훈으로 阻(はば)む라고 읽는다. 구분해서 알아두면 한자 읽기 문제를 푸는 데 도움이 될 것이다.

어휘 縱割(たてわ)り行政(ぎょうせい) 종적 행정 | 悩(なや)む 고민하다, 망설이다 | 阻(はば)む 가로막다, 저해하다

문제2 문맥규정 문제

문맥에 맞는 적절한 어휘를 고르는 문제이다. 선택지의 단어를 문장 속에 넣어 자연스러운 어휘를 찾도록 한다. 최근에는 일상생활에서 사용되는 외래어 문제가 많이 출제되고 있다.

7 ~ 13 ( )에 들어갈 가장 알맞은 것을 1·2·3·4 중에서 하나 고르시오.

7 문맥에 맞는 적절한 표현 찾기 ★★☆ | 정답 1

해석 일이 끝날 **전망**이 서지 않는다.

해설 目処(めど)란 '목표, 지향점'이라는 뜻으로 立(た)つ와 함께 쓰여 '목표가 서다'라는 의미로 사용된다. 目処(めど)가 立(た)つ를 '목표가 서다, 전망이 서다'는 뜻으로 외워 두면 쉽게 정답을 찾을 수 있다.

어휘 目処(めど) 목표, 지향점 | 目処(めど)が立(た)つ 목표가 서다 | 気味(きみ) 느낌

8 어휘의 의미 파악하기 ★★☆ | 정답 3

해석 2년 만의 승리를 향해 선수들은 하나의 **실마리**를 잡은 듯이 보였다.

해설 手(て)がかり란 '실마리, 단서'라는 뜻으로 つかむ(잡다)라는 동사와 함께 쓰여 '단서를 잡다'라는 의미로 사용되므로, 手(て)がかりをつかむ로 함께 외워 두자.

어휘 言(い)いがかり 트집 | 手(て)がかり 실마리 | 端緒(たんしょ) 단서

9 문맥에 맞는 어휘 찾기 ★★★ | 정답 4

해석 악천후의 영향으로 비행기가 약 1시간에 걸쳐 출발을 **미루었다.**

해설 見合(みあ)わせる는 일정 등을 '미루다, 보류하다'는 의미로 사용된다. 電車の見合わせ 등 見合わせる의 ます형인 見合わせ도 많이 사용되므로 함께 외워 두자.

어휘 悪天候(あくてんこう) 악천후 | 影響(えいきょう) 영향 | 見合(みあ)う 어울리다 | 見逃(みのが)す 놓치다 | 見放(みはな)す 내버려두다 | 見合(みあ)わせる 미루다

10 문맥상 의미 파악하기 ★★★ | 정답 2

해석 장기 금리가 0.7%를 **밑돌아** 9년 만의 저수준을 유지하고 있다.

해설 '9년 만의 저수준을 유지하고 있다'는 것으로 보아, 괄호 안에 들어갈 표현으로는 '일정 기준을 밑돌다'는 뜻을 가진 2번 割(わ)り込(こ)んで가 적절하다.

어휘   乗(の)り越(こ)える 극복하다 ｜ 割(わ)り込(こ)む 비집고 들어가
다. 시세가 떨어지다 ｜ 満(み)たす 채우다

11 문맥에 맞는 어휘 고르기 ★★☆　　　　　　　　｜ 정답 1

해석   이 나라는 아름답고 풍요로운 자연환경에 **혜택받고 있다**.

해설   '(좋은 조건이나 환경 등의) 혜택을 받다, 풍족하다'는 의미의 恵
(めぐま)れている를 넣으면 된다.

어휘   恵(めぐま)れる 은혜를 받다, 풍족하다 ｜ 好(この)む 즐기다, 좋아
하다 ｜ 囲(かこ)む 둘러싸다 ｜ 誘(さそ)う 권하다, 불러내다

12 문맥에 맞는 관용적 표현 찾기 ★★☆　　　　　　　｜ 정답 4

해석   그는 의사도 **포기할** 정도의 어려운 병이라고 합니다.

해설   さじを投(な)げる는 직역하면 '숟가락을 던지다'는 뜻인데, 관용
적으로 '포기하다'는 의미로 사용된다. 따라서, 정답은 4번이다.

어휘   さじを投(な)げる 포기하다 ｜ 難病(なんびょう) 난병

13 관용적 의미 파악하기 ★★★　　　　　　　　　　｜ 정답 3

해석   경기 회복의 **흐름을** 타고 원유 시세는 한층 더 오름세를 보이고 있다.

해설   波(なみ)に乗(の)る는 직역하면 '물결을 타다'는 뜻인데, 관용적
으로 '흐름을 타다'는 의미로 사용된다. 정답은 3번이다.

어휘   景気回復(けいきかいふく) 경기 회복 ｜ 原油相場(げんゆそう
ば) 원유 시세 ｜ 騰勢(とうせい) 오름세 ｜ 兆(きざ)し 조짐 ｜ 状況
(じょうきょう) 상황 ｜ 波(なみ) 물결, 파도 ｜ 傾向(けいこう) 경향

문제3　유의표현 문제
주어진 어휘와 유사한 의미의 어휘를 찾는 문제이다. 평소 어휘 학습
시 유의어와 함께 공부하는 게 도움이 된다.

14 ～ 19　＿＿＿＿ 단어와 의미가 가장 가까운 것을 1·2·3·4
중에서 하나 고르시오.

14 유사 표현 찾기 ★★★　　　　　　　　　　　　　｜ 정답 1

해석   나는 언제나 **지레짐작**해서 실패한다.

해설   早合点(はやがってん、はやがてん)은 '지레짐작, 섣불리 알아들
음'이라는 뜻으로 早呑(はやの)み込(こ)む로 바꾸어 쓸 수 있다.

어휘   早合点(はやがってん、はやがてん) 지레짐작 ｜ 早呑(はやの)
み込(こ)み 지레짐작 ｜ 早送(はやおく)り 녹음기 등의 테이프를
앞으로 빨리 돌림

15 유의어 찾기 ★★☆　　　　　　　　　　　　　　　｜ 정답 2

해석   임금 상승이 **답보** 상태에 있다.

해설   横(よこ)ばい는 '제자리걸음 상태, 답보 상태'라는 뜻으로, 이 문
장에서는 足踏(あしぶ)み로 바꾸어 쓸 수 있다.

어휘   賃金(ちんぎん) 임금 ｜ 上昇(じょうしょう) 상승 ｜ 右肩上(み
ぎかたあが)り 상승 곡선 ｜ 足踏(あしぶ)み 제자리걸음 ｜ 右肩
下(みぎかたさ)がり 하향 곡선 ｜ 乗(の)り越(こ)え 극복

---

16 주어진 관용구의 대체어 찾기 ★★★　　　　　　　｜ 정답 1

해석   우리는 **당황하더라도** 멈춰 서는 일은 없습니다.

해설   途方(とほう)に暮(く)れる는 '눈앞이 깜깜하다'는 말로 '망연자
실하다, 갈피를 못 잡다, 어찌할 바를 모르다'는 의미로 사용된다.
따라서, 같은 뜻인 戸惑(とまど)う를 사용한 戸惑(とまど)っ
ても(당황해도)가 정답이 된다.

어휘   途方(とほう)に暮(く)れる 방황하다, 갈피를 못 잡다 ｜ 行(ゆ)き
詰(づ)まる 막다르다, 막히다 ｜ 戸惑(とまど)う 당황하다, 망설이다

17 의태어와 대체 가능한 부사어 찾기 ★★★　　　　　｜ 정답 4

해석   오랜 세월 동안 참을성 있게 **꾸준히** 계속하는 것이 장사의 요령이다.

해설   こつこつ는 '차근차근 무언가를 꾸준히 하는 모양을 나타내는
표현이므로 地道(じみち)に(착실하게)로 바꾸어 쓸 수 있다.

어휘   長年(ながねん) 긴 세월 ｜ 辛抱強(しんぼうづよ)い 참을성이 많
다 ｜ ゆっくり 천천히 ｜ のんびり 유유히, 한가로이 ｜ 正式(せい
しき)に 정식으로 ｜ 地道(じみち)に 착실하게

18 관용적 의미 이해하기 ★★★　　　　　　　　　　｜ 정답 2

해석   집에서 돈을 버는 인터넷 입력 일은 **수지가 안 맞는다**.

해설   割(わり)に合(あ)わない는 '수지가 맞지 않다'는 뜻이므로 儲
(もう)からない(벌이가 안 되다)와 바꾸어 쓸 수 있다.

어휘   稼(かせ)ぐ 돈벌이를 하다 ｜ 割(わり)に合(あ)う 수지가 맞다 ｜ 儲
(もう)かる 벌이가 되다, 이윤이 남다 ｜ 性格(せいかく)に合(あ)
う 성격에 맞다 ｜ 適(かな)う 꼭 맞다, 적합하다

19 유사 관용 표현 찾기 ★★☆　　　　　　　　　　　｜ 정답 1

해석   세상에는 알맹이는 없는데도 **잘난 체하는** 사람이 있다.

해설   格好(かっこう)つける는 '폼 잡다, 모양 내다, 뽐내다'는 의미이
므로 같은 뜻의 気取(きど)る가 정답이다.

어휘   気取(きど)る 잘난 체하다, 거드름 피우다 ｜ 格好(かっこう)いい
멋지다 ｜ 気遣(きづか)う 배려하다 ｜ 気軽(きがる) 소탈함, 선선함

문제4　용법 문제
제시된 어휘가 올바르게 사용된 문장을 고르는 문제이다. 해석보다
는 일본어 자체의 뉘앙스를 파악하는 것이 중요하며, 이를 위해서는
평소에 많은 문장을 읽는 연습이 필요하다.

20 ～ 25　다음 단어의 용법으로 가장 알맞은 것을 1·2·3·4 중
에서 하나 고르시오.

20 주어진 어휘가 올바르게 사용된 문장 찾기 ★★☆　　｜ 정답 3

해석   1 이 서류는 아마도 제출하면 나중에 고칠 수 없습니다.
　　　2 내년에는 아마도 미국에 갈 것입니다.
　　　3 아마도 내일은 비가 올 것 같다.
　　　4 그는 일단 한다고 하면 아마도 한다.

해설   どうやら는 '아마도, 아무래도'라는 뜻으로 ～らしい(～인 것

같다)와 같은 추측 표현과 함께 쓰이는 경우가 많다. 따라서 정답은 3번이 된다. どうやら~らしい를 '아무래도 ~인 것 같다'로 함께 외워 두면 정답을 찾는 데 도움이 된다. 1번은 いったん(일단), 2번은 どうしても(무슨 일이 있어도, 꼭), 4번은 絶対(ぜったい)に(반드시, 꼭)로 바꾸어 쓰는 것이 자연스럽다.

어휘 どうやら 아마도, 아무래도 | 書類(しょるい) 서류 | 提出(ていしゅつ) 제출

---

21 올바른 부사 용법 찾기 ★★★　　　　　　　| 정답 1

해석 1 조정은 결코 **순조롭게** 되지 않을 것이다.
　　 2 폭우로 강물이 술술 흘러넘쳤다.
　　 3 그의 죽음은 순조로웠기에 지금도 믿어지지 않는다.
　　 4 일본에 오고 나서 술술 여기에 살고 있다.

해설 すんなり는 '(사물이나 일이) 막힘없이 이루어지는 모양'을 나타내는 말로 '술술, 척척, 순조롭게'라는 의미를 갖는다. 따라서 1번이 정답이 된다. 2번은 たちまち(갑자기), 3번은 突然(とつぜん)(돌연, 갑자기), 4번은 ずっと(쭉, 계속)로 바꾸는 것이 문맥상 자연스럽다.

어휘 すんなり 술술, 척척, 순조롭게 | 調整(ちょうせい) 조정 | あふれ出(だ)す 흘러넘치다

---

22 동사의 올바른 용법 찾기 ★★☆　　　　　　| 정답 2

해석 1 연극 도중에 막이 내려와서 깜짝 놀랐다.
　　 2 이 언덕길을 **내려가면** 교차점이 나온다.
　　 3 아무리 공부해도 성적이 점점 내려간다.
　　 4 그리운 역에서 전철을 내렸다.

해설 下(くだ)る는 坂道を~、川を~와 같이 어딘가를 통과하여 아래쪽으로 이동한다는 의미를 갖는다. 따라서 정답은 2번이 된다. 1번 幕(まく)나 4번 電車(でんしゃ)는 おりる를 사용하고, 3번 成績(せいせき)는 さがる를 사용한다.

어휘 下(くだ)る 내려가다 | お芝居(しばい) 연극 | 幕(まく) 막 | 坂道(さかみち) 언덕길 | 交差点(こうさてん) 교차점 | 懐(なつ)かしい 그립다

---

23 적절한 어휘 사용 ★★☆　　　　　　　　　| 정답 4

해석 1 그 두 사람은 사이가 좋아서 **모조리** 형제 같다.
　　 2 오랜만에 만났지만 그는 **모조리** 건강해 보여서 안심했다.
　　 3 약을 먹지 않았지만 **모조리** 병이 나았다.
　　 4 공격의 기회를 **모조리** 놓치고 말았다.

해설 ことごとく는 '전부, 모두, 모조리'라는 뜻의 부사어이다. 따라서 '공격의 기회를 모두(번번히) 놓치고 말았다' 4번 문장이 정답이다. 1번은 まるで(마치), 2번은 相変(あいか)わらず(여전히), 3번은 早(はや)く(빨리)로 하는 것이 문맥상 자연스럽다.

어휘 ことごとく 모두, 모조리 | 病気(びょうき) 병 | 攻撃(こうげ き) 공격 | つぶす 부수다, 으깨다

---

24 주어진 어휘가 올바르게 사용된 문장 찾기 ★★☆　| 정답 2

해석 1 **지겹게** 별로 좋아하지 않았지만, 지금은 매우 좋아한다.
　　 2 **지겹게** 잔소리를 듣는 것은 싫은 일입니다.
　　 3 **지겹게** 전화를 걸어도 아무도 받지 않는다.

---

　　 4 **지겹게** 100만 엔 받아도 하고 싶지 않습니다.

해설 くどくど는 '장황하게, 지겹게'라는 뜻의 부사어이다. 1번은 元々(もともと)(원래), 3번은 しきりに(계속, 연달아), 4번은 たとえ(설령, 비록)로 바꾸는 것이 자연스럽다. 정답은 2번이다.

어휘 くどくど 장황하게, 지겹게 | 小言(こごと) 잔소리, 꾸중, 불평

---

25 명사의 올바른 용법 찾기 ★★☆　　　　　　| 정답 1

해석 1 시골에서 **검소하게** 사는 것에 동경을 품고 있다.
　　 2 그는 연예인으로서의 **검소함**이 있다.
　　 3 **검소함**은 무미무취한 기체이다.
　　 4 액체**검소함**은 사용 방법을 틀리면 중대한 사고를 야기하기 쉬운 위험한 물질입니다.

해설 質素(しっそ)는 '검소함'이라는 뜻의 명사이다. 따라서 어휘적 의미만 정확히 알아두면 정답이 1번임을 쉽게 찾을 수 있다. 2번은 素質(そしつ)(소질), 3번과 4번은 窒素(ちっそ)(질소)로 바꾸어야 올바른 문장이 된다.

어휘 質素(しっそ) 검소함 | 憧(あこが)れる 동경하다 | 芸能人(げいのうじん) 연예인 | 無味無臭(むみむしゅう) 무미무취 | 誤(あやま)る 실수하다, 틀리다 | 用(もち)い方(かた) 사용법 | 引(ひ)き起(お)こす 일으키다 | ~かねない ~하기 쉽다 | 危険(きけん) 위험

：언어지식(문법)：

문제 5 문법형식판단 문제

문장 내용에 맞는 문형이나 기능어를 고르는 문제이다. 커뮤니케이션 활용능력을 측정하는 것이 목표이므로 문법 문제에서도 문어체 표현보다는 일상생활에서 자주 접할 수 있는 회화체 표현의 출제 비중이 늘고 있다.

26 ~ **35** 다음 문장의 (　　)에 들어갈 가장 알맞은 것을 1·2·3·4 중에서 하나 고르시오.

---

26 문맥에 맞는 표현 찾기 ★★★　　　　　　　| 정답 1

해석 그가 학교에 **오든 안 오든** 나와는 관계없습니다.

해설 '~하든 안 하든'이라는 의미로 〈동사 의지형+ようが, 5단동사 종지형/그 밖의 동사의 ない형+まいが〉 구문을 외워 두면 정답을 찾는 데 도움이 된다.

어휘 関係(かんけい)ない 관계없다 | ~ようが~まいが ~거나 말거나

---

27 적절한 조사 찾기 ★★☆　　　　　　　　　| 정답 3

해석 작년 여름은 맹렬한 더위였던 것**과** 달리 올해는 냉하이다.

해설 ひきかえる는 '바꾸다, 교환하다'는 뜻의 동사인데, 흔히 ~にひきかえ의 형태로 '~에 반해서, ~와는 달리(반대로)'라는 대조의 의미로 사용된다.

어휘 猛烈(もうれつ) 맹렬 | 引替(ひきか)え 대신 | 冷夏(れいか) 냉하, 예년과 같이 덥지 않은 여름

28 문맥에 맞는 표현 찾기 ★★★　　　　| 정답 2

해석　본 연구는 야구나 스모와 같은 프로 스포츠나 긴급사태에 있어서의 치열한 경쟁이 집단 성원의 행동과 동기 부여에 주는 효과에 대해 검토했다.

해설　抜(ぬ)きつ抜(ぬ)かれつ를 '앞서거니 뒤서거니, 엎치락뒤치락'이라는 관용어구로 외워 두면 도움이 된다. 정답은 2번이다.

어휘　緊急事態(きんきゅうじたい) 긴급사태 | 抜(ぬ)きつ抜(ぬ)かれつ 앞서거니 뒤서거니, 엎치락뒤치락 | 競争(きょうそう) 경쟁 | 集団成員(しゅうだんせいいん) 집단 성원 | 行動(こうどう) 행동 | 動機(どうき)づけ 동기 부여 | 効果(こうか) 효과

29 문맥에 맞는 표현 찾기 ★★☆　　　　| 정답 1

해석　자기 자신도 그 입장이 되어 생각하면 상상은 어렵지 않다.

해설　'자기 자신도 그 입장이 되어 생각하면 상상은 어렵지 않다'는 문장을 만드는 것이므로 1번 ～にかたくない가 정답이다.

어휘　立場(たちば) 입장 | ～にかたくない 어렵지 않다 | ～に足(た)りない ～에 부족하다

30 문맥에 맞는 관용적 표현 찾기 ★★☆　　　　| 정답 3

해석　옛날이라면 몰라도 요즘엔 값싼 물건이라 해도 품질은 나쁘지 않습니다.

해설　'～라면 몰라도'라는 의미로 ～ならいざしらず를 알면 쉽게 정답을 찾을 수 있다.

어휘　激安(げきやす) 상품 등의 가격이 상대적으로 매우 저렴함 | 品質(ひんしつ) 품질 | ～だからといって ～라고 해서 | ～というものの ～라고 하지만 | ～ならいざしらず ～라면 어떨지 몰라도 | ～にもかかわらず ～에도 불구하고

31 대화 흐름에 맞는 가정 표현 찾기 ★★☆　　　　| 정답 1

해석　A : '우정'이란 영화 알아?
　　　B : 응. 왜?
　　　A : 내일 오후 2시 티켓이 있는데, 같이 보지 않을래?
　　　B : 미안해. 내일은 하루 종일 수업 있거든.
　　　A : 아쉽네.
　　　B : 재미있으면 가르쳐 줘. 나도 나중에 볼 테니까.
　　　A : 알았어.

해설　'재미있으면'이라는 표현을 찾는 문제이다. 1번과 2번이 헷갈리기 쉬운데, 가정 표현 とは 뒤에 의뢰, 명령, 희망 표현이 올 수 없다. 이 문제에서는 '가르쳐 줘'라는 말이 뒤에 나오므로 정답은 1번이 된다.

어휘　残念(ざんねん) 유감스러움, 아쉬움

32 문맥에 맞는 관용적 표현 찾기 ★★★　　　　| 정답 4

해석　일본어에는 '말하지 않더라도'라는 말이 있다. 그 배경에는 '미루어 짐작하다, 헤아리다'라는 아름다운 마음 씀씀이가 있어서 부탁받지 않아도 '헤아리는' 것이 진정한 의미에서 일본인의 훌륭한 점이라 생각해 마지않는다.

해설　'말하지 않는 것이 좋다, 말할 것도 없이'라는 뜻의 言(い)わずもがな를 알면 쉽게 정답을 찾을 수 있다.

어휘　背景(はいけい) 배경 | 察(さっ)する 살피다, 헤아리다 | 気配(きくば)り 마음 씀씀이 | 頼(たの)まれる 부탁받다 | ～だと思(おも)えてならない ～라고 생각해 마지않다

33 관용 표현 파악하기 ★★☆　　　　| 정답 2

해석　우리가 옳다고 믿어 의심치 않는 영어 표현이 실은 원어민에게는 아주 기묘하게 들려 버리는 경우가 있다고 합니다. 그것을 해결하는 것이 영어 학습에서 매우 중요한 문제입니다.

해설　'～해 의심치 않다, ～해 마지않다'는 의미의 표현으로 ～てやまない를 외워 두자.

어휘　表現(ひょうげん) 표현 | 奇妙(きみょう) 기묘 | ～てやまない ～해 의심치 않다, ～해 마지않다 | ～まい ～않을 것이다

34 문맥에 맞는 관용적 표현 찾기 ★★☆　　　　| 정답 3

해석　시영주택의 입주 모집을 합니다. 입주 대상자는 헤이세이 24년 10월 1일 이후 시내에 거주 또는 근무하는 분으로 사업소의 해고 등에 따라 현재 거주하고 있는 주거에서 퇴거하는 것이 불가피한 분, 그리고 그 동거 친족에 해당하는 사실이 객관적으로 증명되는 분입니다.

해설　～を余儀(よぎ)なくされる를 '～하는 것이 불가피하다, ～해야 할 지경에 이르렀다, ～하도록 강요받다'는 의미로 알아두면 독해와 문제풀이에 도움이 된다.

어휘　市営住宅(しえいじゅうたく) 시영주택 | 入居募集(にゅうきょぼしゅう) 입주자 모집 | 対象者(たいしょうしゃ) 대상자 | 在住(ざいじゅう) 거주 | 勤務(きんむ) 근무 | 事業所(じぎょうしょ) 사업소 | 解雇(かいこ) 해고 | 退去(たいきょ) 퇴거 | 同居親族(どうきょしんぞく) (가족 등) 동거 친족

35 문법형식 이해하기 ★★☆　　　　| 정답 1

해석　파트타이머로 일하는 직장에서 연수 중인데 몸이 안 좋다고 해서 쉬기만 하는 사람이 있어요. 중년 남성인데 출근해도 일할 생각이 있는 건지 없는 건지 어슬렁어슬렁하면서 한가한 건지 뭔지 바로 화장실에 가서 한참 있어도 안 돌아오기도 해요. 난감해요.

해설　～ばかり는 범위를 한정하여 '～만, ～뿐'의 의미인데, 이 문제에서는 〈동사+てばかりいる〉의 형태로 '～하기만 한다'는 의미를 나타낸다. 정답은 1번이다. 이 밖에도 시간이나 수량을 나타내는 말에 붙어 '～가량, ～쯤, ～정도'의 의미가 있다.

어휘　研修中(けんしゅうちゅう) 연수 중 | 調子(ちょうし)が悪(わる)い 몸이 안 좋다 | 出社(しゅっしゃ) 출근 | ダラダラ 의욕을 잃어 흐리멍텅한 모양

나열된 어휘를 문장의 의미가 통하도록 조합하는 문제이다. 문맥에 맞게 나열하며, 나열할 때는 조사 등의 연결에 유의한다. ★ 이 있는 부분에 들어가야 할 어휘를 고르는 문제이므로 위치에 혼동이 없도록 한다.

36 ~ 40 다음 문장의 ★ 에 들어갈 가장 알맞은 것을 1·2·3·4 중에서 하나 고르시오.

36 문맥에 맞게 어휘 배열하기 ★★☆ | 정답 3

완성문 メンバーの入隊とボーカルの好ましくない過去などが原因で活動を休止していた3人組グループGIRLSが、クリスマスコンサートを皮切りに本格的な活動に乗り出すことが分かった。

해석 멤버의 군 입대와 보컬 가수의 좋지 않은 과거 등이 원인으로 활동을 쉬고 있던 3인조 그룹 GIRLS가 크리스마스 콘서트를 시작으로 본격적인 활동에 나선다는 것을 알았다.

해설 ～を皮切(かわき)りに를 '～을 시작으로'라는 의미로 외워 두자. 2-4-3-1 순서로 나열하면 된다.

어휘 入隊(にゅうたい) 입대 好(この)ましい 바람직하다, 탐탁하다 休止(きゅうし) 휴지, 중지 皮切(かわき)り 시작, 최초, 개시

37 부사 용법을 살린 문장 배열하기 ★★☆ | 정답 1

완성문 実は、来年結婚することになりました。ついては、結婚式でのスピーチをお願いしたく、近況報告かたがたお願いに伺いたいと思います。ご都合のよい日時をお知らせいただければ幸いです。

해석 실은 내년에 결혼하게 되었습니다. 그래서 결혼식 스피치를 부탁드리고 싶어서, 근황보고도 겸해 부탁드리러 찾아뵙고자 합니다. 편하신 날짜와 시간을 알려 주시면 감사하겠습니다.

해설 ～かたがた는 '～를 겸해서'라는 표현으로 近況報告(きんきょうほうこく)かたがた는 '근황보고를 겸해서'라는 의미이다. 또한 お願(ねが)いに伺(うかが)う는 '부탁드리러 찾아뵙다'는 의미로 알아두면 쉽게 문제를 풀 수 있다. 3-1-4-2 순서로 나열하면 된다.

어휘 ついては 그래서 伺(うかが)う 찾아뵙다 ～かたがた ～를 겸해서 近況報告(きんきょうほうこく) 근황보고 日時(にちじ) 일시 お知(し)らせいただければ幸(さいわ)いです 알려 주시면 감사하겠습니다

38 단어 바르게 배열하기 ★★☆ | 정답 3

완성문 開業以来はじめて目標を達成したりなんかして、別の意味でも驚きと感謝の念にたえないイベントとなりました。

해석 개업 이래 처음으로 목표를 달성하기도 하고, 다른 의미에서도 놀라움과 감사의 마음이 가득한 이벤트가 되었습니다.

해설 ～の念(ねん)に絶(た)えない는 '～라는 생각이 끊이지 않다'는 의미로 알아두자. 바른 배열 순서는 2-4-3-1이다.

어휘 開業(かいぎょう) 개업 感謝(かんしゃ) 감사 念(ねん) 생각, 마음

39 문맥에 맞는 문장 배열 ★★☆ | 정답 4

완성문 面接は遅く行くのはもってのほかですが早く行きすぎても駄目だと言われています。

해석 면접에 늦게 가는 것은 있을 수 없는 일이지만 너무 일찍 가도 소용없다고 합니다.

해설 ～はもってのほかだ는 '～는 말도 안 되는 일이다'는 뜻이다. 올바른 나열 순서는 2-4-3-1이다.

어휘 面接(めんせつ) 면접 駄目(だめ) 안 됨 もってのほか 말도 안 됨, 당치도 않음

40 관용적 표현을 살린 어휘 배열 ★☆☆ | 정답 1

완성문 自動車保険選びには保険料の安さもさることながら、大事なのは事故時の保険会社の敏速な対応と、信頼できる会社かどうかという事だと思う。

해석 자동차보험 선택에는 보험료가 저렴한 것도 물론이지만, 중요한 것은 사고가 났을 때 보험사의 빠른 대응과 신뢰할 수 있는 회사인지 여부라고 생각한다.

해설 ～もさることながらは '～도 물론이지만, 물론이거니와'라는 뜻이다. 알아두면 쉽게 문제를 풀 수 있다. 바른 나열 순서는 4-2-1-3이다.

어휘 保険料(ほけんりょう) 보험료 敏速(びんそく) 민첩하고 빠름 対応(たいおう) 대응 信頼(しんらい) 신뢰 ～さることながら ～물론이지만 ～かどうか ～인지 아닌지

문장 흐름에 맞는 문법을 찾는 문제이다. 문법 문제는 독해 문제와 달리 지문이 어렵지는 않다. 글의 흐름을 파악하고 그에 맞는 문법을 찾아내는 것이 중요하다.

41 ~ 45 다음 글을 읽고 문장 전체의 취지를 근거로 41 부터 45 안에 들어갈 가장 알맞은 것을 1·2·3·4 중에서 하나 고르시오.

현재 일본에서는 중요한 계약서 등에는 반드시 인감이 필요하다. 부동산 구입, 자동차 구입 등 여러 가지 계약서에 인감 날인, 인감증명서가 필요하다. 41 하지만 외국에서는 사인, 즉 서명만으로 끝내는 경우가 대부분이다. 외국에서 습관적으로 인감이 아닌 사인만으로 42 끝내고 있는 이유는 편리함과 간편함이 중시되기 때문이다. 그에 반해 일본에서 날인이 많은 이유는 신뢰성과 안심 등을 중시하는 것이 습관시 되어 있기 때문은 아닐까 생각되고 있다. 일본에서는 인장, 특히 인감 등을 찍는다는 것은 본인이 계약서에서 본인 스스로가 내용을 확인하고 최종적인 의사 결정을 했음을 증명하기 위해 날인하는 것이 일본의 습관으로 되어 있다.

그래서 도장이 찍혀 있지 않은 계약서는 본 계약서로 인정되지 않는 경우가 아주 많다. 하지만 실제로 일본에서도 비즈니스상의 계약서 등은 서명과 지장(주)만으로도 충분히 유효한 계약서로 인정된다.

유효한 계약서를 작성하는 데 도장은 43 반드시 필요하지 않은 것이다. 인장을 찍지 않았다고 해서 계약서가 성립하지 않는 것은 아니지만, 앞서 밝힌 대로 현재의 일본에서는 날인하는 것이 당연하다는 습관이 있기 때문에 날인하지 않은 계약서는 계약서로서 44 인정받지 못하는 경우가 대부분이다. 인감도장과 인감증명서 세트는 제3자 기관인 시구정촌이 그 인감이 본인의 것임을 증명하는 것으로서 신뢰를 담보함에 있어 최적이므로 계약할 때 서로가 신뢰, 안심하고 거래할 수 있다는 점은 45 결코 놓쳐서는 안 된다.

(주) 지장 : 엄지손가락에 먹이나 인주를 묻혀 인감 대신 찍는 것

어휘 重要(じゅうよう) 중요 ｜ 契約書(けいやくしょ) 계약서 ｜ 実印(じついん) 도장, 인감 ｜ 不動産(ふどうさん) 부동산 ｜ 購入(こうにゅう) 구입 ｜ 押印(おういん) 날인 ｜ 印鑑証明書(いんかんしょうめいしょ) 인감증명서 ｜ 署名(しょめい) 서명 ｜ 済(す)ませる 끝내다, 완료하다 ｜ 手軽(てがる)さ 간편함 ｜ 重視(じゅうし) 중시 ｜ 信頼性(しんらいせい) 신뢰성 ｜ 印章(いんしょう) 인장, 도장 ｜ 自(みずか)ら 스스로 ｜ 最終的(さいしゅうてき) 최종적 ｜ 意思決定(いしけってい) 의사결정 ｜ 証明(しょうめい) 증명 ｜ 本契約書(ほんけいやくしょ) 본 계약서 ｜ 認(みと)める 인정하다 ｜ 拇印(ぼいん) 지장(손도장) ｜ 有効(ゆうこう) 유효 ｜ 成立(せいりつ) 성립 ｜ 前述(ぜんじゅつ)のとおり 앞서 밝힌 바와 같이 ｜ 第三者機関(だいさんしゃきかん) 제3자 기관 ｜ 市区町村(しくちょうそん) 시구정촌(일본 지자체의 아래 단위) ｜ 担保(たんぽ) 담보 ｜ 最適(さいてき) 최적

41 글의 흐름에 맞는 접속사 찾기 ★☆☆ ｜ 정답 4

해설 앞 문장에서는 일본의 경우 인감이 필요하다는 말을 하고 있고, 뒷 문장에서는 외국의 경우 사인만으로도 충분하다는 말을 하고 있다. 따라서 역접의 의미를 나타내는 4번 だが가 정답이다.

어휘 それで 그래서 ｜ そして 그리고 ｜ しかも 게다가 ｜ だが 하지만

42 문맥에 맞는 동사 ★★☆ ｜ 정답 1

해설 済(す)ませる가 '끝내다'는 의미이므로 1번 済ませている가 정답이다.

어휘 済(す)む 끝나다, 해결되다

43 글의 흐름에 맞는 부사 표현 찾기 ★★☆ ｜ 정답 2

해설 바로 앞 문장인 '하지만 실제로는 일본에서도 비즈니스 상의 계약서 등은 서명과 지장만으로도 충분히 유효한 계약서로 인정된다'가 힌트가 된다. 따라서 정답은 2번이다.

어휘 必(かなら)ずしも 반드시

44 문맥에 맞는 표현 찾기 ★★☆ ｜ 정답 4

해설 '인장을 찍지 않았다고 해서 계약서가 성립하지 않는 것은 아니지만, 앞서 밝힌 대로 현재의 일본에서는 날인하는 것이 당연하다는 습관이 있기 때문에 날인하지 않은 계약서를 계약서로~'라는 글의 흐름상 認めてもらえない(인정받을 수 없다)가 들어가야 자연스러운 문장이 된다.

45 글의 흐름에 맞는 금지 표현 찾기 ★★☆ ｜ 정답 3

해설 글의 흐름상 필자의 주장을 나타내는 3번 決(けっ)して見逃(みのが)してはいけない가 정답이 된다. 전체적인 문장의 흐름을 파악하며 읽어 내려가면 쉽게 정답을 찾을 수 있다.

어휘 見過(みす)ごすべきである 보아 넘겨야 한다 ｜ 絶対(ぜったい) 절대 ｜ 見届(みとど)ける 끝까지 보고 확인하다, 마지막까지 지켜보다 ｜ 決(けっ)して 결코 ｜ 見逃(みのが)す 놓치다, 묵인하다 ｜ 見守(みまも)るべきである 지켜봐야 한다

ː 독해 ː

200자 내외의 생활, 업무, 학습 등을 주제로 한 설명문이나 지시문을 읽고 내용을 파악하는 문제이다. 가장 중요한 것은 필자의 주장을 빨리 파악하는 것이다. 질문에 유의하며 글을 읽도록 한다.

46 ~ 48 다음의 (1)부터 (3)의 글을 읽고, 다음 질문에 대한 답으로 가장 알맞은 것을 1·2·3·4 중에서 하나 고르시오.

46 필자의 의견 이해하기 ★★☆ ｜ 정답 3

(1)
"주차장에 차를 세워 놨더니 남의 차에 받혔다" "신호 대기로 정차 중에 뒷차가 와서 받았다"와 같이 자기에게 전혀 책임이 없는 교통사고를 '무과실 사고'라고 합니다. '무과실 사고'의 경우, 보험회사나 보험대리점이 고객을 대신해서 가해자와 교섭하는 것은 법률로 금지되어 있습니다. 이런 경우에 대비해서 당사에서는 '무과실 사고' 상담 서비스가 준비되어 있습니다. 이 서비스는 고객이 상대방과 교섭할 때 조언과 지원을 해 드리는 서비스입니다. 만일 '무과실 사고' 시에는 상담해 주시기 바랍니다.

해석 필자는 '무과실 사고'를 당했을 때 어떻게 하면 좋다고 말하고 있는가?
1 가입한 보험회사에 상대방과의 대리 교섭을 부탁하면 된다.
2 무과실 사고를 당한 본인이 직접 상대방과 교섭할 필요는 없다.
3 상대방과 교섭하기 전에 무과실 사고 상담 서비스에 상담하는 편이 낫다.
4 전문 변호사에게 맡기는 게 좋다.

해설 무과실 사고의 경우 보험사 등의 대리 교섭이 금지되어 있으므로 개인에게 교섭 및 조언 상담을 해 주고 있다는 내용이다. '무과실 사고'를 당했을 때의 절차를 중심으로 내용을 파악하면 쉽게 정답을 찾을 수 있다.

어휘 駐車場(ちゅうしゃじょう) 주차장 ｜ 信号待(しんごうま)ち 신호 대기 ｜ 停車中(ていしゃちゅう) 정차 중 ｜ 追突(ついとつ) 추돌 ｜ まったく 전혀 ｜ 責任(せきにん) 책임 ｜ もらい事故(じこ) (상대방에게 책임이 있는) 무과실 교통사고 ｜ 保険会社(ほけんがいしゃ) 보험회사 ｜ 代理店(だいりてん) 대리점 ｜ 代(か)わりに 대신해서 ｜ 相手方(あいてがた) 상대방 ｜ 交渉(こうしょう) 교섭 ｜ 法律(ほうりつ) 법률 ｜ 禁止(きんし) 금지 ｜ 備(そな)える 대비하다 ｜ 当社(とうしゃ) 당사 ｜ 用意(ようい) 준비 ｜ 際(さい) 때

47 글의 내용 파악하기 ★★☆ | 정답 1

(2)

> 나데시코 재팬은 일본 여자 축구 대표팀의 애칭으로 2004년 아테네올림픽 당시에 일반 공모해서 그 결과 채택된 것이다. 일본 여성을 나타내는 '야마토 나데시코'라는 말에서 "세계를 향해 날갯짓하여 세계에 통용되도록"이라는 바람을 담아 '야마토'가 '재팬'이 된 것이다. 채택된 계기는 "일본 대표라는 호칭은 남자 대표팀의 이미지가 있지만, 호주 여자 대표가 마틸다스(Matildas)라는 애칭으로 친숙해진 것처럼 일본 여자 대표도 애칭을 쓴다면 인지도도 높아져 여자 축구 발전으로 이어진다"라는 일본축구협회(JFA) 여성 스태프의 제안이었다.

해석 본문의 내용에 맞는 것은 어느 것인가?
1 나데시코 재팬이라는 애칭은 일본 여자 축구 대표의 인지도를 높이기 위해 제안되었다.
2 일본 여자 축구 대표팀이 '나데시코 재팬'이라는 애칭을 붙였다.
3 나데시코 재팬은 마틸다스(Matildas)라는 의미이다.
4 나데시코 재팬이라는 애칭이 실제로 여자 축구의 발전으로 이어졌다.

해설 본문의 내용을 잘 파악하고 일치하는 선택지를 찾는 문제이다. 선택지를 먼저 보고 본문을 읽으면서 체크하면 쉽게 정답을 찾을 수 있다.

어휘 愛称(あいしょう) 애칭 | 一般公募(いっぱんこうぼ) 일반 공모 | 大和撫子(やまとなでしこ) 야마토 나데시코, 전통적으로 일본의 여성을 상징하는 말 | 羽(は)ばたき 날갯짓 | 通用(つうよう) 통용 | 願(ねが)いを込(こ)める 바람을 담다 | 採用(さいよう) 채용, 채택 | 呼称(こしょう) 호칭 | 親(した)しむ 친숙하게 지내다, 익숙하다 | 認知度(にんちど) 인지도 | 協会(きょうかい) 협회 | 提案(ていあん) 제안

48 글의 제목 찾기 ★★☆ | 정답 4

(3)

> 꽃가루 알레르기의 증상이 나타나는 계절은 감기가 유행하는 시기이기도 하고 그 증상도 재채기, 콧물 등 감기 증상과 비슷합니다. 우선은 자기가 꽃가루 알레르기인지 감기인지를 이비인후과나 알레르기과 등에서 전문의의 진찰을 받아 확인합시다.
> 꽃가루 알레르기의 증상이 나타나기 시작한 초기 단계에서 치료를 시작하면 중증화를 막을 수 있습니다. 증상이 중증인 경우에는 의료기관에서 약물요법, 수술 치료 등을 검토해도 좋겠습니다. 꽃가루 알레르기의 메커니즘을 이해해서 스스로가 꽃가루의 노출로부터 몸을 지키는 것이 첫 번째 대책법이라고 할 수 있겠습니다.

해석 이 글의 제목으로 가장 적합한 것은 어느 것인가?
1 꽃가루 알레르기의 예방
2 꽃가루 알레르기의 증상
3 꽃가루 알레르기의 유행
4 꽃가루 알레르기의 대책

해설 제목을 찾는 문제이다. 본문의 중심 내용을 파악하여 필자가 말하고자 하는 핵심 내용을 중심으로 제목을 찾도록 한다.

어휘 花粉症(かふんしょう) 꽃가루 알레르기 | 症状(しょうじょう) 증상 | 流行(りゅうこう) 유행 | くしゃみ 재채기 | 鼻水(はなみず) 콧물 | 耳鼻咽喉科(じびいんこうか) 이비인후과 | アレ

ルギー科(か) 알레르기과 | 専門医(せんもんい) 전문의 | 受診(じゅしん) 진찰을 받음 | 見極(みきわ)める 끝까지 지켜보다, 확인하다 | 段階(だんかい) 단계 | 治療(ちりょう) 치료 | 開始(かいし) 개시 | 重症化(じゅうしょうか) 중증화 | 防(ふせ)ぐ 방지하다, 막다 | 医療機関(いりょうきかん) 의료기관 | 薬物療法(やくぶつりょうほう) 약물요법 | 手術(しゅじゅつ) 수술 | 検討(けんとう) 검토 | 身(み)を守(まも)る (위험으로부터) 몸을 지키다 | 対策法(たいさくほう) 대책법 | 暴露(ばくろ) 폭로

문제9 중문이해 문제

500자 내외의 평론이나 수필 등의 지문을 읽고 문장의 인과관계와 이유 등을 파악하는 문제이다. 먼저 질문을 읽고 질문 내용에 유의하며 지문을 읽어 내려가는 것이 효율적이다.

49 ~ 57 다음의 (1)부터 (3)의 글을 읽고 다음 질문에 대한 답으로 가장 알맞은 것을 1·2·3·4 중에서 하나 고르시오.

49 ~ 51

(1)

> 양질의 수면을 취하기 위해 필요한 것은 '생활습관'과 '침실 환경'을 조절하는 것입니다. 밤늦게 식사 후 바로 자려고 한다든지 취침 직전까지 게임을 한다든지 하는 것은 좋지 않습니다. 체내 시계에 따른 규칙적인 리듬으로 생활하는 것이 좋은 수면으로 이어지는 지름길입니다.
> 침실 환경은 방의 밝기·소리·습도·침구의 상태가 포인트입니다. 잠이 잘 오는 환경은 사람마다 제각각이지만 조명이 너무 밝다든지 건조하다든지 하면 수면 방해가 되므로 개선해 갑시다.
> 또 최근에는 수면 중 호흡법에도 주목이 모아지고 있습니다. 코막힘 등이 원인으로 수면 중 '코호흡'이 아닌 '입호흡'이 되어 버리는 사람도 많을 겁니다. 입호흡은 목구멍의 건조로 감기 등의 병원균이 감염되거나 혀가 목구멍 안쪽으로 쏠려 그것이 호흡 방해가 되는 경우도 있습니다. 마찬가지로 평상시에 입을 잘 벌리는 아이에게서 자주 보이는 입 벌리는 버릇도 수면 중에는 목구멍과 편도선이 건조해져 병이 나기 쉬운 데다 입 속의 유익한 균만이 죽어 버리기 때문에 충치가 되기 쉽다고도 합니다.
> '코호흡'은 인간 본래의 호흡법입니다. 공기가 코를 통하면서 데워지고 적당한 습기를 머금고 폐로 향하기 때문에 코호흡은 양질의 수면을 위한 지름길이라 할 수 있겠습니다.

어휘 良質(りょうしつ) 양질 | 睡眠(すいみん) 수면 | 生活習慣(せいかつしゅうかん) 생활습관 | 寝室(しんしつ) 침실 | 整(とと)える 정돈하다, 조절하다, 가지런히 하다 | 夜遅(よるおそ)い 밤늦다 | 就寝前(しゅうしんまえ) 취침 전 | ぎりぎりまで 직전까지 | 体内時計(たいないどけい) 체내 시계 | 沿(そ)う 따르다 | 規則正(きそくただ)しい 규칙적이다 | 日々(ひび)を過(す)ごす 나날을 보내다, 생활하다 | 近道(ちかみち) 지름길 | 湿度(しつど) 습도 | 寝具(しんぐ) 침구 | 状態(じょうたい) 상태 | 眠(ねむ)りやすい 잠들기 좋은 | 照明(しょうめい) 조명 | 乾燥(かんそう) 건조 | いずれも 모두 | 妨(さまた)げ 방해 | 改善(かいぜん) 개선 | 呼吸法(こきゅうほう) 호흡법 | 注目(ちゅうもく)

주목 | 鼻(はな)のつまり 코막힘 | 鼻呼吸(はなこきゅう) 코호흡 | 病原菌(びょうげんきん) 병원균 | 感染(かんせん) 감염 | 落(お)ち込(こ)む 쑥 들어가다, 빠져 들다 | 同様(どうよう)に 마찬가지로 | 普段(ふだん) 평상시 | 口(くち)ぽかん (어린 아이들에게서 자주 보이는) 입벌림 | 扁桃腺(へんとうせん) 편도선 | 死滅(しめつ) 사멸 | 虫歯(むしば) 충치 | 温(あたた)める 데우다 | 適度(てきど) 적당한 정도 | 湿気(しっけ)を帯(お)びる 습기를 머금다 | 肺(はい) 폐 | 取(と)り込(こ)む 거두어들이다

---

49 주장의 근거 찾기 ★★☆ | 정답 1

해석 코호흡은 양질의 수면을 위한 지름길이라 할 수 있겠습니다라고 필자가 말하는 근거는 무엇인가?
  1 폐에 들어오는 공기의 습도를 적절히 유지해 주므로
  2 생활습관을 조절해 주므로
  3 따뜻한 공기가 들어가지 않으므로
  4 침실 환경을 갖추어 주므로

해설 필자의 논리 근거, 이유를 찾는 문제이다. 주로 필자의 주장이 나온 문장 앞뒤에 그 이유가 기술되어 있는 경우가 많으므로 앞뒤 문장을 눈여겨보면 정답을 쉽게 찾을 수 있다.

---

50 필자의 생각 파악하기 ★★☆ | 정답 4

해석 필자의 생각에 가까운 것은 어느 것인가?
  1 양질의 수면을 취하는 것은 어렵지 않다.
  2 인간 본래의 호흡법으로는 양질의 수면을 취할 수가 없다.
  3 낮에 하고 싶은 일을 하는 것이 양질의 수면으로 이어지는 지름길이다.
  4 수면 중의 입호흡은 수면의 방해가 되므로 개선하는 것이 좋다.

해설 필자의 생각과 가까운 내용을 찾는 문제이다. 선택지를 먼저 읽고, 본문을 읽으면 정답을 쉽게 찾을 수 있다. 필자는 양질의 수면을 취하기 위해서는 생활습관과 침실 환경을 정돈하는 노력을 기울여야 하며, 코호흡과 규칙적인 생활을 하는 것이 양질의 수면으로 이어진다고 말하고 있다. 또한 입호흡은 구내 건조 등으로 충치에 걸리기 쉽다고 말하고 있으므로 정답은 4번이다.

---

51 글의 타이틀 찾기 ★★☆ | 정답 2

해석 이 글의 타이틀로 가장 좋은 것은 어느 것인가?
  1 코호흡의 포인트
  2 숙면의 포인트
  3 양질의 수면을 취하기 위한 생활습관
  4 숙면을 취하기 위한 침실 환경

해설 제목을 찾는 문제이다. 필자가 말하고자 하는 핵심 내용을 파악하여 제목을 정하면 쉽게 문제를 풀 수 있다. 생활습관과 침실 환경 정돈, 코호흡 등은 모두 양질의 수면을 취하기 위해 필요한 것이라고 말하고 있으므로 정답은 2번이다.

어휘 熟眠(じゅくみん) 숙면

---

52 ~ **54**

(2)
  대학 시절의 공부는 사회생활에 도움이 되는가? 내 경험으로 말씀드리면 ①공부했어야 했던 것, 공부하길 잘했구나 싶은 일은 두 가지

가 있는 것 같다. 우선, 공부했어야 했다고 후회하는 것은 '비즈니스를 해 나가는 데 있어 필요한 기술과 룰의 습득을 정말 기초 레벨 정도라도 공부했어야 했다'는 것이다. 여기서 말하는 '필요한 기술과 룰'이란, 영어·부기·기본적인 법률 등이다. 현재라면 PC스킬 등도 포함될 것이다. 물론, 이런 기술의 습득은 사회인이 되고 나서도 충분히 할 수 있으며, 오히려 취직 후에 하는 편이 자기가 습득해야 할 스킬이 명확해져서 공부의 효율이 커지는 것도 분명할 것이다. 그러나 한편으로 사회인이 되고 나서부터는 절대적인 '시간'이 부족하다. 특히 영어는 공부한 시간 수에 비례해서 스킬이 발전한다. '학생 시절에 별 생각 없이 놀 시간이 있었다면 영어를 제대로 해 놓았으면 좋았을 텐데……'라는 ②후회하는 마음이 너무나 크다. ELS라는 영어회화 서클에 소속되어 나름대로 영어를 공부했던 나조차 그렇게 생각하니, 이것은 세상의 일반적인 비즈니스맨 일반에게 말할 수 있지 않나 싶다.

  다음으로, 공부하길 잘했다고 생각하는 것은 고전을 나름대로 많이 읽은 것일 것이다. 그로 인해 지식의 바탕이랄까, 사고의 무게랄까, 그런 것들이 얻어졌다는 것은 틀림없다.

어휘 役(やく)に立(た)つ 보탬이 되다 | 後悔(こうかい) 후회 | 技(わざ) 기술 | 習得(しゅうとく) 습득 | 簿記(ぼき) 부기 | 就職後(しゅうしょくご) 취직 후 | 明確(めいかく) 명확 | 効率(こうりつ) 효율 | 増(ま)す 자라다, 증가하다 | 確(たし)か 틀림없음 | 絶対的(ぜったいてき) 절대적 | 比例(ひれい) 비례 | 伸(の)びる 자라다, 발전하다, 증가하다 | ダラダラ 어슬렁어슬렁 | ヒマ 틈 | きちんと 제대로 | 念(ねん) 마음, 기분, 염원 | 非常(ひじょう)に 매우 | 所属(しょぞく) 소속 | それなりに 나름대로 | 一般(いっぱん)に 일반적으로 | 古典書(こてんしょ) 고전서 | 読(よ)み込(こ)む 잘 읽고 이해하다 | 知識(ちしき) 지식 | 思考(しこう)の重(おも)み 사고의 무게

---

52 필자의 생각 찾기 ★★☆ | 정답 1

해석 필자가 생각하는 ①공부했어야 했던 것이란 어떠한 것인가?
  1 영어
  2 고전서
  3 전문지식
  4 비즈니스 정보

해설 밑줄 친 부분에 내포된 필자의 생각을 찾는 문제이다. 사전적 의미라기보다는 본문 내에서 쓰인 의미를 파악하는 데 주안점을 두고 선택지와 본문을 대비해 읽으면서 정답을 찾는다. 비즈니스에 필요한 기초 지식은 사회인이 되고 나서도 얻을 수 있지만, 학생 시절 영어를 제대로 공부하지 않았던 후회가 매우 크다고 말하고 있으므로 정답은 1번이다.

어휘 専門知識(せんもんちしき) 전문 지식

---

53 필자의 논리 근거, 이유 찾기 ★★☆ | 정답 4

해석 ②후회하는 마음이 너무나 크다라고 되어 있는데, 왜 그렇게 생각하는 것인가?
  1 지식의 바탕이 되므로
  2 PC 스킬은 젊을 때 배우기 쉬우므로
  3 배워야 할 것이 많으므로
  4 취직하고 나서는 영어 공부를 할 절대적인 시간이 부족하므로

해설 | 밑줄 친 부분의 이유, 근거를 찾는 문제로, 이 문제의 경우 바로 앞 문장을 주의 깊게 살펴보면 쉽게 정답을 찾을 수 있다. 필자는 특히 영어의 경우 공부 시간 수에 비례해 실력이 상승하는데, 사회인이 되어 시간이 절대적으로 부족하여 학생 시절에 제대로 공부하지 못했던 것이 후회스럽다고 말하고 있다. 정답은 4번이다.

어휘 | 習(なら)いやすい 배우기 쉽다 | 絶対的(ぜったいてき) 절대적

54 필자의 생각 찾기 ★★☆ | 정답 2

해석 | 필자의 생각에 가까운 것은 어느 것인가?
1 어려운 고전을 읽으면 사회생활에 도움이 된다.
2 대학 시절의 공부는 사회생활에 도움이 된다.
3 전문 지식이 사회생활에는 도움이 된다.
4 PC 스킬은 사회인이 되고 나서 배우는 것이 효율적이다.

해설 | 필자의 생각과 가까운 내용을 찾는 문제이다. 이 글 맨 앞에 대학 시절의 공부가 사회생활에 도움이 된 부분도 있음을 기술하고 있다. 따라서 정답은 2번이다.

55 ~ 57

(3)

쇼와 30년대 이후의 고도경제성장에 따라 농산어촌 지역에서 도시 지역을 향해 신규 대학 졸업자 등의 젊은이들을 중심으로 큰 인구 이동이 일어났다. 이에 따라 도시 지역에서는 인구집중에 따른 과밀 문제가 발생하게 되었다. 한편, 농산어촌 지역에서는 인구감소에 따라, 예를 들어 교육, 의료, 방재 등 그 지역에서 기초적인 생활조건을 확보하는 데에도 지장을 초래하게 됨과 동시에 산업 인력 부족 등에 의해 지역의 생산 기능이 저하되어 왔다.
'과소'라는 것은 이렇게 지역의 인구가 줄어 버림으로써 그 지역에 사는 사람의 생활수준과 생산기능 유지가 곤란해지는 상태를 이르는데, 그러한 상태가 된 지역이 '과소 지역'이다. 이러한 ①과소 문제를 안고 있는 지역에 대해 주민복지 향상과 고용 증대를 꾀하고 나아가서는 풍부한 자연환경과 경관 형성, 자연재해 방지, 수원 함양, 식료·에너지 공급, 이산화탄소 흡수에 따른 지구온난화 방지 등이라는 과소 지역이 가지고 있는 다면적이고 공익적 기능의 유지를 꾀하는 것이 '과소 정책'이다. 지방에 따라서는 독자적으로 연구회를 설치해서 새로운 과소 대책에 관한 보고서를 내고 있는 지자체도 있는 한편, ②각 단체로부터 새로운 과소법 제정에 관련된 요망이 나오고 있다.

어휘 | 高度経済成長(こうどけいざいせいちょう) 고도경제성장 | 伴(ともな)う 따르다, 동반하다 | 農山漁村地域(のうさんぎょそんちいき) 농산어촌 지역 | 向(む)ける 향하다 | 新規学卒者(しんきがくそつしゃ) 신규 대학 졸업자 | 移動(いどう) 이동 | 過密問題(かみつもんだい) 과밀 문제 | 減少(げんしょう) 감소 | 例(たと)えば 예를 들면 | 防災(ぼうさい) 방재 | 地域(ちいき) 지역 | 確保(かくほ) 확보 | 支障(ししょう)をきたす 지장을 초래하다 | 担(にな)い手不足(てぶそく) 일손 부족 | 生産機能(せいさんきのう) 생산 기능 | 低下(ていか) 저하 | 過疎(かそ) 과소 | 暮(く)らす 생활하다 | 維持(いじ) 유지 | 困難(こんなん) 곤란 | 抱(かか)える 안다 | 住民福祉(じゅうみんふくし) 주민 복지 | 向上(こうじょう) 향상 | 雇用(こよう) 고용 | 増大(ぞうだい) 증대 | 図(はか)る 꾀하다 | さらには 게다가 | 豊(ゆた)か 풍부함

景観(けいかん) 경관 | 形成(けいせい) 형성 | 自然災害(しぜんさいがい) 자연재해 | 防止(ぼうし) 방지 | 水源(すいげん) 수원 | 涵養(かんよう) 함양 | 食料(しょくりょう) 식료, 식량 | 供給(きょうきゅう) 공급 | 二酸化炭素(にさんかたんそ) 이산화탄소 | 吸収(きゅうしゅう) 흡수 | 有(ゆう)する 가지다, 소유하다 | 多面的(ためんてき) 다면적 | 公益的(こうえきてき) 공익적 | 過疎対策(かそたいさく) 과소 대책 | 独自(どくじ)に 독자적으로 | 設置(せっち) 설치 | 取(と)りまとめる 정리하다, 종합하다, 매듭짓다 | 自治体(じちたい) 자치체, 지방자치단체 | 制定(せいてい) 제정 | 係(かか)る 관계되다, 관련되다 | 要望(ようぼう) 요망 | なす 행하다 | 阻止(そし) 저지

55 밑줄 친 부분의 의미 파악하기 ★★★ | 정답 1

해석 | ①과소 문제란 어떠한 것인가?
1 인구 감소에 따라 그 지역에서의 기초적인 생활조건의 확보에도 지장을 초래하게 된다.
2 도시 지역에서 인구 집중에 따른 과밀 문제가 생기게 된다.
3 풍부한 자연환경과 경관 형성을 꾀하게 된다.
4 주민복지 향상과 고용 증대를 꾀하게 된다.

해설 | 밑줄 친 부분이 가리키는 내용을 찾는 문제는 바로 그 앞이나 뒤에 힌트가 있는 경우가 많다. 이 문제는 밑줄 친 부분의 바로 앞에 힌트가 있다.

56 필자의 논리 근거, 이유 찾기 ★★★ | 정답 3

해석 | ②각 단체로부터 새로운 과소법 제정에 관련된 요망이 나오고 있다고 되어 있는데, 왜 그러한 것인가?
1 과밀 문제를 저지할 필요가 있으므로
2 산업 인력 부족 등에 의해 지역의 생산기능이 오르지 않으므로
3 과소 대책이 필요하므로
4 자연재해를 방지할 필요가 있으므로

해설 | 밑줄 친 부분의 이유나 근거를 찾는 문제로, 이 문제의 경우 바로 앞문장을 주의 깊게 살펴보면 쉽게 정답을 찾을 수 있다.

57 본문 내용과 일치하는 내용 찾기 ★★★ | 정답 4

해석 | 본문의 내용과 맞지 않은 것은 어느 것인가?
1 쇼와 30년대 이래, 농산어촌 지역은 과소 문제를 안고 있다.
2 과소 지역에는 고용 증대가 필요하다.
3 과소 지역은 생활수준의 유지가 곤란해진다.
4 과소 대책에 대한 국가 차원의 보고서가 나와 있다.

해설 | 본문과 일치하는 선택지를 찾는 문제는 선택지를 먼저 보고 본문을 다시 한번 꼼꼼히 살펴볼 필요가 있다. 특히 본문에 나와 있는 단어와 같은 의미의 다른 단어로 쓰인 선택지에 유의한다. 이 글에서는 과소 대책에 대한 지방의 독자적 보고서가 나와 있다고 했으므로 정답은 4번이다.

긴 지문을 읽고 필자의 생각이나 인과관계, 이유 등을 파악하는 문제이다. 이 유형에서는 저자의 의도를 파악하는 문제가 많이 출제되며, 전체 내용을 파악하는 것이 무엇보다 중요하다. 또한, 시간이 부족하므로 문제를 먼저 읽은 후 지문을 나중에 읽는 것이 좋다.

58 ~ 61 다음 글을 읽고 뒤의 질문에 대한 답으로 가장 알맞은 것을 1·2·3·4 중에서 하나 고르시오.

2012년 5월 22일, 지상 디지털방송 등을 위한 전파탑과 지역 발전을 담당할 종합관광시설로서 도쿄 스카이트리가 개업했다. 자립식 전파탑으로서는 현재 세계 제일인 높이 634m를 자랑하며 2011년 11월 17일에는 기네스 세계기록에 세계에서 가장 높은 타워로서 인정받고 있다. 이 일본 제일의 건조물, 나아가 세계 제일의 전파탑이라는 커다란 화제성에서 완성 전부터 각종 매체에서 크게 다루어졌다. 텔레비전에서는 건설 중인 스카이트리를 취재한 특별 프로그램이 때때로 방송되기도 해서 건설 기간 중부터 '도쿄의 새 명소'가 되었는데, 휴일이라도 되면 타워를 촬영하는 사람과 구경꾼들로 주변이 붐빈다. 그러나 이 그늘에는 ① 경제·환경·안전 면에서의 문제도 있다.

도쿄 스카이트리가 생김으로써 많은 관광객이 그곳을 방문하고, 지역의 상업이 활성화될 것이 기대되어 왔는데, 입주자를 모집할 때는 지역 상점을 우선했으나 임대료가 비싸서 한 집도 들어가지 않기로 결정되었다. ② 그 결과, 도쿄 스카이트리에는 대규모 상업시설이 함께 세워져 단기적으로 보면 지역 상점가를 압박할 우려가 크다. 장기적으로 보면 일본에서 과거에 건설된 많은 관광타워와 관광시설로서의 테마파크가 그 가치의 저하·진부화에 의해 개업하고 시간이 지남에 따라 입장객이 감소하고 있다. 입장자의 안정적인 확보에는 도쿄 디즈니랜드와 같은 거액의 재투자가 필요하지만 그 비용이 충분히 확보되지 않았기 때문에 타워 자체의 관광적 가치에 많은 부분을 의존하는 것은 커다란 경영적 리스크가 따른다고 지적되고 있다.

또한, 스카이트리 주위는 저층 주택지로서 오래된 거리의 분위기가 짙게 남아 있다. 여기에 거대한 구조물이 갑자기 나타남으로써 거리 경관이 파괴되고 주위에 압박감을 주고 있다. 경관만이 아니라 주변 지역에서는 도쿄 스카이트리를 방문한 다수의 관광객·구경꾼들에 의한 주차 위반, 쓰레기 투기, 노상방뇨, 한밤중과 이른 아침의 소음, 교통정체, 도로 흡연 등도 문제가 되고 있다. 타워 본체에 바람이 부딪쳐 나는 풍절음이 소음이 된다고도 한다. 전자파가 인체에 미치는 영향에 대한 의학적 연구가 진행 중인데, 전자파 때문에 주변 주민이 전자파 과민증을 일으킬 리스크가 높아진다는 가능성이 지적되고 있다. 또한 전자파 때문에 전자기 장애가 일어나서 컴퓨터 등에 영향을 미친다는 우려도 지적되고 있다.

이 외에도 전파의 송신 장소가 현재의 도쿄타워에서 도쿄 스카이트리로 이동함에 따라 새로운 수신 장애 지역이 발생할 가능성이 있다. 양 타워에 끼인 지역 등에서는 전파의 빌딩 그늘의 방향이 변하기 때문이다. 그리고 시청자가 안테나의 방향을 바꿀 필요성과 타 전파와의 혼신의 우려도 지적되고 있다.

어휘 地上(ちじょう) 지상 | デジタル放送(ほうそう) 디지털방송 | 電波塔(でんぱとう) 전파탑 | 地域(ちいき) 지역 | 発展(はってん) 발전 | 担(にな)う 담당하다 | 自立式(じりつしき) 자립식 | 誇(ほこ)る 자랑하다. 뽐내다 | 認定(にんてい) 인정 | 建造物

(けんぞうぶつ) 건조물 | 話題性(わだいせい) 화제성 | 完成前(かんせいまえ) 완성 전 | 各種(かくしゅ) 각종 | マスメディア 대중매체 | 取(と)り上(あ)げる 받아들이다. 채택하다 | 建設中(けんせつちゅう) 건설 중 | 取材(しゅざい) 취재 | 特番(とくばん) 특별 프로그램 | 時折(ときおり) 자주, 심심찮게 | 新名所(しんめいしょ) 신명소 | 撮影(さつえい) 촬영 | 見物人(けんぶつにん) 구경꾼 | 周辺(しゅうへん) 주변 | 混雑(こんざつ) 혼잡 | 影(かげ) 그림자 | 当地(とうち) 그곳 | 訪(おとず)れる 방문하다 | 地元(じもと) 그 지역 | 活性化(かっせいか) 활성화 | テナント 입주 시설, 점포 | 募集(ぼしゅう) 모집 | 優先(ゆうせん) 우선 | 〜ものの 〜했지만 | 軒(けん) 채, 동(건물 단위) | 大規模(だいきぼ) 대규모 | 施設(しせつ) 시설 | 併設(へいせつ) 병설 | 商店街(しょうてんがい) 상권, 상점가 | テーマパーク 테마파크 | 陳腐化(ちんぷか) 진부화 | 経(た)つ (시간 등이) 지나다, 경과하다 | 入場客(にゅうじょうきゃく) 입장객 | 減少(げんしょう) 감소 | 確保(かくほ) 확보 | 巨額(きょがく) 거액 | 再投資(さいとうし) 재투자 | 依存(いそん) 의존 | 経営的(けいえいてき) 경영적 | 周囲(しゅうい) 주위 | 低層(ていそう) 저층 | 住宅地(じゅうたくち) 주택지 | 下町(したまち) 상공업 종사자들이 일과 생활을 겸해 거주하는 지역 | 雰囲気(ふんいき) 분위기 | 色濃(いろこ)い 짙다 | 突如(とつじょ) 뜬금없이, 갑자기 | 景観(けいかん) 경관 | 破壊(はかい) 파괴 | 圧迫感(あっぱくかん) 압박감 | 多数(たすう) 다수 | 違法駐車(いほうちゅうしゃ) 주차 위반 | ゴミのポイ捨(す)て 쓰레기 투기 | 深夜(しんや) 심야 | 早朝(そうちょう) 이른 아침 | 騒音(そうおん) 소음 | 交通渋滞(こうつうじゅうたい) 교통정체, 교통혼잡 | 歩(ある)きタバコ 보행 중에 담배를 피는 일 | 本体(ほんたい) 본체 | 風切(かざき)り音(おと) 풍절음(좁은 틈으로 바람이 들어올 때 나는 소리) | 途上(とじょう) 도상 | 電磁波過敏症(でんじはかびんしょう) 전자파 과민증 | 発症(はっしょう) 발증 | 高(たか)まる 높아지다 | 電磁障害(でんじしょうがい) 전자기 장애 | 懸念(けねん) 우려 | 送信(そうしん) 송신 | 新(あら)たな 새로운 | 受信障害(じゅしんしょうがい) 수신 장애 | 挟(はさ)む (사이에) 끼다 | 陰(かげ) 그늘, 사각지대 | 方角(ほうがく) 방향 | 視聴者(しちょうしゃ) 시청자 | 混信(こんしん) 혼신 | 恐(おそ)れ 우려, 두려움

58 본문 내용과 일치하는 내용 찾기 ★★☆ | 정답 4

해석 도쿄 스카이트리에 관한 설명으로서 본문과 일치하는 것은 어느 것인가?

1 지역 상업의 활성화에 크게 공헌하고 있다.

2 세계에서 제일 높은 타워이므로 완성되고 나서 각종 대중매체에서 크게 다루어졌다.

3 도쿄 스카이트리가 생기고 나서 일본에는 수신 장애 지역이 완전히 없어졌다.

4 스카이트리는 저층의 주택지 안에 있고, 주변은 옛 거리의 분위기가 짙게 남아 있다.

해설 본문의 내용과 일치하는 선택지를 찾는 문제이다. 질문 내용과 선택지를 먼저 읽고 나서 본문을 읽어 내려가며 체크하면 정답을 쉽게 찾을 수 있다. 스카이트리는 옛 거리의 정취가 남아 있는 주택지에 위치하고 있으며, 주변에 건설된 상업시설은 이후 지역 상업에 악영향을 끼칠 가능성이 크다. 또한 세계 최고 높이의 타워로 완성 전부터 각종 미디어의 취재가 활발했으며, 전파 송신장소의

이동으로 수신 장애 지역이 발생할 가능성이 높다. 따라서 정답은 4번이다.

어휘 貢献(こうけん) 공헌

---

59 필자의 의도 이해하기 ★★☆ | 정답 2

해석 (①)에 들어가는 것은 어느 것인가?
1 경제·환경·안전·정치
2 경제·환경·안전
3 경제·환경·정치
4 경제·환경

해설 필자의 의도를 이해하며 글을 읽어 내려가면 괄호 안에 들어갈 말을 쉽게 찾을 수 있다. 필자는 두 번째 단락에서 스카이트리 주변의 상업시설이 차후 지역 상권을 압박할 것이라는 경제적 측면과 세 번째 단락에서 각각 스카이트리와 주변 거주지의 경관 부조화, 관광객들로 인해 야기되는 주차위반이나 교통정체 등 여러 환경문제와 전자파 과민증 발병 가능성 등 주민의 안전에 대해 말하고 있으므로 정답은 2번이다. 장문 이해 문제의 경우 문장이 길기 때문에 글 전체 내용을 파악하는 데 어려움이 있다. 따라서 키워드를 중심으로 표시하며 읽어 내려가는 것도 문제를 푸는 방법의 하나이다.

---

60 알맞은 접속사 찾기 ★★☆ | 정답 1

해석 (②)에 들어가는 것은 어느 것인가?
1 그 결과
2 그리고
3 게다가
4 그러나

해설 글의 흐름을 이해하여 적당한 접속표현을 찾는 문제이다. 이 문제의 경우, '입주자를 모집할 때 지역 상점을 우선했으나 임대료가 비싸서 한 집도 들어가지 않기로 했고, 그 결과 도쿄 스카이트리에는 대규모 상업시설이 함께 설치되어 단기적으로 보면 지역 상점가를 압박할 우려가 크다'는 의미를 전달하고 있으므로 정답은 1번이다.

어휘 その結果(けっか) 그 결과 | そして 그리고 | それに 게다가 | だが 그렇지만

---

61 본문 내용과 일치하지 않는 내용 찾기 ★★☆ | 정답 4

해석 다음 중에서 본문의 내용과 일치하지 않는 것을 고르시오.
1 지역에 따라서는 다른 전파와의 혼신의 우려가 있다.
2 타워를 촬영하는 사람과 구경꾼이 많아서 도쿄 스카이트리는 새로운 명소가 되었다.
3 도쿄 스카이트리 주변 주민은 전자파 과민증을 일으킬 위험이 높아질 가능성이 있다.
4 도쿄 스카이트리의 입장객 확보는 장기적으로 해결되어 있다.

해설 장문 이해는 지문이 길기 때문에 선택지를 먼저 읽고 관련 단락을 찾아 핵심 문장을 체크하면서 읽어 내려가는 게 도움이 된다. 두 번째 단락 마지막 부분에서 도쿄 디즈니랜드와 같이 입장객 확보를 위한 재투자 비용이 확보되지 않고 관광 가치에 많은 부분을 의존하는 것은 위험하다고 지적되고 있는 부분에서 아직 입장객 확보를 위한 장기적인 대책이 마련되어 있지 않다는 것을 유추할 수 있다. 따라서 정답은 4번이다.

문제 11 통합이해 문제

같은 주제에 대한 복수의 글을 읽고 공통점과 차이점을 비교하거나 종합적으로 이해했는지를 묻는 문제이다. 질문과 선택지를 먼저 읽고 글의 주요 포인트를 표시하면서 읽으면 쉽게 정답을 찾을 수 있다.

62 ~ 63 다음의 A와 B는 사형에 대한 의견이다. 뒤의 질문에 대한 답으로 가장 알맞은 것을 1·2·3·4 중에서 하나 고르시오.

A

사형은 잔학하고 또 비인도적인 형벌로, 법이란 이름의 살인이 틀림없다. 사형이 범죄를 방지하는 효과가 있다는 증거는 없다. 실제로 사형을 폐지한 나라에서 범죄가 급증했다는 예는 없다. 살인을 범하기 전에 자기가 사형에 처해질 가능성을 생각한 사형수는 거의 없었다는 데이터도 있다. 유족 감정을 중시하는 것은 사적 제재의 금지를 원칙으로 하는 근대법의 이념에 반한다. 형벌은 복수를 위해 있는 것이 아니다. 게다가 실제로는 범인이 사형에 처해졌다고 해서 만족하는 것은 아니라고 말하는 유족도 많고, 응보 감정의 문제는 사형 집행으로 해결되는 것이라고는 할 수 없다. 게다가 연간 1,000건 이상이나 발생하는 살인 행위에 대해 사형 판결은 10건 이하라는 것을 고려하면 국가에서도 응보 감정을 채우기 위해 사형을 집행하는 것은 아님을 알 수 있다. 범죄자를 사회로부터 격리시키는 데는 사형 외에도 종신형 등의 방법이 있다.

어휘 死刑(しけい) 사형 | 残虐(ざんぎゃく) 잔학 | かつ 동시에. 또는 | 非人道的(ひじんどうてき) 비인도적 | 刑罰(けいばつ) 형벌 | 殺人(さつじん) 살인 | 〜にほかならない 〜와 다름없다 | 犯罪(はんざい) 범죄 | 防止(ぼうし) 방지 | 効果(こうか) 효과 | 証拠(しょうこ) 증거 | 廃止(はいし) 폐지 | 急増(きゅうぞう) 급증 | 犯(おか)す 범하다. 저지르다 | 死刑囚(しけいしゅう) 사형수 | 遺族(いぞく) 유족 | 重視(じゅうし) 중시 | 私的制裁(してきせいさい) 사적 제재 | 禁止(きんし) 금지 | 原則(げんそく) 원칙 | 近代法(きんだいほう) 근대법 | 理念(りねん) 이념 | 反(はん)する 어긋나다. 반하다 | 復讐(ふくしゅう) 복수 | 〜わけではない 〜하는 것은 아니다 | 応報感情(おうほうかんじょう) 응보 감정 | 執行(しっこう) 집행 | 解決(かいけつ) 해결 | 件(けん) 건 | 行為(こうい) 행위 | 判決(はんけつ) 판결 | 満(み)たす 채우다 | 隔離(かくり) 격리 | 終身刑(しゅうしんけい) 종신형

B

자신의 소중한 사람, 예를 들어 가족이나 친구가 살해 당했다고 해도 여전히 사형에 반대할 수 있을까? 그런 사람이 있으리라고는 생각할 수 없다. 살인을 범했다고 하더라도 그 나름의 사정이 있는 경우는 정상참작을 통해 사형에 처해지지는 않는 것이다. 사형 판결이 내려지는 것은 상당히 잔인하고 범인에게 동정의 여지가 없는 경우뿐이다. 그런 살인범에게는 역시 극형이 타당하지 않을까? 그렇게 되기를 피해자의 가족도 바라고 있을 것이다.
사형수 가족의 슬픔은 알지만 그만한 죄를 범했으므로 어쩔 수 없는 일이라고 생각한다. 또한 사형에 처해질 만큼 흉악한 범죄를 저지른 것도 가정에 책임이 없다고는 할 수 없다. 사형을 집행함으로써 사형수의 가족이 희생자가 되어 버린다는 생각은 잘못된 것이다.

어휘 情状酌量(じょうじょうしゃくりょう) 정상참작 | 下(くだ)す (판결 등을) 내리다. 언도하다 | よほど 어지간히, 상당히 | 同情(どうじょう) 동정 | 余地(よち) 여지 | 極刑(きょっけい) 극형 | ふさわしい 걸맞다. 상응하다. 어울리다 | 被害者(ひがいしゃ) 피해자 | 望(のぞ)む 바라다 | 悲(かな)しみ 슬픔 | 罪(つみ)を犯(おか)す 죄를 저지르다 | 凶悪(きょうあく) 흉악 | 責任(せきにん) 책임 | 執行(しっこう) 집행 | 犠牲者(ぎせいしゃ) 희생자

62 두 글의 공통 인식 찾기 ★★★ | 정답 1

해석 A와 B의 인식으로 공통적인 것은 어느것인가?

1 사형은 극형이다.
2 사형은 범죄자를 사회로부터 격리시키는 유일한 방법이다.
3 동정의 여지가 없는 경우는 사형 판결을 내려야 한다.
4 사형수 가족에게도 책임이 없다고 할 수 없다.

해설 두 글의 공통된 입장을 찾는 문제이다. 질문과 선택지를 먼저 읽고 나서 지문에 공통 부분을 체크하며 읽어 내려가면 정답을 쉽게 찾을 수 있다. A와 B 모두 사형은 극형이며, A는 범죄자를 사회에서 격리시키는 방법으로 종신형 등이 있다고 말하고 있다. 3번과 4번은 모두 B의 입장이다. 따라서 정답은 1번이다.

어휘 唯一(ゆいいつ) 유일

63 두 글의 내용 비교하기 ★★★ | 정답 4

해석 사형에 대해 A와 B는 어떻게 말하고 있는가?

1 A는 부분적으로 찬성이라고 말하고 있으나, B는 부분적으로 반대라고 말하고 있다.
2 A는 찬성이라고 말하고 있으나, B는 반대라고 말하고 있다.
3 A는 부분적으로 반대라고 말하고 있으나, B는 부분적으로 찬성이라고 말하고 있다.
4 A는 반대라고 말하고 있으나, B는 찬성이라고 말하고 있다.

해설 지문의 다른 입장을 찾는 문제이다. 질문과 선택지를 먼저 읽고 나서 지문에 상반된 부분을 체크하며 읽어 내려가면 정답을 쉽게 찾을 수 있다. A는 사형이 범죄 방지 효과가 있다는 증거가 없으며 범죄자를 사회로부터 격리하는 데는 종신형 등의 방법이 있다는 것을 거론하는 것으로 보아 사형에 반대하는 입장임을 알 수 있고, B는 잔인한 범인에게는 극형이 타당하다는 서술로 보아 사형에 찬성하는 입장임을 알 수 있다. 따라서 정답은 4번이다.

문제12 주장이해 문제

사설이나 평론 등 추상적이고 논리적인 글을 읽고 필자의 주장이나 생각을 파악하는 문제이다. 질문을 먼저 읽고 필자의 논리에 맞춰 중요 부분이나 키워드에 표시하면서 읽어 내려가도록 한다.

64 ~ 67 다음 글을 읽고 뒤의 질문에 대한 답으로 가장 알맞은 것을 1·2·3·4 중에서 하나 고르시오.

　일본의 전후 교육은 문부성과 일본 교직원 조합과의 성과 없는 이데올로기 대립으로 인해 본래의 교육을 제쳐 두고 주역인 아이들을 방치해 왔다. 최초로 그 희생이 된 것이 이른바 '단카이 칠드런'이라 불리는 세대이다. 그들은 비뚤어진 '권리·자유·평등'을 익히며 '책

임·의무'를 배우지 못한 채 자랐다. 일교조는 그들에게 경제라는 잣대밖에 주지 못한 채 신념·철학·자존심이라는 가치로부터 동떨어진 '돈과 물건'에서밖에 가치를 찾아내지 못하는 가난한 정신을 기른 것이다. 이것은 ①'잃어버린 10년'이라고 불린 90년대의 그들의 삶에 크게 영향을 끼쳤다.

　아이들은 유아기에 부성과 모성의 대비 속에서 사회성을 획득한다. '남편은 건강하고 집에 없는 게 좋다'는 말이 유행했는데, 부성 부재의 가정은 곧 '단카이 칠드런'의 사회성 결여의 원인이 되었다. 당시 오바타리안이라 불렸던 세대는 전후 처리도 제대로 이루어지지 않은 상황에서 태연히 해외로 놀러 가고 마구잡이로 명품을 사들여 그 오만함을 세계 속에 흩뿌렸다. 그들 세대의 특징적인 이 품성·품행의 좋지 않음은 다음 세대의 라이프 스타일에까지 영향을 미쳤다. 그 이상으로, 구미의 여러 나라가 아직까지도 일본인을 멸시하고 아시아 각국이 계속해서 불신감을 갖고 있다는 사실에 대한 둔감함은 불행이기까지 하다. 단카이 세대가 전후를 살아오면서 경제력에 어울리는 인생관과 가치관, 넓은 의미의 품성·품행과 도덕성을 갖추고 있었다면 일본 사회는 이렇게까지 일그러지지 않았을 것이다.

　90년대는 '잃어버린 10년'이라 불리고 있다. 경제라고 하는 잣대밖에 없었던 우리는 진부한 발상으로 경제적 풍요로움을 계속 추구해 온 나머지 버블 붕괴를 초래했다. 당시 불행했던 것은 '우린 어디로 가는 것인가?'하는 근원적인 망설임을 깨닫지 못했던 것이다. 이것이 ②90년대를 무의미하게 낭비한 최대의 원인인 것이다. 단카이 세대는 구미를 쫓는 동안은 훌륭한 능력을 발휘했지만 따라잡은 후의 비전을 그리는 상상력이 결여되어 있었다. 그들의 책임은 아니다. 사회가 그들에게 그러한 능력을 요구하지 않았던 것이다. 무라카미 류의 『우리는』 그 돈으로 무엇을 살 수 있었는냐가 많이 팔렸다고 하는데, 서글픈 것은 아직도 그 정도의 차원에서밖에 버블을 검증할 수 없는 낮은 멘탈리티이다. 검증해야 할 것은 '우리가 왜 가난한 가치관밖에 가질 수 없었나'하는 사실일 것이다. 바로 교육의 문제이다. 앞서 말한 바와 같이 신념·철학·자존심을 기르는 노력을 게을리하지 않았다면 ③좀 더 다른 사회가 존재했을 것이다.

어휘 戦後(せんご) 전후 | 文部省(もんぶしょう) 옛 문부성, 현 문부과학성 | 日教組(にっきょうそ) 일본 교직원 조합 | 不毛(ふもう) 불모, 성과·발전이 없음 | イデオロギー 이데올로기, 이념 | 対立(たいりつ) 대립 | 本来(ほんらい) 본래 | 蔑(ないがし)ろにする 뒷전으로 하다. 업신여기다 | 主役(しゅやく) 주역 | 放置(ほうち) 방치 | 団塊(だんかい)チルドレン 단카이 칠드런, 전후 세대 | 歪(ゆが)む 비뚤어지다, 일그러지다 | 平等(びょうどう) 평등 | 義務(ぎむ) 의무 | 物差(ものさ)し 자, 잣대, 기준 | 自尊心(じそんしん) 자존심 | 価値(かち) 가치 | 程遠(ほどとお)い 동떨어지다, 걸맞지 않다 | 見出(みいだ)す 발견하다 | 貧(まず)しい 빈약하다, 가난하다 | 精神(せいしん) 정신 | 育(はぐく)む 기르다, 육성하다 | 失(うしな)う 잃다 | 生(い)き様(ざま) 살아가는 태도, 삶 | 幼児期(ようじき) 유아기 | 父性(ふせい) 부성 | 母性(ぼせい) 모성 | 対比(たいひ) 대비 | 獲得(かくとく) 획득 | 亭主(ていしゅ) 남편 | 留守(るす) 부재 | やがて 곧, 머지않다 | オバタリアン 뻔뻔하고 무신경한 중년 여성을 일컫는 말, 전후세대의 여성을 낮춰 이르는 말 | 戦後処理(せんごしょり) 전후 처리 | ろくに 제대로, 변변히 | 平気(へいき) 아무렇지도 않음 | 金(かね)に飽(あ)かせる 돈을 아끼지 않고 쓰다 | ブランド商品(しょうひん) 명품 | 買(か)い漁(あさ)る 여기저기 다니며 사 모으다 | 傲慢(ごうまん) 오만 | まき散(ち)らす 흩뿌리다 | 品性(ひんせい) 품성

品行(ひんこう) 품행 │ 後(のち)の世代(せいだい) 다음 세대 │ 欧米諸国(おうべいしょこく) 구미 여러 나라 │ 未(いま)だに 아직도, 여전히 │ 蔑視(べっし) 멸시 │ 鈍感(どんかん) 둔감 │ 営(いとな)み 생활 │ 見合(みあ)う 알맞다 │ 人生観(じんせいかん) 인생관 │ 価値観(かちかん) 가치관 │ 広義(こうぎ) 광의, 넓은 의미 │ モラル 모럴, 도덕성 │ 旧来(きゅうらい)の発想(はっそう) 오래된 발상 │ 豊(ゆた)かさ 풍요로움 │ 追求(ついきゅう) 추구 │ ～が故(ゆえ)に ～때문에 │ 崩壊(ほうかい) 붕괴 │ 根源(こんげん) 근원 │ 迷(まよ)い 망설임, 미혹 │ 無為(むい) 하릴없음, 무의미함 │ 浪費(ろうひ) 낭비 │ 発揮(はっき) 발휘 │ 追(お)いつく 따라잡다 │ ビジョンを描(えが)く 비전을 그리다 │ 想像力(そうぞうりょく) 상상력 │ 欠如(けつじょ) 결여 │ 次元(じげん) 차원 │ 検証(けんしょう) 검증 │ メンタリティー 멘탈리티 │ ～得(え)る ～할 수 있다 │ まさしく 바로, 틀림없이 │ 冒頭(ぼうとう) 모두, 첫머리 │ 怠(おこた)る 게으르다, 태만하다

---

64 밑줄 친 내용의 의미 파악하기 ★★★　│ 정답 1

해석　①잃어버린 10년의 특징으로 필자가 말하고 있는 것은 어느 것인가?
1 경제라는 잣대밖에 갖고 있지 않았다.
2 가난한 가치관이 사회적인 문제가 되었다.
3 책임과 의무가 중요시되었다.
4 경제력에 어울리는 도덕성이 중시되었다.

해설　추상적인 내용의 장문을 읽고 답하는 문제이다. 이 문제는 밑줄이 나타내는 내용의 의미를 파악하는 것으로, 추상적이고 어려운 단어나 표현이 나오더라도 당황하지 말고 단락의 요지를 파악하며 읽어 내려가면 쉽게 정답을 찾을 수 있다.

---

65 필자의 주장 파악하기 ★★☆　│ 정답 4

해석　②90년대를 무의미하게 낭비한 최대의 원인으로 필자가 예로 든 것은 어느 것인가?
1 가정
2 정신
3 경제
4 교육

해설　추상적인 내용의 장문이므로 집중력을 요하게 된다. 단락별로 논점을 나타내는 핵심 문장이라고 생각되는 문장에 밑줄을 그어 두거나 핵심 내용을 메모하여 전체적인 필자의 주장을 파악하는 것도 좋은 방법이다. 필자는 세 번째 단락 마지막 부분에서 교육이 문제라고 말하고 있으므로 정답은 4번이다.

---

66 전체적인 내용 이해하기 ★★★　│ 정답 2

해석　③좀 더 다른 사회가 존재했을 것이다라고 되어 있는데, 예를 들면 어떠한 것인가?
1 자유와 평등을 중시하는 사회
2 책임과 의무를 존중하는 사회
3 버블 붕괴를 초래한 사회
4 교육 중심의 사회

해설　필자의 주장을 정확히 이해하여 실제에 응용하는 문제이다. 추상적인 내용으로 독해 문제 중 난이도가 가장 높은 파트인 만큼 필자의 주장을 꼼꼼히 파악하는 것이 중요하다. 필자는 신념·철학·자존심과 동떨어져 경제적 가치를 우선시하는 사회는 권리·자

유·평등만을 앞세우고 책임과 의무를 배우지 못해 생겨났다고 보고 있다. 이는 다시 말해 신념·철학·자존심의 가치를 인정받을 수 있는 사회는 책임과 의무를 존중하는 사회에서 가능한 일이라고 볼 수 있다. 따라서 정답은 2번이다.

---

67 필자의 주장 이해하기 ★★★　│ 정답 3

해석　이 글에서 필자가 가장 말하고 싶은 것은 어느 것인가?
1 일본의 전후 교육은 '돈과 물건'에서만 가치를 이끌어내는 가난한 정신을 길렀다.
2 부성 부재의 가정이 곧 아이들의 사회성 결여의 원인이 된다.
3 신념·철학·자존심을 기르는 교육이 필요하다.
4 90년대는 잃어버린 10년이다.

해설　주어진 지문이 길어 집중력이 흐트러지면서 상식에 의존하여 문제를 푸는 경우가 있다. 그러나 상식적인 것이 함정 선택지로 제시될 수 있으므로 상식보다는 지문의 논지를 정확하게 파악하여 문제를 푸는 것이 중요하다. 필자는 신념·철학·자존심의 가치와 동떨어진 정신이 90년대 버블 붕괴를 초래했다고 말함으로써 신념·철학·자존심의 중요성에 대해 말하고 있다. 따라서 정답은 3번이다.

문제 13　정보검색 문제

실생활에서 많이 접하는 안내문이나 광고문 등을 보고 필요한 정보를 찾아내는 문제이다. 이 문제에서는 제시된 지문을 다 읽지 말고 문제에서 제시하고 있는 조건을 먼저 파악한 후, 지문을 읽으면서 조건에 맞는 사항을 체크하여 정답을 빠른 시간 내에 골라내는 것이 중요하다.

---

68 ~ 69　오른쪽 페이지는 테니스 클럽의 입회 안내이다. 다나카 씨네는 테니스 클럽에 입회하려고 한다. 아래 질문에 대한 답으로 가장 알맞은 것을 1·2·3·4 중에서 하나 고르시오.

입회 안내

산과 들이 바라다보이는 아름다운 자연에 둘러싸인 '야마나카 테니스 클럽'에서 동료와 함께 '기분 좋은 땀'을 흘려 보지 않겠습니까?

본 클럽에서는 테니스 경기뿐만 아니라, 회원 여러분을 주체로 한 다양한 서클 활동도 활발하게 운영되고 있으므로 커뮤니케이션 장소로도 이용하실 수 있습니다.

일상생활에서 벗어난 환경 속에서 몸도 마음도 '재충전'해 보면 어떨까요?

정회원

	입회비	회원자격 보증금	월회비	시설 이용료
개인회원	126,000엔	370,000엔	8,400엔	평일 500엔/일 토, 일, 공휴일 700엔/일 (※5)
개인회원 (24세 이하) (※1)	50,000엔	100,000엔	4,000엔	
가족회원 (※2)	84,000엔	190,000엔	7,875엔	
가족회원 (24세 이하) (※3)	30,000엔	70,000엔	3,000엔	
법인회원 (※4)	126,000엔	370,000엔	8,400엔	

※1 24세 이하인 분에 한합니다.
　　25세 이상은 월회비·시설 이용료는 통상요금이며, 회원자격 보증금은 차액(27만 엔)을 보전해 주셔야 합니다.
※2 개인회원의 배우자, 부모, 형제자매 및 그 자녀에 한합니다.
※3 개인회원의 24세 이하의 자녀에 한합니다.
　　25세 이상은 월회비·시설 이용료는 통상요금이며, 회원자격 보증금은 차액(12만 엔)을 보전해 주셔야 합니다.
※4 기명식으로, 본인이 개인회원과 동등하게 이용하실 수 있습니다.
※5 80세 이상 및 24세 이하의 학생에 대해서는 반값 할인입니다.

단기 회원
입회비·보증금은 불필요(회비만 납부). 입회일로부터 1년간 이용하실 수 있습니다.
24세 이하의 학생은 회비의 반값으로 이용하실 수 있습니다.

	연회비(1인)		시설 이용료
종일 단기회원	162,750엔	모든 영업일에 이용하실 수 있습니다.	
토·일 단기회원	141,750엔	토, 일, 공휴일(클럽 휴일 제외). 대체휴일에만 이용하실 수 있습니다.	평일 500엔/일 토, 일, 공휴일 700엔/일 (※6)
평일 단기회원	89,250엔	토, 일, 공휴일, 대체휴일, 클럽의 휴일 이외에 이용하실 수 있습니다.	

※6 80세 이상은 반값 할인입니다.

소재지
　우편번호 400-0043
　야마나시현 고후시 고쿠보 6-5-2
　야마나카 테니스 클럽
TEL: 055-1224-3211
FAX: 055-1224-3212
E-mail: info@yamanaka-tennis.com
정기휴일: 매주 화요일(공휴일인 경우는 영업합니다.)

어휘　入会案内(にゅうかいあんない) 입회 안내 ┃ 山々(やまやま) 산들 ┃ 望(のぞ)む 바라다보다 ┃ 囲(かこ)む 둘러싸다 ┃ 仲間(なかま) 친구, 동료 ┃ 心地(ここち)よい 기분 좋다 ┃ 主体(しゅたい) 주체 ┃ 活発(かっぱつ) 활발 ┃ 行(おこな)う 행하다 ┃ 日常(にちじょう) 일상 ┃ 離(はな)れる 떨어지다 ┃ リフレッシュ 재충전 ┃ 会員資格保証金(かいいんしかくほしょうきん) 회원자격 보증금 ┃ 月額会費(げつがくかいひ) 월회비 ┃ 施設利用料(しせつりようりょう) 시설 이용료 ┃ 祝日(しゅくじつ) 공휴일 ┃ ～に限(かぎ)る ～에 한하다 ┃ 差額(さがく) 차액 ┃ 補填(ほてん) 보전 ┃ 配偶者(はいぐうしゃ) 배우자 ┃ 記名式(きめいしき) 기명식 ┃ 半額(はんがく) 반액, 반값 ┃ 短期会員(たんきかいいん) 단기 회원 ┃ 不要(ふよう) 불필요 ┃ 振替休日(ふりかえきゅうじつ) 대체휴일 ┃ 所在地(しょざいち) 소재지 ┃ 定休日(ていきゅうび) 정기휴일

---

[68]　필요한 정보 찾기 ★★★ ┃ 정답 1

해석　25세의 다나카 씨가 70세의 어머니와 함께 정회원으로 입회하려 합니다. 입회할 때 다나카 씨와 어머니는 합쳐서 얼마를 내면 됩니까?
1　786,275엔
2　103,000엔
3　1,008,800엔
4　154,000엔

해설　다나카 씨는 개인회원, 어머니는 가족회원으로 가입해야 한다.
다나카 씨: 126,000+370,000+8,400=504,400엔
어머니: 84,000+190,000+7,875=281,875엔
따라서 다나카 씨와 어머니가 함께 지불해야 할 금액은 786,275엔이 된다.

[69]　정확한 정보 파악하기 ★★★ ┃ 정답 3

해석　고등학생인 다나카 씨의 동생은 평일엔 바빠서 여름방학 동안 주말에만 이용하려고 생각하고 있습니다. 입회 시 얼마를 내면 됩니까?
1　81,375엔
2　154,000엔
3　70,875엔
4　141,750엔

해설　여름방학 동안 주말에만 다니려면 토·일 단기회원에 가입하면 된다. 단, 다나카 씨의 동생은 고등학생이므로 반값 할인이 된다. 따라서 요금은 141,750엔의 반값인 70,875엔을 내면 된다.

: 청해 :

문제1　과제이해 문제
내용을 듣고 문제 해결에 필요한 구체적인 정보를 찾아 이후 무엇을 해야 하는지를 알아내는 문제이다. 두 사람의 대화가 나오므로 누가 무엇을 해야 하는지에 대한 정보를 정확하게 구별해야 한다.

1 ~ 6　문제 1에서는 우선 질문을 들으세요. 그리고 나서 이야기를 듣고 문제용지의 1부터 4 중에서 가장 알맞은 것을 하나 고르세요.

예)　┃ 정답 1

`4-1-01.mp3`

女性の薬剤師が男性の患者さんにお薬の飲み方について説明しています。男の人は夕食後、どの薬を飲めばいいでしょうか。

女：田中さん、田中明彦さん。
男：はい。
女：高血圧症の治療剤が三種類出ております。
男：はい。
女：白いのは1日2回、朝と晩の食後に、赤いのは1日1回、夕食後に1錠ずつ飲んでください。
男：はい。

女：それから粉薬は1日1回、寝る前に1袋飲んでください。

男：わかりました。

女：お大事にどうぞ。

男の人は夕食後、どの薬を飲めばいいでしょうか。

1 白いのと赤いのを1錠ずつ飲む

2 粉薬を1袋飲む

3 白いのを2錠飲む

4 赤いの1錠と粉薬を1袋飲む

해석　여자 약사가 남자 환자에게 약 복용법에 대해 설명하고 있습니다. 남자는 저녁 식사 후, 어느 약을 먹으면 됩니까?

여 : 다나카 씨. 다나카 아키히코 씨.

남 : 네.

여 : 고혈압증 치료제가 세 종류 나와 있습니다.

남 : 네.

여 : 하얀 것은 하루 두 번, 아침과 저녁 식후에, 빨간 것은 하루 한 번 저녁 식사 후에 한 알씩 드세요.

남 : 네.

여 : 그리고 가루약은 하루에 한 번, 자기 전에 한 봉지 드세요.

남 : 알겠습니다.

여 : 그럼 몸조리 잘하세요.

남자는 저녁 식사 후에 어느 약을 먹으면 될까요?

1 하얀 약과 빨간 약을 한 알씩 먹는다.

2 가루약을 한 봉지 먹는다.

3 하얀 약을 두 알 먹는다.

4 빨간 약 한 알과 가루약을 한 봉지 먹는다.

해설　필요한 정보를 토대로 과제를 수행하는 문제이다. 본문을 듣기 전에 상황 설명과 질문을 미리 음성으로 들려주므로 문제를 잘 이해한 후 본문의 대화를 집중해 듣는다. 하얀 약은 하루에 2회 아침저녁 식사 후에 1알씩, 빨간 약은 하루 1회 저녁 식사 후에 1알씩 먹으라고 했으므로 정답은 1번이다.

어휘　薬剤師(やくざいし) 약사 ┃ 患者(かんじゃ)さん 환자 ┃ お薬(くすり)の飲(の)み方(かた) 약 먹는 방법, 복용법 ┃ 高血圧症(こうけつあつしょう) 고혈압증 ┃ 治療剤(ちりょうざい) 치료제 ┃ 種類(しゅるい) 종류 ┃ 食後(しょくご) 식후 ┃ 1錠(いちじょう) 1알 ┃ 粉薬(こなぐすり) 가루약 ┃ 1袋(ひとふくろ) 한 봉지

---

1 **필요한 정보 찾아내어 유추하기** ★★☆ ┃ 정답 3

4-1-02.mp3

吉田君の母と男の担任の先生が電話で話しています。吉田君はいつから学校に行きますか。

女：吉田の母ですが。

男：どうも。担任の真田です。

女：息子がいつもお世話になっております。実は、息子がインフルエンザにかかりまして……。

男：えー？吉田君は大丈夫でしょうか。

女：ええ、今朝薬を飲んで熱は下がったんですが、病院

の先生から、木曜日までは休むようにと言われまして……。

男：ああ、そうですか。校内でインフルエンザの患者は8人目なんです。

女：そんなに多いんですか。

男：今、大流行してますので、決定的な対策を取ることも考えてきたんですが、先ほどの会議で最終的に今週末まで臨時休業となりました。

女：えー？そうなんですか。

男：来週から学校が始まりますので。とにかく、ゆっくり休んでください。お大事に！！

女：はい。

吉田君はいつから学校に行きますか。

1 木曜日

2 金曜日

3 月曜日

4 水曜日

해석　요시다 군의 어머니와 남자 담임선생님이 전화로 이야기하고 있습니다. 요시다 군은 언제부터 학교에 갑니까?

여 : 요시다의 엄마인데요.

남 : 안녕하세요. 담임인 사나다입니다.

여 : 아들이 늘 신세 지고 있습니다. 실은, 아들이 독감에 걸려서요…….

남 : 그래요? 요시다 군은 괜찮습니까?

여 : 네, 오늘 아침에 약을 먹고 열은 내렸는데, 병원 선생님께서 목요일까지는 쉬라고 해서요…….

남 : 아, 그렇습니까? 교내에서 독감 환자는 8명 째입니다.

여 : 그렇게 많아요?

남 : 지금 대유행하고 있어서 결정적인 대책을 취하는 것도 생각 중인데요, 조금 전 회의에서 최종적으로 이번 주말까지 임시 휴교하기로 결정이 되었습니다.

여 : 네? 그렇습니까?

남 : 다음 주부터 학교가 시작되니까요, 어쨌든 푹 쉬게 해 주세요. 몸조리 잘하세요!

여 : 네.

요시다 군은 언제부터 학교에 갑니까?

1 목요일

2 금요일

3 월요일

4 수요일

해설　필요한 정보를 찾아내어 유추하는 문제이다. 본문을 듣기 전에 상황 설명과 질문을 미리 음성으로 들려주므로 문제를 잘 이해하고 대화를 집중해 듣는다. 이 문제에서는 "다음 주부터 학교가 시작되니까요, 어쨌든 푹 쉬게 해 주세요."라는 남자의 말이 힌트가 된다. 정답은 3번이다.

어휘　担任(たんにん) 담임 ┃ いつもお世話(せわ)になっております 늘 보살펴 주셔서 감사합니다. 늘 신세 지고 있습니다(인사말) ┃ インフルエンザ 인플루엔자, 유행성 독감 ┃ 校内(こうない) 교내 ┃ 患者(かんじゃ) 환자 ┃ 大流行(だいりゅうこう) 대유행 ┃ 決定

的(けっていてき) 결정적 | 対策(たいさく)を取(と)る 대책을 취하다 | 先(さき)ほど 조금 전, 아까 | 最終的(さいしゅうてき) 최종적 | 臨時休業(りんじきゅうぎょう) 임시 휴업 | とにかく 어쨌든 | お大事(だいじ)に 몸조리 잘하세요

---

2 문제 해결에 필요한 정보 찾기 ★★☆ | 정답 2

`4-1-03.mp3`

フィリピン人のラマールさんは短期滞在の資格で日本に来て、先月日本の大学に入学しました。なので、在留資格を変更しなければなりません。変更に必要な書類などについて大学の留学生係にお問い合わせしています。ラマールさんは在留資格を変更するため、最初にどちらに行くでしょうか。

女：先月、こちらに入学したフィリピンの者ですが……。
男：はい。なにか。
女：実は今、在留資格が「短期滞在」なんですが、在留資格の変更って必要でしょうか。
男：はい。在留資格を「留学」に変更しなければなりません。
女：在留資格の変更にはどのような書類が必要でしょうか。
男：在留カード、あるいは外国人登録証明書はお持ちでしょうね。
女：はい。
男：それと、パスポート、在学証明書などが必要です。
女：在学証明書はどこでもらえますか。
男：学部の事務室で発行しております。
女：在留カード、パスポート、それから、在学証明書があればいいんですね。
男：はい。できるだけ早めに手続きを取ってくださいね。
女：ところで、手続きは区役所でするんですか。
男：いいえ、入国管理局でします。
女：はい、分かりました。ありがとうございました。
男：いいえ。

ラマールさんは在留資格を変更するため、最初にどちらに行くでしょうか。
1 留学生係
2 学部の事務室
3 入国管理局
4 区役所

해석 필리핀 사람인 라마르 씨는 단기체재 자격으로 일본에 와서 지난달에 일본의 대학에 입학했습니다. 그래서 재류자격을 변경하지 않으면 안 됩니다. 변경에 필요한 서류 등에 대해 대학의 유학생 담당에게 문의하고 있습니다. 라마르 씨는 재류자격을 변경하기 위해 맨 처음 어디에 갑니까?
여 : 지난달 여기 입학한 필리핀 사람인데요…….
남 : 네, 무슨 일입니까?
여 : 실은 지금 재류자격이 '단기체재'인데요, 재류자격 변경이라는 게 필요할까요?

남 : 네. 재류자격을 '유학'으로 변경하지 않으면 안 됩니다.
여 : 재류자격 변경에는 어떤 서류가 필요합니까?
남 : 재류카드 또는 외국인등록증명서는 갖고 계시지요?
여 : 네.
남 : 그거하고, 여권, 재학증명서 등이 필요합니다.
여 : 재학증명서는 어디에서 받을 수 있나요?
남 : 학부 사무실에서 발행하고 있습니다.
여 : 재류카드, 여권, 그리고 재학증명서가 있으면 되네요.
남 : 네. 되도록 빨리 수속을 해 주세요.
여 : 그런데 수속은 구청에서 합니까?
남 : 아뇨, 입국관리국에서 합니다.
여 : 네, 알겠습니다. 감사합니다.
남 : 아닙니다.

라마르 씨는 재류자격을 변경하기 위해 맨 처음 어디에 갑니까?
1 유학생계
2 학부 사무실
3 입국관리국
4 구청

해설 문제 해결에 필요한 정보를 찾는 문제이므로 문제를 잘 이해한 후 대화를 집중해 듣는다. 이 문제의 경우, 재류자격 변경 절차에 주의하여 듣도록 한다. 서류를 갖춰야 입국관리국에서 수속을 할 수 있으므로 현재 없는 재학증명서를 먼저 발급받아야 한다. 따라서 맨 먼저 학부 사무실로 가야 하므로 정답은 2번이다.

어휘 フィリピン人(じん) 필리핀 사람 | 短期滞在資格(たんきたいざいしかく) 단기체재 자격 | 在留資格(ざいりゅうしかく) 재류자격 | 問(と)い合(あ)わせ 문의 | 書類(しょるい) 서류 | 外国人登録証明書(がいこくじんとうろくしょうめいしょ) 외국인등록증명서 | 在学証明書(ざいがくしょうめいしょ) 재학증명서 | 学部(がくぶ) 학부 | 発行(はっこう) 발행 | 在留(ざいりゅう)カード 재류 카드 | 早(はや)めに 일찍이, 일찌감치 | 手続(てつづ)きを取(と)る 수속을 하다, 절차를 밟다 | ところで 그런데 | 区役所(くやくしょ) 구청 | 入国管理局(にゅうこくかんりきょく) 입국관리국

3 과제 수행에 필요한 구체적인 정보 찾기 ★★☆ | 정답 1

`4-1-04.mp3`

男の人が来週開かれる会議の準備のため、女の人と話しています。女の人は今週中、何をしなければなりませんか。

男：佐々木さん、来週のことなんだけど。
女：はい。
男：会場の予約は済んでいるよね。
女：はい。10名定員の小会議室を予約しておきました。
男：会議室の貸しきり時間は？
女：午前11時から午後2時までです。
男：お昼はどうすることにした？
女：お昼はお弁当10人前を注文しておきました。
男：報告はどうする？
女：スクリーンに資料を映しながら説明しようと思っております。

男：資料は配らないの？

女：ええ。用意したほうがいいでしょうか。

男：そのほうがいいと思うんだけど。

女：わかりました。では、今週中に、用意します。

女の人は今週中、何をしなければなりませんか。

1 資料を準備する

2 お昼を注文する

3 会議室を予約する

4 会議の時間を決める

해석　남자가 다음 주에 열리는 회의 준비를 위해 여자와 이야기하고 있습니다. 여자는 이번 주 중으로 무엇을 해야 합니까?

남 : 사사키 씨, 다음 주 일 말인데.

여 : 네.

남 : 장소 예약은 되어 있는 거죠?

여 : 네. 10명 정원인 소회의실을 예약해 두었습니다.

남 : 회의실 대여 시간은?

여 : 오전 11시부터 오후 2시까지입니다.

남 : 점심은 어떻게 하기로 했어?

여 : 점심은 도시락 10인분을 주문해 두었습니다.

남 : 보고는 어떻게 하지?

여 : 스크린에 자료를 비추면서 설명할까 합니다.

남 : 자료는 배포 안 해?

여 : 네. 준비하는 게 좋을까요?

남 : 그러는 편이 좋을 것 같은데.

여 : 알겠습니다. 그럼, 이번 주 중으로 준비하겠습니다.

여자는 이번 주 중으로 무엇을 해야 합니까?

1 자료를 준비한다.

2 점심을 주문한다.

3 회의실을 예약한다.

4 회의 시간을 정한다.

해설　과제 수행에 필요한 구체적인 정보를 찾는 문제이다. 상황과 문제를 잘 이해하고 대화를 집중해 듣도록 한다. 이 문제의 경우, 마지막 부분에 유의하여 들으면 쉽게 문제를 풀 수 있다.

어휘　~のため ~를 위해 ┃ 会場(かいじょう) 행사 장소 ┃ 済(す)む 마치다, 해결되다 ┃ 定員(ていいん) 정원 ┃ 小会議室(しょうかいぎしつ) 소회의실 ┃ 貸(か)しきり 전세

---

4 과제 해결에 필요한 구체적인 정보 찾기 ★★★　　┃ 정답 4

4-1-05.mp3

男の人が郵便局でゆうパックを送ろうとしています。男の人はいくら払えばいいでしょうか。

女：95番のお待ちの方、どうぞ。

男：これ、ゆうパックでお願いしたいんですが。

女：一応、サイズを測ってみますね。

男：はい。

女：73ですね。

男：料金はいくらでしょうか。

女：あて先によって違いますが……どちらでしょうか。

男：都内です。

女：それなら800円になります。

男：あ！これ、冷蔵で送りたいんですが。

女：では、重さを測ってみますね。えーと、6.4キロなので、340円追加となりますが。

男：はい。それでお願いします。

男の人はいくら払えばいいでしょうか。

1 73円

2 800円

3 340円

4 1,140円

해석　남자가 우체국에서 택배를 보내려고 하고 있습니다. 남자는 얼마를 내면 될까요?

여 : 95번 소지하신 손님, 이쪽으로 오세요.

남 : 이거, 우체국 택배로 보내려고 하는데요.

여 : 먼저, 크기를 재어 볼게요.

남 : 네.

여 : 730|네요.

남 : 요금은 얼마나 하나요?

여 : 보내는 곳에 따라 다른데요…… (보낼 곳이) 어디세요?

남 : 도쿄 도내예요.

여 : 그럼 800엔입니다.

남 : 아참! 이거 냉장으로 보내고 싶은데요.

여 : 그럼, 무게를 재 볼게요. 음~ 6.4kg이니까 340엔 추가됩니다.

남 : 네, 그렇게 해 주세요.

남자는 얼마를 내면 될까요?

1 73円

2 800円

3 340円

4 1,140円

해설　과제 해결에 필요한 구체적인 정보를 찾는 문제이다. 상황과 문제를 잘 이해하고 대화를 들으면서 각 항목 및 옵션의 가격에 집중하여 들으면 문제풀이에 도움이 된다. 일반 요금 800엔에 냉장 배달로 인한 요금 340엔이 추가되므로 총액은 4번이 된다.

어휘　郵便局(ゆうびんきょく) 우체국 ┃ 払(はら)う 값을 치르다, 지불하다 ┃ 一応(いちおう) 일단 ┃ サイズを測(はか)る 크기를 재다 ┃ 料金(りょうきん) 요금 ┃ あて先(さき) 보내는 곳 ┃ 都内(とない) 도쿄 도내 ┃ 冷蔵(れいぞう) 냉장 ┃ 重(おも)さ 무게 ┃ 追加(ついか) 추가

---

5 대화의 포인트 찾아내기 ★★☆　　┃ 정답 3

4-1-06.mp3

女の人は明日野村さんのバースデーパーティーに誘われました。一緒に誘われた男の人と、明日のことを話しています。女の人は男の人と明日何時にどこで待ち合わせればいいでしょうか。

女：明日野村さんの誕生パーティーに誘われたんだけど。

男：ぼくも誘われたんだ。

女：あ！そうなの？野村さんのお家、行ったことある？

男：うん。あるよ。

女：私、行ったことないんだけど。最寄の駅ってどこ？

男：渋谷駅なんだけど、駅からけっこう歩くんだ。よかったら渋谷駅当たりで会っていっしょに行かない？

女：うん、ありがとう。じゃ、何時に会う？

男：5時までだから、20分前に会って、ゆっくり歩いていけば間に合うよ。

女：渋谷駅は広いから……どこで会おうかな。

男：JRの南口はどう？

女：いいね。じゃ、明日、よろしく。

女の人は男の人と明日何時にどこで待ち合わせすればいいでしょうか。

1 5時にJRの南口で
2 5時20分に渋谷駅で
3 4時40分にJRの南口で
4 4時20分に渋谷駅で

해석 여자는 내일 노무라 씨의 생일 파티에 초대 받았습니다. 같이 초대된 남자와 내일 일을 이야기하고 있습니다. 여자는 남자와 내일 몇 시에 어디에서 만나면 됩니까?

여：내일 노무라 씨 생일 파티에 초대 받았는데.

남：나도 초대 받았어.

여：아! 그래? 노무라 씨 집, 간 적 있어?

남：응. 있지.

여：난 간 적이 없는데. 가장 가까운 역이 어디야?

남：시부야 역인데, 역에서 꽤 걸어. 괜찮다면 시부야 역 근처에서 만나서 같이 갈까?

여：응. 고마워. 그럼 몇 시에 만나지?

남：5시까지니까, 20분 전에 만나서 천천히 걸어가면 될 거야.

여：시부야 역은 넓으니까……어디서 만날까?

남：JR 남쪽 출구는 어때？

여：좋아. 그럼 내일 잘 부탁해.

여자는 남자와 내일 몇 시에 어디에서 만나면 됩니까?

1 5시에 JR 남쪽 출구에서
2 5시 20분에 시부야 역에서
3 4시 40분에 JR 남쪽 출구에서
4 4시 20분에 시부야 역에서

해설 대화의 포인트를 찾는 문제이다. 상황과 문제를 잘 이해하고, 약속 장소와 시간에 집중하여 들으면 쉽게 정답을 찾을 수 있다. 노무라 씨의 집에는 5시까지 가기로 했고, 20분 전에 JR 남쪽 출구에서 만나기로 한 것이 포인트이다.

어휘 バースデーパーティー 생일 파티 ｜ 〜に誘(さそ)われる 〜에 초대받다 ｜ 待(ま)ち合(あ)わせ (만날 시간이나 장소 등의) 약속 ｜ 最寄(もより)の駅(えき) 가까운 역 ｜ 渋谷駅(しぶやえき) 시부야 역 ｜ だいぶ 꽤 ｜ よかったら 괜찮다면 ｜ 当(あ)たり 근처, 주변 ｜ JR 일본철도 회사명

---

6 문제 해결에 필요한 구체적인 정보 찾기 ★★☆ ｜ 정답 1

4-1-07.mp3

電車が止まってしまいました。これから二人はどうしますか。

男：困ったね。これじゃ、2時の授業にもう間に合わないよ。

女：大変！

男：どうする？ さぼる？

女：だめよ。今日はテストなのよ。この辺からバスはないのかな。

男：バスだとだいぶ歩くよ。

女：どのぐらいかかるの？

男：バスで20分ぐらいだね。そこからまた15分ぐらい歩くんだ。

女：というのは、今1時35分だから2時過ぎちゃうね。じゃ、タクシーで行くしかないか。

男：そうだね。

これから二人はどうしますか。

1 タクシーで学校まで行く
2 バスで学校まで行く
3 もう間に合わないから学校はさぼる
4 歩いて学校まで行く

해석 전철이 멈춰 버렸습니다. 지금부터 두 사람은 어떻게 합니까?

남：큰일났네. 이러면 2시 수업에 이제 늦겠는걸.

여：큰일이네!

남：어떡할래? 수업 빠질까?

여：안 돼. 오늘은 시험인걸. 이 근처에서 버스는 없나?

남：버스 타면 한참 걸어.

여：얼마나 걸리지?

남：버스로 20분 정도 걸려. 거기서 또 15분 정도 걷고.

여：그 말은, 지금 1시 35분이니까 2시 넘겠네. 그럼 택시로 갈 수밖에 없나?

남：그렇네.

지금부터 두 사람은 어떻게 합니까?

1 택시로 학교까지 간다.
2 버스로 학교까지 간다.
3 이미 제시간에 갈 수 없으므로 학교는 쉰다.
4 걸어서 학교까지 간다.

해설 문제 해결에 필요한 구체적인 정보를 찾는 문제이다. 짧은 대화를 통해 상황과 문제를 잘 이해하고, 학교 가는 방법에 집중하여 들으면 쉽게 정답을 찾을 수 있다. 두 사람의 마지막 대화에 정답이 나온다.

어휘 これじゃ 이래서는 ⑪これでは ｜ さぼる (가지 않고) 빼 먹다, 결석하다 ｜ だいぶ 꽤 ｜ かかる 걸리다 ｜ 歩く 걷다

말 그대로 핵심을 파악하는 문제이다. 제시된 선택지를 중심으로 포인트에 집중해서 듣는 것이 중요하다.

1 ~ 7 문제 2에서는 우선 질문을 들으세요. 그리고 나서 문제용지의 선택지를 읽으세요. 읽을 시간이 있습니다. 그리고 이야기를 듣고 문제용지의 1부터 4 중에서 가장 알맞은 것을 하나 고르세요.

예) | 정답 1

4-2-01.mp3

男の人と女の人は駅前で待ち合わせをしています。男の人が遅れた理由は何ですか。

男：ごめん、ごめん。待った？
女：待ったじゃないよ。今何時か知ってる？
男：わるい。実は昨日レポートの締め切りでさ。夜遅くまで夢中だったんだ。夜12時ぎりぎりで提出してさ。
女：それで？
男：うーん。そのまま寝ちゃって……今朝、寝坊しちゃったよ。ごめん。
女：一人で待っている間、知らない人に人違いされたり、話しかけられたりして、大変だったのよ。
男：すいません。
女：もうこれからは遅れないでね。
男：はい。気をつけます。

男の人が遅れた理由は何ですか。
1 朝寝坊したから
2 知らない人に間違えられたから
3 今日がレポートの締め切りだから
4 夜12時ぎりぎりで提出したから

해석　남자와 여자는 역 앞에서 만나기로 했습니다. 남자가 늦은 이유는 무엇입니까?
남 : 미안 미안. 기다렸지?
여 : 기다렸지가 아냐. 지금 몇 시인지 알아?
남 : 미안해. 실은 어제 리포트 마감이라서 말야. 밤늦게까지 정신없었어. 밤 12시 빠듯하게 제출해서 말야.
여 : 그래서?
남 : 아니. 그대로 잠들어 버려서…… 오늘 아침에 늦잠 자 버렸어. 미안.
여 : 혼자 기다리는 동안 모르는 사람에게 오인 받기도 하고, 말 걸어 오기도 해서 힘들었어.
남 : 미안해.
여 : 이젠 앞으로 늦지 마.
남 : 응. 조심할게.

남자가 늦은 이유는 무엇입니까?
1 아침에 늦잠을 자서
2 모르는 사람으로 오인 받아서
3 오늘이 리포트 마감일이어서
4 밤 12시 빠듯하게 제출해서

해설　대화의 요지를 이해하는 문제이다. 상황을 잘 이해하고 남자가 늦은 이유를 중심으로 주의 깊게 듣도록 한다. 남자는 밤 12시 다 되어서 리포트를 제출하느라 아침에 늦잠을 잤다고 말하고 있다. 따라서 정답은 1번이다.

1 대화의 요지 이해하기 ★★☆ | 정답 2

4-2-02.mp3

男の人と女の人が海外旅行の計画を立てています。二人はいつ、どこへ行くことにしましたか。

男：今年はどっか、海外に行こうよ。
女：でも、最近、うちの会社、忙しくて……。
男：いくら忙しいからって、土日は休みじゃない？
女：うん。でも平日は毎日残業でね。もう土日はうちで寝てばっかり。
男：じゃ、年末は？
女：たしか28日からは休めると思う。
男：だったら、年末に行こうよ。
女：年末は実家に帰らないと。
男：年明けは？
女：一週目なら空いてる。でも、混んでないの？
男：だから早めに予約とっとくんだよ。
女：じゃ、私の分までお願いしちゃっていい？
男：もちろん。じゃあ、どこにする？疲れているだろうし、近いところがいいよね。
女：そう。片道2-3時間のところね。
男：だったら、韓国？中国？台湾？ぐらいだね。
女：うん。でも、台湾は去年友達と行ったし……。
男：じゃ、韓国は？
女：私……。韓国は食べ物がだめなのよね……。
男：じゃ、旅行先は決まりだね。

二人はいつ、どこへ行くことにしましたか。
1 年末に韓国に行く
2 年始に中国に行く
3 年末に台湾に行く
4 年始に韓国に行く

해석　남자와 여자가 해외여행 계획을 세우고 있습니다. 두 사람은 언제, 어디로 가기로 했습니까?
남 : 올해는 어딘가 해외로 가자.
여 : 근데, 요즘 우리 회사 바빠서…….
남 : 아무리 바쁘다고 해도 토요일 일요일은 쉬는 날이잖아.
여 : 응. 하지만 평일은 매일 야근이라서 말이야. 정말 토요일 일요일은 집에서 잠만 자고.
남 : 그럼 연말은?
여 : 아마 28일부터는 쉴 수 있을 거야.
남 : 그럼, 연말에 가자.
여 : 연말에는 고향에 가야지.
남 : 연초에는?
여 : 첫째 주라면 할 일 없어. 그런데 복잡하지 않을까?
남 : 그러니까 일찍 예약해 둘게.

여 : 그럼 내 몫까지 부탁해도 돼?
남 : 물론이지. 그럼 어디로 할래? 몸도 피곤할 테니 가까운 곳이 좋겠지.
여 : 응. 편도 2, 3시간 정도인 곳.
남 : 그렇다면 한국? 중국? 대만? 정도네.
여 : 응. 그렇지만 대만은 작년에 친구들이랑 갔었고……
남 : 그럼 한국은?
여 : 나 말이야……. 한국은 음식이 안 맞거든…….
남 : 그럼 행선지는 결정이네.

─────────────────

두 사람은 언제, 어디로 가기로 했습니까?
1 연말에 한국에 간다.
2 연초에 중국에 간다.
3 연말에 대만에 간다.
4 연초에 한국에 간다.

해설 대화의 요지(포인트)를 이해하는 문제이다. 연초 첫 번째 주가 비어 있고, 일본에서 두세 시간 거리의 한국, 중국, 대만을 대상국으로 고려하고 있는데, 대만은 작년에 여행을 갔다 왔고, 한국은 음식이 안 맞는다고 했으므로 남은 곳은 중국뿐이다.

어휘 海外旅行(かいがいりょこう) 해외여행 | 残業(ざんぎょう) 잔업 | 年末(ねんまつ) 연말 | 実家(じっか) (부모님이 계신) 본가 | 年明(としあ)け 연초 | 一週目(いっしゅうめ) 첫 주 | 空(あ)く 비다 | 混(こ)む 붐비다 | 早(はや)め 일찍 | 片道(かたみち) 편도 | 旅行先(りょこうさき) 여행지 | 年始(ねんし) 연초

─────────────────

2 대화의 포인트 파악하기 ★★☆ | 정답 3

4-2-03.mp3

久(ひさ)しぶりに早(はや)く帰(かえ)った夫婦(ふうふ)が話(はな)しています。夕食後(ゆうしょくご)、二人(ふたり)はどこに行(い)きますか。

女 : ああ、久(ひさ)しぶり!こんなに早(はや)く帰(かえ)れるなんて。
男 : わるいね。最近(さいきん)、遅(おそ)かったもんね。今晩(こんばん)、何(なに)かしたいことある?
女 : せっかくだから、映画(えいが)でも見(み)ようか。
男 : いいじゃん。じゃ、ツタヤでDVDとか借(か)りてこようか。
女 : うん。その前(まえ)に、夕飯(ゆうはん)は何(なに)にする?
男 : 今(いま)、家(いえ)に何(なに)がある?
女 : 焼(や)きそばならすぐできるよ。
男 : じゃ、焼(や)きそば食(た)べて、一緒(いっしょ)にツタヤへ行(い)く?
女 : うん。ついでにクリーニング屋(や)にも寄(よ)って。
男 : じゃ、散歩(さんぽ)がてらにツタヤ行(い)って、帰(かえ)りに寄(よ)ればいいんだよね。
女 : うん!さあ、まずは、焼(や)きそばね!

─────────────────

夕食後(ゆうしょくご)、二人(ふたり)はどこに行(い)きますか。
1 ツタヤに行(い)く
2 クリーニング屋(や)に寄(よ)ってツタヤに行(い)く
3 ツタヤに行(い)って、帰(かえ)りにクリーニング屋(や)に寄(よ)る
4 家(いえ)に帰(かえ)る

해석 오랜만에 일찍 퇴근한 부부가 이야기하고 있습니다. 저녁 식사 후

─────────────────

예 두 사람은 어디에 갑니까?
여 : 아, 오랜만이다! 이렇게 일찍 집에 오다니.
남 : 미안. 요즘 늦었지? 오늘 밤에 뭐라도 하고 싶은 거 있어?
여 : 모처럼이니까 영화라도 볼까?
남 : 좋은 생각이야. 그럼 쓰타야에서 DVD라도 빌려 올까?
여 : 응. 그 전에 저녁은 뭘로 할래?
남 : 지금 집에 뭐가 있어?
여 : 야키소바라면 바로 돼.
남 : 그럼 야키소바 먹고 같이 쓰타야 갈까?
여 : 응. 가는 길에 세탁소에도 들르고.
남 : 그럼 산책 겸해서 쓰타야 갔다가 오는 길에 들르면 되겠네.
여 : 응! 자, 우선은 야키소바네!

─────────────────

저녁 식사 후에 두 사람은 어디에 갑니까?
1 쓰타야에 간다.
2 세탁소에 들렀다가 쓰타야에 간다.
3 쓰타야에 갔다가 돌아오는 길에 세탁소에 들른다.
4 집으로 귀가한다.

해설 대화의 포인트를 파악하는 문제이다. 상황을 잘 이해하고, 질문 내용에 집중하여 대화를 들으면 쉽게 정답을 찾을 수 있다. 이 대화의 경우 남자와 여자가 식사 후 예정에 대해 서로 대화를 통해 수정해 가고 있으므로 최종 결정 코스에 집중해 듣는 것이 중요하다. 남자의 마지막 대사가 힌트이다.

어휘 ～なんて ～라니 | すまん (남성어) 미안 | せっかく 모처럼 | ツタヤ DVD, CD, 비디오를 빌려 주는 일본의 체인점 이름 | 借(か)りる 빌리다 | 焼(や)きそば 볶음국수 | ～ついでに ～하는 김에 | クリーニング屋(や) 세탁소 | 寄(よ)る 들르다 | ～がてら ～할 겸 | 帰(かえ)り 돌아오는 길

─────────────────

3 내용 및 인과관계 파악하기 ★★☆ | 정답 4

4-2-04.mp3

男(おとこ)の人(ひと)と女(おんな)の人(ひと)は親(した)しいクラスメートです。男(おとこ)の人(ひと)が疲(つか)れた一番(いちばん)の理由(りゆう)は何(なん)ですか。

女 : どうしたの?
男 : 昨日(きのう)、吉田君(よしだくん)、引越(ひっこ)したんだけどさ、急(きゅう)にその手伝(てつだ)い頼(たの)まれちゃって。
女 : じゃ、疲(つか)れてるんだ。荷物(にもつ)、多(おお)かったの?
男 : いや、そんな多(おお)くなかったよ。問題(もんだい)はテレビだよ。
女 : なに?大(おお)きかった?
男 : うん、一人暮(ひとりぐ)らしなのに、テレビがでかくてさ。二人(ふたり)で到底(とうてい)運(はこ)べなくて……。結局(けっきょく)、お隣(となり)のおじさんにまで手伝(てつだ)ってもらった。
女 : 大変(たいへん)だったね。
男 : そこまではいいんだよ。
女 : じゃ、問題(もんだい)はなに?
男 : 新(あたら)しいところがさ、4階(かい)だったんだ。
女 : エレベーターは?
男 : ついてない。
女 : あらあら、お疲(つか)れさま。

─────────────────

男(おとこ)の人(ひと)が疲(つか)れた一番(いちばん)の理由(りゆう)は何(なん)ですか。

1　引越しを手伝わされたから
2　荷物が多かったから
3　テレビが大きかったから
4　引越ししたところがエレベーターのない４階だった
　　から

해석　남자와 여자는 친한 클래스메이트입니다. 남자가 피곤한 가장 큰
　　　　이유는 무엇입니까?

여 : 왜 그래?
남 : 어제 요시다 군 이사했는데 말이야. 갑자기 그거 도와달라는
　　 부탁을 받아서.
여 : 그럼 피곤하겠다 . 짐 많았어?
남 : 아니, 그렇게 많진 않았어. 문제는 텔레비전이야.
여 : 왜? 컸어?
남 : 응. 혼자 사는데 텔레비전이 엄청 커서. 둘이서 도저히 옮길
　　 수가 없어서…… 결국 옆집 아저씨에게까지 도움을 받았어.
여 : 힘들었겠네.
남 : 거기까진 괜찮았어.
여 : 그럼 뭐가 문제야?
남 : 이사 간 곳이 말이지, 4층이었어.
여 : 엘리베이터는?
남 : 없지.
여 : 저런 저런, 고생 많이 했어.

남자가 피곤한 가장 큰 이유는 무엇입니까?
1　이사를 돕게 되었기 때문에
2　짐이 많았기 때문에
3　텔레비전이 컸기 때문에
4　이사한 곳이 엘리베이터가 없는 4층이었기 때문에

해설　내용 및 인과관계를 파악하는 문제이다. 남자는 짐은 많지 않고
　　　　텔레비전은 이웃이 도와주어 옮겼지만 정말 힘들었던 것은 이사를
　　　　도운 곳이 엘리베이터가 없는 건물의 4층이었다고 말하고 있으므
　　　　로 정답은 4번이다.

어휘　クラスメート 클래스메이트｜急(きゅう)に 갑자기｜一人暮
　　　　(ひとりぐら)し 혼자 삶, 독신 생활자｜でかい 크다｜到底(とう
　　　　てい) 도저히｜運(はこ)ぶ 옮기다｜結局(けっきょく) 결국｜手
　　　　伝(てつだ)う 돕다｜エレベーターがつく 엘리베이터가 있다
　　　　あらあら 어머 어머(여성 구어체)｜お疲(つか)れさま 고생하셨습
　　　　니다

4　대화 포인트 파악하기 ★☆☆　　　　　　　｜정답 3

　　　　　　　　　　　　　　　　　　　4-2-05.mp3

女の人が男の人に講演会の感想を聞いています。

女：この前の講演会、行ったの？
男：うん。
女：どうだった？
男：田中先生の講演だけあって、すごくよかったよ。
女：ああ、そう。
男：内容も充実しているけど、特にわかりやすい事例が
　　よかったよ。

女：私も聞きたかったなあ。ざんねん。
男：でも、やっぱりきつかったね、２時間は。
女：２時間もしたの？それはたいへん。

男の人は講演会についてどう思っていますか。
1　講演の内容が難しかった
2　講演の時間が短かった
3　田中先生の講演はいつもいい
4　講演の時間も内容もとてもよかった

해석　여자가 남자에게 강연회의 감상을 묻고 있습니다.

여 : 요전번 강연회, 갔어?
남 : 응.
여 : 어땠어?
남 : 다나카 선생님 강연인 만큼 무척 좋았어.
여 : 아, 그래?
남 : 내용도 충실하지만, 특히 알기 쉬운 사례가 좋았어.
여 : 나도 듣고 싶었는데. 아쉽다.
남 : 하지만 역시 힘들었어, 2시간은.
여 : 2시간이나 했어? 힘들었겠다.

남자는 강연회에 대해 어떻게 생각하고 있습니까?
1　강연 내용이 어려웠다.
2　강연 시간이 짧았다.
3　다나카 선생님의 강연은 언제나 훌륭하다.
4　강연 시간도 내용도 매우 좋았다.

해설　이야기 전체를 듣고 말하는 사람의 의도나 주장을 찾는 문제이다.
　　　　미리 질문을 들려주지 않기 때문에 무엇에 대해 이야기하고 있으
　　　　며, 어떤 의견을 갖고 있는지 파악하면서 들어야 한다. 남자는 강
　　　　연회는 내용도 충실하고 사례도 알기 쉬워 좋았지만 강연 시간이
　　　　2시간이라 힘들었다고 말하고 있다. 정답은 3번이다.

어휘　講演会(こうえんかい) 강연회｜〜だけあって 〜인 만큼｜き
　　　　つい 고되다

5　인과관계 파악하기 ★★☆　　　　　　　　｜정답 2

　　　　　　　　　　　　　　　　　　　4-2-06.mp3

男の人と女の人が話しています。この男の人が授業に遅
れた理由は何ですか。

女：珍しいね。高橋さんが授業に遅れるなんて。
男：もう、大変だったんだよ。
女：どうしたの？
男：実はね、本屋に寄ってテキスト買ってくるつもりで
　　さ、新宿で降りたんだよ。
女：それで？
男：降りてさ、本屋に行ったらテキストはもう売り切れ
　　ちゃってて……もう仕方ないから、学校に来ようと
　　したんだ。１時の電車に乗れば授業には十分間に合
　　うし。
女：じゃあ、なんで遅れたの？他の本屋さんに寄った
　　の？

男：いやあ。ホームで待ってたら、人身事故でさ、一時運転見合わせのアナウンスが流れてたんだ。それで、バス停にかけつけたんだ。

女：それで？バスで来た？

男：いや。３０分ぐらい待たされたんだけど、乗れそうになかったんで、結局、電車に乗ってきたんだ。もう大変だったよ。

女：どおりで、高橋君が遅れるなんて珍しいっと思った。お疲れさま。

この男の人が授業に遅れた理由は何ですか。

1 テキストを買いに走り回ったから
2 新宿駅で電車運転見合わせにあったから
3 新宿で降りちゃったから
4 テキストが売り切れちゃったから

해석 남자와 여자가 이야기하고 있습니다. 이 남자가 수업에 늦는 이유는 무엇입니까?

여 : 신기한 일이네. 다카하시 씨가 수업에 늦다니.

남 : 정말 난리도 아니었어.

여 : 무슨 일인데?

남 : 실은 말이야. 서점에 들러서 교재를 사 올 생각으로 말이야. 신주쿠에서 내렸거든.

여 : 그런데?

남 : 내려서 말이지, 서점에 가니까 교재는 이미 다 팔려 버리고…… 이제 어쩔 수 없으니 학교에 오려고 했지. 1시 전철을 타면 수업엔 충분히 올 수 있었고.

여 : 그럼 왜 늦었어? 다른 서점에 들른 거야?

남 : 아니. 플랫폼에서 기다리고 있는데 인명사고 때문에 일시 운행 보류란 안내가 나왔어. 그걸 듣고 버스정류장으로 뛰어갔지.

여 : 그래서? 버스로 왔어?

남 : 아니. 30분 정도 기다렸는데. 탈 수 있을 것 같지가 않아서 결국 전철을 타고 왔어. 정말 난리도 아니었어.

여 : 어쩐지. 다카하시 군이 늦을 때가 다 있다니 이상하다고 생각했어. 고생했어.

이 남자가 수업에 늦은 이유는 무엇입니까?

1 교과서를 사러 돌아다녔기 때문에
2 신주쿠 역에서 전철 운행 보류를 당했기 때문에
3 신주쿠에서 내려 버렸기 때문에
4 교과서가 다 팔려 버렸기 때문에

해설 대화에 나타난 인과관계를 파악하는 문제이다. 상황을 잘 이해하고 '남자가 수업에 늦은 이유'에 집중하여 대화를 들으면 쉽게 정답을 찾을 수 있다. 사고로 전철의 운행이 보류되자 버스를 타기로 한 남자가 버스가 늦자 다시 전철을 타고 오느라 늦어진 것으로 지각의 근본적인 원인은 전철의 운행 보류에 있다.

어휘 珍(めずら)しい 드물다, 신기하다 ｜ テキスト 교과서 ｜ 売(う)り切(き)れる 품절되다 ｜ 仕方(しかた)ない 어쩔 수 없다 ｜ 本屋(ほんや)さん 서점 ｜ 人身事故(じんしんじこ) 인명사고 ｜ 一時運転見合(いちじうんてんみあ)わせ 일시 운행 보류 ｜ アナウンスが流(なが)れる 안내방송이 나오다 ｜ バス停(てい) 버스정

류장 ～にかけつける ～로 뛰어가다 走(はし)り回(まわ)る 이리저리 뛰어다니다

4-2-07.mp3

6 대화의 포인트 파악하기 ★★☆ ｜ 정답 4

女の人と男の人が旅行の準備で買い物をしています。結局、二人は今日何を買うことにしましたか。

男：食事はついてるの？

女：朝夕はついてるけど、昼はついてないよ。

男：じゃあ、お昼の準備もしなきゃ。

女：いいよ。あそこだってコンビニはあるはずだし、おにぎりとかで済ませればいいんじゃない？

男：そうね。じゃあ、何買えばいい？

女：二日目はハイキングもあるから、甘いものは用意しといたほうがいいんじゃない？

男：そうね。それじゃ、チョコレートと飴ぐらいかな。

女：うん。それに夜会議の時、ちょっとつまむもの？

男：クッキーとかね。

女：うん。

男：夜、ビールとか飲まないの？

女：ビールは荷物になるから……。

男：じゃあ、ビールはホテルの近くで買おっか。

女：そうね。

結局、二人は今日何を買うことにしましたか。

1 お昼
2 おにぎり
3 ビール
4 甘いもの

해석 여자와 남자가 여행 준비로 장을 보고 있습니다. 결국, 두 사람은 오늘 무엇을 사기로 했습니까?

남 : 식사는 나오는 거야?

여 : 아침저녁은 나오는데, 점심은 안 나와.

남 : 그럼 점심 준비도 해야겠네.

여 : 안 해도 돼. 거기도 편의점은 있을 거고 삼각김밥 같은 걸로 때우면 되지 않겠어?

남 : 맞다. 그럼, 뭘 사면 되지?

여 : 둘째 날은 하이킹도 있으니까, 단것은 준비하는 게 좋지 않아?

남 : 그래. 그럼 초콜릿과 사탕 정도려나.

여 : 응. 그리고 밤 회의 때, 좀 집어 먹을 것 정도?

남 : 쿠키라든지 말이지.

여 : 응.

남 : 밤에 맥주 같은 거 안 마셔?

여 : 맥주는 짐이 되니까…….

남 : 그럼 맥주는 호텔 근처에서 살까?

여 : 그래.

결국 두 사람은 오늘 무엇을 사기로 했습니까?

1 점심
2 삼각김밥

3 맥주

4 단것

대화의 포인트를 파악하는 문제이다. 상황을 잘 이해하고, '쇼핑 품목'에 집중하여 대화를 들으면 쉽게 정답을 찾을 수 있다. 두 사람은 둘째 날 하이킹을 대비해 단것을 사기로 했으나, 점심으로 사려던 삼각김밥, 맥주는 여행지 근처에서 구입하기로 했으므로 정답은 4번이다.

旅行(りょこう) 여행 | 準備(じゅんび) 준비 | 買(か)い物(もの) 장보기 | ついてない 포함되어 있지 않다 | コンビニ 편의점 | おにぎり 삼각김밥 | 二日目(ふつかめ) 이튿날 | ハイキング 하이킹 | 甘(あま)いもの 단것 | 用意(ようい) 준비 | 飴(あめ) 사탕 | つまむ 집다, 집어 먹다 | クッキー 쿠키

---

7 인과관계 파악하기 ★★☆ | 정답 2

`4-2-08.mp3`

女の人と男の人が話しています。女の人が運転免許を早めに取った理由は何ですか。

男：洋子ちゃんは運転免許、持ってる？
女：持ってるよ。
男：すごいなあ。いつ取ったの？
女：たしか、大学3年の時ね。そのときは必要なかったけど、学割きくから、取っちゃったの。
男：へえ、いいな。僕も学生のとき、取っとけばよかった。学割きかないと高いんだよね。
女：ところで、なんで急に運転免許……とるの？
男：だって、営業部だからさ。仕事柄必要なんだって。部長に言われちゃったんだ。
女：そう。大変ね。
男：運転はしてる？
女：ううん、ペーパードライバー。でも、これからお母さんになったりすると、子供の送り迎えなんかに必要かもしれないって思ってる。
男：なんだ。彼氏もいないのに、早いね。子供の送り迎えまで考えちゃって。
女：からかわないでよ。

女の人が運転免許を早めに取った理由は何ですか。

1 子供の送り迎えに必要だから
2 学割がきくから
3 仕事柄必要だから
4 営業部だから

여자와 남자가 이야기하고 있습니다. 여자가 운전면허를 일찍감치 딴 이유는 무엇입니까?

남：요코는 운전면허 갖고 있어？
여：갖고 있지.
남：대단한데. 언제 땄어？
여：아마 대학교 3학년 때였지. 그땐 필요없었는데 학생할인이 되니까 따 버렸지.
남：그래, 잘됐네. 나도 학생 때 따 놨으면 좋았을걸. 학생할인 없으면 비싸잖아.

여：그런데, 왜 갑자기 운전면허…… 따려고？
남：그게 말이지, 영업부라서 말이야. 업무상 필요하대. 부장님이 그러셨거든.
여：그렇구나. 큰일이네.
남：운전은 하고 있어？
여：아니, 장농 면허. 그래도 앞으로 엄마가 되거나 하면 애들 데리러 다닐 때 필요할지도 모를 것 같아.
남：뭐야. 남자 친구도 없으면서 성급하네. 애들 데리러 다니는 것까지 생각하고.
여：놀리지 마.

여자가 운전면허를 일찍감치 딴 이유는 무엇입니까？
1 애들 데리러 다니는 데 필요해서
2 학생 할인이 돼서
3 업무상 필요해서
4 영업부라서

대화에 나타난 인과관계를 파악하는 문제이다. 상황을 잘 이해하고, '여자가 운전면허를 일찍 딴 이유'에 집중하여 대화를 들으면 쉽게 정답을 찾을 수 있다.

運転免許(うんてんめんきょ)を取(と)る 운전면허를 따다 | 学割(がくわり) 학생 할인 | 営業部(えいぎょうぶ) 영업부 | 仕事柄(しごとがら) 업무 상 | ペーパードライバー 장농 면허 | 送(おく)り迎(むか)え 배웅과 마중 | 気(き)が早(はや)い 성미가 급하다 | からかう 놀리다, 조롱하다

문제 3 개요이해 문제

서술 형식의 본문을 듣고 화자의 의도나 주장 등을 파악하는 문제이다. 상황 설명만 사전에 제시될 뿐 질문과 선택지가 나중에 제시되기 때문에 문제를 예상하기 어렵다. 본문 전체의 흐름을 이해하면서 화자의 관심 대상이나 생각을 파악하도록 한다.

1 ~ **6** 문제 3에서는 문제용지에 아무것도 인쇄되어 있지 않습니다. 이 문제는 전체적으로 어떤 내용인가를 묻는 문제입니다. 이야기 앞에 질문은 없습니다. 우선 이야기를 들으세요. 그리고 나서 질문과 선택지를 듣고 1부터 4 중에서 가장 알맞은 것을 하나 고르세요.

예) | 정답 2

`4-3-01.mp3`

男の人が京都府のこれからの計画について話しています。京都府のこれからの計画に当てはまらないのはどれですか。

男：京都府は、再生可能なエネルギーの推進などを通じまして、2020年度までに府内に立地する発電設備で電力をまかなえるようにする計画を表明しました。原子力発電に依存しない体制を目指しまして、2013年度に中型の太陽光発電の設置を支援する制度を新設することにしました。また、企業の省エネや創エネに寄与する製品開発を助成する制度も始め

ることにしました。そのため、予算の確保が何より重要ですが、地方公務員給与の削減分を織り込むなどの意見については、府議会と調整し、6月までに結論を出したいと考えております。

京都府のこれからの計画に当てはまらないのはどれですか。
1 原子力発電に依存しない
2 地方公務員の給与を引き下げる予定である
3 中型の太陽光発電の設置を支援する制度を新設する
4 府内の発電設備で電力をまかなえるようにする

해석 남자가 교토부의 앞으로의 계획에 대해 이야기하고 있습니다. 교토부의 앞으로의 계획에 해당되지 않는 것은 어느 것입니까?

남 : 교토부는 재생 가능한 에너지 추진 등을 통해 2020년도까지 교토 부내에 입지한 발전 설비로 전력을 공급할 수 있게 하는 계획을 표명했습니다. 원자력 발전에 의존하지 않는 체제를 목표로 해서, 2013년도에 중형의 태양광 발전 설치를 지원하는 제도를 신설하기로 했습니다. 또한 기업의 에너지 절약 정책 및 에너지 창출에 기여하는 제품 개발을 조성하는 제도도 시작하기로 했습니다. 이를 위해 예산 확보가 무엇보다 중요합니다만, 지방공무원 급여의 삭감분을 더하는 등의 의견에 대해서는 부의회와 조정해 6월까지는 결론을 내고 싶습니다.

교토부의 앞으로의 계획에 해당되지 않는 것은 어느 것입니까?
1 원자력 발전에 의존하지 않는다.
2 지방공무원의 급여를 내릴 예정이다.
3 중형의 태양광 발전 설치를 지원하는 제도를 신설한다.
4 교토 부내의 발전 설비로 전력을 충당하도록 한다.

해설 대화의 요지를 이해하는 문제이다. 상황을 잘 이해하고 질문의 포인트에 집중하여 대화를 들으면 쉽게 정답을 찾을 수 있다. 지방공무원의 급여 삭감은 부의회와의 조정을 통해야 하므로 아직 확정된 예정은 아니다. 따라서 정답은 2번이다.

어휘 京都府(きょうとふ) 교토부 │ 当(あ)てはまる 적합하다, 꼭 들어맞다 │ 再生可能(さいせいかのう) 재생가능 │ エネルギー 에너지 │ 推進(すいしん) 추진 │ 立地(りっち)する 입지하다 │ 発電設備(はつでんせつび) 발전시설 │ 電力(でんりょく) 전력 │ まかなう 처리하다, 꾸려가다 │ 表明(ひょうめい) 표명 │ 原子力発電(げんしりょくはつでん) 원자력발전 │ 依存(いそん) 의존 │ 体制(たいせい) 체제 │ 目指(めざ)す 목표로 하다 │ 中型(ちゅうがた) 중형 │ 太陽光発電(たいようこうはつでん) 태양광발전 │ 設置(せっち) 설치 │ 支援(しえん) 지원 │ 制度(せいど) 제도 │ 新設(しんせつ) 신설 │ 省(しょう)エネ 에너지 절약 │ 創(そう)エネ 에너지 창출 │ 寄与(きよ) 기여 │ 製品開発(せいひんかいはつ) 제품개발 │ 助成(じょせい) 조성 │ 予算(よさん)の確保(かくほ) 예산 확보 │ 地方公務員(ちほうこうむいん) 지방공무원 │ 給与(きゅうよ) 급여 │ 削減分(さくげんぶん) 삭감분 │ 織(お)り込(こ)む 집어넣다 │ 府議会(ふぎかい) 부의회 │ 調整(ちょうせい) 조정 │ 結論(けつろん)を出(だ)す 결론을 내다 │ 引(ひ)き下(さ)げる 내리다

4-3-02.mp3

定年後について、男の人が話しています。

男 : 時間ができる定年後は何をして過ごそうかと、お悩みの方も少なくないと思います。私も、何をすればいいか、数年前までは迷っていました。数年間悩んだ末、やっと自分の新しい目標を見つけました。そして、先週、定年し、手元を照らす小さな電気スタンドも買いました。思い切り本が読めるんだ、とウキウキして店を出ました。小さい活字が読みにくいのに加えて、文字を拡大したパソコンの端末で原稿を書くことが多いので、目を休ませるためもあって、好きな読書を封印してきました。電子書籍は少しずつ封印を解く助っ人になるはずです。司馬遼太郎・宮沢賢治……。時間ができる定年後は全巻読み直そうと思っていました。それに近松門左衛門。社会人大学に通って、専門的に学ぼうかと思っています。研究者になろうなんて大それたことを考えているわけではありません。好きな文学をもっと深く楽しめればいいのです。

男の人は、定年後、何をしたいと言っていますか。
1 好きな文学を楽しみたいと思っている
2 研究者になろうと思っている
3 本をいっぱい買いたいと思っている
4 好きな読書を封印したいと思っている

해석 정년 후에 대해 남자가 이야기하고 있습니다.

남 : 시간이 생기는 정년 후에는 뭘 하며 지낼까 고민하시는 분도 적지 않으리라 생각합니다. 저도 뭘 하면 좋을까, 수년 전까지는 갈피를 못 잡고 있었습니다. 수년간 망설인 끝에 겨우 저의 새로운 목표를 발견했습니다. 그리고 지난주 정년을 맞아 눈 앞을 비추는 작은 전기스탠드를 샀습니다. 마음껏 책을 읽을 수 있다고 생각하며 들떠서 가게를 나왔습니다. 작은 활자가 읽기 어려운 데다, 문자를 확대한 PC단말기로 원고를 쓰는 일이 많기 때문에 눈을 쉬게 하기 위함도 있어서 좋아하는 독서를 접고 있었습니다. 전자서적은 조금씩 봉인을 풀어 줄 도우미가 될 것입니다. 시바 료타로, 미야자와 겐지……. 시간이 생기는 정년 후에는 전권을 다시 읽으려 생각하고 있었습니다. 여기에 지카마쓰몬자에몬(近松門左衛門). 사회인 대학에 다니면서 전문적으로 배울까도 생각하고 있습니다. 연구자가 된다거나 하는 대단한 일을 생각하고 있는 것은 아닙니다. 좋아하는 문학을 좀 더 깊이 즐길 수 있으면 되는 겁니다.

남자는 정년 후에 무엇을 하고 싶다고 말하고 있습니까?
1 좋아하는 문학을 즐기고 싶다고 생각한다.
2 연구자가 되려고 생각한다.
3 책을 많이 사고 싶다고 생각한다.
4 좋아하는 독서를 접고 싶다고 생각한다.

해설 이야기 전체를 듣고 말하는 사람의 의도를 찾는 문제이다. 미리 질문을 들려주지 않기 때문에 '남자가 정년 후에 하고 싶은 일'이 무

엇인지를 메모하며 들으면 문제를 푸는 데 도움이 된다. 남자는 마지막에서 좋아하는 문학을 좀 더 깊이 즐길 수 있으면 된다고 말하고 있으므로, 남자가 정년 후 하고 싶은 일은 문학을 즐기는 일임을 알 수 있다. 따라서 정답은 1번이다.

어휘　定年(ていねん) 정년 ┃ 迷(まよ)う 헤매다, 망설이다 ┃ 手元(てもと) 곁, 주변, 바로 옆 ┃ 照(て)らす 비추다 ┃ 思(おも)い切(き)り 단념, 체념, 마음껏 ┃ ウキウキ 들뜬 모양을 나타내는 말 ┃ 拡大(かくだい) 확대 ┃ 端末(たんまつ) 단말 ┃ 原稿(げんこう) 원고 ┃ 目(め)を休(やす)ませる 눈을 쉬게 하다 ┃ 封印(ふういん) 봉인 ┃ 電子書籍(でんししょせき) 전자서적 ┃ 解(と)く 풀다 ┃ 助(すけ)っ人(と) 도와주는 사람 ┃ 全巻(ぜんかん) 전권 ┃ 読(よ)み直(なお)す 다시 읽다 ┃ 社会人大学(しゃかいじんだいがく) 사회인 대학 ┃ 専門的(せんもんてき) 전문적 ┃ 研究者(けんきゅうしゃ) 연구자 ┃ 大(だい)それた 당치않은, 엉뚱한, 엄청난

2 화자의 의도 및 생각 파악하기 ★★★　｜정답 3

4-3-03.mp3

女の人がツイッターやフェイスブックについて話しています。

女：世間はツイッター、フェイスブックなど、SNSが大流行しています。最近は、スマホを持って、SNSに頻繁に近況や写真をアップしない人は、変人扱いされやすいですね。私も仕事で付き合いのある人から、「自営業者は絶対に、フェイスブックをやったほうがいいよ」って熱心に勧められまして、仕方なく、どんなものかと知人たちのページを見てみました。すると、一人のカバー写真に目を疑ってしまいました。すっきりした顔に、スラリと見えるナイスなボディー。そこに写っていたのは、どう見ても自分の知っている彼女ではなかったです。「あまりの違いに唖然としました。1年以上会ってないから、本当に彼女が痩せてキレイになったのかもしれません。でも、写真なんてどうにでも加工できるし。聞いた話では『写真を加工するのは当たり前』なんだとか。「フェイスブックって見かけだけの飾り」と頭の中に刷り込まれてしまいました。

女の人はツイッターやフェイスブックについてどう思っていますか。
1 自営業者の人には絶対必要なものである
2 知人のページを見て、その良さが分かった
3 事実や真実に則った世界ではない
4 加工の世界とはまったく違う

해석　여자가 트위터와 페이스북에 대해 이야기하고 있습니다.
여 : 세상에는 트위터, 페이스북 등 SNS가 대유행하고 있습니다. 최근에는 스마트폰을 가지고 SNS에 빈번하게 근황과 사진을 올리지 않는 사람은 이상한 사람 취급을 받기 쉽지요. 저도 일 관계로 알고 지내는 분이 "자영업자는 꼭 페이스북을 하는 게 좋지"라며 열심히 권해서, 어쩔 수 없이 뭔가 싶어서 지인들의 페이지를 들여다봤습니다. 그랬더니 한 사람의 멋진 커버 사

진에 내 눈을 의심했습니다. 매끈한 얼굴에 늘씬해 보이는 몸매. 거기 올라 있는 것은 아무리 봐도 내가 아는 그녀가 아니었습니다. "너무 달라서 아연실색했습니다. 1년 이상 만나지 않았으므로 정말 그녀가 야위어서 예뻐졌을지도 모릅니다. 하지만 사진 같은 건 어떻게든 가공할 수 있고, 들은 이야기로는 "사진을 가공하는 건 당연"하다는데. '페이스북이란 건 겉모습 뿐인 허울'이라고 머릿속에 새겨져 버렸습니다.

여자는 트위터나 페이스북에 대해 어떻게 생각하고 있습니까?
1 자영업자에게는 꼭 필요한 것이다.
2 아는 사람의 페이지를 보고 그 장점을 알았다.
3 사실이나 진실에 준한 세계가 아니다.
4 가공의 세계와는 전혀 다르다.

해설　이야기 전체를 듣고 말하는 사람의 의도나 생각을 파악하는 문제이다. '트위터와 페이스북에 대한 여자의 의견'을 메모하며 들으면 문제풀이에 도움이 된다. 여자는 트위터나 페이스북에 올리는 조작된 사진을 보고 '페이스북이란 건 겉모습뿐인 허울'이라는 생각이 머릿속에 자리잡았다고 말하고 있는 것으로 보아 트위터나 페이스북은 사실이나 진실에 준한 세계가 아니라고 생각하고 있는 것으로 유추할 수 있다. 따라서 정답은 3번이다.

어휘　ツイッター 트위터 ┃ フェイスブック 페이스북 ┃ 世間(せけん) 세상 ┃ 大流行(だいりゅうこう) 대유행 ┃ スマホ 스마트폰 ┃ 頻繁(ひんぱん) 빈번 ┃ 近況(きんきょう) 근황 ┃ 写真(しゃしん)をアップする 사진을 올리다 ┃ 変人扱(へんじんあつか)いする 이상한 사람 취급하다 ┃ 付(つ)き合(あ)い 교제 ┃ 自営業者(じえいぎょうしゃ) 자영업자 ┃ 絶対(ぜったい)に 꼭, 반드시 ┃ 熱心(ねっしん)に 열심히 ┃ 知人(ちじん) 지인 ┃ 目(め)を疑(うたが)う 눈을 의심하다 ┃ すっきり 산뜻한 모양, 세련된 모양 ┃ スラリと 날씬하게 ┃ 唖然(あぜん) 아연 ┃ 加工(かこう) 가공 ┃ 写真(しゃしん)を盛(も)る 사진을 가공하다 ┃ 見(み)かけ 겉모습 ┃ 飾(かざ)り 허울, 장식 ┃ 刷(す)り込(こ)む 인쇄하다, 박아 넣다 ┃ 則(のっと)る 준하다, 의거하다

3 정확한 내용 파악하기 ★★★　｜정답 2

4-3-04.mp3

男の人がタブレットについて話しています。

男：日本の場合、タブレットは4つの会社が出しています。それぞれ優れものですが、目の悪い私には、T社の「電子ブックリーダー」の液晶文字はちょっと疲れそうですね。S社の「リーダー」にはバックライトがないのでつらいです。バックライトは暗いところで読むためのものですが、私には明るい場所でもつけたほうが見やすいから……。ライト内蔵型はA社の「キンドル」で、R社の「コボ」も新しい機種には付いています。「キンドル」のほうがコントラストが鮮明で、私には読みやすいです。白い電子ペーパーに本物のインクの質感を持つ活字が踊っているように思われます。反射防止にも工夫を凝らしたといいます。真っ白い紙に黒々としたインク。昔の本はみんなそうだったような気がしますが、今の本はインク

140

が薄くて、何だか読みにくいです。でも、タブレットは画面に触れるだけで文字が大きくなってうれしいです。これなら私でもすらすら読めそうですね。

話の内容と合っているのはどれですか。

1 男の人はタブレットより紙でできた本が好きである
2 男の人には「キンドル」の方が読みやすい
3 「コボ」はバックライトがないのでつらい
4 S社の「リーダー」は反射防止にも工夫を凝らした

해석　남자가 태블릿PC에 대해 이야기하고 있습니다.

남 : 일본의 경우, 태블릿은 4개의 회사에서 나오고 있습니다. 각각 우수한 제품입니다만, 눈이 나쁜 저에게는 T사에서 나온 '전자북 리더'의 액정문자가 좀 피로할 것 같군요. S사의 '리더'에는 백라이트가 없어서 힘들어요. 백라이트는 어두운 곳에서 읽기 위한 것이지만, 제겐 밝은 곳에서도 켜는 게 보기 편해서……. 라이트 내장형은 A사의 '킨들'이고, R사의 '코보'도 새로운 기종에는 달려 있습니다. '킨들'이 콘트라스트가 선명해서 저는 읽기 편합니다. 하얀 전자페이퍼에 실물 잉크의 질감을 가진 활자가 춤추고 있는 것 같습니다. 반사 방지에도 아이디어를 함축시켰다고 합니다. 새하얀 종이에 새카만 잉크. 옛날 책은 다 그랬던 것 같은데 지금의 책은 잉크가 흐려서 왠지 읽기 불편합니다. 그래도 태블릿은 화면에 손을 대기만 하면 글자가 커져서 좋습니다. 이것이라면 나라도 술술 읽을 수 있을 것 같습니다.

이야기의 내용과 일치하는 것은 어느 것입니까?

1 남자는 태블릿PC보다 종이로 된 책을 좋아한다.
2 남자에게는 '킨들'이 읽기 쉽다.
3 '코보'는 백라이트가 없어서 불편하다.
4 S사의 '리더'는 반사 방지에도 아이디어를 함축하였다.

해설　이야기 전체를 듣고 정확한 내용을 파악하는 문제이다. '태블릿 PC'에 대한 남자의 의견을 메모하며 들으면 문제풀이에 도움이 된다. 남자는 킨들이 콘트라스트가 선명해서 읽기 편하고, 반사 방지에도 신경을 썼다고 말하고 있으므로 정답은 2번이다. 코보의 신기종은 라이트 내장형이다.

어휘　タブレット 태블릿PC ｜ 液晶文字(えきしょうもじ) 액정문자 ｜ バックライト 백라이트 ｜ 内蔵型(ないぞうがた) 내장형 ｜ 機種(きしゅ) 기종 ｜ コントラスト 콘트라스트 ｜ 鮮明(せんめい) 선명 ｜ 電子(でんし)ペーパー 전자페이퍼 ｜ 本物(ほんもの) 실물 ｜ 質感(しつかん) 질감 ｜ 活字(かつじ) 활자 ｜ 踊(おど)る 춤추다 ｜ 反射防止(はんしゃぼうし) 반사 방지 ｜ 工夫(くふう)を凝(こ)らす 궁리를 하다 ｜ 真(ま)っ白(しろ)い 새하얗다 ｜ 黒々(くろぐろ) 새까만 ｜ 画面(がめん)に触(ふ)れる 화면에 닿다 ｜ すらすら 막힘없이, 줄줄, 술술

4　화자의 주장 이해하기 ★★☆　ㅣ 정답 4

4-3-05.mp3

女の人が話しています。

女 : 悩みが発生するのは、簡単にいえば「自分の未来への展望が見えない」という不安な心の状態が生まれ

るからです。つまり、自分の悩みが発生する一番大きな要因は、その問題を解決する方法や見通しなど、＜自分の未来展望＞が見えなくなる状況にあるといえます。自分探しや人間関係での悩みも同じです。恋愛や子育てもそうです。人間は未来への展望が見えなくなったとき、不安を感じ、やがてその不安が悩みや問題となります。そして、自分の悩みや問題解決に向けて、自分の考えをうまく進めて行く為には＜正しい考程と手順＞が必要です。どんな悩み解決や問題解決も基本的に同じです。頭でただ漠然と悩んでいるだけでは「悩んでいる」だけであって、「考えている」のではないのです。これは思考がストップしている状態です。「悩んでいる」のを「考えている」と勘違いしている人は意外に多いです。不安を取り除くには、まず、あなたを中心とした現状が、一体どのような状況にあるのかを、客観的につかむ必要があります。

悩みの発生の最大の要因は何だと言っていますか。

1 人間関係に悩んでいることにある
2 正しく考えて悩みが解決できないことである
3 考えなく、悩んでいることである
4 ＜自分の未来展望＞が見えなくなる状況にある

해석　여자가 이야기하고 있습니다.

여 : 고민이 생기는 것은 간단하게 말하면 '자기 미래의 전망이 보이지 않는다'는 불안감이 생기기 때문입니다. 즉, 자기 고민이 발생하는 가장 큰 요인은 그 문제를 해결하려는 방법이나 전망 등, 〈자신의 미래 전망〉이 보이지 않게 되는 상황에 있다고 할 수 있습니다. 자아 발견이나 인간관계에서의 고민도 마찬가지입니다. 연애나 육아도 그렇습니다. 인간은 미래의 전망이 보이지 않게 되었을 때 불안을 느끼고 곧 그 불안이 고민이나 문제가 됩니다. 그리고 자신의 고민이나 문제 해결을 향해, 자신의 생각을 잘 이끌어 가기 위해서는 〈바르게 생각하는 과정과 절차〉가 필요합니다. 어떤 고민 해결이나 문제 해결도 기본적으로 같습니다. 머리로 단지 막연하게 고민하는 것만으로는 '고민하고 있는 것'일 뿐이고 '생각하고 있는 것'은 아닌 것입니다. 이것은 사고가 멈춰 있는 상태입니다. '고민하고 있다'는 것을 '생각하고 있다는 것'으로 착각하고 있는 사람은 의외로 많습니다. 불안을 제거하기 위해서는 우선, 당신을 중심으로 한 현 상황이 도대체 어떤 상황에 있는지를 객관적으로 파악할 필요가 있습니다.

고민 발생의 최대 원인은 무엇이라고 말하고 있습니까?

1 인간관계를 고민하는 데 있다.
2 바르게 생각하여 고민은 해결할 수 없는 것이다.
3 생각하지 않고 고민하는 것이다.
4 〈자신의 미래 전망〉이 보이지 않는 상황에 있다.

해설　이야기 전체를 듣고 말하는 사람의 주장을 파악하는 문제이다. '고민 발생'에 관한 여자의 견해를 메모하며 들으면 문제풀이에 도움이 된다. 여자는 앞부분에서 고민이 발생하는 가장 큰 요인은 문제를 해결할 방법과 전망 등 '자기의 미래 전망'이 보이지 않게 되는 상황에 있다고 했으므로 정답은 4번이다.

어휘 悩(なや)み 고민 | 発生(はっせい) 발생 | 簡単(かんたん) 간단 | 展開(てんかい) 발전, 전개 | 不安(ふあん) 불안 | 解決(かいけつ) 해결 | 見通(みとお)し 전망 | 自分探(じぶんさが)し 자아 발견 | 人間関係(にんげんかんけい) 인간관계 | 恋愛(れんあい) 연애 | 子育(こそだ)て 육아 | 展望(てんぼう) 전망 | ～に向(む)けて ～을 향해 | 考程(こうてい) 사고 과정 | 手順(てじゅん) 절차 | 漠然(ばくぜん)と 막연히 | 勘違(かんちが)い 착각 | 取(と)り除(のぞ)く 제거하다 | 先(ま)ず 우선, 먼저 | 現状(げんじょう) 현재 상태 | 客観的(きゃっかんてき) 객관적 | つかむ 잡다, 파악하다

---

5 화자의 생각 파악하기 ★★★　　　|정답 2

4-3-06.mp3

男の人が若者言葉について話しています。

男：言葉というのは常に移り変わっていくものです。何が正しいか、ということは、もちろんどこで線引きするかという前提があるわけで、その前提自体が移ろうものであるといいます。こう言う僕も、気になる時はたくさんありますけどね。それはむしろ、アナウンサーや記者など、言葉を扱うプロの人たちが、いわゆる今現在正しいと言われている言葉の使い方でない使い方、つまり、誤用している時などで、若者がどんな言葉を使っていようと、あまり気になりません。彼らが30代、40代、50代となったときに、今の彼らの使っている言葉が、当たり前のように使われる時が来るのかもしれませんし、そうでないのかもしれません。当然死んでいく言葉もあるでしょうね。最近おかしな日本語についての本が売れてるみたいですが、読むのは「今の日本語が変」だと思っている人とか、「とりあえずベストセラーだから目を通しておく」という興味があってのことで、おかしな日本語を今現在使っている人たちはあまり読まないのではないかな、なんて思いました。

この人は若者言葉についてどう思っていますか。
1 今の若者の言葉遣いはかなり気になる
2 今の若者の言葉が当たり前のように使われる時が来る可能性もある
3 若者言葉の特徴は最近おかしな日本語についての本によく書かれている
4 若者言葉は正しいものなので、気にする必要はない

해석　남자가 젊은이들이 쓰는 말에 대해 이야기하고 있습니다.
남：말이라는 것은 언제나 변해 가는 것입니다. 무엇이 올바른가 하는 것은 물론 어디에서 선을 그을 것인가 하는 전제가 있는 것으로, 그 전제 자체가 변하는 것이라 할 수 있습니다. 이렇게 말하는 저도 신경이 쓰일 때는 많이 있지만 말입니다만. 그건 오히려 아나운서나 기자 같은 말을 다루는 프로들이 이른바 지금 현재 바르다는 언어의 맞지 않는 사용법, 즉 오용하고 있는 경우 등으로, 젊은이들이 어떠한 말을 쓰고 있다 하더라도 별로 신경 쓰지 않습니다. 그들이 30대, 40대, 50대가 되었

을 때 지금의 그들이 쓰고 있는 말이, 당연하게 쓰이는 시대가 올지도 모르고, 그렇지 않을지도 모르겠습니다. 당연히 사라지는 말도 있을 겁니다. 최근 이상한 일본어에 대한 책이 잘 팔리고 있는 것 같은데, 읽는 사람은 '지금의 일본어가 이상하다'고 생각하는 사람이라든지 '일단은 베스트셀러니까 읽어둔다'는 흥미가 있어서 읽는 사람으로, 이상한 일본어를 지금 현재 쓰고 있는 사람들은 거의 읽지 않는 것은 아닐까, 뭐 그런 생각을 했습니다.

이 사람은 젊은이들이 쓰는 말에 대해 어떻게 생각하고 있습니까?
1 지금의 젊은이 말은 꽤 신경 쓰인다.
2 지금의 젊은이 말이 당연하게 쓰이는 시기가 올 가능성도 있다.
3 젊은이 말의 특징은 최근 이상한 일본어에 대한 책에 잘 쓰여 있다.
4 젊은이 말은 바른 것으로, 신경 쓸 필요는 없다.

해설　이야기 전체를 듣고 말하는 사람의 생각을 정확히 파악하는 문제이다. 미리 질문을 들려주지 않기 때문에 '젊은이의 말'에 주목하여 말하는 사람의 의견을 메모하며 들으면 문제풀이에 도움이 된다. 남자는 아나운서나 기자 등이 바른 언어를 쓰지 않는 것은 신경이 쓰이나, 젊은이들의 언어 사용에는 별로 신경 쓰지 않는다고 말하고 있으며, 지금 젊은이의 언어가 당연하게 쓰이는 시대가 올지도 모른다고 말하고 있으므로 정답은 2번이다.

어휘　若者言葉(わかものことば) 젊은 사람들이 쓰는 말 | 常(つね)に 항상 | 移(うつ)り変(か)わる 변해 가다, 변천하다 | 線引(せんび)きする 선을 긋다 | 前提(ぜんてい) 전제 | 自体(じたい) 자체 | 移(うつ)る 옮기다, 변천하다 | 使(つか)い方(かた) 사용법 | 誤用(ごよう) 오용 | 当然(とうぜん) 당연 | ベストセラー 베스트셀러 | 目(め)を通(とお)す 훑어보다 | 言葉遣(ことばづか)い 말투, 말씨 | 特徴(とくちょう) 특징

---

6 화자의 의도 및 주장 이해하기 ★★☆　　　|정답 4

4-3-07.mp3

女の人がいじめ対策について話しています。

女：いじめを自分で解決できそうにない人は、まずは勇気を出して相談してみてください。相談をする相手はご両親でもいいでしょうし、担任の先生や保健室の先生などでもいいと思います。最近は学校内にスクールカウンセラーという人がいる場合もありますので、そのような人に相談するのも効果的です。また、24時間電話でいじめ相談を受け付けているところもありますので、そのようなところに相談してみるのも良いでしょう。先生などに言うと、余計にいじめられてしまうかもしれないから怖い……という人も多いと思いますが、実際、いじめを解決するのに一番有効なのは「担任の先生に相談すること」で、これで約8割のいじめがなくなる、あるいは改善されているというデータがあります。いじめは、一人で悩んでいてもなかなか解決しません。人に相談することは全く恥ずかしいことではありません。まずは勇気を出して、相談してみてください。そこからすべてが始まります。

142

この人はいじめられたらどうすればいいと言っていますか。
1 問題を見つめてあげる
2 自分で解決する
3 いじめの原因を導き出す
4 勇気を出して周りの人に相談する

해석 여자가 집단 괴롭힘 대책에 대해 이야기하고 있습니다.

여 : 집단 괴롭힘을 스스로 해결 못할 것 같은 사람은 우선은 용기를 내어 상담해 보세요. 상담을 하는 상대는 부모님이라도 좋겠고 담임 선생님이나 보건실 선생님 등도 좋다고 생각합니다. 요즘은 학교 안에 스쿨 카운셀러라는 사람이 있는 경우도 있으므로 그런 사람에게 상담하는 것도 효과적입니다. 또한 24시간 전화로 집단 괴롭힘 상담을 접수하고 있는 곳도 있으니 그런 곳에 상담해 보는 것도 좋겠지요. 선생님 등에게 말하면 더 괴롭힘을 당할지도 모르니까 무서워…… 라는 사람도 많을 줄 압니다만, 실제로 집단 괴롭힘을 해결하는 데 가장 효과적인 것은 '담임 선생님에게 상담하는 것'으로, 이것으로 약 80%의 집단 괴롭힘이 없어지거나 개선되었다는 데이터가 있습니다. 집단 괴롭힘은 혼자 고민해도 좀처럼 해결되지 않습니다. 다른 사람에게 상담하는 것은 전혀 부끄러운 일이 아닙니다. 일단은 용기를 내서 상담해 보세요. 거기에서 모든 것이 시작됩니다.

이 사람은 괴롭힘을 당하면 어떻게 하는 것이 좋다고 말하고 있습니까?
1 문제를 직시해 준다.
2 스스로 해결한다.
3 집단 괴롭힘의 원인을 밝혀 낸다.
4 용기를 내서 주위 사람에게 상담한다.

해설 이야기 전체를 듣고 말하는 사람의 의도나 주장을 찾는 문제이다. '집단 괴롭힘 대책'에 주목하여, 말하는 사람의 의견을 메모하며 들으면 문제풀이에 도움이 된다. 여자는 마지막 부분에서 담임 교사에게 상담하여 개선되었다는 데이터를 언급하며, 집단 괴롭힘은 혼자서는 해결하기 힘들고, 남에게 상담하는 것은 부끄러운 일이 아니라고 상담을 독려하고 있으므로 정답은 4번이다.

어휘 いじめ 집단 괴롭힘 | 勇気(ゆうき) 용기 | 相談相手(そうだんあいて) 상담 상대 | 担任(たんにん) 담임 | 保健室(ほけんしつ) 보건실 | スクールカウンセラー 스쿨 카운셀러 | 効果的(こうかてき) 효과적 | 受(う)け付(つ)ける 접수하다 | 余計(よけい)に 더욱, 한층 더 | 有効(ゆうこう) 유효 | 改善(かいぜん) 개선 | 見(み)つめる 응시하다, 주시하다 | 導(みちび)き出(だ)す 끌어 내다

문제 4 즉시응답 문제

질문 등의 짧은 발화를 듣고 대화의 흐름에 맞는 적절한 응답을 고르는 문제이다. 대화가 자연스럽게 이어질 수 있는 것을 고르는 것이 핵심 포인트이며, 일상적으로 짝을 지어 나타나는 표현은 함께 외워 두면 즉시 응답 유형의 문제를 푸는 데 도움이 된다.

1 ~ 13 문제 4에서는 문제용지에 아무것도 인쇄되어 있지 않습니다. 우선 문장을 들으세요. 그러고 나서 그에 대한 대답을 듣고 1부터 3 중에서 가장 알맞은 것을 하나 고르세요.

예) | 정답 1

4-4-01.mp3

男：先生、すっかりご無沙汰しております。お変わりありませんか。
女：1 これはどうも。
　　2 変わったよ。
　　3 大丈夫よ。

해석 남 : 선생님. 그동안 소원했습니다. 별고 없으십니까?
여 : 1 이거 고마워.
　　2 바뀌었어.
　　3 괜찮아.

해설 주어진 짧은 말에 대한 적절한 대답을 찾는 문제이다. 이 문제에서는 사고력보다 정확한 반응과 순발력이 요구된다. 이 문제에서 선생님께 "그동안 소원했습니다. 별고 없으십니까?"라고 인사했으므로, 그에 대한 응답으로는 これはどうも가 자연스럽다. 이와 같이 일상적으로 짝으로 쓰이는 표현은 함께 외워 두면 이 유형의 문제를 푸는 데 도움이 된다.

---

1 **짧은 말을 듣고 적절한 응답 찾기** ★★☆ | 정답 2

4-4-02.mp3

男：今日はどうされましたか。
女：1 これから片付けます。
　　2 咳がひどくて。
　　3 今日は無理しないほうがいいですね。

해석 남 : 오늘은 어떻게 오셨습니까?
여 : 1 지금부터 치우겠습니다.
　　2 기침이 심해서요.
　　3 오늘은 무리하지 않는 게 좋겠어요.

해설 주어진 짧은 말에 대한 적절한 대답을 찾는 문제이다. 이 문제에서 주어진 今日はどうされましたか라는 표현은 "어디가 편찮으세요?" "어디가 불편하세요?"라는 의미로 병원 등에서 환자에게 상태를 물어볼 때 자주 사용한다. 따라서 이에 대한 응답으로는 咳がひどくて가 자연스럽다.

어휘 片付(かたづ)ける 정리하다 | 咳(せき) 기침

2 　인사말에 적절한 응대 찾기 ★★☆ 　　　　| 정답 1

4-4-03.mp3

> 男：先日は大変お世話になりました。
> 女：1　いやいや、困ったときはお互い様ですよ。
> 　　　2　今後ともよろしく。
> 　　　3　申し訳ありません。

해석　남 : 지난번에는 대단히 신세 많이 졌습니다.
　　　여 : 1　아니에요, 어려울 땐 서로 도와야죠.
　　　　　 2　앞으로도 잘 부탁해요.
　　　　　 3　죄송합니다.

해설　인사말에 적절한 응대 표현을 찾는 문제이다. 이 문제에서는 사고력보다 정확한 반응과 순발력이 요구된다. 이 문제에서 주어진 先日は大変お世話になりました는 일본인들이 신세를 졌을 때 하는 인사말이다. 이에 대한 응답으로는 いやいや、困ったときはお互い様ですよ가 자연스럽다.

어휘　先日(せんじつ) 지난번 | お世話(せわ)になる 신세 지다 | 困(こま)る 곤란하다 | お互(たが)い様(さま) 피차일반, 피장파장

3 　짧은 말을 듣고 적절한 응답 찾기 ★★☆ 　　| 정답 3

4-4-04.mp3

> 女：こちらも勉強になりますから、遠慮なさらないでください。
> 男：1　それはちょっと。
> 　　　2　はい、よろこんで。
> 　　　3　では、お言葉に甘えまして。

해석　여 : 저도 공부가 되니까요, 사양하지 마세요.
　　　남 : 1　그건 좀.
　　　　　 2　네, 기꺼이.
　　　　　 3　그럼, 그렇게 말씀해 주시니 (말씀에 따르겠습니다)

해설　주어진 짧은 말에 대한 적절한 대답을 찾는 문제이다. 이 문제에서 주어진 こちらも勉強になりますから、遠慮なさらないでください라는 말에 대한 응답으로는 では、お言葉に甘えまして가 자연스럽다. 1번은 완곡하게 거절할 때 자주 쓰는 표현이다.

어휘　遠慮(えんりょ) 사양 | よろこんで 기꺼이 | お言葉(ことば)に甘(あま)えまして 말씀에 따라서

4 　불평에 적절한 응답 표현 찾기 ★★☆ 　　　| 정답 2

4-4-05.mp3

> 女：ずいぶん待ってたのに。
> 男：1　そうですね。
> 　　　2　ごめん。悪かった。
> 　　　3　よかったね。

해석　여 : 한참을 기다렸는데.
　　　남 : 1　그렇군요.
　　　　　 2　미안. 잘못했어.
　　　　　 3　잘됐구나.

해설　불평에 적절한 응답 표현을 찾는 문제이다. 이 문제에서 주어진 ずいぶん待ってたのに라는 말에 대한 응답으로는 ごめん。悪かった라는 사과 표현이 자연스럽다.

어휘　ずいぶん 상당히, 꽤 | 悪(わる)い 잘못하다

5 　자연스러운 대화 이어가기 ★★☆ 　　　　| 정답 1

4-4-06.mp3

> 女：あのう、カード払いでも割引はききますか。
> 男：1　申し訳ありません。今回の催しではキャッシュのみとなっております。
> 　　　2　いいえ、カードを渡しても結構です。
> 　　　3　はい、割引してもらえません。

해석　여 : 저기요, 카드로 계산해도 할인되나요?
　　　남 : 1　죄송합니다. 이번 행사에서는 현금만 됩니다.
　　　　　 2　아니요, 카드 내셔도 됩니다.
　　　　　 3　네, 할인이 안 됩니다.

해설　자연스럽게 대화를 이어가는 문제이다. 이 문제에서 주어진 あのう、カード払いでも割引はききますか라는 말에 대한 응답으로는 申し訳ありません。今回の催しではキャッシュのみとなっております가 자연스럽다.

어휘　カード払(ばら)い 카드 결제 | 割引(わりびき)がきく 할인이 되다 | 催(もよお)し 행사 | キャッシュ 현금 | 〜のみ 〜만, 〜뿐

6 　짧은 말을 듣고 적절한 응답 찾기 ★★☆ 　| 정답 3

4-4-07.mp3

> 女：さあ、何もありませんけど、どうぞ、召し上がってください。
> 男：1　はい、失礼します。
> 　　　2　何もなくてもいいです。
> 　　　3　じゃあ、いただきます。

해석　여 : 자, 차린 건 없지만 어서 드세요.
　　　남 : 1　네, 실례합니다.
　　　　　 2　아무것도 없어도 됩니다.
　　　　　 3　그럼, 잘 먹겠습니다.

해설　주어진 짧은 말에 대한 적절한 대답을 찾는 문제이다. 이 문제에서는 사고력보다 정확한 반응과 순발력이 요구된다. 이 문제에서 주어진 さあ、何もありませんけど、どうぞ、召し上がってください는 대접할 때 쓰는 표현이다. 이에 대한 응답으로는 じゃあ、いただきます가 가장 자연스럽다.

어휘　召(め)し上(あ)がってください 잡수세요, 드세요

7 　짧은 말을 듣고 적절한 응답 찾기 ★★☆ 　| 정답 2

4-4-08.mp3

> 女：お出かけですか。
> 男：1　お出かけではありませんが。
> 　　　2　ええ、ちょっとそこまで。
> 　　　3　ええ、けっこうです。

해석 여 : 어디 가세요?
　　　남 : 1 어디 가는 거 아닌데요.
　　　　 2 네, 잠깐 거기까지요.
　　　　 3 네, 괜찮습니다.

해설 주어진 짧은 말에 대한 적절한 대답을 찾는 문제이다. 이 문제에서 주어진 お出かけですか는 길에서 아는 사람을 만났을 때 의례적으로 하는 인사말 중 하나로 이에 대한 응답으로는 ええ、ちょっとそこまで가 관용적으로 많이 사용된다. 짝으로 외워 두면 도움이 된다.

어휘 お出(で)かけですか 외출하십니까? けっこうです 괜찮습니다

---

8 상황에 맞는 응답 표현 찾기 ★★☆　　　｜정답 1

`4-4-09.mp3`

女 : さあ、どうぞ、お上がりください。
男 : 1 失礼します。
　　 2 申し訳ありませんでした。
　　 3 大変ですね。

해석 여 : 자, 어서 들어오세요.
　　　남 : 1 실례하겠습니다.
　　　　 2 죄송했습니다.
　　　　 3 힘들겠어요.

해설 상황에 맞는 응답 표현을 찾는 문제이다. 이 문제에서는 사고력보다 정확한 반응과 순발력이 요구된다. 이 문제에서 주어진 さあ、どうぞお上がりください라는 말은 집에 손님이 오셨을 때 '어서 들어오세요'라는 뜻의 표현이다. 이에 대한 응답으로는 失礼します가 자연스러우므로 함께 외워 두자.

어휘 お上(あ)がりください 들어오세요, 올라오세요

---

9 짧은 말을 듣고 적절한 응답 찾기 ★★☆　　　｜정답 2

`4-4-10.mp3`

男 : もう宿題は終わりましたか。
女 : 1 いいえ、今終わっているところです。
　　 2 はい、ちょうど終わったところです。
　　 3 はい、今やっているところです。

해석 남 : 이제 숙제는 마쳤나요?
　　　여 : 1 아뇨, 지금 끝나고 있는 참인데요.
　　　　 2 네, 지금 막 다 했어요.
　　　　 3 네, 지금 하고 있는 참입니다.

해설 주어진 짧은 말에 대한 적절한 대답을 찾는 문제이다. 주어진 もう宿題は終わりましたか라는 말에 대한 응답으로는 はい、ちょうど終わったところです가 자연스럽다. ~たところ를 '막~한 참'이라고 알아두면 쉽게 문제를 풀 수 있다.

---

10 완곡하게 거절하기 ★★☆　　　｜정답 3

`4-4-11.mp3`

女 : これ、今週中にやってもらえないでしょうか。
男 : 1 いいえ、けっこうです。

---

　　 2 どういたしまして。
　　 3 今週はちょっと。

해석 여 : 이거, 이번 주 중에 해 주실 수 없겠습니까?
　　　남 : 1 아뇨, 충분합니다.
　　　　 2 천만에요.
　　　　 3 이번 주는 좀.

해설 완곡하게 거절하는 표현을 찾는 문제이다. 이 문제에 주어진 ~てもらえないでしょうか라는 의뢰 표현에 대한 거절 응답으로는 ~はちょっと가 자연스럽다. ~はちょっと는 완곡한 일본어 거절 표현이라고 외워 두자. いいえ、けっこうです는 사양할 때 많이 쓴다.

어휘 今週中(こんしゅうちゅう) 이번 주 중

---

11 정확한 의미 파악하기 ★★☆　　　｜정답 3

`4-4-12.mp3`

女1 : もう帰ったんだ。何時ごろ帰ったの？
女2 : 1 今、帰っているところ。
　　　 2 今、帰ろうとしているところ。
　　　 3 今、帰ったばかり。

해석 여1 : 벌써 갔구나. 몇 시쯤 집에 갔어?
　　　여2 : 1 지금 가고 있어.
　　　　 2 지금 가려고 하고 있는 참이야.
　　　　 3 지금 막 왔어.

해설 何時ごろ帰ったの？에 대한 응답으로는 今帰ったばかり나인 것이 가장 적절하다. 이 문제는 ~(よ)うとしているところ(~하려는 참), ~たところ(막 ~한 참)의 의미를 알고 있으면 푸는 데 도움이 된다.

---

12 짧은 말을 듣고 적절한 응답 찾기 ★★★　　　｜정답 2

`4-4-13.mp3`

男 : ごめんください。
女 : 1 大丈夫です。
　　 2 どちら様でしょうか。
　　 3 お気になさらないでください。

해석 남 : 계십니까?
　　　여 : 1 괜찮아요.
　　　　 2 누구십니까?
　　　　 3 신경 쓰지 마십시오.

해설 이 문제에 주어진 ごめんください라는 말은 타인의 공간을 방문했을 때 '아무도 안 계세요?'라는 의미로 쓰인다. 이에 대한 응답으로는 どちら様でしょうか가 자연스럽다. 짝지어 외워 두면 문제풀이뿐만 아니라 일상회화에도 도움이 된다.

---

13 상대방의 호의를 완곡히 사양하기 ★★★　　　｜정답 1

`4-4-14.mp3`

女 : お茶でも入れましょうか。

男：1 どうぞ、おかまいなく。
　　2 かしこまりました。
　　3 ごちそうさま。

해석　여：차라도 한잔 어떠세요?
　　　남：1 부디 신경 쓰지 마세요.
　　　　　2 잘 알겠습니다.
　　　　　3 잘 먹었습니다.

해설　주어진 お茶でも入れましょうか라는 말에 대한 응답으로는 おかまいなく가 자연스럽다. おかまいなく는 이처럼 사양할 때도 쓰지만, どうぞおかまいなく와 같이 신경 쓰지 말고 자유롭게 행동하라고 할 때도 쓴다. 일상적으로 많이 사용되는 표현이니 짝지어 외워 두자.

어휘　お茶(ちゃ)を入(い)れる 차를 끓이다

문제 5 통합이해 문제
비교적 긴 지문을 듣고 복수의 정보를 비교, 종합하면서 내용을 이해하는 문제이다. 뉴스, 설명, 대화 등이 주로 출제되므로 평소 뉴스나 이야기식의 단편 소설을 듣는 것이 도움이 된다.

문제 5에서는 다소 긴 이야기를 듣습니다. 이 문제에 연습은 없습니다. 메모를 해도 괜찮습니다.

① , ② 문제용지에 아무것도 인쇄되어 있지 않습니다. 우선 이야기를 들으세요. 그리고 나서 질문과 선택지를 듣고, 1부터 4 중에서 가장 알맞은 것을 하나 고르세요.

① 개개인의 견해를 비교, 분석하여 정보 이해하기 ★★☆ | 정답 2

4-5-01.mp3

友達3人で週末のお花見について話し合っています。

男1：週末、何しようか。
女　：そうねえ。久しぶりにお花見に行かない?
男2：いいね。今度の週末がお花見には絶好だってよ。
男1：どこがいいかなあ。
女　：今頃だと、駅前の公園辺りがきれいなんじゃない?近いし。
男2：そうだね。
男1：でも、場所取り大変じゃないかな。
女　：私、家から近いから、早めに行って、いいとこ取っとくね。
男2：ありがとう。
男1：じゃ、ビールは俺が用意するよ。
男2：それじゃ、俺はおつまみ。
女　：久しぶりにお花見だなんて、楽しみね。

女の人はお花見のため、何をすることにしましたか。
1 ビールを用意する
2 早めに行って、いい場所を取っておく

3 おつまみを用意する
4 何もしなくていい

해석　친구 3명이 주말의 꽃구경에 대해 서로 이야기하고 있습니다.
　　　남1：주말에 뭐할까?
　　　여　：글쎄. 오랜만에 꽃구경 갈까?
　　　남2：좋겠다. 이번 주말이 꽃구경하기 제일 좋대.
　　　남1：어디가 좋을까?
　　　여　：지금이라면 역 앞의 공원 주변이 예쁘지 않아? 가깝기도 하고.
　　　남2：맞다.
　　　남1：근데, 자리 잡기 힘들지 않을까?
　　　여　：나, 집에서 가까우니까 일찌감치 가서 좋은 자리 잡아 놓을게.
　　　남2：고마워.
　　　남1：그럼. 맥주는 내가 준비할게.
　　　남2：그럼 난 안주.
　　　여　：오랜만에 꽃구경이라니까 기대되네.

여자는 꽃구경을 위해 무엇을 하기로 했습니까?
1 맥주를 준비한다.
2 일찍 가서 자리를 잡아 둔다.
3 안주를 준비한다.
4 아무것도 하지 않아도 된다.

해설　개개인의 여러 가지 정보를 비교, 분석하여 통합적으로 이해하는 문제이다. 따라서 한 가지 정보만을 찾는 것이 아니라 두 가지 이상의 정보를 비교하여 종합적으로 이해하면서 듣는 연습을 할 필요가 있다. 여자는 공원에서 집이 가까우니 자리를 잡겠다고 하고, 남자1은 맥주, 남자2는 안주를 준비하겠다고 했으므로 정답은 2번이다.

어휘　お花見(はなみ) 꽃구경 | 絶好(ぜっこう) 절호 | 今頃(いまごろ) 요즘 | 公園(こうえん) 공원 | 場所取(ばしょと)り 자리 잡기 | 早(はや)めに 일찌감치 | 用意(ようい) 준비 | おつまみ 안주

② 비교 분석을 통해 종합적인 정보 이해하기 ★★★ | 정답 4

4-5-02.mp3

女の人は家具のリサイクル展の利用について問い合わせています。

女：あのう、すみません。
男：はい。
女：あの、家具のリサイクル展を利用したいんですが……。初めてなので……。
男：あ、家具のリサイクルですね。
女：ええ。
男：家具のリサイクルはご希望される方に抽選のうえ、無料でご提供いたしております。
女：へえ? 無料ですか。
男：ええ、運搬料は自己負担となっておりますが……。
女：すごーい。先月、次男が生まれまして、3段タンスを買おうとしたんですが、あそこにちょうどいいものがあったもんですから。

男：あれなら新品同様のものですよ。

女：そうですね。じゃ、応募お願いします。

男：はい、それでは、まず、こちらの申込書にご希望の家具とご住所、お電話番号をお書きください。

女：はい。……これでいいでしょうか。

男：はい。毎月第3土曜日、午後1時30分から抽選が始まります。

女：第3土曜日、午後1時半からですね。ありがとうございました。

女の人はこれからどうしますか。

1　3段タンスを買いに行く
2　応募するか、もう少し考えてみる
3　申込書を書く
4　抽選の結果を待つ

해석 여자는 가구 재활용전의 이용에 대해 문의하고 있습니다.

여 : 저, 저기요.

남 : 네.

여 : 저, 가구 재활용전을 이용하려고 하는데요……. 처음이라서요…….

남 : 아. 가구 재활용 말씀이시군요.

여 : 네.

남 : 가구 재활용은 희망하시는 분께 추첨해서 무료로 제공해 드리고 있습니다.

여 : 그래요? 무료예요?

남 : 네. 운반료는 자기 부담입니다만…….

여 : 우와~. 지난달에 둘째가 태어나서 3단 서랍장을 사려고 했는데, 저쪽에 딱 좋은 것이 있어서요.

남 : 저거라면 새것이나 다름없습니다.

여 : 네. 그럼 응모 부탁합니다.

남 : 네. 그럼 먼저 이 신청서에 희망하시는 가구랑 주소, 전화번호를 써 주세요.

여 : 네. …… 이렇게 쓰면 되나요?

남 : 네. 매월 셋째 주 토요일 오후 1시 30분부터 추첨이 시작됩니다.

여 : 셋째 주 토요일, 오후 1시 반부터 말이죠. 감사합니다.

여자는 지금부터 어떻게 합니까?

1 3단 서랍장을 사러 간다.
2 응모할지 말지 조금 더 생각해 본다.
3 신청서를 쓴다.
4 추첨 결과를 기다린다.

해설 여러 가지 정보를 비교, 분석하여 종합적으로 이해하는 문제이다. 재활용전 이용 순서 등에 집중하여 메모하며 들으면 정답을 찾는 데 도움이 된다. 여자가 마지막 부분에서 추첨 신청서를 작성하고 추첨 일시를 확인하는 것으로 보아 추첨 결과를 기다릴 것으로 예상할 수 있다. 따라서 정답은 4번이다.

어휘 家具(かぐ) 가구 | リサイクル 재활용 | 問(と)い合(あ)わせ 문의 | 希望(きぼう) 희망 | 抽選(ちゅうせん) 추첨 | 無料提供(むりょうていきょう) 무료 제공 | 運搬料(うんぱんりょう) 운반료 | 自己負担(じこふたん) 자기 부담 | 次男(じなん) 차남 | 3段(さんだん)タンス 3단 서랍장 | 新品同様(しんぴんどう

よう) 새것이나 다름없음 | 応募(おうぼ) 응모 | 申込書(もうしこみしょ) 신청서

---

3 먼저 이야기를 들으세요. 그러고 나서 두 개의 질문을 듣고, 각각 문제용지의 1부터 4 중에서 가장 알맞은 것을 하나 고르세요.

질문1 복수 견해 비교를 통한 차이점 파악하기 ★★☆ | 정답 3
질문2 비교, 분석하여 정보 이해하기 ★★☆ | 정답 2

`4-5-03.mp3`

テレビで女の人が「家庭用生ごみ処理機」について話しています。

女1：家庭用生ごみ処理機は、ヒーターなどの熱源や風で生ごみの水分を物理的に蒸発させて乾燥させます。生ごみには水分が多く含まれていますが、家庭用生ごみ処理機を使うことで、水分を飛ばし、生ごみを減量することができます。そのようなことから、家庭から出る生ごみの減量を推進するため、区では購入前に生ごみ処理機の効果などを体験したい区民の方々に「家庭用生ごみ処理機」を随時、1世帯につき1台を、無料で貸出します。なお、貸出し台数には限りがあるため、お待ちいただく場合があります。お申し込みは来週いっぱいとなります。

女2：へえ。いいね。

男　：ああいうの、要るの？

女2：もちろん。

男　：悪くはないと思うんだけどな、電気代、かさばらないんだろうかね。

女2：それぐらいいいよ。生ごみって結構臭いし、衛生の面でもよくないから。それを考えれば、電気代ぐらいはいいんじゃない？

男　：でも、あれ結構場所取るんじゃないの？

女2：いや、さっきのサイズだと、台所にぴったりだから、大丈夫だよ。

男　：受け取りとか、返却とか、面倒くさいよ。

女2：大丈夫。私がやるから。

質問1 男の人の考えはどうですか。

1　衛生的でない
2　サイズがちょうどいい
3　必ず必要とは思わない
4　電気代がもったいなくない

質問2 女の人の考えはどうですか。

1　申し込みが面倒くさい
2　貸し出ししたい
3　使い方が簡単だ
4　電気代が高い

해석 | 텔레비전에서 여자가 '가정용 음식물쓰레기 처리기'에 대해 이야기하고 있습니다.

여1 : 가정용 음식물쓰레기 처리기는 히터 등의 열원과 바람으로 음식물쓰레기의 수분을 물리적으로 증발시켜 건조시킵니다. 음식물쓰레기에는 수분이 많이 함유되어 있어 가정용 음식물쓰레기 처리기를 사용함으로써 수분을 날리고 음식물쓰레기 양을 줄일 수 있습니다. 이런 효과로 해서 가정에서 나오는 음식물쓰레기의 감량을 추진하기 위해 구에서는 구입 전에 음식물쓰레기 처리기의 효과 등을 체험하고 싶으신 구민 여러분께 '가정용 음식물쓰레기 처리기'를 수시로, 1세대당 1대를 무료로 빌려 드립니다. 또한 빌려 드릴 수 있는 대수가 한정되어 있으므로 기다리셔야 하는 경우도 있습니다. 신청은 다음 주까지입니다.

여2 : 와. 괜찮다.
남 : 저런 게 필요해?
여3 : 물론이지.
남 : 나쁠 건 없다고 생각하지만, 전기요금, 늘어나지 않을까?
여2 : 그 정도는 괜찮아. 음식물쓰레기라는 게 꽤 냄새나지. 위생 면에서도 좋지 않으니까. 그거 생각하면 전기료 정도는…….
남 : 그래도, 저거 꽤 자리 차지하지 않아?
여2 : 아냐, 조금 전 사이즈라면 부엌에 딱 맞으니까 괜찮아.
남 : 받아 오고 돌려주는 게 귀찮아.
여2 : 괜찮아. 내가 할 테니까.

질문1 남자의 생각은 어떻습니까?
1 위생적이지 않다.
2 사이즈가 딱 좋다.
3 꼭 필요하다고는 생각하지 않는다.
4 전기료가 아깝지 않다.

해설 | 가정용 음식물쓰레기 처리기에 대한 설명을 들은 남자와 여자가 각각 어떤 생각을 하고 있는지 묻는 문제이다. 이 문제의 경우 공통적인 설명에 대한 남녀의 견해차를 중심으로 메모해 가며 들으면 정답을 찾는 데 도움이 된다. 남자가 계속 전기료 걱정과 놓을 장소, 반환 문제 등에 대해 언급하는 것으로 보아 음식물쓰레기 처리기의 필요성에 의문을 갖고 있는 것으로 볼 수 있으므로 질문 1의 정답은 3번이다.

질문2 여자의 생각은 어떻습니까?
1 신청이 귀찮다.
2 빌리고 싶다.
3 사용법이 간단하다.
4 전기료가 비싸다.

해설 | 여자는 음식물쓰레기의 냄새와 위생적인 면에서 보면 전기료는 아깝지 않으며, 크기도 적당하고 반환도 자신이 할 것이라고 말하는 것으로 보아 빌리고 싶어한다고 생각할 수 있다. 따라서 질문2의 정답은 2번이다.

어휘 | 生(なま)ごみ 음식물쓰레기 | 処理機(しょりき) 처리기 | ヒーター 히터 | 熱源(ねつげん) 열원 | 物理的(ぶつりてき) 물리적 | 蒸発(じょうはつ) 증발 | 乾燥(かんそう) 건조 | 含(ふく)まれる 포함되다, 속에 들어 있다 | 水分(すいぶん)を飛(と)ばす 수분을 증발시키다 | 減量(げんりょう) 감량 | 推進(すいしん) 추진 | 購入前(こうにゅうまえ) 구입 전 | 効果(こうか) 효과 | 体験(たいけん) 체험 | 随時(ずいじ) 수시 | 世帯(せたい) 세대 | ~につき ~당 | 貸出(かしだし) 대출 | 台数(だいすう) 대수 | 限(かぎ)り 제한, 한정 | お申(もう)し込(こ)み 신청 | 来週(らいしゅう)いっぱい 다음 주 내내 | 電気代(でんきだい) 전기료 | かさばる (부피, 양, 요금 등이) 늘다, 커지다 | 結構(けっこう) 상당히, 꽤 | 臭(にお)う 냄새나다 | 衛生(えいせい)の面(めん) 위생면 | 場所取(ばしょと)る 장소를 차지하다 | 受(う)け取(と)り 받음, 수취함 | 返却(へんきゃく) 반환 | 面倒(めんどう)くさい 귀찮다 | もったいない 아깝다

148

비즈니스 일본어회화&
이메일 표현사전

국내 최다
표현 수록!

비즈니스
일본어회화
& 이메일
표현사전

인현진 지음

회화는 물론 이메일 표현까지 한 권에!
국내 유일의 비즈니스 표현사전

문장 전체를 녹음한 mp3 파일 무료 다운로드

부록
· mp3 파일
· 무료 다운로드

인현진 지음 | 640쪽 | 20,000원

회화는 물론 이메일 표현까지 한 권에!
국내 유일의 비즈니스 표현사전

상황별 비즈니스 표현을 총망라하여 최다 규모로 모았다! 현장에서 바로 써먹을 수 있는
고품격 회화 표현과 이메일, 비즈니스 문서 등 그대로 활용 가능한 작문 표현이 한 권에!

난이도	첫 걸 음	초 급	중 급	고 급

대상 일본을 대상으로 비즈니스를 해야 하는 직장인,
고급 표현을 익히고 싶은 일본어 중급자

목표 내가 쓰고 싶은 비즈니스 표현을 쉽게 찾아
바로 바로 써먹기

네이티브는 쉬운 일본어로 말한다
1000문장 편

부록
mp3 파일
무료 다운로드

20만 독자가
선택한
베스트셀러!

최대현 지음 | 592쪽 | 16,000원

일본인이 항상 입에 달고 살고,
일드에 꼭 나오는 1000문장을 모았다!

200여 편의 일드에서 엄선한 꿀표현 1000문장! 네이티브가 밥 먹듯이 쓰는
살아 있는 일본어를 익힌다. 드라마보다 재미있는 mp3 파일 제공.

| 난이도 | **첫 걸음** 초 급 | 중 급 | 고 급 | 목표 | 교과서 같은 딱딱한 일본어에서 탈출하여 네이티브처럼 자연스러운 일본어 회화 구사하기 |

난이도 **첫 걸음** 초 급 | 중 급 | 고 급

목표 교과서 같은 딱딱한 일본어에서 탈출하여
네이티브처럼 자연스러운 일본어 회화 구사하기

대상 반말, 회화체를 배우고 싶은 학습자
일드로 일본어를 공부하는 초중급자

일본어 마스터 1000

日本語 マスター 1000
일본어 마스터 1000

중급자가 자주 틀리는 어휘, 문법, 표현
1000문제를 엄선했다!

서비스
저자의 온라인
첨삭 지도

오현숙 지음 | 400쪽 | 15,000원

일본어 좀 한다면 꼭 풀어야 할 궁극의 1000제!

중고급 레벨 업을 위한 일본어 완전 정복!

중급자들이 자주 틀리는 어휘, 표현, 문법, 뉘앙스 등을 완벽하게 익힐 수 있다!

난이도	첫걸음 | 초급 | 중급 | 고급	목표	한국인의 한계를 뛰어넘어 일본어 네이티브처럼 말하고 쓰기
대상	중고급 일본어를 목표로 하는 모든 학습자 일본어 전공자, 예비 통번역가, 일본어 선생님		

JPT 탄탄한 기본기 + JPT 실전 트레이닝
두 마리 토끼를 동시에 잡는다!

시험에 나오는 것만 공부한다!

시나공 JPT 독해

JPT초고수위원회 지음 | 496쪽 | 17,000원
부록: 휴대용 소책자

시험에 나오는 것만 공부한다!

시나공 JPT 청해

JPT초고수위원회 지음 | 484쪽 | 17,000원
부록: 휴대용 소책자, mp3 파일 무료 다운로드

상위 1% JPT 초고수들의 만점 비법을 공개한다!

파트별로 완벽하게 분석하고 비법으로 정리해 초보자도 쉽게 따라 할 수 있는 JPT 기본서!

난이도	첫걸음 | 초 급 **중 급** 고 급	**기간**	7주
대상	JPT 수험자, 일본어 중급 학습자	**목표**	목표 점수까지 한 방에 통과하기

시험에 나오는 것만 공부한다!

시나공 JLPT

| JLPT 종합서 |

| JLPT 영역별 기본서 |

| JLPT 실전 모의고사 |

시험에 나오는 것만
공부한다!

시나공
JLPT

일본어능력시험
N1 실전 모의고사 시즌2

4회분

4회분 모의고사로
완벽하게 마무리하고 한 번에 붙자!

✿ **100% 실전형 모의고사 4회분**

실전 경험이 없어 불안한 사람도 실제 시험과 똑같은 형태의 모의고사 4회분만 풀고 들어가면 충분하다!

✿ **최신 시험 경향까지 철저한 분석**

일본어능력시험이 새롭게 개정된 2010년부터 가장 최신의 시험 경향까지 완벽하게 분석하여 문제에 반영했다!

✿ **독학자를 위한 상세한 문제 해설**

상세한 해설은 기본! 출제 포인트와 난이도 분석까지, 독학자에게 필요한 내용을 꼼꼼히 담았다!

시나공 일본어능력시험 N1 실전 모의고사 시즌 2
Crack the Exam! - JLPT Actual Test for N1

4회분 문제집 + 정답&해설집 + 실전용 mp3 파일
+ 복습용 mp3 파일 + 어휘 단어장 PDF

값 15,000원

04730

ISBN 978-89-6047-790-2
ISBN 978-89-6047-789-6 (세트)

시험에 나오는 것만
공부한다!

시나공
JLPT

최신 경향을 반영한 모의고사 4회분으로 실전 감각을 확실하게 익힌다!

최신 시험까지 철저하게 분석한 최신 스타일의 문제를 경험하라! N1 독학자에게 딱 맞춘 꼼꼼하고 상세한 문제 해설을 맛보라!

특별 서비스 실전용&복습용 mp3 파일 무료 다운로드 | 〈시험 전에 꼭 외워야 할 필수 어휘〉 PDF 무료 다운로드

일본어능력시험

실전
모의고사
시즌2

성윤아, 노주현 지음

N1

문제집

시험에 나오는 것만
공부한다!

시나공
JLPT

일본어능력시험 N1
실전 모의고사 시즌2

문제집

성윤아, 노주현 지음

길벗
이지:톡

N1

言語知識（文字・語彙・文法）・読解

（110分）

注　意
Notes

1. 試験が始まるまで、この問題用紙を開けないでください。
   Do not open this question booklet until the test begins.

2. この問題用紙を持って帰ることはできません。
   Do not take this question booklet with you after the test.

3. 受験番号と名前を下の欄に、受験票と同じように書いてください。
   Write your examinee registration number and name clearly in each box below as written on your test voucher.

4. この問題用紙は、全部で30ページあります。
   This question booklet has 30 pages.

5. 問題には解答番号の 1 、 2 、 3 ・・・ が付いています。
   解答は、解答用紙にある同じ番号のところにマークしてください。
   One of the row numbers 1 , 2 , 3 … is given for each question. Mark your answer in the same row of the answer sheet.

受験番号　Examinee Registration Number	

名　前　Name	

問題1 _____の言葉の読み方として最もよいものを、1・2・3・4から一つ選びなさい。

1 円安で貿易赤字は改善する見込みだ。
1 かいせん　　　2 かいぜん　　　3 かせん　　　4 かぜん

2 報道により名誉が毀損されたとして記者や編集者を相手に訴訟を起こした。
1 めいきょ　　　2 めいき　　　3 めいよ　　　4 めいしょ

3 お年寄りに席を譲った。
1 ゆさぶった　　　2 こじった　　　3 こしった　　　4 ゆずった

4 幸いにも深刻な被害から免れた。
1 まぬがれた　　　2 はなれた　　　3 それた　　　4 のがれた

5 田中先生の奥さんは穏やかで綺麗な方です。
1 つややかで　　　2 まろやかで　　　3 かろやかで　　　4 おだやかで

6 奨学金を受けている大学生の割合はだんだん増えてきている。
1 かつごう　　　2 かつがい　　　3 わりあい　　　4 わりごう

問題 **2** （　　　　）に入れるのに最もよいものを、1・2・3・4から一つ選びなさい。

7　（　　　　）しているすきにドアに指を挟まれてしまった。

    1　注意　　　　　　　2　用心　　　　　　　3　油断　　　　　　　4　慢心

8　授業が始まる前に携帯電話をマナーモードーに（　　　　）した方がいい。

    1　設置　　　　　　　2　設定　　　　　　　3　決定　　　　　　　4　転換

9　彼は落ち着いて事件の一部（　　　　）について語りはじめた。

    1　全部　　　　　　　2　様子　　　　　　　3　あり方　　　　　　4　始終

10　予選ではできなかったが、準決勝では（　　　　）を発揮するだろう。

    1　健闘　　　　　　　2　本領　　　　　　　3　機能　　　　　　　4　パフォーマンス

11　大雪の影響で、上下線で運転を（　　　　）いる。

    1　見合わせて　　　　2　見込んで　　　　　3　見せ付けて　　　　4　見逃して

12　少年は父の代わりに（　　　　）たいへんな仕事をすることにした。

    1　一途に　　　　　　2　健気にも　　　　　3　壮大に　　　　　　4　厳かに

13　わたしにとって「（　　　　）宝物」は何か深く考えてみた。

    1　切ない　　　　　　2　隅に置けない　　　3　かけがえのない　　4　取り返しがつかない

問題 3 ＿＿＿＿の言葉に意味が最も近いものを、1・2・3・4から一つ選びなさい。

14 自由な発想や発展を<u>はばむ</u>要素について考えてみた。

   1 促進する   2 抑制する   3 維持する   4 保障する

15 何も見ていないように<u>白を切る</u>つもりだ。

   1 とぼける   2 変わる

   3 知っているふりをする   4 バカにする

16 彼の日常はとても<u>ストイック</u>だ。

   1 平和的   2 直感的   3 禁欲的   4 貪欲的

17 <u>ムキになって</u>出された案に反対した。

   1 がむしゃらに   2 かっとなって   3 抵抗して   4 ひたすらに

18 もし<u>行き違い</u>がありましたら、お許しください。

   1 不一致   2 合致   3 通過   4 加速

19 世界のどこかでは、飢饉に倒れ、貧困で<u>あえいでいる</u>。

   1 さわいでいる   2 くだいている   3 しのいでいる   4 苦しんでいる

問題 4 次の言葉の使い方として最もよいものを、1・2・3・4から一つ選びなさい。

20 放出

1 もうちょっとで雪のなかに娘を放出するところだった。

2 直線はなだらか線よりも鮮明さをより強く放出できる。

3 監督は主演女優の魅力を放出させる能力に定評がある「女性映画の巨匠」と呼ばれる。

4 吸い上げた空気を湿らせて周囲に大量に放出している。

21 過剰

1 自信過剰にならないよう注意しなくてはいけない。

2 今年はお米が過剰してしまった。

3 彼は毎晩徹夜をするなど、過剰に仕事ばかりしている。

4 人の皮膚は温度の変化に対して敏感過剰である。

22 立ち寄る

1 証拠を一つも残さず、現場から立ち寄る方法を考えだした。

2 結局、また自分の力を頼りに立ち寄ることになった。

3 時間があまりないので、ファーストフード店に立ち寄るつもりです。

4 このスイッチを押すと自動的に立ち寄ることになります。

23 あやふや

1 涙で目がかすんで視野があやふやになった。

2 占いはあやふやなところもあるが、娯楽として大衆に親しまれている。

3 彼女の態度が何より怒っているあやふやな証だった。

4 試験結果にがっかりしていたが、彼のあやふやな言葉で救われた。

24　はかどる

1　助っ人が来てくれたおかげで、撤収作業は大いにはかどった。

2　猛烈なスピードで車がはかどった。

3　雑談で時間がはかどった。

4　彼の研究は犯罪防止にはかどっている。

25　食い止める

1　あの二人はいつも意見が食い止める。

2　浮き輪が水に流されないように、手でしっかりと食い止めた。

3　サーバーを周期的に点検することで、被害を最小限に食い止めることができる。

4　試合は悪天候で食い止められた。

問題 **5**　次の文の（　　　）に入れるのに最もよいものを、1・2・3・4から一つ選びなさい。

26　20年ぶりの皇室の結婚式（　　　）、世界中の人々が祝いに駆けつけた。

　　1　にして　　　　　　2　にあって　　　　　3　として　　　　　4　とあって

27　大手企業の重役（　　　）、大使館のパーティーに招かれることもある。

　　1　ならでは　　　　　2　ともなると　　　　3　なればこそ　　　4　ゆえに

28　彼がプロー選手として成功したのは、才能（　　　）相当な努力があったに違いない。

　　1　もさることながら　　　　　　　　　2　はおろか

　　3　とはいえ　　　　　　　　　　　　　4　にしたところで

29　電話のベルが鳴る（　　　）、記者全員が約束したかのようにいっせいに動き始めた。

　　1　かと思うと　　　2　が最後　　　　　3　が早いか　　　　4　かたわら

30　取引先の橋本さんが2時に（　　　）、会議室に案内してもらえますか。

　　1　ご覧になったら　　　　　　　　　　2　お召しになったら

　　3　お目にかかったら　　　　　　　　　4　お見えになったら

31　A「お仕事は楽しいでしょうね。」

　　B「楽しい（　　　）。学生の頃が懐かしくてなりません。」

　　1　わけですか　　　2　ところですか　　　3　ものですか　　　4　ことですか

32　天気予報で雨だという。しかし、朝から青空で、どうやら雨は（　　　）。

　　1　降りそうもない　　2　降らないそうだ　　3　降らんばかりだ　　4　降りかねない

33　その土地は当然彼が受け継いで（　　　）、弟が手に入れた。

　　1　いわざるをえないが　　　　　　　　2　もらおうともしないくせに

　　3　ばかりといえないが　　　　　　　　4　しかるべきだったが

34 大晦日に、にわかに飛び込んできたニュースに驚き（　　　）。

1　を余儀なくされた　　　　　　　2　でなくてなんだろう

3　を禁じえない　　　　　　　　　4　のしまつだ

35 （社会に大金を寄付した人とのインタビューで）

お金があると確かに便利な暮らしができます。しかし、お金がある（　　　）幸せと
は言えません。

1　かといえば必ずしも　　　　　　2　から必ずしも

3　からといって必ずしも　　　　　4　からこそ必ずしも

問題 **6** 次の文の ＿★＿ に入る最もよいものを、1・2・3・4から一つ選びなさい。

（問題例）

あそこで ＿＿＿ ＿＿＿ ＿★＿ ＿＿＿ は山田さんです。

1　テレビ　　　　2　見ている　　　3　を　　　　4　人

（解答のしかた）

1. 正しい文はこうです。

あそこで ＿＿＿＿＿＿ ＿＿＿＿＿＿ ＿＿★＿＿ ＿＿＿＿＿＿は山田さんです。
　　　　1　テレビ　　3　を　　2　見ている　　4　人

2. ＿★＿ に入る番号を解答用紙にマークします。

（解答用紙）　（例）　①　●　③　④

36　天候が急変し海で遭難した ＿＿＿ ＿＿＿ ＿★＿ ＿＿＿ 捨てなかった。

1　一時　　　　2　船員たちは　　3　たりとも　　4　希望を

37　留学をするにしても、まじめに勉強しないことには言語が上達 ＿＿＿ ＿★＿ ＿＿＿ ＿＿＿ 。

1　ことだ　　　2　まで　　　　3　の　　　　4　しない

38　＿＿＿ ＿★＿ ＿＿＿ ＿＿＿ 能力の数パーセントしか活用できないという。

1　持って　　　2　人間は　　　3　せいぜい　　4　いる

39　どうして彼が突然辞退したか ＿＿＿ ＿＿＿ ＿＿＿ ＿★＿ 。

1　も　　　　　2　不思議で　　3　ならない　　4　今

40　彼女は足の痛みを ＿★＿ ＿＿＿ ＿＿＿ ＿＿＿ 走り抜いた。

1　マラソンを　2　に　　　　3　ともせず　　4　もの

問題 **7** 次の文章を読んで、文章全体の趣旨を踏まえて、 41 から 45 の中に入る最もよいものを、1・2・3・4から一つ選びなさい。

過去を振り返らない

　スケジュール帳の使い方には二通りある。未来の計画を書くためか、過去の出来事を書くため。会議やアポイントメント、会食の予定や懸案事項の類を書き込むのは、未来に向けた作業だ。一方、その週に見た映画や読んだ本を記録したり、手帳を忘れて出かけた出張中の出来事を後から記入するのは、過去を振り返る作業といえる。

　過去と未来、両方を兼ね備えた手帳でよかったのはもはや昔のことになっている。もし過去を記す慣習があるなら、これからは 41 。予定が終了し過去のことを放っておくとそのデータベースがゴミになるからだ。過去に引きずられやすい人は、なるべく過去を振り返らない努力が必要だ。なぜなら人類は、かつて経験したことのない転換期の 42 。

　手紙を出して返事を待たなければならなかったのが、メールですぐやりとりできるようになった。ニュースとなる映像を撮影して編集し発信するに膨大な費用や手間がかかったことが、個人レベルで最低限の費用で場所や時間を問わず発信可能になっている。航空券の買い方やホテルの予約も、語学に堪能でない人でもパソコンや携帯電話さえあれば、誰の手も借りず簡単にできてしまう。 43-a 、あらゆる物事のやり方が変わっている時代に、過去のデータは役に立たないといっても 43-b 。

　発展のない個人や会社は似ていて、古い情報や手法に基づいて、対応を間違ったり、何かと過去の事例に 44 意思決定をする。転換期に取り込むべき情報のインプットの 45-a を考えたら、過去の情報から開放され 45-b に未来を拓いていくべきだろう。

41

1 断ち切ったのにいい

2 断ち切ったのがいい

3 断ち切ったのでいい

4 断ち切ったのはいい

42

1 真っ只中にいるだろう

2 真っ只中にいると思う

3 真っ只中にいるからだ

4 真っ只中にいるものだ

43

1 a ところが / b 無理ではない

2 a もしかすると / b 無理かも知れない

3 a やはり / b 言い過ぎかも知れない

4 a たしかに / b 過言ではない

44

1 照らし合わせて

2 照らし合わせれば

3 照らし合わせても

4 照らし合わせずに

45

1 a 質 / b 献身的

2 a 質 / b 積極的

3 a 量 / b 献身的

4 a 量 / b 積極的

問題 8 次の(1)から(4)の文章を読んで、後の問いに対する答えとして最もよいものを、1・2・3・4から一つ選びなさい。

(1)

　ふろしきは日本古来のエコバッグともいえる。最近、ますます注目を集めているようだ。ふろしきの良さは、何でも包めることにあり、品物の形を気にせず贈り物を選べる。つまり、（　　　　　　　　）ということ。「ぴったりの箱がないから」「きれいにラッピングできないから」といった理由で、贈り物にできなかったものでも、ふろしきを使えば、華やかに演出できるようになる。それに、新素材の開発に加え、デザインや柄も豊富になり、ふろしきはますます使いやすくなり、今後生活の中でふろしきが使われる場面は、ますます増えていくだろう。

46　（　　　　　）に入る最も適当な言葉はどれか。

　　1　ラッピングのスキルが自然と身につく。

　　2　ふろしきは華やかなので、贈り物をもらう相手が喜ぶ。

　　3　中身は大事ではなく、心が大事だ。

　　4　送りたいと思ったものをそのまま贈り物にできる。

(2)

　携帯電話が急速に普及し、いつでもどこでも手軽に話したり、メールしたりできる時代を迎えた。ひと昔前では考えられないほど、手軽にコミュニケーションがとれるわけだ。表現の手段として、絵文字なるものも登場し、意思疎通のバリエーションも豊かになった。

　一方、コミュニケーションを交わす相手のバリエーションはどうなんだろう。近所のお年寄りや子供と会話を交わす若者は簡単に見つからない。同世代や同じことに興味がある人のように限られた共通項を持つ人との関係は濃くなり、異なる世界の人との関係は薄くなっている印象を受けるのは筆者だけなのか。

[47]　筆者が異なる世界の人との関係は薄くなっている印象を受ける理由は何か。

　　1　近所の年寄りや子供はまったく相手にしないから

　　2　共通の関心事がないとあまり会話を交わさないから

　　3　絵文字がわからない相手とはあまり関係しないから

　　4　携帯電話が普及して家族や友だちとしか通話しないから

(3)

　物事を決めるとき、ジャンケンを日常的に使うのはアジアの国々でよく見られる。しかし、欧米諸国では異なり、コインを投げて表か裏かどっちが出るかによって決める。つまり、東洋は三者択一で、西洋は二者択一による決め方だと言えよう。このことから、欧米とアジアの文化の違いを読み取ることができる。「これかあれか」という勝ち負けをはっきりさせており、逆説的な考え方を簡単に受け入れることなく、矛盾する考え方は追求できない、理性的な考え方をする。一方、「三すくみ」の関係は、表裏による勝敗の決着の方法では解決できず、利害や状況が複雑に絡み合い、融通性、開放性といった価値観が介することが多い。

48　筆者の考えと一致しないのはどれか。

　1　ジャンケンを日常的に使う東洋では様々な要因と絡んだ決め方をする。

　2　西洋では開放性・融通性がまったくない物事の決め方をする。

　3　西洋人は「これかあれか」という二者択一で、物事の決め方はわりとはっきりする。

　4　ジャンケンをして物事を決めることにも文化の違いが読み取れる。

(4)

　会話で質問する習慣をつけよう。それは相手から何かを教えてもらえるし、そして相手の思考を活性化する効果も望めるからである。何よりあなたが述べたアイデアについて考えてもらうためにもなる。相手に何かを伝えたいときには、ただ自分の思いを言葉にするだけでは不十分である。自分の考えを相手はどう思うか、と質問を投げておいて反応を見る。必要な情報を渡しておしまいではない。相手の思考を刺激しなければならない。質問は相手の思考に刺激を与えるものなのである。

　この人を説得したいという場合、念入りに質問を組み立てる必要がある。まず、相手を「納得させるために必要な情報」を考えてみる。そして相手からその情報を引き出すために質問をする。めざす情報を得たところでさらに質問する。すると相手は説得に応じるかどうか、態度を決める。質問する習慣がつくと、会話の情報量が増えてお互いの思考が刺激を受け、活発なものとなる。

49　会話で質問する習慣はどうして必要か。

　　1　相手に自分がどう考えるかを伝えるために

　　2　必要な情報が入るように組み立てる訓練になるから

　　3　相手の思考を刺激し、説得へとつなげるために

　　4　相手から多くのアイデアを教えてもらえるから

問題9 次の(1)から(3)の文章を読んで、後の問いに対する答えとして最もよいものを、1・2・3・4から一つ選びなさい。

(1)

　知能のすぐれた人は、老若を問わず、新しい状況や問題に直面したとき、自分を全開してそれに対処する。彼は頭脳と感覚を働かせて、それについて理解できるすべてのことを理解しようとする。彼は自分自身のことや、その状況や問題がもとで、自分に起こるかもしれないことについて考えるのではなく、その状況や問題そのものについて考える。彼は、大胆に、想像を働かせ、臨機応変に、そして自信たっぷりにではなくとも少なくとも希望を抱いて、それに対処する。もしそれを克服することができなくても、彼は恥じったり恐れたりすることもなく、自分の誤りを直視し、その誤りからできるだけのものを学ぶ。それがすなわち知能なのである。明らかに、この知能は人生と人生にかかわる自分自身についてのある感じ方に根ざしている。

　利発な子供と利発でない、もしくはあまり利発でない子供を長年にわたって観察し比較した結果わかったことは、彼らは非常に異なった種類の人間であるということである。利発な子供は人生と現実に対する好奇心に富み、熱心にそれと接触し、それを抱きしめ、それと一つになろうとする。彼と人生の間には壁もなければ障壁もない。利発でない子供は好奇心がはるかに乏しく、周囲の出来事や現実に対する関心が少なく、空想の世界に生きようとする傾向が強い。

　利発な子供は試みにやってみることを好む。彼は物事にはいろいろなやり方があるという原則をわかる。あるやり方で何かをすることができなければ、別のやり方で試みようとする。一方、利発でない子供はふつう、そもそも試みることを恐れる。彼に、一度でも試みさせるためには、よほど強く勧めなければならないし、その試みが失敗すれば、それっきりになってしまう。

（注）利発：かしこいこと。聡明

50 知能のすぐれた人が行う行動でないものはどれか。

1 自分の誤りを認め、そこから教訓を得る。

2 これから自分に起き得るすべての可能性について考える。

3 面した状況や問題そのものについて考える。

4 面した状況や問題について感覚を働かせて理解しようと努力する。

51 筆者が最も言いたいことは何か。

1 聡明な子供は、失敗を恐れずさまざまなことを試みる。

2 子供がさまざまな経験ができるよう教育すべきだ。

3 知能がすぐれた人だからこそ、大胆に、臨機応変に、そして自信があふれるものだ。

4 知能がすぐれた人はいざというときにいかに行動するかをよくわかる。

52 筆者が考える利発な子供はどれか。

1 現実の事柄に対処するのに単純でかつ明快な方法以外は考えない。

2 現実の事柄に多様な方法で対処する。

3 いろいろやってみるのが好きだが、慎重なためなかなか行動を起こさない。

4 好奇心が旺盛で、大人が何かを試すことを強く勧める必要がある。

(2)

　哲学者によれば、人間は万物の尺度であるという。この「人間」というのがよく分からないけれど、別に哲学者に言われなくても、結局のところは、自分が万物の尺度であると、半分無意識に信じ込んで、一人一人の人間は生きている。だから、<u>自分とは異なった人間に出会っては、しょっちゅう腹を立てるはめになる。</u>

　しかし、ほかの動物たちも、やはり自分を尺度として生きているに違いない。道端の塀の上で昼寝をしている猫に定義させれば、「人間とは、我々猫の顔を見れば、チョッチョッと下品に舌を鳴らし、ついで下手な声色で、ニャーンと鳴いてみせる動物である」ということになるだろう。

　犬からすれば、人間は「飼い主とほかの連中」に截然と区別されることになる。つまり、このうえもなく慕わしいか、咬みついてやらねばならぬほど憎らしいかのどちらかなのである。動物園のゴリラからすれば、人間は「檻の向こうに群がる、騒々しく落ち着きのない、悪いところばかり自分たちに似た、類猿人」ということになるであろう。

　更にゴキブリは人間をこう定義するかもしれない。「我々が、夜の決まった時間に戸棚の後ろから這い出て、暗闇の中で安心して餌をあさっている時などに、無作法にもいきなり電灯をつけ、カナキリ声を上げると、履物を手に振りかざして、ずしんずしんと地響きを立てて肉薄してくる、そのわりに動作ののろい、ぶざまな、巨大な生物」。
（注3）

（奥本大三郎「考えるゴキブリ」による）

（注1）截然：区別がはっきりとしたさま

（注2）地響き：重いものが落ちたり、通過したりする際の振動で、地面が響いて音のすること

（注3）肉薄：身をもって迫ること

53 動物たちが考える人間ではないものはどれか。

1　下品に舌を鳴らしたり、猫の鳴き声をまねる動物である。

2　動作ののろいぶしつけな大きな生物にすぎない。

3　万物の尺度である。

4　うるさくてせわしいものである。

54 人間が自分とは異なった人間に出会っては、しょっちゅう腹を立てるはめになる理由は何か。

1　自分がすべてのものの基準になると信じ込んでいるから

2　咬みつきたいくらい憎らしいから

3　人を脅かすように地響きをたてて迫ってくるから

4　群がって騒々しく落ち着きがないうえに、悪いところばかりあるから

55 筆者がもっとも言いたいものはどれか。

1　人間も動物たちも各自の考えがあるから尊重すべきだ。

2　動物も、人間もその権利について見直すべきだ。

3　人間はいつも自分勝手なので、動物たちも人間に怒っており、反省しなければならない。

4　立場を変えて、人間以外の他者の目で見て、人間そのものを見直さなければならない。

(3)

　アメリカで「ビヨンド・ビーフ」と呼ばれる運動が、市民団体を中心に行われている。これは、「肉を食べる量を減らそう。特に、牛肉については半分に減らそう」という運動だ。実は、肉食用の動物を育てるには、多くの穀物や草が必要で、牧場などの専門の空間も必要とする。鶏よりも豚が、豚よりも牛のほうが、より大量に飼料と広い空間を必要とする。牛肉1キログラムを取るために使われる穀物飼料は、トウモロコシの換算で約11キログラムといわれている。

　「牛を食べることを減らせば、途上国の飢餓と地球温暖化の対策につながる」という主張も事実無根ではないわけだ。牛肉はおもに裕福な先進国で消費されることが多い。先進国で食べる牛肉の量を半分に減らした結果、牛が減り、牛が減った分の牧草地を森に変えることで、二酸化炭素の排出量を削減することが可能になる。

　また、大気中に放出されるメタンのうち、全体の16パーセントは牛を中心とする反芻動物のゲップが原因となっているといわれる。反芻動物の胃の中には牧草繊維を発酵させることで栄養分に変える微生物がいて、そうした微生物は植物の繊維を分解する過程で水素を出す。反芻動物は別の共生細菌によってこの水素をメタンに変え、ゲップのかたちで外に排出しているのだ。つまり、牛の飼育頭数を減らすことは、二酸化炭素よりも大きな温室効果をもつメタンも同時に削減することができる、きわめて有効な手段ということができる。

56 「ビヨンド・ビーフ」運動の目的は何か。

1　牛の胃の中にある微生物を活用しようとすること

2　牛の共生細菌を活用し、水素をメタンに変えようとすること

3　牛の飼育頭数を減らすことによって温室ガスを減らそうとすること

4　牛の飼育に必要とする穀物保有量を増やそうとすること

57 牛を食べることを減らすことによって得られる効果ではないものはどれか。

1　途上国の飢餓を減らすことができる。

2　森が豊かになる。

3　牛のケップが減り、大気汚染が減る。

4　牧草繊維を発酵させ栄養分に変えることができる。

58 筆者がもっとも言いたいものはどれか。

1　生活の改善で環境問題を解決していこう。

2　牛は二酸化酸素やメタンを排出するので、牛を減らさなければならない。

3　牛は共生細菌を排出している有害な動物だ。

4　温室効果をもつ二酸化炭素やメタンは同時に削減する必要がある。

　多くの人が「オフィス」という言葉を聞いたら、グレーの色調の暗くて乾いたような執務室か、または、明るくて観葉植物が所々に置かれている気持ちのよい快適なスペースなどを思い浮かべるだろう。

　そもそもオフィスの役割というのは、人が集う場所で、オフィス内には、役員、社員、パート、アルバイトを始め、取引先、お客様、株主、銀行員、友人など多くの人が集い、コミュニティーを形成していく。そのため、オフィスは会社の想いを表す恰好の場になる。同時に考える時間よりも、実際に実行・作業する時間の方が多い。そのためこの作業を効率よく、生産性高くすることは企業にとって重要な課題である事は間違いないことである。

　それだけではない。オフィス内では、様々なアイデア、毎日の業務の改善方法等を考えることが重要な役割のひとつといえる。同時に会議をする場所であり、ビジネスを行う上で、社内外では打ち合わせ等の会議が必須である。

　しかし、こういった今までのオフィスは、無線技術の登場によって、多くの企業がオフィス環境の未来に注目するようになった。未来のオフィスには紙がなく、移動可能で、最小限の空間しか必要としないものになる。デジタル化保存がさらに普及すれば、仕事の見かけも乱雑とはほど遠いものになるだろう。フラットスクリーンのモニターは省スペースに大いに貢献してきたが、ますます利用されるようになるだろう。

　最先端のデスクは小さくなって、必須のツールを組み込んだ、操作パネル付きの統合型ワークステーションを備えることになるだろう。主要ワークステーションは1台の中枢コンピューターで構成され、また社員は誰もが操作パネル付きのそれぞれのワークステーションから、着脱可能な無線機器を利用できるようになる。

　こうしたあらゆるツールがすぐ手の届くところにあれば、社員はさらに効率よく相互に共同作業ができるようになる。社員の交流、対話、創造性が高まれば、未来のオフィスは生産的な共同作業の場になる。そして汎用性、柔軟性、携帯性はその核心となる。

　我々は常に、次世代技術の可能性とともに、オフィスをさらに効率化したいという社員の要望を意識しなければならない。この点を考慮するならば、我々は、健全で活力のある経済に貢献し、企業の最も貴重な商品である労働者にとってストレスのかからない労働環境を作り上げることができるだろう。

59 ①オフィスの役割ではないのはどれか。

1 汎用性、柔軟性、携帯性を核心にした共同作業の場所

2 多くのアイデア、毎日の業務の改善方法等を考える場所

3 役員から友人などのさまざまな人が集う場所

4 いろいろな会議が行われる場所

60 ②無線技術の登場によって変わっていくと予想されるのは何か。

1 仕事のやり方

2 社員の労働時間

3 会議やオフィスに集まる人々

4 オフィスの作業環境

61 ③オフィスをさらに効率化したいという社員の要望に応じて企業は何をすべきだと筆者は述べているか。

1 省スペースの実現をする。

2 最先端のデスクやコンピューターを備える。

3 社員がストレスがかからない環境を作る。

4 社員の交流、対話の場を増える。

62 筆者がもっとも言いたいことは何か。

1 オフィスは未来に向けて変化しているため、積極的に対処すべきだ。

2 未来型のオフィスが注目されているが、これは社員がストレスのかからない環境になるだろうと予想される。

3 次世代技術を導入したオフィスは仕事の能率を上げるため、一日も早く導入すべきだ。

4 着脱可能な無線機器を利用するため、オフィスへ出なくても仕事がうまくいくようになったことは喜ばしい。

問題 11 次のAとBはそれぞれ別の新聞のコラムである。AとBの両方を読んで、後の問いに対する答えとして最もよいものを、1・2・3・4から一つ選びなさい。

A

ある都心の大学病院では、救急搬送の相当数が過剰飲酒による泥酔者だという。重篤なアルコール中毒などへの処置は必須だが、自力回復を待てるケースも多いそうだ。この他、軽微な疾患で安易に救急車を呼び、中には病院までのタクシー代わりに利用する常習者もいるという。

ところ変わって米国。十数年前の話だが、友人が出張先のホテルに滞在中、それまでの過労がたまって部屋で倒れ、救急車を呼んだ。到着した救急隊員から、搬送は自己負担でしかも相当な高額であると告げられた。それまでにやや回復していたので、多少迷ったが病院行きは断念したという。

結果的に無事に帰国したが、彼我の違いを思い知った由。

金銭的負担能力によって救急医療へのアクセスが左右されることには違和感を抱くが、無料サービスのモラルなき過剰利用は是正したい。それは何よりも、救急搬送の遅れや病院の受け入れ能力低下が起きて、一刻を争う重患者への対応が困難となるからである。救急車利用の有料化には賛否両論があり、わが国ではまだ実現していない。119番受信時の緊急度の選別や悪質な反復利用への不出動などが対策として謳われているが、実践上の課題も多いようだ。利用者の側の意識向上も大切だろう。

（日本経済新聞）

この夜、午前零時までの救急車の出動件数は四十五件。うち軽症は十七件で、不搬送は年配女性のほかに一件あった。夜に「遊具で遊んでいた娘が出血した」として、親が通報。現場に向かう途中に再度、「もう大丈夫です」との連絡が入ったのがそれだ。

軽症と不搬送が目立つ点を別室で待機中の救急係に指摘すると、「血を見て気が動転することもあり、一概に軽症の通報が悪いとは言えない」。つまり、本人や家族には「重症」であり、「安心を支えるサービス」の意味でも出動しなければいけない。

「コンタクトレンズが外れない」。そんな女性の通報を受け、高松市消防局の救急係は女性宅に急行、病院に搬送した。しかし、タクシーでも行ける状況だったと指摘すると、「対応が悪い」と抗議されたという。ほかにも擦り傷や虫さされ、歯痛、さらに検査のための通院など「タクシー代わり」に利用する通報が目立っており、救急車の出動件数はうなぎ上り。なかには▽夜間に病院への問い合わせが面倒▽待たずに受診できるとの思い込み—など、極端なモラルハザード（倫理観の欠如）もあるようだ。

このままではアメリカやヨーロッパのように、救急車の出動に数万円を支払う状況も現実味を帯びてくる。果たして、現行制度を守れるかどうか。それは、「タクシーや自家用車で病院に行ける場合は救急車を呼ばない」という、当たり前のモラルにかかっている。誰かの生死がかかっているかもしれないと想像すれば、そう難しくはないはずだ。今それができなければ、失うものは余りにも大きすぎる。

（四国新聞）

027

63 AとBのどちらの記事にも触れられている内容はどれか。

1 救急車の無料サービスの必要性

2 救急車利用者の不満や願い

3 現在の救急制度の問題点

4 救急車利用者の意識向上の必要性

64 救急車運用について、Aの筆者とBの筆者はどのような立場をとっているか。

1 AもBも救急車搬送をする際には高額の利用料金を払うようにしなければならないと思っている。

2 AもBも救急車の運用は基本的に無料で行われるのが好ましく、利用者のモラルが求められると思っている。

3 Aは救急車搬送の無料利用は病院の受け入れ能力低下をもたらすためやめるべきだと主張し、Bは、軽症の患者で救急車を呼んだとしても家族の立場からみると当たり前のことなので、理解すべきだと主張している。

4 Aは一刻を争う重患者への対応が困難となるため、軽症の患者が容易く救急車を呼べないような装置が必要だと述べている。Bはタクシー代わりに救急車を利用する人に対してのある程度の配慮が必要だと述べている。

65 無料サービスの過剰利用に対してあげられている最も大きい問題点はどれか。

1 現場に向かう途中に再度、「もう大丈夫です」との連絡が入ったらむなしくなること

2 救急車の出動には数万円にも及ぶ高い経費がかかること

3 救急車での搬送は自己負担になると結局病院へ行かなくなり、大変なことになること

4 生死にかかわる緊急を要する重患者への対応が難しくなること

問題 12 次の文章を読んで、後の問いに対する答えとして最もよいものを、1・2・3・4から一つ選びなさい。

　想像力。別段ことごとしい話ではない。たとえば、公共の場所で、後に続く人間のために、自分で開けた扉を支えている。された方は、会釈を返して自分も手を伸ばして扉を支える、といった日常些細（注1）な、場合によっては「思いやり」とか「気配り」というような語で表現されるべき話でよい。もっとも、わずかそれだけのことでも、今の日本の都会生活のなかで、どれだけ行われているか。自動扉などという代物が、そうした些細な想像力を学び培う機会を殺している。

　他人のために扉を支える、ということは、自分を中心にして求心的につくられている自己の場において、その求心力の呪縛（注2）をほんのわずか解き放ってみることである。求心的に見ていたのは見えないものを、見てとることである。後に続く人間が手を伸ばして支え返すのも同じことだ。ある大学の出入り口のスウィング・ドアでしばしば体験することだが、はね返りを防ぐために扉を支えていると、後から来た学生たちは、会釈もせずにすり抜けて通ってしまう。このとき彼らにとって、扉を支えている私は、自動扉開閉装置に過ぎない。いや、<u>その意識さえないに違いない</u>。
①

　要するに想像力とは、人間誰しもが自己求心的に見ている世界、感じている世界を何らかの形で開放し拡大してくれる力だ。

　例を歴史にとろう。歴史には「<u>逆遠近法</u>」とでも呼ぶべき現象がある。現在を基準に、時間②的に遠い過去ほど、われわれの眼にはっきりした像が映る、という効果である。現代は過去に比べて多様かつ混沌であり、像は曖昧なのだ。

　もちろん、「逆遠近法」は正負（注3）両面の価値をもつ。過去の像が鮮明になりやすいということは、とりも直さず、過去は容易に（むしろ安易に）単純化できるのに対して、現在に近づくほど多様さが直接見えるために、単純には括れないと感じられるようになることでもある。しかしまた同時に、現代の多様性なるものは、自己求心的に眺めているときに現れる見かけ上のものであって、時間を置いたからこそ過去の中には、そうした見かけ上の多様性の奥に潜む（当時は見え難かった）特定の趨向（注4）が見えてくる、ということでもある。

　その意味で、歴史における「逆遠近法」は、人間の想像力の一つのモデルになるだろう。

鳥瞰図という語がある。二次元的平面を眺めるに三次元に飛び出して見ることだろう。鳥瞰図は、一般には、だから、空間的な趣をもった概念である。しかし、この比喩は時間についても当てはまる。「逆遠近法」は時間的な鳥瞰図法といえそうだ。

とすると、想像力とは、わが身につきまとう自らの視座を、わが身から引き剝がし、わが身を含む全体的文脈の中に、わが身を眺め直す力である、とも言える。そのとき、どこに視座を据えるかによって、全体的文脈の範囲も定まる。われわれにとって、あらゆる場面で、そのことが問われている。
③

（村上陽一郎「想像力」による）

（注1）些細：わずかな。取るに足りないこと

（注2）呪縛：人の心の自由を失わせること

（注3）正負：正と負。プラスとマイナス

（注4）趨向：物事のなりゆきが、その方へ向かうこと

66　①その意識とは、何を意味するか。

　　1　筆者を自動扉開閉装置と思うこと

　　2　筆者がドアを支えてくれたことにありがたいと思うこと

　　3　自動扉が想像力を育ててくれると思うこと

　　4　会釈もせずにすり抜けて通ってしまうこと

67　筆者がいう想像力はどういうものか。

　　1　自己中心的なこと

　　2　思いやりや気配り

　　3　他の人に機会を与えること

　　4　他人を意識すること

68 ②「逆遠近法」はなぜ起きると筆者は考えているか。

1 客観的な見方をとるによって、奥に潜められている秘密などが見えてくるから

2 距離を置くことで、客観的に見られるから

3 すべての物事には秘密が潜められているから

4 時間を置くことで、遠い過去ほど、多様性の奥にある、一定の傾向が見えるから

69 ③そのことが問われているとは、何を意味するか。

1 想像力があるかないかが問われている。

2 自分中心の考え方を他人への思いやりへ切り替えられるかどうかが問われている。

3 物事を時間的な鳥瞰図法を使って見られるかどうかが問われている。

4 過去の像がはっきりと見られるかどうかが問われている。

問題 13 右のページは、〇〇銀行で変更手続きの際の案内である。下の問いに対する答えとして最もよいものを、1・2・3・4から一つ選びなさい。

[70] 28才の女性、斉藤直美さんは中野さんと結婚した。そして、わり「中野直美」と名前が変わり、住所も変わった。今まで利用していた〇〇銀行へ行って変更届け書を提出しなければならないが、必要とするものが全部揃っているものはどれか。

1 お届け印、本人確認書類

2 通帳、証書、保管証、キャッシュカード、お届け印、新たな印鑑、本人確認書類, 戸籍抄本

3 通帳、証書、保管証、お届け印、本人確認書類

4 通帳、証書、保管証、キャッシュカード、新たな印鑑、本人確認書類

[71] 斉藤直美さんの場合、〇〇銀行で提出すべき書類は次のうちどれか。

1 住所移転届書、氏名変更届書

2 住所移転届書、氏名変更届書、再発行請求書

3 住所移転届書、氏名変更届書、 改印届書

4 住所移転届書、氏名変更届書、 再発行請求書 、改印届書

○○銀行の各種変更手続き

どんなとき？	提出に必要な書類等(※1)
住所変更 (お引っ越しなどの場合)	住所移転届書*
	通帳、証書、保管証(新住所以外のもの)
	お届け印
	本人確認書類
氏名変更(ご結婚などの場合)	氏名変更届書*
	通帳、証書、保管書、キャッシュカード(旧氏名のもの)
	氏名変更後にご利用になる印鑑
	本人確認書類
お届け印の変更 (紛失、結婚等による氏名の変更などの場合)	改印届書*
	通帳、証書、保管証(変更が必要なもの)
	新たにご利用になる印鑑
	本人確認書類
カード(※2)	再発行請求書*
	お届け印
	本人確認書類

※1　(1)氏名変更と住所変更の提出を同時に行う場合、(2)姓と名の両方の変更の提出を行う場合、その変更内容を確認できる書類(戸籍抄本、転出証明書など)も必要です。

※2　カードの再発行には1件つき1,000円の手数料がかかります。紛失された場合、盗難にあった場合は、至急、カード紛失センターまたは最寄の郵便局の貯金窓口または○○銀行にお届けください。

　*　各種届書、請求書は郵便局および○○銀行にてご用意しております。見当たらない場合は窓口にてお尋ねください。

N1

聴解

（60分）

注　意
Notes

1. 試験が始まるまで、この問題用紙を開けないでください。
   Do not open this question booklet until the test begins.

2. この問題用紙を持って帰ることはできません。
   Do not take this question booklet with you after the test.

3. 受験番号と名前を下の欄に、受験票と同じように書いてください。
   Write your examinee registration number and name clearly in each box below as written on your test voucher.

4. この問題用紙は、全部で13ページあります。
   This question booklet has 13 pages.

5. この問題用紙にメモをとってもかまいません。
   You may make notes in this question booklet.

受験番号　Examinee Registration Number	

名　前　Name	

問題 1

問題 1 では、まず質問を聞いてください。それから話を聞いて、問題用紙の 1 から 4 の中から、最もよいものを一つ選んでください。

例

1 研究の背景をまとめる

2 研究目的を明確にする

3 研究結果を視覚的に示す

4 文法の間違いを直す

1番

1 中村さんに聞いてみる

2 女の人のクライアントに電話をかける

3 新しく請求書を作成する

4 請求書を探す

2番

1 電車駅のホーム

2 電車駅の改札口の前

3 電車駅のキオスク

4 デパートの少女の像の前

3番

1 外貨預金

2 当座預金

3 普通預金

4 定期預金

4番

1 図書館へ行って受験用の本を借りる

2 願書を取り寄せる

3 過去の試験問題を探す

4 指導教授と相談する

5 番

1　ブラックの紐つき靴

2　グレーの紐なし靴

3　ブラウンの紐つき靴

4　ブラウンの紐なし靴

6 番

1　次の駅に行く

2　駅長さんに会う

3　知り合いに連絡する

4　乗車券を買う

問題 2

問題2では、まず質問を聞いてください。そのあと、問題用紙のせんたくしを読んでください。読む時間があります。それから話を聞いて、問題用紙の1から4の中から、最もよいものを一つ選んでください。

例

1　気に入ったものがなかったから

2　ワイシャツをたくさん買ったから

3　買いたいものが売り切れてしまったから

4　安いものがなくなったから

1番

1　ガソリンをきらしてしまったから

2　一方通行だから

3　道路が工事中で通行止めだから

4　ガソリンスタンドが閉まっているから

2番

1　急に用事ができてしまったから

2　彼氏と約束があるから

3　熱を出してしまったから

4　家に事情があるから

3番

1 モンスターペアレンツが生徒の前で先生を無視すること

2 学校でいじめが起こること

3 子供の将来のこと

4 保護者や地域住民がいじめを早期発見すること

4番

1 男性の育児参加の増加

2 男性の育児休暇率の上昇

3 少子化問題の解決

4 助成金の支給の活性化

5 番

1 モデルの演技がいいところ

2 背景がすばらしいところ

3 音楽が魅力的なところ

4 テレビコマーシャルの効果

6 番

1 女の人からチケットを買いたい

2 木村さんのためにチケットを買いたい

3 木村さんの持っているチケットを買いたい

4 自分のチケットを女の人に売りたい

7番

1 試験や面接の準備をしっかりしておく

2 内定が決まった友達に聞いてみる

3 先輩に頼んでみる

4 就職したい企業を限定的に決めておく

問題 3

問題3では、問題用紙に何も印刷されていません。この問題は、全体としてどんな内容かを聞く問題です。話の前に質問はありません。まず話を聞いてください。それから、質問とせんたくしを聞いて、1から4の中から、最もよいものを一つ選んでください。

― メモ ―

問題 4

問題4では、問題用紙に何も印刷されていません。まず文を聞いてください。それから、それに対する返事を聞いて、1から3の中から、最もよいものを一つ選んでください。

― メモ ―

問題5

問題5では、長めの話を聞きます。この問題には練習はありません。

メモをとってもかまいません。

1番、2番

問題用紙に何も印刷されていません。まず話を聞いてください。それから、質問と
せんたくしを聞いて、1から4の中から、最もよいものを一つ選んでください。

― メモ ―

3番

<ruby>番<rt>ばん</rt></ruby>

まず<ruby>話<rt>はなし</rt></ruby>を<ruby>聞<rt>き</rt></ruby>いてください。それから、<ruby>二<rt>ふた</rt></ruby>つの<ruby>質問<rt>しつもん</rt></ruby>を<ruby>聞<rt>き</rt></ruby>いて、それぞれ<ruby>問題用紙<rt>もんだいようし</rt></ruby>の１から４の<ruby>中<rt>なか</rt></ruby>から、<ruby>最<rt>もっと</rt></ruby>もよいものを<ruby>一<rt>ひと</rt></ruby>つ<ruby>選<rt>えら</rt></ruby>んでください。

質問 1

<ruby>質問<rt>しつもん</rt></ruby>

1 <ruby>女性<rt>じょせい</rt></ruby>が<ruby>男性<rt>だんせい</rt></ruby>より<ruby>運動神経<rt>うんどうしんけい</rt></ruby>が<ruby>劣<rt>おと</rt></ruby>ること

2 <ruby>女性<rt>じょせい</rt></ruby>が<ruby>男性<rt>だんせい</rt></ruby>より<ruby>空間認識能力<rt>くうかんにんしきのうりょく</rt></ruby>が<ruby>劣<rt>おと</rt></ruby>ること

3 <ruby>男性<rt>だんせい</rt></ruby>が<ruby>女性<rt>じょせい</rt></ruby>より<ruby>言語能力<rt>げんごのうりょく</rt></ruby>が<ruby>劣<rt>おと</rt></ruby>ること

4 <ruby>女性<rt>じょせい</rt></ruby>が<ruby>男性<rt>だんせい</rt></ruby>より<ruby>認知能力<rt>にんちのうりょく</rt></ruby>がすぐれていること

質問 2

<ruby>質問<rt>しつもん</rt></ruby>

1 <ruby>左脳<rt>さのう</rt></ruby>と<ruby>右脳<rt>うのう</rt></ruby>の<ruby>大<rt>おお</rt></ruby>きさや<ruby>重<rt>おも</rt></ruby>さなどが<ruby>違<rt>ちが</rt></ruby>うから

2 <ruby>体<rt>からだ</rt></ruby>の<ruby>造<rt>つく</rt></ruby>りがまったく<ruby>違<rt>ちが</rt></ruby>うから

3 <ruby>脳<rt>のう</rt></ruby>が<ruby>物理的<rt>ぶつりてき</rt></ruby>、<ruby>機能的<rt>きのうてき</rt></ruby>に<ruby>違<rt>ちが</rt></ruby>うから

4 <ruby>右脳<rt>うのう</rt></ruby>と<ruby>左脳<rt>さのう</rt></ruby>をつなぐ<ruby>脳梁<rt>のうりょう</rt></ruby>が<ruby>女性<rt>じょせい</rt></ruby>にはないから

실전 모의고사 2회

N1

言語知識（文字・語彙・文法）•読解
（110分）

注 意
Notes

1. 試験が始まるまで、この問題用紙を開けないでください。
   Do not open this question booklet until the test begins.

2. この問題用紙を持って帰ることはできません。
   Do not take this question booklet with you after the test.

3. 受験番号と名前を下の欄に、受験票と同じように書いてください。
   Write your examinee registration number and name clearly in each box below as written on your test voucher.

4. この問題用紙は、全部で28ページあります。
   This question booklet has 28 pages.

5. 問題には解答番号の 1 、 2 、 3 ・・・ が付いています。
   解答は、解答用紙にある同じ番号のところにマークしてください。
   One of the row numbers 1 , 2 , 3 … is given for each question. Mark your answer in the same row of the answer sheet.

受験番号　Examinee Registration Number	

名　前　Name	

問題 1 _____の言葉の読み方として最もよいものを、1・2・3・4から一つ選びなさい。

1 あの人は人柄の良さや優しい性格が顔に溢れ出ていて本当に素敵な人です。

   1 じんがら   2 ひとがら   3 じんへい   4 ひとえ

2 このホテルは、ビジネスホテルとしては高評価に値する。

   1 あい   2 ね   3 あたい   4 あだい

3 芝生の庭を自分で作ってみよう。

   1 しばふ   2 しばい   3 しばしょう   4 しせい

4 日本原子力発電の存続が危ぶまれている。

   1 あぶまれて   2 あやぶまれて   3 あやうぶまれて   4 あやういぶまれて

5 名残惜しいが、これでお別れにしよう。

   1 めいざん   2 なざん   3 なのこり   4 なごり

6 しばらくは正体を隠さなければならない。

   1 しょうたい   2 せいたい   3 しょうてい   4 せいてい

問題 **2** （　　　　）に入れるのに最もよいものを、1・2・3・4から一つ選びなさい。

7　本メールと（　　　　）でお送りいただいた場合は、失礼をお許しください。

1　代わり　　　　　2　違い　　　　　3　行き違い　　　　4　行きどまり

8　田中さんは会社に勤めて、（　　　　）に大学院に通っている。

1　ほそか　　　　　2　かたわら　　　　3　こつこつ　　　　4　じょじょ

9　何かありましたら（　　　　）なく相談してください。

1　きがね　　　　　2　ことわり　　　　3　しつもん　　　　4　えんりょう

10　短い時間で（　　　　）よく仕事を進めて成果を出すことが大事です。

1　順番　　　　　　2　能力　　　　　　3　手間　　　　　　4　手際

11　迅速な取引を（　　　　）ておりますので、よろしくお願いします。

1　心づけ　　　　　2　心がけ　　　　　3　心当て　　　　　4　心得

12　定型作業は瞬時に（　　　　）残業なしです。

1　やりだして　　　2　気遣って　　　　3　仕上げて　　　　4　終われて

13　住まいや自動車などを中心に自然災害に（　　　　）損害保険について紹介する。

1　備える　　　　　2　防ぐ　　　　　　3　対する　　　　　4　処する

問題 3 ＿＿＿＿の言葉に意味が最も近いものを、1・2・3・4から一つ選びなさい。

14 見かけによらず、かなり機能的なショルダーバッグです。

    1　面目　　　　　　　2　見せ掛け　　　　　3　外見　　　　　　　4　顔

15 高橋先生はひたすら研究に勤しんでいる。

    1　一夜で　　　　　　2　たまに　　　　　　3　ときに　　　　　　4　一途に

16 揚げ足を取る人の心理がわからない。

    1　言い訳をする　　　　　　　　　　　2　言いがかりをつける

    3　言い返しをする　　　　　　　　　　4　言い切りをする

17 彼女は初対面の人とあたりさわりのない話が得意です。

    1　妨げない　　　　　　2　具合の悪い　　　　3　都合の悪い　　　4　さりげない

18 30年ぶりの同窓会に懐かしい顔ぶれがそろった。

    1　人間　　　　　　　2　物事　　　　　　　3　連中　　　　　　　4　知らせ

19 僕らの方がランキングは上だが、気を引き締めて戦いたい。

    1　油断しないで　　　2　健やかに　　　　　3　速やかに　　　　　4　頑なに

問題 4 次の言葉の使い方として最もよいものを、1・2・3・4から一つ選びなさい。

20 もっぱら

1 コンピューターの使い方はもっぱら易しくなっている。

2 過去の思い出をもっぱら忘れてしまった。

3 何を言っているのかもっぱら分からない。

4 締め切りが迫ってきたから、もっぱら論文執筆に打ち込んでいる。

21 次第

1 検査の結果が分かり次第、ご連絡します。

2 次第が見えなくて不安です。

3 この計算は次第に間違っている。

4 ここに着いた次第に田中さんに連絡してみた。

22 ぼつぼつ

1 ぼつぼつカレーのおいしいにおいがする。

2 約束の時間になったら、ぼつぼつと人が集まってきた。

3 あの事件に彼はぼつぼつショックを受けた。

4 ぼつぼつ頼まれてびっくりした。

23 いかにも

1 生活にいかにも余裕があるかもしれない。

2 もう締め切りなので、いかにも仕事モードに入らなければならない。

3 体調が悪いからといって、いかにも薬を飲むのは良くない。

4 あのカバンはニセモノだが、いかにも本物らしく見える。

24 一見

1 一見おだやかな人に見えるのに、実はキレやすい人ですね。

2 彼は忙しいから直接会うことはできないが、一見することはできる。

3 久しぶりに一見して嬉しかった。

4 一見だったが、彼女は先生のようだ。

25 むしょうに

1 日曜日だから今日はむしょうに掃除するつもりである。

2 私は時々むしょうに悲しくなることがあります。

3 友達にはせっかくの心遣いもむしょうだった。

4 火はむしょうに３階に燃え広がった。

問題**5**　次の文の（　　　　）に入れるのに最もよいものを、1・2・3・4から一つ選びな
さい。

26　「祝日法」の改正（　　　　）は「国民の休日」自体が廃止される可能性もある。

　　1　の是非によって　　2　有無において　　　3　措置について　　　4　いかんによって

27　彼女が船室に入る（　　　　）明かりが消えた。

　　1　ばかりに　　　　　2　ついでに　　　　　3　やいなや　　　　4　か早いか

28　新型携帯は5月8日の韓国を（　　　　）に50か国以上で11月中に発売します。

　　1　限り　　　　　　　2　皮切り　　　　　　3　禁じず　　　　　4　ゆえ

29　彼が行こうが（　　　　）、とにかく私は行くよ。

　　1　行くまいが　　　　2　行かないが　　　　3　行くまいと　　　4　行かないと

30　いつかは条件が変わる可能性もなきに（　　　　）だろう。

　　1　ない　　　　　　　2　なる　　　　　　　3　しない　　　　　4　しもあらず

31　（テレビで野球中継を見ながら）

　　A　「今日の試合、どうなると思う?」

　　B　「あれだけの選手が出るんだから、試合は勝ったも（　　　　）だよ。」

　　1　同然　　　　　　　2　同じ　　　　　　　3　変わらない　　　4　一緒

32　今日は久しぶりのお天気だった。仕事でたまった、洗濯、掃除、皿洗いをサクッと午前
中で片付けた。昼からはダイエット（　　　　）のウォーキングに出かけた。

　　1　なり　　　　　　　2　だけ　　　　　　　3　がてら　　　　　4　かたわら

33　（会社で同僚と話しながら）

　　A　「昨日の夜、何した?」

　　B　「昨日は仕事で疲れてさ。食事も（　　　　）に早くから寝ちゃったよ。」

　　1　顧みず　　　　　　2　そこそこ　　　　　3　やさき　　　　　4　未だ

34 (受験で体調を崩している子に)

A 「勉強よりも健康第一だよ。」

B 「それは分かっているけど……でも、後一週間だし……。」

A 「大学に受かっても、病気になってしまったら（　　　）だよ。」

1　それだけ　　　　2　そればかり　　　3　それのみ　　　　4　それまで

35 (友達の誕生祝いで)

A 「今日来てくれてありがとう。」

B 「ううん。こっちこそ楽しかったよ。」

A 「このまま帰るっていうのもさびしいね。」

B 「そうだね。お腹もいっぱいになった（　　　）だし、カラオケでも行こうか。」

1　こと　　　　　　2　そう　　　　　　3　の　　　　　　　4　もの

問題6 次の文の＿★＿に入る最もよいものを、1・2・3・4から一つ選びなさい。

（問題例）

あそこで ＿＿＿ ＿＿＿ ＿★＿ ＿＿＿ は山田さんです。

1　テレビ　　　　2　見ている　　　3　を　　　　4　人

（解答のしかた）

1. 正しい文はこうです。

あそこで ＿＿＿＿＿ ＿＿＿＿＿ ＿★＿＿＿ ＿＿＿＿＿ は山田さんです。
　　　　1　テレビ　　3　を　　2　見ている　　4　人

2. ＿★＿ に入る番号を解答用紙にマークします。

（解答用紙）　（例）　①　●　③　④

36　皆様の協力 ＿＿＿ ＿＿＿ ＿★＿ ＿＿＿ 無事完工できたことを感謝しております。

1　ば　　　　2　が　　　　3　あれ　　　　4　こそ

37　ダメだと注意 ＿＿＿ ＿＿＿ ＿★＿ ＿＿＿ 、また同じ失敗を繰り返した。

1　に　　　　2　さき　　　3　した　　　　4　や

38　闇の中に ＿＿＿ ＿＿＿ ＿★＿ ＿＿＿ 、それまで知らなかったさまざまな「明るさ」のありがたさがわかるのです。

1　置かれた　　2　に　　　　3　が　　　　4　ゆえ

39　今回の事業の失敗 ＿＿＿ ＿＿＿ ＿★＿ ＿＿＿ 、わが社は次の事業計画を立てなければならない。

1　を　　　　2　事実　　　3　という　　　4　踏まえて

40　最近、親の ＿＿＿ ＿＿＿ ＿★＿ ＿＿＿ テレビやマンガにゲームばかりしている子が増えている。

1　に　　　　2　を　　　　3　よそ　　　　4　心配

問題7 次の文章を読んで、文章全体の趣旨を踏まえて、 41 から 45 の中に入る最もよいものを、1・2・3・4から一つ選びなさい。

　説明文を読む上で重要なのは、筆者が何を前提とし、何を事実とみなしているかということである。筆者は 41 意味付けを行い、それを前提に話を始めているかもしれない。なので、その前提をきちんと掘り起こしておく必要があるのである。

　随筆も、説明文と近く「筆者の見た世界をそのままに書き記している」文章である。ただし、説明文の場合には「筆者の解釈に基づいて、世界を説明し尽くす体系」を作ろうとしており、そのため前提部分の意味付けを除けばあとは論理によって物事は進み、すべての事柄に対して何らかの説明を与えようとする。これに対して随筆は、 42 筆者が目にしたものに対して思い思いの意味付けを行い、それで終わりである。なので、 43 、説明文は世界全体に対する一般性のある説明を行おうとするのに対し、随筆は個別の事象に対する説明を行おうとすると言えるであろう。

　ただし、 44-a 事象が個別的 44-b 、その個別の事象をつなぎ合わせる因果関係等は一般常識にかなうもののはずである。「彼は約束の時間に来なかった」と「私は腹が立った」の間には、「（一般的に）人は約束が破られると腹が立つ」という因果関係がある。今の例はこんなことを考えなくても明らかなものであるが、随筆でどうも話の流れが追い切れなくなったと思ったら、個別の話の背後にある、いわゆる、一般常識にかなう論理関係を探ってみる 45 。

41
1　よくない
2　突拍子もない
3　筋の合う
4　分からない

42
1　実に
2　おまけに
3　まさに
4　しかも

43
1　やや抽象的に言えば
2　やや具体的に言えば
3　客観的に言えば
4　主観的に言えば

44
1　a　どうやら　/　b　らしく
2　a　あたかも　/　b　のように
3　a　いまさら　/　b　であると
4　a　いくら　/　　b　であるといっても

45
1　かもしれない
2　ようである
3　といいでしょう
4　に違いない

問題8 次の(1)から(3)の文章を読んで、後の問いに対する答えとして最もよいものを、1・2・3・4から一つ選びなさい。

(1)

　天気は早くも西から下り坂です。西日本は雲に覆われる所が多く、　九州北部など早い所では夕方から雨が降り出すでしょう。中国や四国でも、夜遅くには所々で雨が降り出す見込みです。北陸や東海から関東は、晴れ間が出ますが、引き続き真冬のような寒さです。暖かくしてお過ごし下さい。新潟から北海道の方は引き続き雲が多いでしょう。ただ、次第に雪はやむ見込みです。今日の日中も真冬並みの寒さとなる所が多いでしょう。

46 この天気予報から考えられるのはどれか。

1　今日はとても寒いので風邪を引かないよう、暖かくして出かけましょう。

2　東京は夜遅くにはところどころで雨が降り出すでしょう。

3　東北地方は次第に雲が多くなるでしょう。

4　夕方は全国的に雨か雪となるでしょう。

(2)

　路上喫煙は町を汚す原因となるだけでなく、特に小さな子どもたちや車椅子を使用する方の目線に近く、また目の不自由な方にとっても極めて危険です。さらに、タバコを吸わない人々に対する受動喫煙の被害も及ぼしています。危険で迷惑な路上喫煙をなくすため新宿区は平成17年8月から「路上喫煙禁止」をスタートし、「路上喫煙禁止キャンペーン」を実施しています。路上喫煙をなくし「安心、安全で、きれいな町、新宿」を造りましょう。

47　本文で筆者が最も言いたいことはどれか。

　　1　路上喫煙は小さな子供たちに危険なのでやめましょう。

　　2　路上喫煙をなくし、安全で住みやすい新宿を造りましょう。

　　3　路上喫煙をなくし、受動禁煙の被害を防ぎましょう。

　　4　路上喫煙は町を汚す原因となるでしょう。

(3)

　当社では個人情報入力時において、個人情報保護のためのセキュリティとして、SSLを使用^{（注）}

しております。SSLはWebサイト上での通信の安全対策として用いられている一般的な技術で

あり、Webブラウザと本サイト間のデータ通信が高度なセキュリティで保護されるため、住

所や電話番号などの個人情報を安全に送信することができます。お客様の端末の環境によっ

ては、SSLの利用が出来ないこともございますが、このような場合に備えて、本サイトの一部

において非SSL対応ページを用意しております。この場合はお客様ご自身がそのリスクをご判

断いただいた上でご利用ください。

（注）SSL(Secure Sockets Layer)：暗号化通信技術

48　本文の内容に合っているものはどれか。

　1　本サイトではSSLを使用しているため、個人情報が漏れる恐れがある。

　2　SSLはWebサイト上で個人情報を保護するための唯一の技術である。

　3　端末の環境によってSSLの利用ができない場合は、個人情報を入力することができ
　　ない。

　4　本サイトではお客さんの個人情報を保護するためにSSLに対応している。

問題 9 次の(1)から(3)の文章を読んで、後の問いに対する答えとして最もよいものを、1・2・3・4から一つ選びなさい。

(1)

　お中元とは、7月の初めから15日くらいまでの時期に、お世話になった人に贈り物をする習慣のことである。もともとは中国の行事で、1月15日を「上元」、7月15日を「中元」、10月15日を「下元」として行っていた祭のうち、中元だけが日本のお盆と結びついて残ったものである。現在のような習慣として定着したのは江戸時代といわれ、日ごろの感謝を込めて贈る「夏のご挨拶」となった。

　東日本では7月の初めから15日まで、西日本では1ヵ月遅れの8月初めから15日までとされているが、全国的には7月15日が標準とされ、8月15日の中元を「月遅れ」と呼ぶ。最近は地方に関わらず、7月の中ごろまでに贈るのが一般的になりつつある。一般的に3,000円〜5,000円台程度が相場で、どのくらいの金額のものを贈るかはお世話になっている度合いで決める。大事なのは感謝の気持ちなので、あまり高額なものを贈って相手が負担に感じることのないように気をつける。

　お中元を受け取った場合には、できるだけお礼状をしたためるようにする。こちらからもお中元を贈っていた場合でも、それとは別にお礼状を出しておくと、印象がとてもよくなる。お礼状は、お中元が届いてから3日以内に届くようにするのが理想である。特別に気の利いた文面でなくても構わない。あくまでもお礼状なので、感謝の気持ちが伝われば十分である。

49 特別に気の利いた文面でなくても構わないと考えたのはなぜか。

1 お中元のお礼状としては合わないから

2 大切なのは感謝の気持ちを伝えることだから

3 洗練された文章はかえって負担になるから

4 素朴な文章のほうがいいから

50 お中元について筆者が最も言いたいことは何か。

1 お中元は時期に遅れないように送りましょう。

2 お中元は高いものを送って相手が負担に感じることを避けましょう。

3 お中元を受け取った場合は必ずお礼状を書きましょう。

4 お中元もそのお礼状も感謝の気持ちを込めて送りましょう。

51 本文の内容と合っていないのはどれか。

1 現在、お中元は「夏のご挨拶」となった。

2 お中元を受け取った場合は、お礼状を書いたほうがいい。

3 お中元は江戸時代に中国から入ってきた習慣である。

4 お中元の値段はお世話になっている度合いで決める。

(2)

　学歴社会というのは、学歴によって、職業選択、給与体系、出世速度などが左右される社会のことである。バブル崩壊以降，実力主義や能力主義の社会を迎え、いわゆる有名一流大学ブランドという学歴社会はなくなったように思われるが、<u>私は、必ずしも学歴社会はなくなった、あるいは学歴社会はなくなるとは思っていない</u>。むしろこれまでよりも拍車がかかるとさえ思っている。それは、〇〇大学といった大学の名前による「ブランド学歴社会」ではなく、高卒なのか、大卒なのか、それとも大学院卒なのかという「高学歴社会」を迎えるということである。

　もう一つ付け加えておくと、これからは学歴社会というよりも「<u>学力社会を迎える</u>」ということである。待遇面で高卒と大卒を比べると高卒より大卒のほうが良い。学歴社会では，本人の能力いかんに関わらず、高卒か大卒かだけで待遇面に差が生じてくることが問題であった。しかし、ちゃんと試験に受かって学歴を得た人間は、実力がないのではなく、学力を実力に転化できないだけだろう。学力が担保されなくても学歴だけある人間は、昔のように終身雇用の時代が終われば、歳をとるほど無用の長物になるはずだ。

52　①私は、必ずしも学歴社会はなくなった、あるいは学歴社会はなくなるとは思っていないと言っている理由は何か。

　　1　有名一流大学を出た人の出世速度が速いから

　　2　高学歴社会を迎えているから

　　3　バブル崩壊後，能力主義の社会を迎えたから

　　4　ブランド学歴社会を迎えているから

53　②学力社会とはどういうことか。

　　1　試験に受かった人が認められる社会

　　2　本人の能力に関わりなく高卒か大卒かだけで待遇面に差が生じる社会

　　3　高学歴の人が認められる社会

　　4　学力を実力に転化できる人が認められる社会

54 筆者の考えに最も近いものはどれか。

1 これからも学歴離れにはなりにくい。

2 学歴だけがだんだん重要視されていくはずである。

3 学歴より本人の能力のほうが重要視されている。

4 終身雇用の時代はまだ終わっていない。

(3)

　最近オフィスから離れて働くテレワーク(Telework)を導入する企業が増えている。テレワークの利点としては、時間や場所の制約を受けずに柔軟に働くことができること、また、在宅勤務者が増えることによって交通機関の利用者が減少し、渋滞や大気汚染などの都市問題の解決の手段として有効であることなどが言われている。しかし、「どこでも仕事ができる」は、「どこでも仕事をしなければならない」に容易に置き換えられる。また、テレワーカーに裏量権があるといってもそれは限定的なもので、テレワーカーにはノルマ(仕事量)を決める
①
権限は無く、ノルマは勤め先など外部が決定している。労働時間が見えないため外部が決定する仕事量と労働時間とのバランスをとることが難しく、「このくらいできるよね」と外部がノルマを課せばテレワーカーはそれをこなさなければならない。そして裏量労働制という名前の元に、テレワーカーは「自分が仕事をコントロールしており、ノルマをこなせないのは自分のせいだ」として、ノルマをこなすためについつい労働時間を延ばしていく。しかもこの延びた時間をテレワーカーは「労働時間として認識しない」傾向にあるという。この労働時間の長期化は、特に仕事の単価が安い請負が多い在宅ワーク型において時給の低額化を招きやすい。
②

55　①裁量権があるといってもそれは限定的なものとはどういうことか。

　　1　労働の時間や場所は自由に決める権限がある。

　　2　労働の時間や場所は自由に決める権限はないが、ノルマを決める権限はある。

　　3　労働の時間や場所は自由に決める権限はあるが、ノルマを決める権限はない。

　　4　労働の時間や場所だけでなくノルマをも決める権限がない。

56　②時給の低額化を招きやすいとあるが、なぜそうなのか。

　　1　仕事の単価は安いのにノルマが多くなると、どうしても労働時間が長くなりやすいから

　　2　どこでも仕事ができるということで、今度はどこでも仕事をしなければならないから

　　3　自分が仕事をコントロールしており、ノルマをこなせないのは自分のせいだから

　　4　外部が仕事量と労働時間とのバランスをとっているから

57 本文の内容と合っているものはどれか。

1 テレワークは、企業にとってコスト削減、顧客満足度の上昇などの利点がある。

2 テレワークは、週の何日かは事業所に出勤せずに家で作業を行う。

3 テレワークには企業や官公庁に雇用され、在宅勤務などを行う雇用型もある。

4 テレワークの長所は、職場など一定の場所に縛られずにどこでも仕事ができることである。

問題 10 次の文章を読んで、後の問いに対する答えとして、最もよいものを1・2・3・4から一つ選びなさい。

　依頼の手紙、依頼状とは、頼みごとを書いて相手に送る手紙のことをさす。資料請求や証明書発行といった身近なもののほか、就任の依頼、講演の依頼、執筆の依頼などがある。

　依頼の手紙は、謙虚な姿勢で、頼みたい内容を明確に伝えることが大切である。たとえ親しい間柄でも、曖昧で遠まわしな表現にならないよう注意し、丁寧に、礼儀正しく書くことが礼儀である。

　依頼する理由の他、相手にとって必要な情報を具体的に、かつ簡潔に述べ、「どういった理由で、何を頼まれたか」が一読してすぐ理解できる文面になるように心がける。

　また、依頼を断り難くするような半強制的な依頼の仕方は避けましょう。承諾を得ないうちから契約書や必要書類を同封したり、「他の人に依頼した時は引き受けてくれた」といった一文を書いたり、以前に自分が世話をしたことを持ち出したりするようなことはやめましょう。

　断られた場合においても、「あの時○○してあげたのに」といった相手を攻める行為は厳禁である。断られた場合でも、心に負担を与えたことのお詫びや、検討してくれたことへのお礼、これまで同様のお付き合いを願う言葉をしたためたお礼状を忘れずに送るようにしましょう。

　依頼内容によっては、返事をもらいたい期限がある場合や、準備に時間を要する場合もあるため、早めに手紙を送るなどの相手を気遣う心遣いを大切にする。

　一方、相手の依頼を受け入れられない場合に書くのが断りの手紙である。断りの手紙は、相手の気持ちや都合を配慮して、早めに出すことが礼儀である。断り難い内容だからといっていつまでも保留していると、相手は期待するばかりか断られた後の行動に移すこともできないため、迷惑をかけることになる。

　窮地にいる相手の心情を思いやりながら、やわらかな表現ではっきりと断ることが大切である。言い訳の多い文面や、曖昧で遠まわしな表現にならないように注意し、自分の力量不足を詫びる言葉を伝えるとともに、今後も良きお付き合いができるような一文を書き添えましょう。

断りの理由は、時には嘘も必要ですが、見え透いた嘘で相手を傷つけることのないよう、相手が納得できる理由を具体的に述べるようにする。

　また、説教やアドバイスなど、相手の心情をかき立てるお節介な言葉も控え、頼ってくれた相手に感謝するくらいの気持ちで謙虚な表現を心がけましょう。

[58]　筆者の述べている依頼文や断りの手紙を書くときの心得として合っているものはどれか。

　　1　依頼する理由と必要な情報を具体的かつ詳細に述べる。

　　2　頼ってくれた相手にアドバイスの言葉も言う。

　　3　依頼を断られても礼状を忘れずに出す。

　　4　断る場合は相手の心情に思いやり、婉曲な表現を用いる。

[59]　早めに出す理由としてふさわしくないのはどれか。

　　1　返事を保留していると相手に迷惑がかかるから

　　2　相手が期待するから

　　3　依頼状の返事をもらった後の行動を取りやすいから

　　4　依頼を引き受けることができないから

[60]　依頼状と断りの手紙についての説明で本文に合っていないのはどれか。

　　1　これまで同様の付き合いを願う文面を書き添える。

　　2　相手の気持ちや都合を配慮する。

　　3　断りの手紙は曖昧で遠まわしに書く。

　　4　断りづらくても早めに出す。

[61]　本文の内容と一致するものはどれか。

　　1　依頼する理由は失礼にならないよう、遠まわしな表現で書く。

　　2　依頼状やその断りの手紙は謙虚な姿勢や表現を用いる。

　　3　頼みたい内容を明確に書き、必要書類も同封する。

　　4　依頼を引き受けやすくするため、以前に世話をしたことなどを書き添える。

問題 11 次のAとBはそれぞれ別の新聞のコラムである。AとBの両方を読んで、後の問いに対する答えとして最もよいものを、1・2・3・4から一つ選びなさい。

A

　　地球温暖化の危機が叫ばれ、化石燃料を燃やす事でその原因の二酸化炭素を増やすという事が知られて以来、原子力は二酸化炭素を排出しないクリーンな発電方法として注目されてきた。しかし、発電時には二酸化炭素を排出しなくても、燃料の採掘過程や発電所の製作過程で、膨大な二酸化炭素が放出される事は既に周知の事実である。その上、核分裂生成物というどうしようもなく危険な核のゴミまで生み出すのであるから、とてもではないが「クリーン」などとは言えず、受け入れられる発電方法ではない。

　　政府と電力会社が提唱していた原発のメリット「コストが安いだけでなく、環境汚染が少ないし、日本の技術力が高いから、原発は安全・安心・経済的」が、今回の東日本大震災で、正しくなかったと証明されてしまった。そもそも地震大国である日本に原発はあまりにも危険な施設である。今回のような惨事を繰り返さないためにも、早急に原発以外の電力供給の方法に転換し、電力不足を補うべきである。

B

　　放射能の危険、廃棄物の問題等はあるが、発電量の多さ、環境への負担を考えれば、原子力発電に反対するわけにはいかない。多くの電気エネルギーを利用することが当たり前になってしまった現在、原発抜きでは電力の供給が追いつかない。火力は二酸化炭素を大量に出すし、水力、地熱は新設・増設が難しい。また、風力や太陽光といったクリーンエネルギーはパワー、安定性、コストなどの問題で使いにくいものばかりである。それらの問題を解決した画期的なクリーンエネルギーが開発されない限り原発頼みの状況は続くでしょう。原子力発電はちゃんと管理して扱えば、非常に効率的で安全なエネルギーなのである。

62 A、Bで見られる共通認識として内容に合っているのはどれか。

1 現状では電力供給が需要に追いつかない。

2 化石燃料を燃やす火力発電は危険が少ない。

3 原子力は発電時、膨大な量の二酸化炭素を排出する。

4 原子力発電は環境汚染が少ない。

63 原子力発電に対する筆者の立場を上手く説明したのはどれか。

1 A－原発はあまりにも危うい施設で、時間を置かず他の方法に転換すべきである。

2 B－風力や太陽光とともにクリーンで安全なエネルギーである。

3 A－クリーンな発電方法として広く知られている。

4 B－画期的な火力が開発されるまで原発頼みの状況も続く。

64 周知の事実と関係ないのはどれか。

1 原子力は燃料の採掘過程で二酸化炭素を大量に放出する。

2 原子力は発電時に二酸化炭素を排出しない。

3 発電所の製作過程で二酸化炭素を大量に出す。

4 風力や太陽光は使いにくい。

問題 12 次の文章を読んで、後の問いに対する答えとして最もよいものを、1・2・3・4から一つ選びなさい。

　<u>夜遅く食べると太る理由</u>として、「摂取したカロリーが消費できない」ということが一般的に知られている。遅い時間に食べて、すぐに寝てしまうと、エネルギーが消費されずに余ってしまうので、太るとされているのである。しかし、夜遅く食べて太る理由はこれだけではないのである。ここで、夜遅くに食べると太る主な理由を紹介する。

　自律神経には、交感神経と副交感神経があるが、交感神経は体を活動しやすいように働き、副交感神経は体をリラックスさせて休めるように働く。夜遅い時間や睡眠時は、体を休めるための副交感神経が優位となっている。自律神経は、交感神経が優位となって活動しやすい状態になっている時には、代謝を促進するように働くが、副交感神経が優位となりリラックスした状態では、代謝を抑制するように働いている。そのため、夜遅い時間は代謝を抑制しているので、体脂肪として溜め込みやすいのである。

　また、エネルギー消費は、基礎代謝や活動によるものだけではなく、食事によっても行われている。食事をすると体が温まるが、これは食事をすることによってエネルギーが消費されているためである。この食事をすることによって消費されるエネルギーを、食事誘導性熱産生（DIT）と言う。辛いものを食べなくても、体が熱くなって汗をかくことがあるが、これも食事誘導性熱産生によるものである。この食事誘導性熱産生は、朝が最も多く、夜になると少なくなってくる。食事誘導性熱産生は、一般的に消費カロリーの10％を占めるとされ、決して少なくはない。食事時間が遅くなればなるほど、食事によって消費されるカロリーが減少するのであるから、太りやすいと言えるでしょう。

　次に、BMAL1（ビーマルワン）という脂肪を蓄積する働きをもつたんぱく質の存在が明らかになっている。BMAL1は、体内時計をコントロールする働きがあり、脂肪を蓄積する酵素を増加させることがわかっている。また、BMAL1の量は時間によって変動し、午後3時が最も少なく、夜10時から早朝2時までが最も多くなるとされている。つまり、午後10時から午前2時が最も脂肪を蓄積しやすく、午後3時は最も脂肪になりにくい時間帯であるということである。同じカロリーを摂取するにしても、夕食を10時前に食べるのと、10時以降に食べるのとでは、脂肪の蓄積の仕方が異なるのである。

「寝る前に食べると太る」と言うが、食べる時間が遅くなったから、寝る時間も遅くすれば良いというわけではないようである。寝る時間を遅くしたからといって、その分エネルギーが消費できるというわけでもないし、夜はエネルギーが消費しにくくなっていて、体内の自律神経やたんぱく質などが、エネルギー代謝を抑制し、脂肪を蓄積するように働いている。したがって、遅い食事で摂取したエネルギーを消費するために、夜ふかしするのではなく、食事の時間を早めると良いでしょう。

65 本文で挙げられている夜遅く食べると太る理由として当てはまらないのはどれか。

1 摂取カロリーが消費できない。

2 自律神経の作用と深い関係がある。

3 BMAL1の量が増加して脂肪を蓄積しやすくなる。

4 夜遅い時間は代謝を抑制しないので、体脂肪としてためやすい。

66 「太らないための努力」として本文の主張と異なるのはどれか。

1 夕食時間が遅い日はその分だけ休む時間をずらすべきである。

2 同じカロリーの食事なら夜10時以前までに済ませるほうが望ましい。

3 朝食の時間帯はDITが高いので食事によるエネルギー消費も活発になる。

4 食事の時間は副交感神経が優位となっている時間帯を避けるようにするとよい。

67 本文の内容に最も充実した事例者は次の4人中誰か。

1 大学生のイチローさんは毎日の夕食時間を9時までに済ませると決めている。

2 残業で帰宅が遅いお父さんは11時に食事してそのまま寝てしまうこともよくある。

3 6人家族の洋子さん宅の夕食は、いつも家族が揃う夜10時頃になってしまう。

4 部活帰りのミキさんは駅中の閉店間際にカレーうどんをよく食べる。

68 本文と一致する主張は次のうちどれか。

1 DITが高い時間帯に食事すると太りやすい。

2 交感神経が優位になっている時間帯にエネルギーが消費されやすい。

3 体内時計をコントロールし、代謝促進の酵素を増加させる酵素が存在する。

4 食事によるエネルギー消費が基礎代謝、身体活動消費量より多い。

問題 **13** 右のページは、都営住宅の入居者募集の案内である。多くの希望者が今回の都営住宅入居者募集に応募しようと思っている。下の問いに対する答えとして最もよいものを、1・2・3・4から一つ選びなさい。

69 次は今回の募集に申し込みを検討している4世帯を示したものである。このうち応募資格を満たす世帯はどのお宅であるか。

	世帯主	希望	現在の居住地・年数	特異事項
1	山田さん	車椅子世帯	都内居住5年	現在大阪居住の母(車椅子生活者)
2	中村さん	多子世帯	都内勤務15年	夫婦と子供3人、共稼ぎで裕福
3	高橋さん	ひとり親世帯	都内居住3年	母子3人、子供の一人が障害者
4	斉藤さん	高齢者世帯	都内居住合計17年	夫婦、都内にマンション1戸所有

70 入居者募集広告につき、次の4つの説明で正しいのはどれか。

1 区役所でもらえる申込書を作成し、郵便で出す。

2 申込日現在、申込者及びその同居家族全員が都内に居住していること

3 車椅子世帯の場合、その対象者が車椅子なしで移動が可能であること

4 2月10日に申込書を受け取るには第三庁舎を訪問するとよい。

都営住宅(家族向)の入居者を募集します

募集戸数

合計　1,190戸募集

　　　ひとり親世帯(母子・父子世帯)

　　　高齢者世帯

　　　心身障害者世帯

　　　多子世帯

　　　特に所得の低い一般世帯

　　　車椅子使用者世帯

申し込み資格

下記の条件の全てを満たす方(車椅子使用者世帯は、下記の「車椅子使用者世帯」の条件を全て満たす方)

　ア）申込者本人が都内に引き続き3年以上居住していること

　イ）同居親族がいること

　ウ）申し込む世帯が次のいずれかにあてはまること

　　　ひとり親世帯

　　　高齢者世帯

　　　心身障害者世帯

　　　多子世帯

　　　特に所得の低い一般世帯

　エ）世帯の所得が所得基準内であること

　オ）住宅に困っていること

　カ）申込者(同居親族を含む)が暴力団員でないこと

車椅子使用者世帯

　ア）東京都内に居住していること

　イ）同居親族がいること

　ウ）同居親族の中に車椅子使用者がいること

エ）車椅子使用者は東京都内に居住する満6歳以上の方であること

オ）車椅子使用者は住居内の移動に車椅子の使用を必要としていること

カ）世帯の所得が所得基準内であること

キ）住宅に困っていること

ク）申込者(同居親族を含む)が暴力団員でないこと

募集期間及び申込書の配布期間

平成25年2月4日(月)～2月14日(木)

配布場所

【平日】　午前8時30分～午後5時00分

　　　　住宅課（区役所第三庁舎1階）

【平日・土日・祝日】午前9時00分～午後8時00分

　　　　　　　　文化生活情報センター総合案内窓口

申し込み方法

所定の申込書で郵送にてお申し込みください。

締め切り

平成25年2月18日(月曜日)に東京都住宅供給公社に必着のこと

N1

聴解

（60分）

受験番号　Examinee Registration Number	

名　前　Name	

問題 1

問題 1 では、まず質問を聞いてください。それから話を聞いて、問題用紙の 1 から 4 の中から、最もよいものを一つ選んでください。

例

1　男の人と映画を見に行く
2　病院に電話をかけて面会時間を確認する
3　友達のお見舞いに行く
4　男の人と一緒に帰る

1番

1　熱さまし、鼻水の薬

2　咳止め、鼻水の薬

3　熱さまし、咳止め

4　熱さまし、咳止め、鼻水の薬

2番

1　電話かファックスで予約をする

2　年会費を払って入会する

3　参加費用を振り込む

4　出店許可書を記入して発送する

3番

1 火曜日

2 月曜日と金曜日

3 木曜日

4 水曜日

4番

1 11日の夜

2 12日の朝

3 14日の午後

4 5日

5 番

1 ストライプのズボン
2 横線の入ったズボン
3 青系のジーンズ
4 黒系のジーンズ

2回

6 番

1 北口のカウンター
2 南口のカウンター
3 自動販売機
4 店員

問題 2

問題2では、まず質問を聞いてください。そのあと、問題用紙のせんたくしを読んでください。読む時間があります。それから話を聞いて、問題用紙の1から4の中から、最もよいものを一つ選んでください。

例

1 一日の生活リズムの調整のため

2 ダイエットのため

3 美しく走るため

4 女性ランナーが増えたから

1番

1　結果の図表は省いたほうがいい

2　行間をもう少し広めにしたほうがいい

3　計画の効果を強調しないほうがいい

4　全体的に修正したほうがいい

2回

2番

1　都合が悪いから

2　退屈だから

3　興味がないから

4　紀子ちゃんと会うのが気まずいから

3 番

1 観光のため

2 「冬のソナタ」のロケ地を巡るため

3 おいしい食べ物を楽しむため

4 少女時代のコンサートを見るため

4 番

1 単身赴任は嫌だから

2 転勤したくないから

3 北海道が好きじゃないから

4 夢が叶えられなかったから

5番
ばん

1　リビング

2　窓際
　　まどぎわ

3　風呂場
　　ふ　ろ　ば

4　台所
　　だいどころ

6番
ばん

1　遊びほうけていたから
　　あそ

2　答案用紙に名前を書き忘れてしまったから
　　とうあんようし　　なまえ　か　わす

3　登校拒否したから
　　とうこうきょ ひ

4　訳が分からない
　　わけ　わ

7番

1　「私も剣道やる！」と言ったこと
2　剣道のカッコ良さに惹かれたこと
3　子供が剣道を始めたこと
4　剣道に2回も出会えたこと

問題 3

問題 3 では、問題用紙に何も印刷されていません。この問題は、全体としてどんな内容かを聞く問題です。話の前に質問はありません。まず話を聞いてください。それから、質問とせんたくしを聞いて、1 から 4 の中から、最もよいものを一つ選んでください。

― メモ ―

問題 4

問題 4 では、問題用紙に何も印刷されていません。まず文を聞いてください。それから、それに対する返事を聞いて、1 から 3 の中から、最もよいものを一つ選んでください。

― メモ ―

問題 5

問題 5 では、長めの話を聞きます。この問題には練習はありません。
メモをとってもかまいません。

1番、2番

問題用紙に何も印刷されていません。まず話を聞いてください。それから、質問と
せんたくしを聞いて、1から4の中から、最もよいものを一つ選んでください。

— メモ —

3番

<ruby>番<rt>ばん</rt></ruby>

まず<ruby>話<rt>はなし</rt></ruby>を<ruby>聞<rt>き</rt></ruby>いてください。それから、<ruby>二<rt>ふた</rt></ruby>つの<ruby>質問<rt>しつもん</rt></ruby>を<ruby>聞<rt>き</rt></ruby>いて、それぞれ<ruby>問題用紙<rt>もんだいようし</rt></ruby>の１から４の<ruby>中<rt>なか</rt></ruby>から、<ruby>最<rt>もっと</rt></ruby>もよいものを<ruby>一<rt>ひと</rt></ruby>つ<ruby>選<rt>えら</rt></ruby>んでください。

質問 1

1　認可保育園に預けるのは問題だ

2　母親の仕事も大事だ

3　区で保育施設を増やすべきだ

4　認可外保育園に預けるのは再考の余地がある

質問 2

1　母親も子供も大変だけど、問題の解決策は見当たらない

2　区で保育施設を整備するのが急務だ

3　日本の保育料は高すぎる

4　認可外保育園を増やすべきだ

N1

言語知識(文字・語彙・文法)・読解

(110分)

注　意
Notes

1. 試験が始まるまで、この問題用紙を開けないでください。
   Do not open this question booklet until the test begins.

2. この問題用紙を持って帰ることはできません。
   Do not take this question booklet with you after the test.

3. 受験番号と名前を下の欄に、受験票と同じように書いてください。
   Write your examinee registration number and name clearly in each box below as written on your test voucher.

4. この問題用紙は、全部で31ページあります。
   This question booklet has 31 pages.

5. 問題には解答番号の 1 、 2 、 3 ・・・ が付いています。
   解答は、解答用紙にある同じ番号のところにマークしてください。
   One of the row numbers 1 , 2 , 3 … is given for each question. Mark your answer in the same row of the answer sheet.

受験番号　Examinee Registration Number	

名　前　Name	

問題 1 _____の言葉の読み方として最もよいものを、1・2・3・4から一つ選びなさい。

1 激変する経済環境に柔軟に対応するために何をすべきか。

1 じゅうなんに　　2 しゅうなんに　　3 じゅうけつに　　4 しゅうけつに

2 人付き合いは煩わしいと思う人が増えてきている。

1 いまわしい　　2 けがらわしい　　3 わずらわしい　　4 こぜわしい

3 今回の結果は、まさに自業自得なので仕方がありません。

1 じぎょうじえ　　2 じぎょうじとく　　3 じごうじえ　　4 じごうじとく

4 薬を効果的に使うことによって、ほとんどの痛みは安全に緩和できる。

1 えんわ　　　　2 かんわ　　　　3 えんか　　　　4 かんか

5 お金では決して償えない罪を犯しました。

1 つぎなえない　　2 つぐなえない　　3 まかなえない　　4 かなえない

6 自ら率先して自然環境の保全に努めなければならない。

1 しょっせん　　2 しょつせん　　3 そっせん　　4 そつせん

問題 **2** （　　　　）に入れるのに最もよいものを、1・2・3・4から一つ選びなさい。

7 欠席の場合は（　　　　）知らせてください。

　1　あらかじめ　　　　2　タイミングよく　3　あらためて　　　　4　なんとかして

8 （　　　　）話をまとめて、家へ帰りたいと思った。

　1　にわかに　　　　　2　気障りなく　　　3　手際よく　　　　　4　てっきり

9 なぜ人間は（　　　　）がそんなに気になるか理解に苦しむ。

　1　仕組み　　　　　　2　仕上げ　　　　　3　歴史　　　　　　　4　世間体

10 計画を（　　　　）に移すのは思ったより難しいことだ。

　1　実技　　　　　　　2　実行　　　　　　3　実現　　　　　　　4　行使

11 家族（　　　　）の時間はほんとうに久しぶりだ。

　1　そろって　　　　　2　総出で　　　　　3　一丸　　　　　　　4　見逃して

12 看護師は馴れた手つきで子供に傷の応急手当てを（　　　　）くれた。

　1　与えて　　　　　　2　設けて　　　　　3　ほどこして　　　　4　構えて

13 末期がんを治すのは（　　　　）のわざとしか言いようがない。

　1　至難　　　　　　　2　一難　　　　　　3　無限　　　　　　　4　無理

問題3 _____の言葉に意味が最も近いものを、1・2・3・4から一つ選びなさい。

14　ご自分の名札を銘々お取りください。

　　1　適当に　　　　　2　粗末に　　　　　3　それぞれ　　　　4　合わせて

15　誠実さだけが彼女の取り柄だ。

　　1　意味　　　　　　2　長所　　　　　　3　面白さ　　　　　4　半人前

16　湖に怪物が出現すると言うデマを信じた人が多い。

　　1　襲う　　　　　　2　暴れる　　　　　3　出没する　　　　4　でっちあげる

17　医者にお酒とタバコを慎むようにと言われた。

　　1　控える　　　　　2　清める　　　　　3　咎める　　　　　4　束ねる

18　その日はとても寒く、おまけに雨まで降ってきた。

　　1　くっきり　　　　2　さっそく　　　　3　さらに　　　　　4　いきなり

19　長い時間をかけて凝った焼き物が作れるようになった。

　　1　手の込んだ　　　2　気になる　　　　3　目がきく　　　　4　かたい

問題 4 次の言葉の使い方として最もよいものを、1・2・3・4から一つ選びなさい。

[20] 因縁

1 彼女は彼とそこで因縁的に出会った。

2 お祖父さんの因縁の場所に戻って定着した。

3 ちんぴらに因縁をつけられ、警察署まで行った。

4 なんとなく親しみやすい人はきっと前世の因縁があるからだろう。

[21] 質素

1 億万長者なので、質素に社会に寄付した。

2 イベントで派手な服装で質素に登場した。

3 彼は大衆の前で質素な考えを発表した。

4 非常に質素な生活を送り、贅沢を嫌ったという。

[22] しりぞく

1 石にしりぞいて転倒してしまった。

2 過去にしりぞいて考え直してみる。

3 国家代表選手が現役をしりぞくと決断した。

4 実権をしりぞく政治家が多いようだ。

[23] とまどう

1 希望に心がとまどう。

2 外国との文化の違いでとまどうことがたまにある。

3 この決心だけはとまどうことはない。

4 相手の腕から逃れようと必死にとまどった。

まばら

    1 従業員の健康問題は、決してまばらにできない課題だ。

    2 学生の本分は学業ですから、期末テストをまばらにしてはいけない。

    3 進むにつれて木がだんだんまばらになってきた。

    4 彼らはまばらの差でその選挙に負けた。

25 どうやら

    1 私は失敗を経験にいかすために、どうやら頑張っています。

    2 どうやら台風が来たら、大変なことになるだろう。

    3 情勢は政府の力ではどうやらならなくなった。

    4 どうやら話し合いはやっと詰めの段階に入ったようだ。

問題5 次の文の（　　　　）に入れるのに最もよいものを、1・2・3・4から一つ選びなさい。

26 幼い頃、雨の日には泥（　　　　）になり、母に怒られたことも多い。

    1　ずくめ　　　　　　2　まみれ　　　　　　3　だけ　　　　　　4　ばかり

27 店員に勧められる（　　　　）高価なものを買ってしまったことを後悔している。

    1　ことだし　　　　　2　かいなか　　　　　3　がままに　　　　4　こともあって

28 先進国の積極的な参加（　　　　）、環境問題の解決はできないといっても過言ではない。

    1　に限らず　　　　　2　のみならず　　　　3　にもかかわらず　4　なくしては

29 最近、障害者の雇用創出だけ（　　　　）自立のお手伝いをしようとする動きがある。

    1　のなんのと　　　　2　におよばない　　　3　にとどまらず　　4　はずみに

30 恐れ入りますが、お名前をお教え（　　　　）。

    1　いただけますでしょうか　　　　　　　　2　いただけません

    3　おられまでしょうか　　　　　　　　　　3　いただいておりません

31 A「ちゃんとできるかしら。」

    B「心配しないでよ。おっちょこちょいの鈴木さん（　　　　）。任して。」

    1　のみならず　　　　　　　　　　　　　　2　じゃあるまいし

    3　だけあって　　　　　　　　　　　　　　4　ならまだしも

32 A「この仕事、私なんかにやらせてもよろしいでしょうか。」

    B「もちろんさ。この仕事で少しでも自信を（　　　　）ね。」

    1　つけさせておいて　　　　　　　　　　　2　つけさせてもらいたい

    3　つけさせられて　　　　　　　　　　　　4　つけてもらいたい

33 お土産を買ってきました。来週、ごあいさつ（　　　）、お宅をお伺いします。

1　がてら　　　　　2　かたがた　　　　3　かたわら　　　4　ぬきで

34 A「どうかな。田中さんならきっとこの仕事、やってくれるよね。」

B「そうね。頼み（　　　）、やってくれると思うけど。」

1　いかんでは　　　2　によって　　　　3　ならでは　　　4　ともなると

35 あの人は自分の聞きたくないことは聞こうとしない（　　　）。

1　にかたくない　　2　までのことだ　　3　きらいがある　　4　にすぎない

問題 6 次の文の ___★___ に入る最もよいものを、1・2・3・4から一つ選びなさい。

（問題例）

あそこで ____ ____ ★ ____ は山田さんです。

1　テレビ　　　　　　2　見ている　　　3　を　　　　　　4　人

（解答のしかた）

1. 正しい文はこうです。

あそこで _____ _____ __★_____ _____ は山田さんです。
　　　　　　1　テレビ　　　3　を　　　2　見ている　　　4　人

2. __★__ に入る番号を解答用紙にマークします。

（解答用紙）　　（例）　　①　●　③　④

36　大義名分はつけているものの、厳密に言って環境破壊 ____ ____ ★ ____ 。

1　なくて　　　　　　2　だろう　　　　　3　なん　　　　　　4　で

37　常時、禁煙 ____ ____ ★ ____ 、決まった場所でだけ吸ってほしいものだ。

1　と　　　　　　　　2　までも　　　　　3　しろ　　　　　　4　言わないが

38　高齢化が進むにつれ、認知症老人の介護が問題になっている。しかし、これからは介護 ____ ____ ★ ____ いかに予防するかがさらに重要といえる。

1　ながら　　　　　　2　のことも　　　　3　こと　　　　　　4　さる

39　彼は自らの罪 ____ ____ ★ ____ 、虚偽の証言をしたばかりか、他人に罪をなすりつけたのだ。

1　逃れん　　　　　　2　ため　　　　　　3　が　　　　　　　4　から

40　彼は科学者 ____ ____ ★ ____ 、世界的に有名な探険家でもある。

1　で　　　　　　　　2　ならず　　　　　3　ある　　　　　　4　のみ

問題7 次の文章を読んで、文章全体の趣旨を踏まえて、41 から 45 の中に入る最もよいものを、1・2・3・4から一つ選びなさい。

　かつて、環境保全は、「保護か、開発か」という二項対立で語られてきた。この考えは、開発を優先させる側と、保護を優先させる側との間で多くの葛藤を生み出してきた。しかし、この世に存在するさまざまな生物種をなるべく絶やさずに後の世代に残すためには、単に人間の活動を排除した、手つかずの自然をどこかに残しておくだけでは 41 。

　人間も生物であり、人間は、自然を利用しなければ生きていけない。一方、ほかの生物の多くも、人間とのかかわりの中でさまざまな適応を遂げてきた。今ある生物多様性とは、このような人間と自然との関係の相対的な結果である。この生物多様性を保全するには、人間と自然とのかかわりを全体的に見直し、修復不可能になるほどの自然の一方的な収奪をせずに人間が幸せになるには、何をしたらよいのかを 42 。

　生物多様性保全の重要性は国際的に 43 、「生物多様性条約」と呼ばれる国際条約がある。日本は、条約採択翌年の一九九三年に締約国となっている。生物多様性の保全は、確かに、44 日本の国家的課題なのだ。

　開発や経済発展は、短期的な利益を生むので魅力的である。物質的に豊かになって楽な暮らしをすることも、短期的な快楽であり、魅力的である。それに対して、修復不可能にならない程度に自然の利用をとどめ、後世に生物多様性を残すことは、おそらく自分自身はその恩恵をこうむることはないであろう、長期的な利益である。このような 45-a のために、45-b を我慢するのは、普通は難しい。しかし、多くの人々が、環境問題を重要な問題と認識している現在、この長期的利益に価値を見出す人は多いのではないだろうか。

（長谷川眞理子「生物の多様性と環境」による）

（注1）葛藤：対立し、関係が難しくなること
（注2）収奪：強制的に奪うこと

41
1 十分であるからだ
2 十分なはずだ
3 十分といえる
4 十分ではない

42
1 探らなければならないのである
2 喜ぶべきだ
3 排除しなければならない
4 残すべきだ

43
1 認識させられており
2 認識しており
3 認識されており
4 認識してもらっており

44
1 いまになっては
2 いまや
3 いまでも
4 まだまだ

45
1 a 自然の活用 / b 自然の恩恵
2 a 自然の恩恵 / b 自然の活用
3 a 短期的利益 / b 長期的利益
4 a 長期的利益 / b 短期的利益

問題 8 次の(1)から(4)の文章を読んで、後の問いに対する答えとして最もよいものを、1・2・3・4から一つ選びなさい。

(1)

　目の前にいる人の名前が思い出せなくて困ったことはないか。カラオケで歌の名前が思い出せなくて悶々としたことはないか。素敵な言葉を口にしようと思ったけど思い出せずに、挫けて簡単な挨拶で終えた経験はないか。

　脳には、「思い出すプロセス」というものがあり、まず記憶は「前頭葉」に蓄えられていて、それを「前頭葉」から「この記憶を出させてほしい」と指令を受けてわれわれ人間は何かを思い出すという。あまり思い出せないと、前頭葉の「指令」は「お願い」に代わり、最後は「懇願」という形になるらしい。しかし、いくら頑張ったって思い出せないものは思い出せない。

　忘れてしまったら「頑張って思い出したほうがいい」とよく言われるが、その思い出す努力が前頭葉と側頭葉の間の回路をどんどん太くし、思い出しやすくするという理屈からだという。

(注) 懇願：切実に願うこと

46　思い出しやすくするのはどうしてか。

　　1　記憶は「前頭葉」に蓄えられるから

　　2　「思い出すプロセス」は頑張ったらすぐ発動するから

　　3　思い出す努力により前頭葉と側頭葉の間の回路が太くなるから

　　4　前頭葉の指令は「お願い」から「懇願」に代わるから

(2)

豊田茂樹　様

株式会社グローバル商事

人事部長　宮田長生

（　　　　　　　　　　　）

拝啓　時下ますますご健勝のこととお喜び申し上げます。

さて、先般実施しました採用試験の結果、第二次選考に合格されましたので、ご連絡いたします。

つきましては、下記の要領で第三次選考である面接試験を実施いたしますので、ご出席いただきますようお願いいたします。

敬具

記

1.　日時：4月5日（金曜日）　10時から10時30分

2.　会場：本社ビル9階会議室

ご不明な点などがありましたら、人事担当大田：電話（03−1234−5678）まで、お問い合わせください。

以上

47　この文章の件名として（　　　　）の中に入るのはどれか。

1　会社案内および合格通知

2　合格通知および提出書類のご連絡

3　合格通知および面接試験のご案内

4　内定通知および面接試験のご案内

(3)

　イギリスの有名な経済学者のジョン・メイナード・ケインズは、「相場とは、美人投票である」と述べた。玄人は、投資にあたり、その会社の業績や市場を取り巻く環境などを考慮して決めるのではなく、ほかの投資家たちはどのような銘柄を買うのかを予想して買うというものだ。また、ケインズは著書の中で、「玄人の行う投資は、投票者が100枚の写真の中からもっとも美貌の美しい6人を選び、それが投票者全体の平均的な好みにもっとも近かった者に賞品が与えられるものだ。この場合、各投票者は自身がもっとも美しいと思う容貌の人を選ぶのではなく、ほかの投票者の好みにもっとも合うと思われる容貌の人を選択しなければならない。しかも、投票者すべてが同じ観点から投票している」と書いている。

48　玄人の投資家が思う投資についてもっとも近いものはどれか。

1　株式の相場は「美人大会」のようなもので、もっとも業績のいい銘柄を選んで投資する。

2　「美人大会」の審査委員のように、無記名で投票して銘柄を決定する。

3　会社の業績や取り巻く環境をよく考えたうえに、ほかの投資家の好みに合う銘柄に投資する。

4　会社の業績や環境などは問わず、ほかの投資家の顔色をうかがって投資する。

(4)

　行動のコントロールは、基本的には感情を絡ませないコントロールである。感情に直接触ろうとすると逆効果になることがあるため、行動をコントロールしながら、結果的に感情にアプローチするという考え方である。

　行動コントロールの代表的なものは行動療法であるが、もともと行動療法は動物のしつけなどから出てきているものである。動物に感情があるにせよないにせよ、人間が感情によって動物を動かせるわけではない。感情的に怒鳴っても、動物が大人しくなるかどうかはよくわからない。ペットの犬やネコに対して怒鳴ったとき、犬やネコはいったんは大人しくなったように見えるかもしれないが、直後に飛びかかってきて嚙みついてくる可能性もないとは言えない。動物の行動は感情レベルでは読みとることが難しい。動物に適応行動をさせるには、感情に焦点を当てない技術を使うしかなかった。それが賞と罰をはじめとする行動療法の手法の基礎となっている。

3
回

[49]　筆者が主張する「行動コントロール」ではないものはどれか。

　　1　動物のしつけなどが代表的な例である。

　　2　動物に対しては感情的に怒鳴る技術を使う。

　　3　賞と罰を使うのも行動コントロールの一つである。

　　4　感情を絡ませない手法である。

問題 **9**　次の(1)から(3)の文章を読んで、後の問いに対する答えとして最もよいもの
　　　　を、1・2・3・4から一つ選びなさい。

(1)

　人々は顔を隠さなくなった。顔がいたるところに溢れている。盛り場やオフィスに、ブラ
ウン管の中に、雑誌の表紙に、電話ボックスのチラシやポスターに……。ところが一方で、
顔を感じる、顔に接するという経験がとても乏しくなっているような気もする。われわれは
たいていの用件を電話やファクシミリで済まし、実際に顔をつきあわせて交渉することは珍
しくなっている。デパートに行っても店員の笑顔にはよく接するが、それが本当に顔なのか
といえば、むしろ記号であるといったほうが実際に合う。＜顔＞は今、氾濫しているのか、
それとも困難になっているのか。過剰なのか、過少なのか。

　私がここで考えてみたいと思うのは、＜顔＞という現象についてである。が、どの＜顔＞
から始めるか、＜顔＞にどこから接近するかになると、これが意外に難しい。

　例えば、＜顔＞は常に誰かの顔である。そうだとすると、「誰」という問題をぬきにして、
あるいは「誰」という契機をはずして、意味があるだろうか。という疑問にまずとらわれる。
われわれは他人の顔を思い描くことなしに、その人について、思いをめぐらすことはできな
いが、そうだとすると、この問いの中にすでに、人称(誰)と顔の関係という、＜顔＞を巡る
もっとも基本的な問題の一つが現れている。

　あるいは、同じ人の＜顔＞といっても、いったい彼のどの顔に定位したらいいのか。われ
われは次にこのような<u>奇妙な問い</u>にも突き当たらざるをえない。顔というものは不安定であ
_①
る。顔は静止していない。男性の場合、朝に整えた顔も夕方になれば脂ぎっててかてか光っ
てくるし、髭も目立ってくる。女性の場合、化粧を落とせば別人のような顔が現れる。さら
に人は顔を「作る」場合もある。こうして他人の顔に関しては、われわれが普通接するのはそ
のうち一つか二つの顔にすぎない。しかもその顔は、それが誰に向けられるかによって、ま
るでチャンネルを替えるかのようにそっくり変化する。そのうちどれが本来の顔、あるいは
ありのままの顔かと問われたら、<u>おそらく誰もが返答に窮することだろう</u>。
　　　　　　　　　　　　　　　　　　　　　　　②

　　　　　　　　　　　　　　　　　　　　　　　　　　　　　　　（鷲田清一「顔」による）

（注）定位：位置・姿勢を一定にすること

50 「顔」についての筆者の感想として合っていないものはどれか。

1　デパートの店員の笑顔は記号と言っても過言ではない。

2　接する他人の顔は一律とは言いにくい。

3　誰を抜きにしては意味がないものである。

4　自然な顔を見せるのは不可能である。

51 ①奇妙な問いとあるが、なぜ奇妙なのか。

1　人の＜顔＞を考えることが奇妙だから

2　人は様々な＜顔＞の持ち主で、どの顔に定位したらいいか決めにくいから

3　そもそも人にはありのままの＜顔＞といえるものがないから

4　人の＜顔＞はいつも同じだから

52 ②おそらく誰もが返答に窮することだろうの理由は何か。

1　＜顔＞は多様で、向かう人ごとに異なる＜顔＞を見せるから

2　われわれが見ている＜顔＞はありのままの自然のものではないから

3　＜顔＞の同一化問題は難しいから

4　＜顔＞が氾濫しているから

(2)

　職場で発生する問題は、一人の力では手に負えないものが案外と多い。

「三人よれば文殊の知恵」
　　①　　　　　　（注）
　ということわざにもあるように、普通の人間、平均的な人間が三人、四人と集まることによって、文殊菩薩のような優れた知恵がわいてくるもので、問題が解決できるようになる。そしたら、なぜそんな現象が起こるのか。普通の人、平均的人間でも、人間は十人十色、百
　　　　　　②
人百様といって、一人一人、異なった存在である。この違いに注目すれば、職場で仕事をする人間は、年齢、立場、価値観、考え方などがまさに異なる人たちなのである。違いが目立ったり、ことさら違いを強調する人は、「変な人」「変わった人」と見られがちだが、程度の差はあるものの、人間は一人一人変わった存在と言ってよいだろう。だからこそ、異質な者同士が話し合い、意見交換することによって、新しい発見が生まれ、それらが結集されて、一人の人間では考え付かないような解決策が生み出されるのである。

　また、会議は次のような効用もある。

　業務の細分化、専門化が進む今の時代、自分の担当の業務以外、周りの人たちがどんな仕事をしているのか、まったくわからない人が多い。それが他部門となれば、さらにその度合いは深くなる。本人がその気になって知る努力、情報収集を行うべきだが、そのような余裕がない。自分の仕事で精一杯だからである。しかし、会議に出席することで知識を有効に吸収することができる。

　課内会議では、同僚・先輩などの仕事の現状、問題点が聞ける。不明な点は、質問して教えてもらうこともできる。他部門との会議では、お互いに業務に関する情報交換を行って、他業務に関する情報を取得する。様々な情報を収集することで、視野が広がり、自分の仕事も他との関連の中で、幅広い捉え方ができるようになる。

　人間は、自分の殻に閉じこもっていると、ものの見方・考え方が固定しがちである。同時に、自分とは異なる意見を持っている人たちのものの見方に触れることによって、刺激を受け、思わぬ新たな発想が生まれてくる。

（注）文殊：仏の知恵を象徴する菩薩

53 ①「三人よれば文殊の知恵」の意味として合っているものはどれか。

1 すぐれた一人の人間は三人の役割が代わりにできる。

2 三人の文殊の知恵によって多くの人が救われる。

3 平凡な人間でも何人か知恵をしぼったらいいアイディアが思い出せる。

4 普通の人間は三人以上でないと知恵がわいてこない。

54 ②そんな現象が起こる理由は何か。

1 周りの人間がお互いに助け合うから

2 異なった意見交換により新たな解決策が模索できるから

3 同僚・先輩などの仕事の現状、問題点が聞けるから

4 知識を有効に吸収するから

55 筆者が述べる会議の効用ではないものはどれか。

1 会議は情報獲得の場である。

2 会議は他人から刺激を受ける場である。

3 会議を通して広い視野が持てる。

4 会議は表現力を身につけるチャンスである。

(3)

　マラリア撲滅のために、世界で広く利用されるようになっているメダカの仲間のカダヤシ
（注1）
は、文字どおり蚊を絶やしてしまうほどボウフラを捕食するが、これが、他の魚の卵を食べ
（注2）
ることを無視すれば大変なことになる。特に養魚池や魚の産卵場にカダヤシを放すと、他の
魚に大きな被害を及ぼす。

　生物農薬は、化学殺虫剤とは別の意味で幾多の危険をはらんでいる。特に、従来その土地
①
に住んでいなかった動物を持ち込むことは、安易に行うべきでなない。いったん自然の中へ
放った動物は、具合が悪くなったからといって回収することなどできない。そして、その動
物が、新しい環境で、どこにどう連鎖反応を起こしていくかは、われわれには予測できない
ことだからである。その連鎖反応は、幾段階か先のところに現れると、それが果して移入し
た動物の影響によるものかどうかさえわからなくなってしまう。

　このように見てくると、農薬に手を伸ばして失敗したわれわれは、今また別種の同じ過ち
②
を犯そうとしつつあるとも言える。

　こうなった経緯のもとをただせば、動物の行動のある一面を見て、そこからすべてをとら
えたと思い込んだからである。動物の行動が持つ多面性を理解せず、海面に跳ね上がった一
瞬の魚の行動を見て、海の底までくまなく見通したと錯覚するような軽率さが、われわれを
破滅へ駆け立てるのである。

　百万種を超える動物たちの一つ一つが個々に織り出す行動の複雑さは、まさに想像を絶す
るものがあり、その複雑さを知れば知るほど、わたしたちは謙虚にならざるを得ないであろ
う。実に謙虚さこそ、われわれが動物の行動から学び得る大きな教訓であり、同時に、それ
は動物の行動から何かを学ぼうとする際の基本的な態度でなくてはなるまい。

（藤原英司「動物の行動から何を学ぶか」による）

（注1）撲滅：ほろぼし絶やすこと

（注2）カダヤシ：北アメリカ原産の淡水魚

56 ①生物農薬の特徴ではないものはどれか。

1　化学農薬のように危険である。

2　生物農薬はどのような連鎖反応が起こるか検証できていない。

3　生物農薬は人間を謙虚にさせる。

4　生物農薬の多面性を理解せねばならない。

57 ②別種の同じ過ちとは何か。

1　動物の多面性を考慮せずに生物農薬に使うこと

2　化学農薬を使い、自然環境を破壊すること

3　ある種の動物を撲滅し、絶滅すること

4　自然の中へ放った動物を回収すること

58 筆者が最も言いたいことは何か。

1　動物の行動の複雑さは想像を絶するものなので、注意深く研究しなければならない。

2　自然の中へ動物を放す際には、慎重にしなければならない。

3　カダヤシは魚の卵を食べるので、無視してはいけない。

4　自然にならい、軽率に行動せず、慎重かつ謙虚に振舞わなければならない。

問題 10 次の文章を読んで、後の問いに対する答えとして、最もよいものを1・2・3・4から一つ選びなさい。

他人から「やっぱりカエルの子はカエルだね」と言われると、納得する人と反発したくなる
①
人とに分かれることでしょう。肌の色や髪の毛の色、容姿などは、たしかに親から受け継いだ
資質が色濃く表れます。それでは、頭の良さもすべて遺伝子で決まってしまうのでしょうか。

同じ遺伝子をもつ一卵性双生児を例に挙げて説明しましょう。別々に育てられた159組の一
卵性双生児と二卵性双生児の知能指数の遺伝率を比較すると、一卵性双生児のほうが遺伝率
が高いという結果が出ています。ここから結論を導くなら、遺伝的要素が大きく知能指数に
影響するといえます。また、ほかのさまざまな研究を見ても、知能指数には遺伝の影響が大
きく、50％から70％まで遺伝が影響しているようです。

では努力や環境を整えることがまったくムダかといえば、そうではありません。また、子
供のころに知能指数が高いと、大人になって仕事での成功が約束されているかというと、そ
うとも言えません。近年の脳科学の研究によって、脳の発達は知識や経験によって変化する
②
ことが明らかになっています。

米国プリンストン大学のエリザベス・ゴールド博士は、科学誌『サイエンス』に、「認識や知
覚などの重要な働きをつかさどる大脳皮質には、大人になっても新たな脳細胞が付け加わって
いる」と発表しました。アカゲザルを使った実験でこの新事実を発見した博士らは、「人間の
脳でも同じ現象が起きていると見られます。新たに付け加わる脳細胞は、記憶や学習などの高
度な機能に関連があるらしい」と指摘しています。またロンドン大学のエレノア・マグワイアー
博士（認知神経学）が、「米国立科学アカデミー紀要」に掲載した研究結果によると、道をよく覚
えているタクシー運転手の脳のある部位が一般の人よりも肥大していることが明らかになりま
した。大脳皮質の内側にある「海馬」と呼ばれる部位で、神経細胞の数が増えているというので
す。30年のベテラン運転手では3％もその部位でがふくらむことがわかりました。

これらの研究で証明されたのは、大人になっても脳は使えば使うほど神経細胞が増えると
いうことです。脳の神経細胞は、胎児期にすでにネットワークを作っていきます。情報処理
のしくみが形づくられて以降、脳をどんどん使って鍛えることで、知識が蓄えられます。さ
らに大人になっても脳を使うことで脳は変化することなのです。

近年、話題になっている雑学番組の原点は、人間の興味、関心です。<u>雑学王やウンチクの達人</u>③と呼ばれる人は、雑学家になろうとしてなったわけではありません。「これは何だろう」（注1）と関心を持ち、「もっと知りたい」という意欲を持って、自分で調べた結果、どんどん情報が入ってきて、知識が蓄積されたのです。そしてそれを想起する能力が人一倍すぐれていたからなのです。

　数百人単位で顧客の名前と顔、社名を覚えているホテルマンや営業マンなども、またその分野の「天才」と言えるでしょう。興味のある分野で思う存分に脳を使っている人だからです。

　記憶力を鍛え、知識を役立て、ビジネスの分野で「天才的な」働きをする人に共通する特徴は、知識が点在せずに線になっていることです。そしていろんな分野に知識の応用が利くこと（注2）とです。他人はそれを「直感」というかもしれません。経験を重ねていくうちに、勝ち得た知識がつながりを持ち、相乗効果を生むのです。（注3）

　また、自分の可能性を信じていることも、仕事のできる人、頭のいい人の共通点です。自信を持って記憶力を鍛えれば、誰もが、<u>「天才的な」活動</u>④をすることは決して不可能ではないのです。

（米山公啓『記憶脳を強くする』による）

（注1）ウンチク： 知識を深く積み蓄えてあること。またはその知識
（注2）点在：そこここに点々とあること
（注3）相乗効果：複数の要因が重なって、それら個々がもたらす効果以上を生ずること

59 ①「やっぱりカエルの子はカエルだね」とあるが、どういうことか。

1 カエルの遺伝子は子ガエルに伝わらなければならない。

2 カエルの神経細胞は特殊なので、子にも受け継がれていくべきだ。

3 親から受け継いだ遺伝子はどうしようもなく似ている。

4 親から受け継いだ資質は立派なものだ。

60 筆者が言う②脳の発達に関する説明の中で合っていないものはどれか。

1 脳は大人になっても使えば新たな脳細胞が付け加わる。

2 天才になるには遺伝的な要素がそうとう影響する。

3 興味と関心をもって知識を蓄積していけば天才になれる。

4 天才は遺伝的に決まっているもので、経験や知識によって変化はまったくない。

61 ③雑学王やウンチクの達人になる理由は何か。

1 そもそも天才的なひらめきを持っているから

2 そもそも探究心が旺盛で、意欲的に知識を調べ、それが蓄えられるから

3 自分も知らずうちにどんどん情報が入ってくるから

4 そもそも雑学家になろうとして様々な知識を蓄えるから

62 筆者は④「天才的な」活動を可能にすることは何だと思うか。

1 自分を信じ、興味を持って調べ続けること

2 脳の発達のために、様々な道を覚えること

3 神経細胞を活性化させるために、営業マンやホテルマンを体験してみること

4 いろんな分野に知識を応用してみること

問題 11 次のAとBはそれぞれ別の新聞のコラムである。AとBの両方を読んで、後の問いに対する答えとして最もよいものを、1・2・3・4から一つ選びなさい。

A

今職場の中でもメンタルの不調を訴える人が増えている。こうした中、精神医学の世界で注目されているのが、精神と食事との関係を研究する精神栄養学だ。「医食同源」や「病は気から」などの"常識"に鑑みるならば、食と気(心・精神)が結び付いていても特段おかしなことではない。むしろ、これまで食の観点からメンタルヘルスが語られなかったことに首を傾げるくらいだ。

この超ストレス社会。いつ、誰が、うつ病をはじめとする精神疾患にかかってもおかしくない。加えて、向精神薬の副作用についても、いろいろと聞かされている。罹患しても薬漬けにはなりたくない。食べ物で心の病が予防・治療できるなら、ぜひ知識を仕入れておきたい。

日本の精神栄養学は遅れていて、日本での研究が始まったのは、ほんの数年前からである。一方、欧米では、10年ほど前から食生活と精神疾患の関連を示す研究が急増しており、それを臨床の場で活用することも珍しくなくなっている。

117

　食事記録から不眠を読み解くと、睡眠に問題を抱える人には、　夜の食事の時間が遅い、もしくは、夜の食事量が多いケースがほとんどである。現代人は終電ぎりぎりまで飲み食いして家に帰り、内臓が消化という名のエクササイズを全力でしているというのに、本人は疲れたと言いながら、高いびきをかいて即刻寝ていたりする。これでは、睡眠の役割である身体を休めることができない。それでは、疲れが残るのは当たり前と言っても過言ではない。

　しかも、困ったことに、こういうタイプは「胃が重いから朝ごはんは要らない。食べたくない」となり、生活リズムが狂ってしまう。朝食を食べないことが午前中の仕事効率を下げ、昼食を食べてやっとスイッチが入ったと思いきや、夜から昼まで長時間欠食していたものだから、血糖値が安定せず、食後には眠くなったり、だるくなったりする。仕事が終わり絶好調になった夜、またしても飲みに繰り出す……そして翌朝食べられない……が繰り返されてしまう。その悪循環はどこかで断ち切らなければ、体はいつか悲鳴をあげてしまう。

63 AとBのどちらのコラムにも述べていない内容はどれか。

1　肥満は心の病になりやすいので、適切な食事調節の必要である。

2　夜食で不健康な食習慣が生じてしまう。

3　今はストレス社会であるため、精神的におかしくなるのも無理ではない。

4　朝食をとらないと仕事の能率が低下してしまう。

64 食と健康の関係について、AとBはどのように述べているか。

1　AもBも食は健康に及ぼす影響は大きいが、一日三食さえきちんと食べれば健康な生活が送れるという。

2　AもBも食と健康は密接な関係があり、好循環になるよう心がけたほうがいいという。

3　Aではきちんとした食事をとらないことで精神的な病を患う人が増えていると述べ、Bでは夜食をとることで身体が休めないと述べている。

4　Aでは食と精神の関係性に関する科学的研究が欧米に比べ10年は遅いといい、Bでは睡眠に問題を抱えている人は三食すべてをとることができないと述べている。

65 食と健康についての意見として合ってないものを一つ選びなさい。

1　食が精神健康にも影響をもたらしていると思われるため、その関連性に関する研究が必要である。

2　身体や精神の健康のために正しい食習慣が何より重要である。

3　健康のために睡眠も、正しい食生活も重要である。

4　長時間欠食していたら、調子がよくなる。

問題 12 次の文章を読んで、後の問いに対する答えとして最もよいものを、1・2・3・4から一つ選びなさい。

　近年問題化しているのが、匿名性のもとに人をバッシングする風潮だ。特にネット社会は匿名性が高いため、<u>しばしばこの点が問題になる。</u>
①

　顔が見えないところで、自分は責任が問われないような形で、他人を罵倒する。誰かが言
（注1）
ったり、袋叩きするのは、まともな筋の戦い方ではない。

　こうしたやり口は、<u>批評精神</u>とは本質的に違う。批評とか批判というのは、もっと正々堂
②
々とした真っ向勝負だ。誰がどういう立場で発言しているかが明確でなければならない。そのためには自分の素性も明らかにして、同じ土俵に立つ必要がある。
（注2）

　大事なのは、批評は個人の人間性を攻撃するものでなく、互いの考え方の相違をえぐり出す交流方法だということだ。

　相手が気に入らないからえぐるのではなく、むしろ相手の人間性に対しての理解と信頼という足場があるから、率直に全身全霊でぶつかり合う。攻撃性をもってえぐり合ったとしても、相手を貶めることが目的ではない。
（注3）

　例えば、サルトルとカミュは、仲のいい時期もあったが、あることをきっかけにして激しい論争になる。その内容は『革命か反抗か─カミュ＝サルトル論争』という本にもなっているが、思想化である以上、意見が完全に一致することはあり得ない。徹底的に熱く論じ合う。

　結局、二人は完全に離反していくが、この論争は相手の人格攻撃ではないし、非常に細や
（注4）
かな論理を駆使してやり合うという意味では、論争の精神として、関係性の誠実さが維持されていた。

　思想家、文学者、あるいは美術でも音楽でもそうだが、鋭くえぐり合う関係というのは、自分の思考や芸術性を掘り下げ、より明確に言語化していく作業の一環だ。

　嫌な思いをすることがあっても、また次の日に会う。相手が嫌いだからやり合うのではなく、理解し合うためにやり合う。自分の目指すところはこうだが、お前はどうなんだ、という意識の応酬をする。対話することがエネルギー源になっていた。
（注5）

　そこで交換されるのは、それぞれが目指すべきもの、理想のあり方であり、言葉を尽くして鋭く論じ合うことで触発されて、互いにステージを上げていく。

元々、批評精神というものは、自分のワールドに埋没するのでなく、他者性を持って外の意見を取り入れることを非常に価値のあるものだと見なすところから始まっていた。たとえ完膚なきまでにやっつけられて敗北を喫したとしても、その応酬によって成長することができるという発想のもとに立っている。

　巨大な他者性と対峙_{（注6）}すればするほど、自己の成長も大きく、奮起することでさらなるアイデンティティを獲得していく。高みに達していけると考えられる。

　だからこそ<u>③刺激的である必要があったのだろう</u>。

　若いときにそういう批評精神を交わしてえぐり合った人たちは、尋常ではないぐらいのタフさというものを獲得している。

（齋藤孝『折れない心の作り方』による）

（注1）罵倒： 口汚くののしること。また、その言葉

（注2）素性： 人の生まれた家柄や血筋。生まれや育ち

（注3）貶める： 劣ったものと軽蔑する。さげすむ。見下す。

（注4）離反： 従っていた者などが、そむき離れること

（注5）応酬： 互いにやり取りすること。また、先方からしてきたことに対して、こちらからもやり返すこと

（注6）対峙： 対立する者どうしが、にらみ合ったままじっと動かずにいること

66　①<u>しばしばこの点が問題になる</u>とあるが、問題になることはどれか。

1　何をしようと問題にならないこと

2　二人の意見が合わなくて論争になること

3　だんだん刺激的な社会になっていくこと

4　匿名性で人を責める雰囲気のこと

67　筆者は②<u>批評精神</u>とは何だと思っているか。

1　徹底的に自分の立場から相手を眺めて短所だけを指摘する。

2　意見が一致するよう少しずつ調整していくよう努力する。

3　相手を見下すことなく、互いの異なる考え方を客観的に論じ合う。

4　互いの人間性について率直に話し合う。

68 ③刺激的である必要があったのだろうの理由として正しいのはどれか。

1 客観性と対立することが自己成長とつながるから

2 意識のやりとりで快感が得られるから

3 自分の世界に引き込むことでアイデンティティが獲得できるから

4 意見の対立から負けることで精神的に強くなるから

69 筆者がもっとも言いたいのはどれか。

1 相手からの嫌な思いを客観的に批評するのが大事だ。

2 若いときに激しく批評を交わした人にはタフさが得られるものだ。

3 思想家、文学者、芸術家は明確な言語性を獲得する必要がある。

4 人身攻撃ではなく素直に論争することにエネルギー源が存在する。

問題 **13** 右のページは、「国民健康保険加入届出の案内」である。下の問いに対する
答えとして最もよいものを1・2・3・4から一つ選びなさい。

[70] アメリカからの留学生であるリサさんは国民健康保険に加入しようとしている。彼女は
いつ届け出をしなければならないのか。

1 引っ越してから1週間以内

2 引っ越してから2週間以内

3 引っ越してから3週間以内

4 日本に滞在してから3ヶ月以内

[71] リサさんが国民保険加入の際に必要とするものがそろっているものはどれか。

1 外国人登録証、パスポート、在留カード

2 賃貸契約書、パスポート、健康保険資格証明書

3 運転免許証、居住場所と雇用期間を明らかにする書面

4 特別永住者証明書、在留カード

●国民健康保険加入届出の案内●

　加入すべき事由が発生した日から、必ず14日以内に届出をお願いいたします。国保加入対象者については、「国民健康保険に加入する方とは」をご参照ください。国民健康保険加入の届出は、窓口での受付となります。なお、申請ができるのは原則として世帯主、該当者ご本人、住民票上同世帯の方となります。

■ 届出に必要なもの

転入時：本人確認できるもの（免許証、パスポート、年金手帳など）

外国籍の方の転入時：「在留カード・特別永住者証明書（又は外国人登録証）」と
　　　　　　　　　　「パスポート」

外国籍の方で在留資格が「公用」の方の転入時：「居住場所と雇用期間を明らかにする書
　　　　　　　　　　　　　　　　　　　　　　面」又は「賃貸契約書」と「パスポート」

勤務先の健康保険脱退時：退職日・職場の健康保険の資格喪失日のわかるもの

生活保護廃止時：本人確認できるもののほかに保護廃止決定通知

出生時：国民健康保険証、母子健康手帳

■ 外国籍の方も加入対象

　外国籍の方で、日本での在留期限が3カ月を超える方の場合、又は在留資格が「公用」の方で、3カ月を超えて日本に滞在する方の場合は国保に加入しなければなりません。

■ 受付窓口

・国保・年金課資格賦課

・出張所

N1
聴解
（60分）

注　意
Notes

1. 試験が始まるまで、この問題用紙を開けないでください。
   Do not open this question booklet until the test begins.

2. この問題用紙を持って帰ることはできません。
   Do not take this question booklet with you after the test.

3. 受験番号と名前を下の欄に、受験票と同じように書いてください。
   Write your examinee registration number and name clearly in each box below as written on your test voucher.

4. この問題用紙は、全部で13ページあります。
   This question booklet has 13 pages.

5. この問題用紙にメモをとってもかまいません。
   You may make notes in this question booklet.

受験番号　Examinee Registration Number	

名　前　Name	

問題 1

問題1では、まず質問を聞いてください。それから話を聞いて、問題用紙の1から4の中から、最もよいものを一つ選んでください。

例

1 企画書を見せる

2 製品の説明を直す

3 データを新しくする

4 パソコンを準備する

1番
ばん

1　月曜日の自由水泳をする
げつようび　じゆうすいえい

2　木曜日の講習を受ける
もくようび　こうしゅう　う

3　月曜日の講習を受ける
げつようび　こうしゅう　う

4　木曜日の自由水泳をする
もくようび　じゆうすいえい

2番
ばん

1　カンパンの缶詰、インスタントラーメン、懐中電灯、ラジオ、ろうそく、
かんづめ　かいちゅうでんとう
ライター、通帳、印鑑
つうちょう　いんかん

2　カンパンの缶詰、インスタントラーメン、懐中電灯、ラジオ、水
かんづめ　かいちゅうでんとう　みず

3　カンパンの缶詰、インスタントラーメン、懐中電灯、ラジオ、ろうそく、
かんづめ　かいちゅうでんとう
ライター

4　カンパンの缶詰、インスタントラーメン、懐中電灯、ラジオ、ろうそく、
かんづめ　かいちゅうでんとう
ライター、水
みず

3番

1 彼女のクライアントに送ってもらいたい

2 見てから適当に直してもらいたい

3 会議が終わるまでにはどこにあるか見つかってほしい

4 書類に目を通してからコメントだけもらいたい

4番

1 国際部

2 営業部

3 開発部

4 企画部

5番

1　トンネル工事のとき

2　大雨のとき

3　洪水のとき

4　火山の噴火のとき

6番

1　部長に連絡を取る

2　部長が会社に戻ったら大阪航空に連絡させる

3　大阪航空の担当者に連絡させる

4　大阪航空に担当者の連絡先を教える

問題2

　問題2では、まず質問を聞いてください。そのあと、問題用紙のせんたくしを読んでください。読む時間があります。それから話を聞いて、問題用紙の1から4の中から、最もよいものを一つ選んでください。

例

1　昨日までに資料を渡さなかったから

2　飲み会で飲みすぎて寝てしまったから

3　飲み会に資料を持っていったから

4　資料をなくしてしまったから

1番

1　安眠できる遮光のカーテン

2　安全性にすぐれている防炎カーテン

3　春が感じられるかわいいカーテン

4　保温性のいい厚い生地のカーテン

3
回

2番
ばん

1　お医者さんに予防接種が要らないと言われたから

2　インフルエンザの予防接種より肺炎の予防接種が効き目があるから

3　毎年はやっているインフルエンザの型が違うから

4　予防接種を受けたにも関わらずインフルエンザにかかってしまったから

3番

1 今週の木曜日までに返却ポストに入れる

2 木村さんの都合のいい時間に返却する

3 水曜日に大学図書館のカウンターへ返す

4 今週の木曜日までに大学図書館のカウンターへ返す

4番

1 ビタミンと健康的な食事をとっているから

2 自転車や水泳などの運動を続けているから

3 忙しいときを除いてはきちんと食事をとっているから

4 インスタントばかり食べているから

5 番

1 フィッシング詐欺の手順

2 フィッシング詐欺への対策

3 カード盗難時の対策

4 詐欺手法と犯人に対しての非難

6 番

1 新聞から膨大な情報を入手するために

2 社会人と価値観を共有するために

3 常に新聞やニュースに興味を持つことで、企業の人と仲間になれるから

4 就活生が新聞を読むのは当たり前のことだから

7番

1　子供の安全

2　子供の教育環境

3　買い物の利便性

4　交通の利便性

問題 3
もんだい

問題 3 では、問題用紙に何も印刷されていません。この問題は、全体としてどんな内容かを聞く問題です。話の前に質問はありません。まず話を聞いてください。それから、質問とせんたくしを聞いて、1 から 4 の中から、最もよいものを一つ選んでください。

― メモ ―

問題 4

問題4では、問題用紙に何も印刷されていません。まず文を聞いてください。それから、それに対する返事を聞いて、1から3の中から、最もよいものを一つ選んでください。

— メモ —

問題 5

問題5では、長めの話を聞きます。この問題には練習はありません。
メモをとってもかまいません。

1番、2番

問題用紙に何も印刷されていません。まず話を聞いてください。それから、質問と
せんたくしを聞いて、1から4の中から、最もよいものを一つ選んでください。

― メモ ―

3番

まず話を聞いてください。それから、二つの質問を聞いて、それぞれ問題用紙の 1 から 4 の中から、最もよいものを一つ選んでください。

質問 1

1　A社

2　B社

3　C社

4　D社

質問 2

1　いつでもどこでもスーツケースの修理ができるから

2　保険料の5％も割引をしてくれるから

3　多くの都市で保険契約書さえ持っていれば治療ができるから

4　盗難にあっても無制限で補償してくれるから

실전 모의고사 4회

N1

言語知識（文字・語彙・文法）・読解

（110分）

注　意
Notes

1. 試験が始まるまで、この問題用紙を開けないでください。
   Do not open this question booklet until the test begins.

2. この問題用紙を持って帰ることはできません。
   Do not take this question booklet with you after the test.

3. 受験番号と名前を下の欄に、受験票と同じように書いてください。
   Write your examinee registration number and name clearly in each box below as written on your test voucher.

4. この問題用紙は、全部で29ページあります。
   This question booklet has 29 pages.

5. 問題には解答番号の 1 、 2 、 3 ・・・ が付いています。
   解答は、解答用紙にある同じ番号のところにマークしてください。
   One of the row numbers 1 , 2 , 3 … is given for each question. Mark your answer in the same row of the answer sheet.

受験番号　Examinee Registration Number	

名　前　Name	

問題 1 _____ の言葉の読み方として最もよいものを、1・2・3・4から一つ選びなさい。

1　「威厳」は堂々として厳かなことやいかめしいこと、落ち着きのあることをいう。

　　1　いげんかな　　　2　おごそかな　　　3　のどかな　　　4　しずかな

2　人生で通勤に費やす時間はどのぐらいでしょうか。

　　1　ついやす　　　2　ひやす　　　3　しょうひやす　　　4　いやす

3　それぞれの場所に応じた行動を日ごろから心得ておくことが大切です。

　　1　しんとく　　　2　しんどく　　　3　こころえ　　　4　ごころえ

4　人の話を遮るのはやめたほうがいいと思います。

　　1　さえぎる　　　2　しゃだんする　　　3　しゃえぎる　　　4　さだんする

5　お前の指図は受けないからね。

　　1　しじ　　　2　さしず　　　3　ゆびさし　　　4　しどう

6　縦割り行政が被災地の復興を阻んでいる。

　　1　のぞんで　　　2　はばかんで　　　3　なやんで　　　4　はばんで

問題2 （　　　）に入れるのに最もよいものを、1・2・3・4から一つ選びなさい。

7 仕事が終わる（　　　）が立たない。

　　1　目処　　　　　　　2　気味　　　　　　3　ところ　　　　　　4　こと

8 2年ぶりの勝利に向けて選手たちは一つの（　　　）をつかんだように見えた。

　　1　言いがかり　　　　2　よりょう　　　　3　手がかり　　　　　4　たんしょ

9 悪天候の影響で、飛行機が約1時間にわたって出発を（　　　）。

　　1　見合った　　　　　2　見逃した　　　　3　見放した　　　　　4　見合わせた

10 長期金利が0.7％を（　　　）9年ぶりの低水準を維持している。

　　1　乗り越えて　　　　2　割り込んで　　　3　過ぎて　　　　　　4　満たして

11 この国は美しく豊かな自然環境に（　　　）。

　　1　めぐまれている　　2　このまれている　3　かこんでいる　　　4　さそわれている

12 彼は医師も（　　　）を投げるほどの難病だそうです。

　　1　スプーン　　　　　2　ペン　　　　　　3　言葉　　　　　　　4　さじ

13 景気回復の（　　　）に乗って原油相場は騰勢を一段と強めている。

　　1　兆し　　　　　　　2　状況　　　　　　3　波　　　　　　　　4　傾向

問題 **3** _____の言葉に意味が最も近いものを、1・2・3・4から一つ選びなさい。

14 私はいつも早合点して失敗する。

　　1　早呑み込み　　　2　早々　　　　　3　早打ち　　　　　4　早送り

15 賃金の上昇が横ばい状態となっている。

　　1　右肩上がり　　　2　足踏み　　　　3　右肩下がり　　　4　乗り越え

16 私たちは途方に暮れても行き詰まることはありません。

　　1　戸惑っても　　　2　いやでも　　　3　分らなくても　　4　知らなくても

17 長年にわたって辛抱強くこつこつ続けるのが商売のコツだ。

　　1　ゆっくり　　　　2　のんびり　　　3　正式に　　　　　4　地道に

18 自宅で稼ぐネット入力の仕事は割に合わない。

　　1　よくない　　　　2　儲からない　　3　性格に合う　　　4　適わない

19 世の中には中身は伴っていないのに、格好つける人がいる。

　　1　気取る　　　　　2　格好いい　　　3　気遣う　　　　　4　気軽な

問題 4 次の言葉の使い方として最もよいものを、1・2・3・4から一つ選びなさい。

20 どうやら

1 この書類はどうやら提出したら、あとで直すことはできません。

2 来年はどうやらアメリカに行くことです。

3 どうやら明日は雨らしい。

4 彼はいったんやると言ったらどうやらやる。

21 すんなり

1 調整は決してすんなりと行かないはずである。

2 大雨で川の水はすんなりあふれ出した。

3 彼の死はすんなりだったから、今でも信じられない。

4 日本に来てからすんなりここに住んでいる。

22 下る

1 お芝居の途中で幕が下ってびっくりした。

2 この坂道を下っていくと、交差点に出る。

3 いくら勉強しても成績がどんどん下っていく。

4 懐かしい駅で電車を下った。

23 ことごとく

1 あの二人は仲がよくて、ことごとく兄弟みたいだ。

2 久しぶりに会ったけど、彼はことごとく元気そうなので安心した。

3 薬を飲まなかったけど、ことごとく病気が治った。

4 攻撃のチャンスをことごとくつぶしてしまった。

24 くどくど

1 くどくどあまり好きじゃなかったけど、今はとても好きだ。

2 くどくど小言を言われるのは嫌なものです。

3 くどくど電話をかけても、誰も出なかった。

4 くどくど100万円もらってもやりたくありません。

25 質素

1 田舎で質素に暮らすことに憧れている。

2 彼は芸能人としての質素がある。

3 質素は無味無臭の気体である。

4 液体質素は誤った用い方をすると重大な事故を引き起こしかねない危険なものです。

問題 **5** 次の文の（　　　）に入れるのに最もよいものを、1・2・3・4から一つ選びなさい。

26 彼が学校に来（ ① ）来（ ② ）私には関係ありません。

1 ① ようが　② まいが　　　　　2 ① るが　② ないが

3 ① ると　　② ないと　　　　　4 ① ると　② まいと

27 去年の夏は猛烈な暑さだったの（　　　　）ひきかえ、今年は冷夏だ。

1 が　　　　　　2 を　　　　　　3 に　　　　　4 も

28 本研究は野球や相撲のようなプロスポーツや緊急事態における抜きつ（　　　　）の競争が集団成員の行動や動機づけに与える効果について検討した。

1 抜かれて　　　　2 抜かれつ　　　　3 抜かせて　　　4 抜かせつ

29 自分もその立場に立って考えれば、想像（　　　　）。

1 にかたくない　　2 に足りない　　　3 かねない　　　4 までもない

30 昔（　　　　）、今は激安と言っても品質は悪くないです。

1 だからといって　　　　　　　　　2 というものの

3 ならいざしらず　　　　　　　　　4 にもかかわらず

31 A 「「友情」っていう映画、知ってる？」

B 「うん。なんで？」

A 「明日午後2時のチケットがあるけど、一緒に見ない？」

B 「ごめん。明日は一日中授業なんだ。」

A 「残念。」

B 「（　　　　）、教えて。私も後で見るから。」

A 「うん。」

1 おもしろかったら　　　　　　　　2 おもしろいと

3 おもしろなら　　　　　　　　　　4 おもしろだったら

32 日本語には「（　　　　）もがな」という言葉がある。その背景には「察する」という美しい気配りがあり、頼まれなくても「察して」させてもらうことが本当の意味で日本人の素晴らしさだと思えてならない。

1　言えぬ　　　　　　2　言わない　　　　　3　言えない　　　　　4　言わず

33 我々が正しいと信じ（　　　　）英語の表現が、実はネイティブにはとても奇妙に聞こえてしまうことがあるそうです。そこを解決するのが英語学習にとても重要な問題です。

1　ていない　　　　　2　てやまない　　　　3　ようとする　　　　4　まい

34 市営住宅の入居募集を行います。入居対象者は平成24年10月1日以降、市内に在住、または勤務する方で、事業所からの解雇などに伴い、現に居住している住居から退去を余儀（　　　　）方、およびその同居親族に該当することが客観的に証明される方です。

1　される　　　　　　2　なくさせる　　　　3　なくされる　　　　4　する

35 パート先に研修中なのに調子が悪いと言って休んで（　　　　）人がいます。中年の男性ですが、出社した時もやる気があるのかないのかダラダラした感じで、暇なのか何なのかすぐにトイレに行ってなかなか戻ってこなかったりします。困ったものですね。

1　ばかりいる　　　　2　ほしい　　　　　　3　ならない　　　　　4　すまない

問題 6　次の文の＿＿★＿＿に入る最もよいものを、1・2・3・4から一つ選びなさい。

（問題例）

あそこで ＿＿＿ ＿＿＿ ★ ＿＿＿ は山田さんです。

1　テレビ　　　　　　　2　見ている　　　　3　を　　　　　　　4　人

（解答のしかた）

1. 正しい文はこうです。

| あそこで ＿＿＿＿＿＿ ＿＿＿＿＿＿ ＿★＿＿＿ ＿＿＿＿＿＿ は山田さんです。 |
| 　　　　　　　1　テレビ　　　3　を　　　2　見ている　　4　人 |

2. ＿★＿に入る番号を解答用紙にマークします。

（解答用紙）　　（例）　　①　●　③　④

36　メンバーの入隊とボーカルの好ましくない過去などが原因で活動を休止していた3人組グループGIRLSが、＿＿＿ ＿＿＿ ★ ＿＿＿ 本格的な活動に乗り出すことが分かった。

1　に

2　クリスマスコンサート

3　皮切り

4　を

37　実は、来年結婚することになりました。ついては、結婚式でのスピーチをお願いしたく、＿＿＿ ★ ＿＿＿ ＿＿＿ 伺いたいと思います。ご都合のよい日時をお知らせいただければ幸いです。

1　かたがた　　　　2　に　　　　　　3　近況報告　　　4　お願い

38　開業以来はじめて目標を達成したりなんかして、別の意味でも驚きと感謝 ＿＿＿ ＿＿＿ ★ ＿＿＿ イベントとなりました。

1　たえない　　　　2　の　　　　　　3　に　　　　　　4　念

39 面接は遅く行くのは ＿＿ ＿★＿ ＿＿ ＿＿ 行きすぎても駄目だと言われています。

1 早く 　　　　　　 2 もってのほか　 3 が 　　　　　　 4 です

40 自動車保険選びには保険料の安さ ＿＿ ＿＿ ＿★＿ ＿＿ 、大事なのは事故時の保険会社の敏速な対応と、信頼できる会社かどうかという事だと思う。

1 こと 　　　　　　 2 さる 　　　　　 3 ながら 　　　　 4 も

問題 **7**　次の文章を読んで、文章全体の趣旨を踏まえて、41 から 45 の中に入る最もよいものを、1・2・3・4から一つ選びなさい。

　　現在の日本では、とても重要な契約書などには必ず実印が必要となる。不動産の購入、車の購入など様々な契約書に実印の押印、印鑑証明書が必要となる。41 外国ではサインすなわち署名だけで済ませることがほとんどである。外国では、習慣として印鑑ではなくサインだけで 42 理由は、便利さや手軽さが重視されているからである。それに対して日本で押印が多い理由は信頼性や安心などを重視するのが習慣となっているためではないかと考えられている。日本では印章、とりわけ実印などを押すということは本人が、契約書などにおいて、本人自らが内容を確認し、最終的な意思決定を行ったことを証明するために押印するのが日本の習慣となっている。

　　だから、押印されていない契約書は本契約書とは認められないケースがとても多いのである。しかし実際のところ、日本でもビジネス上の契約書などは、署名と拇印だけでも十分有効な契約書として認められる。有効な契約書を作成するには印章は 43 のである。印章を押していないからといって契約書が成立しないということにはならないが、前述のとおり、現在の日本では押印するのが当たり前という習慣があるため、押印していない契約書は契約書として 44 ケースがほとんどである。実印と印鑑証明書のセットは、第三者機関である市区町村が、この印鑑は本人のものであることを証明するものとして信頼を担保するのに最適であるため、契約の際にお互いが信頼、安心して取引ができるという点は、45 。

（注）拇印：親指の腹に墨や朱肉をつけて、印鑑の代わりに押すもの

41
1　それで
2　そして
3　しかも
4　だが

42 1 済ませている　　　　　　　2 済んでいる

　　　3 済まれている　　　　　　　4 済ませられている

43 1 必ず必要である　　　　　　2 必ずしも必要ではない

　　　3 全然必要ではない　　　　　4 全然必要である

44 1 認めさせられない　　　　　2 認めさせない

　　　3 認めされない　　　　　　　4 認めてもらえない

45 1 見過ごすべきである　　　　2 絶対見届けなければならない

　　　3 決して見逃してはいけない　4 必ず見守るべきである

問題8 次の(1)から(3)の文章を読んで、後の問いに対する答えとして最もよいものを、1・2・3・4から一つ選びなさい。

(1)

　「駐車場に車をとめていたらぶつけられた」「信号待ちで停車中に追突された」というように、自分にまったく責任のない交通事故のことを「もらい事故」といいます。「もらい事故」の場合、保険会社や保険代理店がお客様の代わりに相手方との交渉を行うことは、法律で禁止されています。このような場合に備え、当社ではもらい事故相談サービスを用意しております。これは、お客様が相手方と交渉する際の、アドバイスやサポートをするサービスです。万一のもらい事故の際にはご相談ください。

46 筆者は、もらい事故にあった場合、どうすればいいと考えているか。

　1　加入している保険会社に相手方との交渉の代理を頼めばいい。

　2　もらい事故にあった本人が直接相手方と交渉する必要はない。

　3　相手方と交渉する前に、もらい事故相談サービスに相談したほうがいい。

　4　専門の弁護士に任せたほうがいい。

(2)

　なでしこジャパンはサッカー日本女子代表チームの愛称で、2004年のアテネオリンピックの時に一般公募し、その結果選ばれたものである。日本の女性を表す「大和撫子(やまとなでしこ)」という言葉から、「世界に羽ばたき、世界に通用するように」との願いを込めて「大和」が「ジャパン」となったものである。採用のきっかけは、「日本代表という呼称は男子のイメージであるが、オーストラリア女子代表はマティルダス(Matildas)の愛称で親しまれており、日本女子代表も愛称を使えば認知度も高まり、女子サッカー発展につながる」という日本サッカー協会(JFA)の女性スタッフの提案であった。

47　本文の内容に合っているものはどれか。

1　なでしこジャパンという愛称は、サッカー日本女子代表の認知度を高めるため提案された。

2　サッカー日本女子代表チームが「なでしこジャパン」という愛称を付けた。

3　なでしこジャパンはマティルダス(Matildas)という意味である。

4　なでしこジャパンという愛称が、実際女子サッカーの発展につながった。

(3)

　花粉症の症状が出る季節は風邪の流行する時期でもあり、その症状も、くしゃみ、鼻水など、風邪の症状と似ています。まずは自分が花粉症なのか風邪なのかを耳鼻咽喉科、アレルギー科などの専門医を受診して見極めましょう。

　花粉症の症状が出始めた初期の段階で治療を開始すると、重症化を防ぐことができます。症状が重症の場合は、医療機関で薬物療法、手術治療などを検討しても良いでしょう。花粉症のメカニズムを理解し、自らが花粉の曝露から身を守ることが一番の対策法と言えるでしょう。

[48]　筆者が言うこの文書の件名として最も正しいのはどれか。

　　1　花粉症の予防

　　2　花粉症の症状

　　3　花粉症の流行

　　4　花粉症の対策

4
回

問題 **9** 次の(1)から(3)の文章を読んで、後の問いに対する答えとして最もよいもの
を、1・2・3・4から一つ選びなさい。

(1)

　良質な睡眠をとるために必要なのは、「生活習慣」と「寝室の環境」を整えることです。夜遅い
食事のあとすぐに眠ろうとしたり、就寝前ぎりぎりまでゲームをするなどはよくありません。
体内時計に沿った規則正しいリズムで日々を過ごすことが、良い眠りにつながる近道です。

　寝室の環境は、部屋の明るさ・音・湿度・寝具の状態がポイントとなります。眠りやすい環境
は人それぞれですが、照明が明るすぎたり、乾燥などは、いずれも睡眠の妨げとなるので改
善していきましょう。

　また、最近は睡眠中の呼吸法にも注目が集まっています。鼻のつまりなどが原因で、睡眠
中「鼻呼吸」ではなく「口呼吸」になってしまう人も多いでしょう。口呼吸はのどの乾燥から風
邪などの病原菌に感染したり、舌がのどの奥に落ち込み、それが呼吸の妨げになる場合もあ
ります。同様に、普段から口が開きがちな子どもによく見られる「口ぽかん」も、睡眠中はの
どや扁桃腺の乾燥から病気になりやすく、口の中の良い菌だけが死滅するため、虫歯になり
やすいとも言われています。

　「鼻呼吸」は人間本来の呼吸法です。空気が鼻を通ることで温められ、適度な湿気を帯びて
肺に取り込まれるため、鼻呼吸は良質な睡眠への近道と言えるでしょう。

49　鼻呼吸は良質な睡眠への近道と言えるでしょうと筆者が述べる根拠は何か。

　　1　肺に取り込まれる空気の湿度を適度に保ってくれるから

　　2　生活習慣を整えてくれるから

　　3　暖かい空気が入らないから

　　4　寝室の環境を整えてくれるから

50 筆者の考えに近いものはどれか。

1 良質な睡眠をとることは難しくない。

2 人間本来の呼吸法では良質な睡眠をとることができない。

3 日中やりたいことをすることが良い眠りにつながる近道である。

4 睡眠中の口呼吸は睡眠の妨げとなるので改善したほうがいい。

51 この文章のタイトルとして最もいいのはどれか。

1 鼻呼吸のポイント

2 熟睡のポイント

3 良質な睡眠のために必要な生活習慣

4 熟眠のための寝室の環境

(2)

　大学時代の勉強は社会生活に役に立つのか。私の経験でお話しすると、<u>勉強すべきだった</u>
<u>こと</u>、勉強してよかったことには二つがあるように思う。まず、勉強すべきだったと後悔し
ているのは、「ビジネスを進める上で必要な技やルールの習得を、本当の基礎レベルでいいの
で勉強すべきだった」ということである。ここでいう「必要な技やルール」というのは、英語・
簿記・基本的な法律などである。現在なら、PCスキルなども含まれるでしょう。もちろん、こ
れらの習得は社会人になってからでも十分で、むしろ就職後の方が、自分が習得すべきスキ
ルが明確になって、勉強の効率が増すのも確かであろう。しかし一方で、社会人になってか
らでは、絶対的な「時間」が足りない。特に、英語は勉強した時間数に比例してスキルが伸び
る。「学生時代、ダラダラと遊ぶヒマがあったら、英語をきちんとやっておけば良かった」と
いう<u>後悔の念は非常に大きい</u>。ELSという英会話サークルに所属して、それなりに英語を勉強
していた私ですらそう思うのであるから、これは世のビジネスパーソン一般に言えることな
のではないかと思う。

　次に、勉強してよかったと思うのは古典書をそれなりに読み込んだことでしょう。それに
より、知識のベースというか、思考の重みというか、そういうものが得られたのは確かである。

52　筆者が考えている①<u>勉強すべきだったこと</u>とはどういうことか。

　　1　英語

　　2　古典書

　　3　専門知識

　　4　ビジネス情報

53　②<u>後悔の念は非常に大きい</u>とあるが、なぜそう思うのか。

　　1　知識のベースになるから

　　2　PCスキルは若い時に習いやすいから

　　3　習うべきことが多いから

　　4　就職後は英語の勉強をする絶対的な時間が足りないから

54 筆者の考えに近いものはどれか。

1 難しい古典書を読むと社会生活に役立つ。

2 大学時代の勉強は社会生活に役立つ。

3 専門知識が社会生活には役立つ。

4 PCスキルは社会人になってから習ったほうが効率的である。

(3)

　昭和３０年代以降の高度経済成長に伴い、農山漁村地域から都市地域に向けて、新規学卒者等の若者を中心として、大きな人口移動が起こった。これにより、都市地域においては人口の集中による過密問題が発生するようになった。一方、農山漁村地域では、人口の減少により、例えば教育、医療、防災など、その地域における基礎的な生活条件の確保にも支障をきたすようになるとともに、産業の担い手不足などにより地域の生産機能が低下してきた。

　「過疎」というのはこのように、地域の人口が減ってしまうことで、その地域で暮らす人の生活水準や生産機能の維持が困難になってしまう状態を言い、そのような状態になった地域が「過疎地域」である。このような過疎の問題を抱える地域に対し、住民福祉の向上や雇用の
①
増大を図り、さらには、豊かな自然環境や景観の形成、自然災害の防止、水源の涵養、食料・エネルギーの供給、二酸化炭素の吸収による地球温暖化の防止等という、過疎地域の有する多面的・公益的機能の維持を図るものが「過疎対策」である。地方においては、独自に研究会を設置して新たな過疎対策に関する報告書を取りまとめている自治体もあるほか、各団体か
②
ら新たな過疎法の制定に係る要望がなされている。

55　①過疎の問題とはどういうことか。

1　人口の減少により、その地域における基礎的な生活条件の確保にも支障をきたすようになる。

2　都市地域において人口の集中による過密問題が生じるようになる。

3　豊かな自然環境や景観の形成を図るようになる。

4　住民福祉の向上や雇用の増大を図るようになる。

56　②各団体から新たな過疎法の制定に係る要望がなされているとあるが、なぜそうなのか。

1　過密問題を阻止する必要があるから

2　産業の担い手不足などにより地域の生産機能が上がらないから

3　過疎対策が必要であるから

4　自然災害を防止する必要があるから

160

57 本文の内容と合っていないものはどれか。

1 昭和30年代以降、農山漁村地域は過疎の問題を抱えている。

2 過疎地域には雇用の増大が必要である。

3 過疎地域は生活水準の維持が困難になってしまう。

4 過疎対策に対する国家レベルでの報告書が取りまとめられている。

問題 10 次の文章を読んで、後の問いに対する答えとして、最もよいものを1・2・3・4から一つ選びなさい。

　2012年5月22日、地上デジタル放送などの電波塔と地域の発展を担う総合観光施設として、東京スカイツリーが開業した。自立式電波塔としては現在世界一となる高さ634メートルを誇り、2011年11月17日にはギネス世界記録に世界一高いタワーとして認定されている。この日本一の建造物、さらには世界一の電波塔という大きな話題性から、完成前から各種マスメディアで大きく取り上げられた。テレビでは建設中のスカイツリーを取材した特番が時折放送されるようになったこともあって建設期間中から「東京の新名所」となっており、休日ともなればタワーを撮影する者や見物人で周辺は混雑している。しかし、この影には（　①　）面での問題もある。

　東京スカイツリーができることにより多くの観光客が当地を訪れ、地元の商業が活性化することが期待されてきたが、テナントを募集する際は地元の商店を優先したものの、家賃が高いことから1軒も入らないことに決まった。（　②　）、東京スカイツリーには大規模な商業施設が併設され、短期的に見ると地元商店街を圧迫する恐れが大きい。長期的に見ると、日本において過去に建設された多くの観光タワーや観光施設としてのテーマパークはその価値の低下・陳腐化によりオープンから時間が経つにつれ、入場客が減少している。入場者の安定的な確保には東京ディズニーランドのような巨額の再投資が必要であるが、その費用が十分確保されていないことから、タワー自身の観光的価値に多くを依存することは大きな経営的リスクを伴うと指摘されている。

　また、スカイツリーの周囲は低層の住宅地であり、下町の雰囲気が色濃く残っている。ここに巨大な構造物が突如現れることにより、町の景観が破壊され、周囲に対する圧迫感を与えている。景観だけでなく、周辺地域では東京スカイツリーを訪れた多数の観光客・見物客による違法駐車、ゴミのポイ捨て、立ち小便、深夜・早朝の騒音、交通渋滞、歩きタバコなども問題となっている。タワー本体に風があたり風切り音が騒音となるとも言われる。電磁波による人体への影響についての医学的研究は途上であるが、電磁波により周辺住民が電磁波過敏症を発症するリスクが高まる可能性が指摘されている。また電磁波によって電磁障害が起き、コンピューターなどに影響を与える懸念も指摘されている。

この他、現在の東京タワーから東京スカイツリーへ電波の送信場所が移動することによって、新たな受信障害地域が発生する可能性がある。両タワーに挟まれた地域などでは、電波のビル陰の方角が変わるからである。また、視聴者がアンテナの向きを変える必要性や、他の電波との混信の恐れも指摘されている。

58 東京スカイツリーに関する説明として本文と合っているものはどれか。

1　地元商業の活性化に大きく貢献している。

2　世界一高いタワーなので完成してから各種マスメディアで大きく取り上げられた。

3　東京スカイツリーができてから、日本には受信障害地域が完全になくなった。

4　スカイツリーは低層の住宅地の中にあり、周りは下町の雰囲気が色濃く残っている。

59 （　①　）の中に入るのはどれか。

1　経済・環境・安全・政治

2　経済・環境・安全

3　経済・環境・政治

4　経済・環境

60 （　②　）の中に入るのはどれか。

1　その結果

2　そして

3　それに

4　だが

61 次のうち、本文の内容と一致しないものを選びなさい。

1　地域によっては他の電波との混信の恐れがある。

2　タワーを撮影する者や見物人が多く、東京スカイツリーは新しい名所となっている。

3　東京スカイツリー周辺住民は電磁波過敏症を発症するリスクが高まる可能性がある。

4　東京スカイツリーの入場者の確保は長期的に解決されている。

問題 **11** 次のAとBは、死刑についての意見である。後の問いに対する答えとして最もよいものを、1・2・3・4から一つ選びなさい。

A

　死刑は残虐かつ非人道的な刑罰であり、法の名による殺人にほかならない。死刑が犯罪を防止する効果を持つという証拠はない。実際、死刑を廃止した国で犯罪が急増したという例はない。殺人を犯す前に、自分が死刑になる可能性を考えた死刑囚はほとんどいなかった、というデータもある。遺族感情の重視は、私的制裁の禁止を原則とする近代法の理念に反する。刑罰は復讐のためにあるものではない。しかも実際には、犯人が死刑になったからといって満足するわけではないと話す遺族も多く、応報感情の問題は死刑執行によって解決するものとはいえない。さらに、年に1,000件以上もある殺人行為に対し、死刑判決は10件以下ということを考えると、国も応報感情を満たすために死刑を行っているわけではないということが分かる。犯罪者の社会からの隔離には、死刑のほかにも終身刑などの方法がある。

B

　自分の大切な人、例えば家族や友人が殺されたとしても、なお、死刑に反対し続けられるだろうか。そんな人がいるとは思えない。殺人を犯したといっても、それなりの事情がある場合は、情状酌量によって死刑になることはないはずだ。死刑の判決が下されるというのは、よほど残忍で犯人に同情の余地がない場合だけだ。そういう殺人犯には、やはり極刑がふさわしいのではないか。そのことを被害者の家族も望んでいるはずだ。

　死刑囚の家族の悲しみはわかるが、それだけの罪を犯しているのだから、仕方のないことだと思う。それに、死刑になるほどの凶悪な犯罪を犯したのも、越こしたことについて家庭に責任がないとは言えない。死刑を執行することで、死刑囚の家族が犠牲者になってしまうという考え方は間違っている。

62 AとBの認識で共通しているのはどれか。

1 死刑は極刑である。

2 死刑は犯罪者を社会から隔離する唯一の方法である。

3 同情の余地のない場合は死刑の判決を下すべきだ。

4 死刑囚の家族にも責任がないとは言えない。

63 死刑についてAとBはどのように述べているか。

1 Aは部分的に賛成であると述べているが、Bは部分的に反対であると述べている。

2 Aは賛成であると述べているが、Bは反対であると述べている。

3 Aは部分的に反対であると述べているが、Bは部分的に賛成であると述べている。

4 Aは反対であると述べているが、Bは賛成であると述べている。

問題12 次の文章を読んで、後の問いに対する答えとして最もよいものを、1・2・3・4から一つ選びなさい。

　日本の戦後教育は文部省と日教組の不毛のイデオロギー対立により本来の教育を蔑ろにし、主役である子供達を放置してきた。最初にその犠牲となったのがいわゆる「団塊チルドレン」と呼ばれる世代である。彼らは歪んだ「権利・自由・平等」を教えられ、「責任・義務」を教えられないままに育った。日教組は彼らに経済という物差ししか与えることができず、信念・哲学・自尊心という価値からは程遠い「金と物」にしか価値を見出せない貧しい精神を育んだのだ。このことは「失われた十年」と呼ばれる90年代における彼らの生き様に大きく影響した。
　　　　　　①
　子供は幼児期において父性と母性の対比の中で社会性を獲得する。「亭主元気で留守が良い」と言うコピーが流行ったが、父性不在の家庭はやがて「団塊チルドレン」の社会性の無さの原因となった。当時オバタリアンと呼ばれた世代は、戦後処理もろくに済んでいないのに平気で海外へ出かけ、金に飽かせてブランド商品を買い漁り、傲慢さを世界中にまき散らした。彼らの世代に特徴的であるこの品性・品行の悪さは、後の世代のライフ・スタイルにまで影響を与えた。それ以上に、欧米諸国が未だに日本人を蔑視し、アジア諸国が不信感を持ち続けていることへの鈍感は不幸でさえある。団塊の世代が戦後の営みの中で経済力に見合う人生観や価値観、広義の品性・品行やモラルを獲得していれば日本社会はここまで歪まなかっただろう。
　90年代は「失われた十年」と呼ばれている。経済という物差ししか持たなかった我々は、旧来の発想で経済的な豊かさを追求し続けたが故にバブルの崩壊をもたらした。その時不幸だったのは「我々はどこへ行くのか」という根源的な迷いに気付かなかったことだ。このことが90年代を無為に浪費した最大の原因である。団塊の世代は欧米を追う間は素晴らしい能力を
　②
発揮したが、追いついた後のビジョンを描く想像力が欠如していた。彼らの責任ではない。社会が彼らにその様な能力を要求しなかったのだ。村上龍の『あの金で何が買えたか』が売れたと聞くが、悲しいのは未だにその程度の次元でしかバブルを検証できないメンタリティーの低さである。検証すべきは「なぜ我々が貧しい価値観しか持ち得なかったのか」ということであるはずだ。まさしく教育の問題である。冒頭で述べたように信念・哲学・自尊心を育む努力を怠らなければ、もっと違った社会があったはずである。
　　　　　　　　　　　　③

64 ①「失われた十年」の特徴として筆者が述べているのはどれか。

1 経済という物差ししか持っていなかった。

2 貧しい価値観が社会的な問題となった。

3 責任と義務が重要視された。

4 経済力に見合うモラルが大事にされた。

65 ②90年代を無為に浪費した最大の原因として筆者が挙げているのはどれか。

1 家庭

2 精神

3 経済

4 教育

66 ③もっと違った社会があったはずであるとあるが、例えばどのようなものか。

1 自由・平等を大事にする社会

2 責任と義務を尊重する社会

3 バブル崩壊をもたらした社会

4 教育中心の社会

4回

67 この文章で筆者が最も言いたいことはどれか。

1 日本の戦後教育は「金と物」にしか価値を見出せない貧しい精神を育んだ。

2 父性不在の家庭はやがて子供たちの社会性の無さの原因となる。

3 信念・哲学・自尊心を育む教育が必要である。

4 90年代は失われた十年である。

問題 **13** 右のページは、テニスクラブの入会案内である。田中家は、テニスクラブ
に入会しようと思っている。下の問いに対する答えとして最もよいもの
を、1・2・3・4から一つ選びなさい。

68 25歳の田中さんが70歳の母親と一緒に正会員として入会しようと思っている。入会の
際、田中さんと母親は合わせていくら払えばいいでしょうか。

1　786,275円

2　103,000円

3　1,008,800円

4　154,000円

69 高校生である田中さんの弟は平日忙しいので、夏休みの間週末だけ利用しようと思って
います。入会の際、いくら払えばいいでしょうか。

1　81,375円

2　154,000円

3　70,875円

4　141,750円

入会案内

　山々を望む美しい自然に囲まれた「山中テニスクラブ」で、仲間と共に"心地よい汗"を流してみませんか。

　当クラブではテニスプレーだけでなく、会員様を主体とした様々なサークル活動も活発に行われているため、コミュニケーションの場としてもご利用いただけます。

　日常から離れた環境の中で、身体も気持ちも"リフレッシュ"してみてはいかがでしょうか。

正会員

	入会金	会員資格保証金	月額会費	施設利用料
個人会員	126,000円	370,000円	8,400円	
個人会員(24歳以下)(※1)	50,000円	100,000円	4,000円	平日　500円/日
家族会員(※2)	84,000円	190,000円	7,875円	土・日・祝日
家族会員(24歳以下)(※3)	30,000円	70,000円	3,000円	700円/日(※5)
法人会員(※4)	126,000円	370,000円	8,400円	

※1　24歳以下の方に限ります。

　　　25歳以降は月会費・施設利用料は通常料金になり、会員資格保証金は差額

　　　(27万円)を補填していただきます。

※2　個人会員の配偶者、親、兄弟姉妹及びその子女に限ります。

※3　個人会員の24歳以下の子女に限ります。

　　　25歳以降は月会費・施設利用料は通常料金になり、会員資格保証金は差額

　　　(12万円)を補填していただきます。

※4　記名式で、ご本人が個人会員同様にご利用いただけます。

※5　80歳以上及び24歳以下の学生につきましては半額となります。

短期会員

入会金・保証金は不要(会費のみ)。入会日から1年間ご利用いただけます。

24歳以下の学生は会費半額でご利用いただけます。

	年会費(お一人様)		施設利用料
全日短期会員	162,750円	全ての営業日、 ご利用いただけます。	平日500円/日 土・日・祝日 700円/日 （※6）
土日短期会員	141,750円	土曜・日曜・祝日（クラブの休日を除く）・振替休日のみご利用いただけます。	
平日短期会員	89,250円	土曜・日曜・祝日・振替休日・クラブの休日以外、ご利用いただだけます。	

※6　80歳以上は半額となります。

- 所在地：〒400−0043　山梨県甲府市国母6−5−2　山中テニスクラブ
- TEL：055−1224−3211
- FAX：055−1224−3212
- E-mail：info@yamanaka-tennis.com
- 定休日：毎週火曜日(祝日の場合は営業いたします。)

N1

聴解

（60分）

注　意
Notes

1. 試験が始まるまで、この問題用紙を開けないでください。
   Do not open this question booklet until the test begins.

2. この問題用紙を持って帰ることはできません。
   Do not take this question booklet with you after the test.

3. 受験番号と名前を下の欄に、受験票と同じように書いてください。
   Write your examinee registration number and name clearly in each box below as written on your test voucher.

4. この問題用紙は、全部で13ページあります。
   This question booklet has 13 pages.

5. この問題用紙にメモをとってもかまいません。
   You may make notes in this question booklet.

受験番号　Examinee Registration Number	
名　前　Name	

<ruby>問題<rt>もんだい</rt></ruby> 1

<ruby>問題<rt>もんだい</rt></ruby> 1では、まず<ruby>質問<rt>しつもん</rt></ruby>を<ruby>聞<rt>き</rt></ruby>いてください。それから<ruby>話<rt>はなし</rt></ruby>を<ruby>聞<rt>き</rt></ruby>いて、<ruby>問題用紙<rt>もんだいようし</rt></ruby>の1から4の<ruby>中<rt>なか</rt></ruby>から、<ruby>最<rt>もっと</rt></ruby>もよいものを<ruby>一<rt>ひと</rt></ruby>つ<ruby>選<rt>えら</rt></ruby>んでください。

<ruby>例<rt>れい</rt></ruby>

1　<ruby>白<rt>しろ</rt></ruby>いのと<ruby>赤<rt>あか</rt></ruby>いのを1<ruby>錠<rt>じょう</rt></ruby>ずつ<ruby>飲<rt>の</rt></ruby>む

2　<ruby>粉薬<rt>こなぐすり</rt></ruby>を1<ruby>袋<rt>ふくろ</rt></ruby><ruby>飲<rt>の</rt></ruby>む

3　<ruby>白<rt>しろ</rt></ruby>いのを2<ruby>錠<rt>じょう</rt></ruby><ruby>飲<rt>の</rt></ruby>む

4　<ruby>赤<rt>あか</rt></ruby>いの1<ruby>錠<rt>じょう</rt></ruby>と<ruby>粉薬<rt>こなぐすり</rt></ruby>を1<ruby>袋<rt>ふくろ</rt></ruby><ruby>飲<rt>の</rt></ruby>む

1番

1 木曜日
2 金曜日
3 月曜日
4 水曜日

2番

1 留学生係
2 学部の事務室
3 入国管理局
4 区役所

3番

1　資料を準備する

2　お昼を注文する

3　会議室を予約する

4　会議の時間を決める

4番

1　73円

2　800円

3　340円

4　1,140円

5番

1 　5時にJRの南口で

2 　5時20分に渋谷駅で

3 　4時40分にJRの南口で

4 　4時20分に渋谷駅で

6番

1 　タクシーで学校まで行く

2 　バスで学校まで行く

3 　もう間に合わないから学校はさぼる

4 　歩いて学校まで行く

問題 2

　問題 2 では、まず質問を聞いてください。そのあと、問題用紙のせんたくしを読んでください。読む時間があります。それから話を聞いて、問題用紙の 1 から 4 の中から、最もよいものを一つ選んでください。

例

1　朝寝坊したから

2　知らない人に間違えられたから

3　今日がレポートの締め切りだから

4　夜12時ぎりぎりで提出したから

1番

1　年末に韓国に行く

2　年始に中国に行く

3　年末に台湾に行く

4　年始に韓国に行く

2番

1　ツタヤに行く

2　クリーニング屋に寄ってツタヤに行く

3　ツタヤに行って、帰りにクリーニング屋に寄る

4　家に帰る

3番

1 引越しを手伝わされたから

2 荷物が多かったから

3 テレビが大きかったから

4 引越ししたところがエレベータのない4階だったから

4番

1 講演の内容が難しかった

2 講演の時間が短かった

3 田中先生の講演はいつもいい

4 講演の時間も内容もとてもよかった

5番

1　テキストを買いに走り回ったから

2　新宿駅で電車運転見合わせにあったから

3　新宿で降りちゃったから

4　テキストが売り切れちゃったから

6番

1　お昼

2　おにぎり

3　ビール

4　甘いもの

7番

1 子供の送り迎えに必要だから

2 学割がきくから

3 仕事柄必要だから

4 営業部だから

　問題 3 では、問題用紙に何も印刷されていません。この問題は、全体としてどんな内容かを聞く問題です。話の前に質問はありません。まず話を聞いてください。それから、質問とせんたくしを聞いて、１から４の中から、最もよいものを一つ選んでください。

― メモ ―

4
回

問題 4

　問題 4 では、問題用紙に何も印刷されていません。まず文を聞いてください。それから、それに対する返事を聞いて、1 から 3 の中から、最もよいものを一つ選んでください。

— メモ —

問題 5

問題5では、長めの話を聞きます。この問題には練習はありません。

メモをとってもかまいません。

1番、2番

問題用紙に何も印刷されていません。まず話を聞いてください。それから、質問とせんたくしを聞いて、1から4の中から、最もよいものを一つ選んでください。

— メモ —

3番
<ruby>番<rt>ばん</rt></ruby>

まず<ruby>話<rt>はなし</rt></ruby>を<ruby>聞<rt>き</rt></ruby>いてください。それから、<ruby>二<rt>ふた</rt></ruby>つの<ruby>質問<rt>しつもん</rt></ruby>を<ruby>聞<rt>き</rt></ruby>いて、それぞれ<ruby>問題用紙<rt>もんだいようし</rt></ruby>の1から4の<ruby>中<rt>なか</rt></ruby>から、<ruby>最<rt>もっと</rt></ruby>もよいものを<ruby>一<rt>ひと</rt></ruby>つ<ruby>選<rt>えら</rt></ruby>んでください。

質問 1

1 <ruby>衛生的<rt>えいせいてき</rt></ruby>でない

2 サイズがちょうどいい

3 <ruby>必<rt>かなら</rt></ruby>ず<ruby>必要<rt>ひつよう</rt></ruby>とは<ruby>思<rt>おも</rt></ruby>わない

4 <ruby>電気代<rt>でんきだい</rt></ruby>がもったいなくない

質問 2

1 <ruby>申<rt>もう</rt></ruby>し<ruby>込<rt>こ</rt></ruby>みが<ruby>面倒<rt>めんどう</rt></ruby>くさい

2 <ruby>貸<rt>か</rt></ruby>し<ruby>出<rt>だ</rt></ruby>ししたい

3 <ruby>使<rt>つか</rt></ruby>い<ruby>方<rt>かた</rt></ruby>が<ruby>簡単<rt>かんたん</rt></ruby>だ

4 <ruby>電気代<rt>でんきだい</rt></ruby>が<ruby>高<rt>たか</rt></ruby>い

受験番号
Examinee Registration Number

名前
Name

問題 1

	①	②	③	④
1	①	②	③	④
2	①	②	③	④
3	①	②	③	④
4	①	②	③	④
5	①	②	③	④
6	①	②	③	④

問題 2

	①	②	③	④
7	①	②	③	④
8	①	②	③	④
9	①	②	③	④
10	①	②	③	④
11	①	②	③	④
12	①	②	③	④
13	①	②	③	④

問題 3

	①	②	③	④
14	①	②	③	④
15	①	②	③	④
16	①	②	③	④
17	①	②	③	④
18	①	②	③	④
19	①	②	③	④

問題 4

	①	②	③	④
20	①	②	③	④
21	①	②	③	④
22	①	②	③	④
23	①	②	③	④
24	①	②	③	④
25	①	②	③	④

問題 5

	①	②	③	④
26	①	②	③	④
27	①	②	③	④
28	①	②	③	④
29	①	②	③	④

	①	②	③	④
30	①	②	③	④
31	①	②	③	④
32	①	②	③	④
33	①	②	③	④
34	①	②	③	④
35	①	②	③	④

問題 6

	①	②	③	④
36	①	②	③	④
37	①	②	③	④
38	①	②	③	④
39	①	②	③	④
40	①	②	③	④

問題 7

	①	②	③	④
41	①	②	③	④
42	①	②	③	④
43	①	②	③	④
44	①	②	③	④
45	①	②	③	④

問題 8

	①	②	③	④
46	①	②	③	④
47	①	②	③	④
48	①	②	③	④
49	①	②	③	④

問題 9

	①	②	③	④
50	①	②	③	④
51	①	②	③	④
52	①	②	③	④
53	①	②	③	④
54	①	②	③	④
55	①	②	③	④
56	①	②	③	④
57	①	②	③	④
58	①	②	③	④

問題 10

	①	②	③	④
59	①	②	③	④
60	①	②	③	④
61	①	②	③	④
62	①	②	③	④

問題 11

	①	②	③	④
63	①	②	③	④
64	①	②	③	④
65	①	②	③	④

問題 12

	①	②	③	④
66	①	②	③	④
67	①	②	③	④
68	①	②	③	④
69	①	②	③	④

問題 13

	①	②	③	④
70	①	②	③	④
71	①	②	③	④

N1 第1回 模擬テスト 聴解 解答用紙

受験番号 Examinee Registration Number

名前 Name

問題 1

	①	②	③	④
れい 例	①	②	●	④
1	①	②	③	④
2	①	②	③	④
3	①	②	③	④
4	①	②	③	④
5	①	②	③	④
6	①	②	③	④

問題 2

れい 例	①	②	●	④
1	①	②	③	④
2	①	②	③	④
3	①	②	③	④
4	①	②	③	④
5	①	②	③	④
6	①	②	③	④
7	①	②	③	④

問題 3

れい 例	①	●	③	④
1	①	②	③	④
2	①	②	③	④
3	①	②	③	④
4	①	②	③	④
5	①	②	③	④
6	①	②	③	④

問題 4

れい 例	①	②	●
1	①	②	③
2	①	②	③
3	①	②	③
4	①	②	③
5	①	②	③
6	①	②	③
7	①	②	③
8	①	②	③
9	①	②	③
10	①	②	③
11	①	②	③
12	①	②	③
13	①	②	③

問題 5

1	①	②	③	④
2	①	②	③	④
3-1	①	②	③	④
3-2	①	②	③	④

N1 第2回 模擬テスト　言語知識(文字・語彙・文法)・読解　解答用紙

受験番号
Examinee Registration Number

名前
Name

問題 1

1	①	②	③	④
2	①	②	③	④
3	①	②	③	④
4	①	②	③	④
5	①	②	③	④
6	①	②	③	④

問題 2

7	①	②	③	④
8	①	②	③	④
9	①	②	③	④
10	①	②	③	④
11	①	②	③	④
12	①	②	③	④
13	①	②	③	④

問題 3

14	①	②	③	④
15	①	②	③	④
16	①	②	③	④
17	①	②	③	④
18	①	②	③	④
19	①	②	③	④

問題 4

20	①	②	③	④
21	①	②	③	④
22	①	②	③	④
23	①	②	③	④
24	①	②	③	④
25	①	②	③	④

問題 5

26	①	②	③	④
27	①	②	③	④
28	①	②	③	④
29	①	②	③	④

問題 6

30	①	②	③	④
31	①	②	③	④
32	①	②	③	④
33	①	②	③	④
34	①	②	③	④
35	①	②	③	④

問題 7

36	①	②	③	④
37	①	②	③	④
38	①	②	③	④
39	①	②	③	④
40	①	②	③	④

41	①	②	③	④
42	①	②	③	④
43	①	②	③	④
44	①	②	③	④
45	①	②	③	④

問題 8

46	①	②	③	④
47	①	②	③	④
48	①	②	③	④

問題 9

49	①	②	③	④
50	①	②	③	④
51	①	②	③	④
52	①	②	③	④
53	①	②	③	④
54	①	②	③	④
55	①	②	③	④
56	①	②	③	④
57	①	②	③	④

問題 10

58	①	②	③	④
59	①	②	③	④
60	①	②	③	④
61	①	②	③	④

問題 11

62	①	②	③	④
63	①	②	③	④
64	①	②	③	④

問題 12

65	①	②	③	④
66	①	②	③	④
67	①	②	③	④
68	①	②	③	④

問題 13

69	①	②	③	④
70	①	②	③	④

N1 第2回 模擬テスト 聴解 解答用紙

受験番号
Examinee Registration Number

名前
Name

問題 1

例	①	●	③	④
1	①	②	③	④
2	①	②	③	④
3	①	②	③	④
4	①	②	③	④
5	①	②	③	④
6	①	②	③	④

問題 2

例	●	②	③	④
1	①	②	③	④
2	①	②	③	④
3	①	②	③	④
4	①	②	③	④
5	①	②	③	④
6	①	②	③	④
7	①	②	③	④

問題 3

例	①	②	●	④
1	①	②	③	④
2	①	②	③	④
3	①	②	③	④
4	①	②	③	④
5	①	②	③	④
6	①	②	③	④

問題 4

例	①	②	●
1	①	②	③
2	①	②	③
3	①	②	③
4	①	②	③
5	①	②	③
6	①	②	③
7	①	②	③
8	①	②	③
9	①	②	③
10	①	②	③
11	①	②	③
12	①	②	③
13	①	②	③

問題 5

1	①	②	③	④
2	①	②	③	④
3-1	①	②	③	④
3-2	①	②	③	④

N1 第3回 模擬テスト 言語知識(文字・語彙・文法)・読解 解答用紙

受 験 番 号
Examinee Registration Number

名 前
Name

問題 1

	1	2	3	4
1	①	②	③	④
2	①	②	③	④
3	①	②	③	④
4	①	②	③	④
5	①	②	③	④
6	①	②	③	④

問題 2

	1	2	3	4
7	①	②	③	④
8	①	②	③	④
9	①	②	③	④
10	①	②	③	④
11	①	②	③	④
12	①	②	③	④
13	①	②	③	④

問題 3

	1	2	3	4
14	①	②	③	④
15	①	②	③	④
16	①	②	③	④
17	①	②	③	④
18	①	②	③	④
19	①	②	③	④

問題 4

	1	2	3	4
20	①	②	③	④
21	①	②	③	④
22	①	②	③	④
23	①	②	③	④
24	①	②	③	④
25	①	②	③	④

問題 5

	1	2	3	4
26	①	②	③	④
27	①	②	③	④
28	①	②	③	④
29	①	②	③	④

問題 6

	1	2	3	4
30	①	②	③	④
31	①	②	③	④
32	①	②	③	④
33	①	②	③	④
34	①	②	③	④
35	①	②	③	④

問題 7

	1	2	3	4
36	①	②	③	④
37	①	②	③	④
38	①	②	③	④
39	①	②	③	④
40	①	②	③	④
41	①	②	③	④
42	①	②	③	④
43	①	②	③	④
44	①	②	③	④
45	①	②	③	④

問題 8

	1	2	3	4
46	①	②	③	④
47	①	②	③	④
48	①	②	③	④
49	①	②	③	④

問題 9

	1	2	3	4
50	①	②	③	④
51	①	②	③	④
52	①	②	③	④
53	①	②	③	④
54	①	②	③	④
55	①	②	③	④
56	①	②	③	④
57	①	②	③	④
58	①	②	③	④

問題 10

	1	2	3	4
59	①	②	③	④
60	①	②	③	④
61	①	②	③	④
62	①	②	③	④

問題 11

	1	2	3	4
63	①	②	③	④
64	①	②	③	④
65	①	②	③	④

問題 12

	1	2	3	4
66	①	②	③	④
67	①	②	③	④
68	①	②	③	④
69	①	②	③	④

問題 13

	1	2	3	4
70	①	②	③	④
71	①	②	③	④

N1 第3回 模擬テスト 聴解 解答用紙

受験番号
Examinee Registration Number

名前
Name

問題 1

	①	②	③	④
れい 例	①	②	●	④
1	①	②	③	④
2	①	②	③	④
3	①	②	③	④
4	①	②	③	④
5	①	②	③	④
6	①	②	③	④

問題 2

れい 例	①	②	●	④
1	①	②	③	④
2	①	②	③	④
3	①	②	③	④
4	①	②	③	④
5	①	②	③	④
6	①	②	③	④
7	①	②	③	④

問題 3

れい 例	●	②	③	④
1	①	②	③	④
2	①	②	③	④
3	①	②	③	④
4	①	②	③	④
5	①	②	③	④
6	①	②	③	④

問題 4

れい 例	●	②	③
1	①	②	③
2	①	②	③
3	①	②	③
4	①	②	③
5	①	②	③
6	①	②	③
7	①	②	③
8	①	②	③
9	①	②	③
10	①	②	③
11	①	②	③
12	①	②	③
13	①	②	③

問題 5

1	①	②	③	④
2	①	②	③	④
3-1	①	②	③	④
3-2	①	②	③	④

N1 第4回 模擬テスト 言語知識(文字・語彙・文法)・読解 解答用紙

受 験 番 号
Examinee Registration Number

名 前
Name

問題 1

	①	②	③	④
1	①	②	③	④
2	①	②	③	④
3	①	②	③	④
4	①	②	③	④
5	①	②	③	④
6	①	②	③	④

問題 2

	①	②	③	④
7	①	②	③	④
8	①	②	③	④
9	①	②	③	④
10	①	②	③	④
11	①	②	③	④
12	①	②	③	④
13	①	②	③	④

問題 3

	①	②	③	④
14	①	②	③	④
15	①	②	③	④
16	①	②	③	④
17	①	②	③	④
18	①	②	③	④
19	①	②	③	④

問題 4

	①	②	③	④
20	①	②	③	④
21	①	②	③	④
22	①	②	③	④
23	①	②	③	④
24	①	②	③	④
25	①	②	③	④

問題 5

	①	②	③	④
26	①	②	③	④
27	①	②	③	④
28	①	②	③	④
29	①	②	③	④

	①	②	③	④
30	①	②	③	④
31	①	②	③	④
32	①	②	③	④
33	①	②	③	④
34	①	②	③	④
35	①	②	③	④

問題 6

	①	②	③	④
36	①	②	③	④
37	①	②	③	④
38	①	②	③	④
39	①	②	③	④
40	①	②	③	④

問題 7

	①	②	③	④
41	①	②	③	④
42	①	②	③	④
43	①	②	③	④
44	①	②	③	④
45	①	②	③	④

問題 8

	①	②	③	④
46	①	②	③	④
47	①	②	③	④
48	①	②	③	④

問題 9

	①	②	③	④
49	①	②	③	④
50	①	②	③	④
51	①	②	③	④
52	①	②	③	④
53	①	②	③	④
54	①	②	③	④
55	①	②	③	④
56	①	②	③	④
57	①	②	③	④

問題 10

	①	②	③	④
58	①	②	③	④
59	①	②	③	④
60	①	②	③	④
61	①	②	③	④

問題 11

	①	②	③	④
62	①	②	③	④
63	①	②	③	④

問題 12

	①	②	③	④
64	①	②	③	④
65	①	②	③	④
66	①	②	③	④
67	①	②	③	④

問題 13

	①	②	③	④
68	①	②	③	④
69	①	②	③	④

N1 第4回 模擬テスト 聴解 解答用紙

受験番号
Examinee Registration Number

名前
Name

問題 1

れい 例	●	②	③	④
1	①	②	③	④
2	①	②	③	④
3	①	②	③	④
4	①	②	③	④
5	①	②	③	④
6	①	②	③	④

問題 2

れい 例	①	●	③	④
1	①	②	③	④
2	①	②	③	④
3	①	②	③	④
4	①	②	③	④
5	①	②	③	④
6	①	②	③	④
7	①	②	③	④

問題 3

れい 例	①	●	③	④
1	①	②	③	④
2	①	②	③	④
3	①	②	③	④
4	①	②	③	④
5	①	②	③	④
6	①	②	③	④

問題 4

れい 例	●	②	③
1	①	②	③
2	①	②	③
3	①	②	③
4	①	②	③
5	①	②	③
6	①	②	③
7	①	②	③
8	①	②	③
9	①	②	③
10	①	②	③
11	①	②	③
12	①	②	③
13	①	②	③

問題 5

1	①	②	③	④
2	①	②	③	④
3-1	①	②	③	④
3-2	①	②	③	④